TRISTES
TROPIQUES

DÉJÀ PARUS DANS
TERRE HUMAINE/POCKET

TERRE HUMAINE / POCHE
COLLECTION
FONDÉE ET DIRIGÉE PAR JEAN MALAURIE

TRISTES TROPIQUES

C. LÉVI-STRAUSS
de l'Académie française

PLON

© Librairie Plon, 1955.

ISBN : 2-266-11982-6

POUR LAURENT

Nec minus ergo ante hœc quam tu cecidere, cadentque.

LUCRÈCE, *De Rerum natura*, III, 969.

PREMIÈRE PARTIE

LA FIN DES VOYAGES

I

DÉPART

Je hais les voyages et les explorateurs. Et voici que je m'apprête à raconter mes expéditions. Mais que de temps pour m'y résoudre! Quinze ans ont passé depuis que j'ai quitté pour la dernière fois le Brésil et, pendant toutes ces années, j'ai souvent projeté d'entreprendre ce livre; chaque fois, une sorte de honte et de dégoût m'en ont empêché. Eh quoi? Faut-il narrer par le menu tant de détails insipides, d'événements insignifiants? L'aventure n'a pas de place dans la profession d'ethnographe; elle en est seulement une servitude, elle pèse sur le travail efficace du poids des semaines ou des mois perdus en chemin; des heures oisives pendant que l'informateur se dérobe; de la faim, de la fatigue, parfois de la maladie; et toujours, de ces mille corvées qui rongent les jours en pure perte et réduisent la vie dangereuse au cœur de la forêt vierge à une imitation du service militaire... Qu'il faille tant d'efforts, et de vaines dépenses pour atteindre l'objet de nos études ne confère aucun prix à ce qu'il faudrait plutôt considérer comme l'aspect négatif de notre métier. Les vérités que nous allons chercher si loin n'ont de valeur que dépouillées de cette gangue. On peut, certes, consacrer six mois de voyage, de privations et d'écœurante lassitude à la collecte (qui prendra quelques jours, parfois quelques heures) d'un mythe inédit, d'une règle de mariage nouvelle, d'une liste complète de noms claniques, mais cette scorie de la mémoire: « A 5 h 30 du matin, nous entrions en rade de Recife tandis que piaillaient les mouettes et qu'une flottille de marchands de fruits exotiques se pressait le long de la coque », un si pauvre souvenir mérite-t-il que je lève la plume pour le fixer ?

Pourtant, ce genre de récit rencontre une faveur qui reste pour moi inexplicable. L'Amazonie, le Tibet et l'Afrique envahissent les boutiques sous forme de livres de voyage, comptes rendus d'expédition et albums de photographies où le souci de l'effet domine trop pour que le lecteur puisse apprécier la valeur du témoignage qu'on apporte. Loin que son esprit critique s'éveille, il demande toujours davantage de cette pâture, il en engloutit des quantités prodigieuses. C'est un métier, maintenant, que d'être explorateur; métier qui consiste, non pas, comme on pourrait le croire, à découvrir au terme d'années studieuses des faits restés inconnus, mais à parcourir un nombre élevé de kilomètres et à rassembler des projections fixes ou animées, de préférence en couleurs, grâce à quoi on remplira une salle, plusieurs jours de suite, d'une foule d'auditeurs auxquels des platitudes et des banalités sembleront miraculeusement transmutées en révélations pour la seule raison qu'au lieu de les démarquer sur place, leur auteur les aura sanctifiées par un parcours de vingt mille kilomètres.

Qu'entendons-nous dans ces conférences et que lisons-nous dans ces livres ? Le détail des caisses emportées, les méfaits du petit chien du bord, et, mêlées aux anecdotes, des bribes d'information délavées, traînant depuis un demi-siècle dans tous les manuels, et qu'une dose d'impudence peu commune, mais en juste rapport avec la naïveté et l'ignorance des consommateurs, ne craint pas de présenter comme un témoignage, que dis-je, une découverte originale. Sans doute il y a des exceptions, et chaque époque a connu des voyageurs honnêtes; parmi ceux qui se partagent aujourd'hui les faveurs du public, j'en citerais volontiers un ou deux. Mon but n'est pas de dénoncer les mystifications ou de décerner des diplômes, mais plutôt de comprendre un phénomène moral et social, très particulier à la France et d'apparition récente, même chez nous.

On ne voyageait guère, il y a une vingtaine d'années, et ce n'étaient pas des salles Pleyel cinq ou six fois combles qui accueillaient les conteurs d'aventures, mais, seul endroit à Paris pour ce genre de manifestations, le petit amphithéâtre sombre, glacial et délabré qui occupe un pavillon ancien au bout du Jardin des Plantes. La Société des Amis du Muséum y organisait chaque semaine – peut-être y organise-t-elle toujours – des conférences sur les sciences naturelles. L'appareil de projection envoyait sur un écran trop grand, avec des lampes trop faibles, des ombres imprécises dont le conférencier, nez collé à la paroi, parvenait mal à percevoir les contours et que le public ne distinguait guère des taches d'humidité maculant les murs. Un quart d'heure après le temps annoncé, on se demandait encore avec angoisse s'il y aurait des auditeurs, en plus des rares habitués dont les silhouettes éparses garnissaient les gradins. Au moment où l'on désespérait, la salle se remplissait à demi d'enfants accompagnés de mères ou de bonnes, les uns avides d'un changement gratuit, les autres lasses du bruit et de la poussière du dehors. Devant ce mélange de fantômes mités et de marmaille impatiente – suprême récompense de tant d'efforts, de soins et de travaux – on usait du droit de déballer un trésor de souvenirs à jamais glacés par une telle séance, et qu'en parlant dans la pénombre on sentait se détacher de soi et tomber un par un, comme des cailloux au fond d'un puits.

Tel était le retour, à peine plus sinistre que les solennités du départ : banquet offert par le Comité France-Amérique dans un hôtel de l'avenue qui s'appelle aujourd'hui Franklin-Roosevelt; demeure inhabitée, où, pour l'occasion, un traiteur était venu deux heures auparavant installer son campement de réchauds et de vaisselle, sans qu'une aération hâtive ait réussi à purger l'endroit d'une odeur de désolation.

Aussi peu habitués à la dignité d'un tel lieu qu'au poussiéreux ennui qu'il exhalait, assis autour d'une table trop petite pour un vaste salon dont on avait tout juste eu le temps de balayer la partie centrale effectivement occupée, nous prenions pour la première fois contact les uns avec les autres, jeunes professeurs qui venions à peine de débuter dans nos lycées de province et que le caprice un peu pervers de Georges Dumas allait brusquement faire passer de l'humide hivernage dans les hôtels

meublés de sous-préfecture, imprégnés d'une odeur de
grog, de cave et de sarments refroidis, aux mers tropicales
et aux bateaux de luxe; toutes expériences, d'ailleurs,
destinées à offrir un lointain rapport avec l'image inéluc-
tablement fausse que, par la fatalité propre aux voyages,
nous nous en formions déjà.

J'avais été l'élève de Georges Dumas à l'époque du
Traité de psychologie. Une fois par semaine, je ne sais plus
si c'était le jeudi ou le dimanche matin, il réunissait les
étudiants de philosophie dans une salle de Sainte-Anne,
dont le mur opposé aux fenêtres était entièrement couvert de joyeuses peintures d'aliénés. On s'y sentait déjà
exposé à une sorte particulière d'exotisme; sur une es-
trade, Dumas installait son corps robuste, taillé à la serpe,
surmonté d'une tête bosselée qui ressemblait à une
grosse racine blanchie et dépouillée par un séjour au
fond des mers. Car son teint cireux unifiait le visage et les
cheveux blancs qu'il portait taillés en brosse et très
courts, et la barbiche, également blanche, qui poussait
dans tous les sens. Cette curieuse épave végétale, encore
hérissée de ses radicelles, devenait tout à coup humaine
par un regard charbonneux qui accentuait la blancheur
de la tête, opposition continuée par celle de la chemise
blanche et du col empesé et rabattu, contrastant avec le
chapeau à larges bords, la lavallière et le costume,
toujours noirs.

Ses cours n'apprenaient pas grand-chose; jamais il n'en
préparait un, conscient qu'il était du charme physique
qu'exerçaient sur son auditoire le jeu expressif de ses
lèvres déformées par un rictus mobile, et surtout sa voix,
rauque et mélodieuse : véritable voix de sirène dont les
inflexions étranges ne renvoyaient pas seulement à son
Languedoc natal, mais, plus encore qu'à des particularités
régionales, à des modes très archaïques de la musique du
français parlé, si bien que voix et visage évoquaient dans
deux ordres sensibles un même style à la fois rustique et
incisif : celui de ces humanistes du XVIe siècle, médecins
et philosophes dont, par le corps et l'esprit, il paraissait
perpétuer la race.

La seconde heure, et parfois la troisième, étaient consacrées à des présentations de malades; on assistait alors

à d'extraordinaires numéros entre le praticien madré et des sujets entraînés par des années d'asile à tous les exercices de ce type; sachant fort bien ce qu'on attendait d'eux, produisant les troubles au signal, ou résistant juste assez au dompteur pour lui fournir l'occasion d'un morceau de bravoure. Sans être dupe, l'auditoire se laissait volontiers fasciner par ces démonstrations de virtuosité. Quand on avait mérité l'attention du maître, on était récompensé par la confiance qu'il vous faisait d'un malade pour un entretien particulier. Aucune prise de contact avec des Indiens sauvages ne m'a plus intimidé que cette matinée passée avec une vieille dame entourée de chandails qui se comparait à un hareng pourri au sein d'un bloc de glace : intacte en apparence, mais menacée de se désagréger dés que l'enveloppe protectrice fondrait.

Ce savant un peu mystificateur, animateur d'ouvrages de synthèse dont l'ample dessein restait au service d'un positivisme critique assez décevant, était un homme d'une grande noblesse; il devait me le montrer plus tard, au lendemain de l'armistice et peu de temps avant sa mort, lorsque, presque aveugle déjà et retiré dans son village natal de Lédignan, il avait tenu à m'écrire une lettre attentive et discrète qui n'avait d'autre objet possible que d'affirmer sa solidarité avec les premières victimes des événements.

J'ai toujours regretté de ne pas l'avoir connu en pleine jeunesse, quand, brun et basané à l'image d'un conquistador et tout frémissant des perspectives scientifiques qu'ouvrait la psychologie du XIXᵉ siècle, il était parti à la conquête spirituelle du Nouveau Monde. Dans cette espèce de coup de foudre qui allait se produire entre lui et la société brésilienne s'est certainement manifesté un phénomène mystérieux, quand deux fragments d'une Europe vieille de quatre cents ans – dont certains éléments essentiels s'étaient conservés, d'une part dans une famille protestante méridionale, de l'autre, dans une bourgeoisie très raffinée et un peu décadente, vivant au ralenti sous les tropiques – se sont rencontrés, reconnus et presque ressoudés. L'erreur de Georges Dumas est de

n'avoir jamais pris conscience du caractère véritablement
archéologique de cette conjoncture. Le seul Brésil qu'il
avait su séduire (et auquel un bref passage au pouvoir
allait donner l'illusion d'être le vrai), c'était celui de ces
propriétaires fonciers déplaçant progressivement leurs
capitaux vers des investissements industriels à participation étrangère, et qui cherchaient une couverture idéologique dans un parlementarisme de bonne compagnie;
ceux-là mêmes que nos étudiants, issus d'immigrants
récents ou de hobereaux liés à la terre et ruinés par les
fluctuations du commerce mondial, appelaient avec rancœur le *gran fino*, le grand fin, c'est-à-dire le dessus du
panier. Chose curieuse : la fondation de l'Université de
São Paulo, grande œuvre dans la vie de Georges Dumas,
devait permettre à ces classes modestes de commencer
leur ascension en obtenant des diplômes qui leur
ouvraient les positions administratives, si bien que notre
mission universitaire a contribué à former une élite
nouvelle, laquelle allait se détacher de nous dans la
mesure où Dumas, et le Quai d'Orsay à sa suite, se
refusaient à comprendre qu'elle était notre création la
plus précieuse, même si elle s'attelait à la tâche de
déboulonner une féodalité qui nous avait, certes, introduits au Brésil, mais pour lui servir en partie de caution,
et pour l'autre de passe-temps.

Mais le soir du dîner France-Amérique, nous n'en
étions pas encore, mes collègues et moi – et nos femmes
qui nous accompagnaient – à mesurer le rôle involontaire
que nous allions jouer dans l'évolution de la société
brésilienne. Nous étions trop occupés à nous surveiller
les uns les autres, et à surveiller nos faux pas éventuels;
car nous venions d'être prévenus par Georges Dumas
qu'il fallait nous préparer à mener la vie de nos nouveaux
maîtres : c'est-à-dire fréquenter l'Automobile-Club, les
casinos et les champs de courses. Cela paraissait extraordinaire à de jeunes professeurs qui gagnaient auparavant
vingt-six mille francs par an, et même – tant les candidats
à l'expatriation étaient rares – après qu'on eut triplé nos
traitements.

« Surtout », nous avait dit Dumas, « il faudra être bien

habillé »; soucieux de nous rassurer, il ajoutait avec une candeur assez touchante que cela pouvait se faire fort économiquement, non loin des Halles, dans un établissement appelé *A la Croix de Jeannette* dont il avait toujours eu à se louer quand il était jeune étudiant en médecine à Paris.

II

EN BATEAU

Nous ne nous doutions pas, en tout cas, que, pendant les quatre ou cinq années qui suivirent, notre petit groupe était destiné à constituer – sauf de rares exceptions – l'effectif entier des premières sur les paquebots mixtes de la Compagnie des Transports Maritimes qui desservait l'Amérique du Sud. On nous proposait les secondes sur le seul bateau de luxe qui faisait cette route, ou les premières sur des navires plus modestes. Les intrigants choisissaient la première formule en payant la différence de leur poche; ils espéraient ainsi se frotter aux ambassadeurs et en recueillir des avantages problématiques. Nous autres, nous prenions les bateaux mixtes qui mettaient six jours de plus, mais dont nous étions les maîtres et qui faisaient beaucoup d'escales.

Je voudrais aujourd'hui qu'il m'ait été donné, voici vingt ans, d'apprécier à sa juste valeur le luxe inouï, le royal privilège qui consiste dans l'occupation exclusive, par les huit ou dix passagers du pont, des cabines, du fumoir et de la salle à manger des premières, sur un bateau conçu pour accommoder cent ou cent cinquante personnes. En mer pendant dix-neuf jours, cet espace rendu presque sans borne par l'absence d'autrui nous était une province; notre apanage se mouvait avec nous. Après deux ou trois traversées, nous retrouvions nos bateaux, nos habitudes; et nous connaissions par leur nom, avant même de monter à bord, tous ces excellents stewards marseillais, moustachus et chaussés de fortes semelles, qui exhalaient une puissante odeur d'ail au même moment qu'ils déposaient dans nos assiettes les suprêmes de poularde et les filets de turbot. Les repas, déjà prévus pour être pantagruéliques, le devenaient encore davantage du fait que nous étions peu nombreux à consommer la cuisine du bord.

La fin d'une civilisation, le début d'une autre, la soudaine découverte par notre monde que, peut-être, il commence à devenir trop petit pour les hommes qui l'habitent, ce ne sont point tant les chiffres, les statistiques et les révolutions qui me rendent ces vérités palpables que la réponse, reçue il y a quelques semaines au téléphone, alors que je jouais avec l'idée – quinze ans après – de retrouver ma jeunesse à l'occasion d'une nouvelle visite au Brésil : en tout état de cause, il me faudrait retenir un passage quatre mois à l'avance.

Moi qui m'imaginais que, depuis l'établissement des services aériens pour passagers entre l'Europe et l'Amérique du Sud, il n'y avait plus que de rares excentriques pour prendre les bateaux ! Hélas, c'est encore se faire trop d'illusions, de croire que l'invasion d'un élément en libère un autre. Du fait des Constellations, la mer ne retrouve pas plus son calme que les lotissements en série de la Côte d'Azur ne nous rendent des environs de Paris villageois.

Mais c'est qu'entre les traversées merveilleuses de la période 1935 et celle à quoi je m'empressai de renoncer il y en avait eu, en 1941, une autre dont je ne me doutais pas non plus à quel point elle serait symbolique des temps futurs. Au lendemain de l'armistice, l'amicale attention portée à mes travaux ethnographiques par Robert H. Lowie et A. Métraux, jointe à la vigilance de parents installés aux Etats-Unis, m'avait valu, dans le cadre du plan de sauvetage des savants européens menacés par l'occupation allemande élaboré par la Fondation Rockefeller, une invitation à la *New School for Social Research* de New York. Il fallait y partir, mais comment ? Ma première idée avait été de prétendre rejoindre le Brésil pour y poursuivre mes recherches d'avant-guerre. Dans le petit rez-de-chaussée vichyssois où s'était installée l'ambassade du Brésil, une brève et pour moi tragique scène se déroula, quand j'allai solliciter le renouvellement de mon visa. L'ambassadeur Luis de Souza-Dantas, que je connaissais bien et qui aurait agi de même si je ne l'avais pas connu, avait levé son cachet et s'apprêtait à tamponner le passeport, quand un conseiller déférent et glacial l'interrompit en lui faisant observer que ce pouvoir venait de lui être retiré par de nouvelles dispositions législatives. Pendant quelques secondes le bras resta en l'air. D'un regard anxieux, presque suppliant, l'ambassadeur tenta d'obtenir de son collaborateur qu'il détournât la tête tandis que le tampon s'abaisserait, me permettant ainsi de quitter la France, sinon peut-être d'entrer au Brésil. Rien n'y fit, l'œil du conseiller resta fixé sur la main qui machinalement retomba, à côté du document. Je n'aurais pas mon visa, le passeport me fut rendu avec un geste navré.

Je rejoignis ma maison cévenole non loin de laquelle, à Montpellier, le hasard de la retraite avait voulu que je fusse démobilisé, et je m'en allai traîner à Marseille; là, des conversations du port m'apprirent qu'un bateau devait bientôt partir pour la Martinique. De dock en dock, d'officine en officine, je sus finalement que le bateau en question appartenait à la même Compagnie des Transports Maritimes dont la mission universitaire française au Brésil avait constitué, pendant toutes les années précédentes, une clientèle fidèle et très exclusive. Par une bise hivernale, en février 1941, je retrouvai, dans des bureaux non chauffés et fermés aux trois quarts, un fonctionnaire qui jadis venait nous saluer au nom de la Compagnie. Oui, le bateau existait, oui, il allait partir; mais il était impossible que je le prenne. Pourquoi? Je ne me rendais pas compte; il ne pouvait pas m'expliquer, ce ne serait pas comme avant. Mais comment? Oh, très long, très pénible, il ne pouvait même pas m'imaginer là-dessus.

Le pauvre homme voyait encore en moi un ambassadeur au petit pied de la culture française; moi, je me sentais déjà gibier de camp de concentration. Au surplus, je venais de passer les deux années précédentes, d'abord en pleine forêt vierge, puis de cantonnement en cantonnement, dans une retraite échevelée qui m'avait conduit de la ligne Maginot à Béziers en passant par la Sarthe, la Corrèze et l'Aveyron : de trains de bestiaux en bergeries;

et les scrupules de mon interlocuteur me paraissaient incongrus. Je me voyais reprendre sur les océans mon existence errante, admis à partager les travaux et les frugaux repas d'une poignée de matelots lancés à l'aventure sur un bateau clandestin, couchant sur le pont et livré pendant de longs jours au bienfaisant tête-à-tête avec la mer.

Finalement j'obtins mon billet de passage sur le *Capitaine-Paul-Lemerle*, mais je ne commençai à comprendre que le jour de l'embarquement, en franchissant les haies de gardes mobiles, casqués et mitraillette au poing, qui encadraient le quai et coupaient les passagers de tout contact avec les parents ou amis venus les accompagner, abrégeant les adieux par des bourrades et des injures : il s'agissait bien d'aventure solitaire, c'était plutôt un départ de forçats. Plus encore que la manière dont on nous traitait, notre nombre me frappait de stupeur. Car on entassait trois cent cinquante personnes environ sur un petit vapeur qui – j'allais le vérifier tout de suite – ne comprenait que deux cabines faisant en tout sept couchettes. L'une d'elles avait été affectée à trois dames, l'autre serait partagée entre quatre hommes dont j'étais, exorbitante faveur due à l'impossibilité ressentie par M. B. (qu'il en soit ici remercié) de transporter un de ses anciens passagers de luxe comme du bétail. Car tout le reste de mes compagnons, hommes, femmes et enfants, étaient entassés dans des cales sans air ni lumière, où des charpentiers de la marine avaient sommairement échafaudé des lits superposés, garnis de paillasses. Des quatre mâles privilégiés, l'un était un marchand de métaux autrichien qui savait sans doute ce que lui avait coûté cet avantage; un autre, un jeune « béké » – riche créole – coupé par la guerre de sa Martinique natale et qui méritait un traitement spécial étant, sur ce bateau, le seul qui ne fût pas présumé juif, étranger ou anarchiste; le dernier, enfin, un singulier personnage nord-africain qui prétendait se rendre à New York pour quelques jours seulement (projet extravagant, si l'on pense que nous allions mettre trois mois pour y arriver), emportait un Degas dans sa valise, et, bien que juif autant que moi-même, paraissait *persona grata* auprès de toutes les polices, sûretés, gendarmeries et services de sécurité des colonies et protectorats, étonnant mystère en cette conjoncture et que je ne suis jamais arrivé à percer.

La racaille, comme disaient les gendarmes, comprenait entre autres André Breton et Victor Serge. André Breton, fort mal à l'aise sur cette galère, déambulait de long en large sur les rares espaces vides du pont; vêtu de peluche, il ressemblait à un ours bleu. Entre nous, une durable amitié allait commencer par un échange de lettres qui se prolongea assez longtemps au cours de cet interminable voyage, et où nous discutions des rapports entre beauté esthétique et originalité absolue.

Quant à Victor Serge, son passé de compagnon de Lénine m'intimidait en même temps que j'éprouvais la plus grande difficulté à l'intégrer à son personnage, qui évoquait plutôt une vieille demoiselle à principes. Ce visage glabre, ces traits fins, cette voix claire joints à des manières guindées et précautionneuses, offraient ce caractère presque asexué que je devais reconnaître plus tard chez les moines bouddhistes de la frontière birmane, fort éloigné du mâle tempérament et de la surabondance vitale que la tradition française associe aux activités dites subversives. C'est que des types culturels qui se reproduisent assez semblables dans chaque société, parce que construits autour d'oppositions très simples, sont utilisés par chaque groupe pour remplir des fonctions sociales différentes. Celui de Serge avait pu s'actualiser dans une carrière révolutionnaire en Russie; qu'en eût-il été ailleurs? Sans doute, les relations entre deux sociétés seraient facilitées s'il était possible, au moyen d'une sorte de grille, d'établir un système d'équivalences entre les manières dont chacune utilise des types humains analogues pour remplir des fonctions sociales différentes. Au lieu de se borner, comme on fait aujourd'hui, à confronter médecins et médecins, industriels et industriels, professeurs et professeurs, on s'apercevrait peut-être qu'il existe des correspondances plus subtiles entre les individus et les rôles.

En plus de sa cargaison humaine, le bateau transportait je ne sais quel matériel clandestin; on passa un temps prodigieux, en Méditerranée et sur la côte occidentale de l'Afrique, à se réfugier de port en port pour échapper, semble-t-il, au contrôle de la flotte anglaise. Les titulaires de passeports français étaient parfois autorisés à descendre à terre, les autres restaient parqués dans les quelques dizaines de centimètres carrés à la disposition de chacun, sur un pont que la chaleur – croissante à mesure qu'on se rapprochait des tropiques et qui rendait intolérable le séjour dans les cales – transformait progressivement en une combinaison de salle à manger, chambre à coucher, pouponnière, buanderie et solarium. Mais le plus désagréable était ce qu'on appelle au régiment « les soins de propreté ». Disposées symétriquement le long du bastingage, à bâbord pour les hommes et à tribord pour les femmes, l'équipage avait construit deux paires de baraques de planches, sans air ni lumière; l'une contenait quelques pommes de douche alimentées seulement le matin; l'autre, meublée d'une longue rigole de bois grossièrement doublée de zinc à l'intérieur et débouchant sur l'océan, servait à l'usage qu'on devine; les ennemis d'une promiscuité trop grande et qui répugnaient à l'accroupissement collectif, rendu d'ailleurs instable par le roulis, n'avaient d'autre ressource que de s'éveiller fort tôt et, pendant toute la traversée, une sorte de course s'organisa entre les délicats, de sorte qu'à la fin ce n'était plus qu'à trois heures du matin environ qu'on pouvait espérer une solitude relative. On finissait par ne plus se coucher. A deux heures près, il en était de même pour les douches où jouait, sinon la même préoccupation de pudeur, celle de pouvoir se faire une place dans la cohue où une eau insuffisante, et comme vaporisée au contact de tant de corps moites, ne descendait même plus jusqu'à la peau. Dans les deux cas, il y avait la hâte de finir et de sortir, car ces baraques sans aération étaient faites de planches de sapin frais et résineux qui, imprégnées d'eau sale, d'urine et d'air marin, se mirent à fermenter sous le soleil en exhalant un parfum tiède, sucré et nauséeux, lequel, ajouté à d'autres senteurs, devenait vite intolérable, surtout quand il y avait de la houle.

Quand, au bout d'un mois de traversée, on aperçut au milieu de la nuit le phare de Fort-de-France, ce ne fut pas l'espoir d'un repas enfin mangeable, d'un lit avec des

draps, d'une nuit paisible, qui gonfla le cœur des passagers. Tous ces gens qui, jusqu'à l'embarquement, avaient
joui de ce que l'anglais appelle joliment les « aménités »
de la civilisation, plus que de la faim, de la fatigue, de
l'insomnie, de la promiscuité et du mépris, avaient souf-
fert de la saleté forcée, encore aggravée par la chaleur,
dans laquelle ils venaient de passer ces quatre semaines.
Il y avait à bord des femmes jeunes et jolies; des flirts
s'étaient dessinés, des rapprochements s'étaient produits.
Pour elles, se montrer avant la séparation enfin sous un
jour favorable était plus qu'un souci de coquetterie : une
traite à régler, une dette à honorer, la preuve loyalement
due qu'elles n'étaient pas foncièrement indignes des
attentions dont, avec une touchante délicatesse, elles
considéraient qu'on leur avait seulement fait crédit. Il n'y
avait donc pas simplement un côté bouffon, mais aussi
une dose discrète et pathétique, dans ce cri qui montait
de toutes les poitrines, remplaçant le « terre! terre! » des
récits de navigation traditionnels : « Un bain! enfin un
bain! demain un bain! » entendait-on de toutes parts en
même temps que l'on procédait à l'inventaire fiévreux du
dernier morceau de savon, de la serviette non souillée, du
chemisier serré pour cette grande occasion.

Outre que ce rêve hydrothérapique impliquait une vue
exagérément optimiste de l'œuvre civilisatrice qu'on peut
attendre de quatre siècles de colonisation (car les salles
de bains sont rares à Fort-de-France), les passagers n'allaient plus tarder à apprendre que leur bateau crasseux
et bondé était encore un séjour idyllique, comparé à
l'accueil que leur réservait, à peine avions-nous mouillé
en rade, une soldatesque en proie à une forme collective
de dérangement cérébral qui eût mérité de retenir l'attention de l'ethnologue, si celui-ci n'avait été occupé à
utiliser toutes ses ressources intellectuelles dans le seul
but d'échapper à ses fâcheuses conséquences.

La plupart des Français avaient vécu une « drôle » de
guerre; celle des officiers en garnison à la Martinique ne
relève d'aucun superlatif pour être exactement qualifiée.
Leur unique mission, qui était de garder l'or de la Banque
de France, s'était dissoute dans une sorte de cauchemar
dont l'abus du punch n'était que partiellement responsa-

ble, un rôle plus insidieux, mais non moins essentiel, étant dévolu à la situation insulaire, l'éloignement de la métropole, et une tradition historique riche en souvenirs de pirates où la surveillance nord-américaine, les missions secrètes de la flotte sous-marine allemande, faisaient sans difficulté la relève de protagonistes à boucles d'oreilles en or, à œil crevé et à jambe de bois. C'est ainsi que s'était développée une fièvre obsidionale qui, sans qu'aucun engagement se fût produit et pour cause, et sans qu'aucun ennemi ait été jamais aperçu, n'en avait pas moins engendré chez la plupart un sentiment d'affolement. Quant aux insulaires, leurs propos révélaient de façon plus prosaïque des démarches intellectuelles du même type : « Y'avait plus d' morue, l'île était foutue », entendait-on dire fréquemment, tandis que d'autres expliquaient que Hitler n'était autre que Jésus-Christ redescendu sur terre pour punir la race blanche d'avoir, pendant les deux mille ans qui précèdent, mal suivi ses enseignements.

Au moment de l'armistice, les gradés, loin de rallier la France Libre, se sentirent à l'unisson du régime métropolitain. Ils allaient continuer à rester « hors du coup »; leur résistance physique et morale rongée depuis des mois les eût mis hors d'état de combattre, si tant est qu'ils s'y fussent jamais trouvés; leur esprit malade retrouvait une sorte de sécurité à remplacer un ennemi réel, mais si éloigné qu'il en était devenu invisible et comme abstrait – les Allemands – par un ennemi imaginaire, mais qui avait l'avantage d'être proche et palpable : les Américains. D'ailleurs, deux bateaux de guerre U.S.A. croisaient en permanence devant la rade. Un habile adjoint du commandant en chef des forces françaises déjeunait tous les jours à leur bord, tandis que son supérieur s'employait à enflammer ses troupes de haine et de rancœur envers les Anglo-Saxons.

En fait d'ennemis sur qui exercer une agressivité accumulée depuis des mois, de responsables d'une défaite à laquelle ils se sentaient étrangers puisqu'ils étaient restés à l'écart des combats, mais dont, en un autre sens, ils se sentaient confusément coupables (n'avaient-ils pas offert l'exemple le plus complet, fourni la réalisation la plus poussée de l'insouciance, des illusions et de la lassitude dont, pour une part au moins, le pays était tombé victime?), notre bateau leur apportait un échantillonnage particulièrement bien choisi. C'était un peu comme si, en permettant notre embarquement à destination de la Martinique, les autorités de Vichy n'avaient fait qu'adresser à ces messieurs une cargaison de boucs émissaires pour soulager leur bile. La troupe en shorts, casquée et armée qui s'installa dans le bureau du commandant semblait moins se livrer, sur chacun d'entre nous comparaissant isolément devant elle, à un interrogatoire de débarquement qu'à un exercice d'insultes où nous n'avions qu'à écouter. Ceux qui n'étaient pas français s'entendirent traiter d'ennemis; ceux qui l'étaient, on leur déniait grossièrement cette qualité en même temps qu'on les accusait, par leur départ, d'abandonner lâchement leur pays : reproche non seulement contradictoire mais assez singulier dans la bouche d'hommes qui, depuis la déclaration de guerre, avaient vécu en fait à l'abri de la doctrine de Monroe...

Adieu les bains! On décida d'interner tout le monde dans un camp appelé le Lazaret, de l'autre côté de la baie. Trois personnes seulement furent autorisées à descendre à terre : le « béké », qui était hors de cause, le mystérieux Tunisien sur présentation d'un document et moi-même, par une grâce spéciale accordée au commandant par le Contrôle naval, car nous nous étions retrouvés comme de vieilles connaissances : il était second sur un des bateaux que j'avais empruntés avant la guerre.

III

ANTILLES

Sur le coup de deux heures après midi, Fort-de-France était une ville morte; on aurait cru inhabitées les masures bordant une longue place plantée de palmiers et couverte d'herbes folles, qui paraissait un terrain vague au milieu duquel aurait été oubliée la statue verdie de Joséphine Tascher de La Pagerie, plus tard Beauharnais. A peine installés dans un hôtel désert, le Tunisien et moi-même, encore bouleversés par les événements de la matinée, nous jetâmes dans une voiture de louage en direction du Lazaret, pour aller réconforter nos compagnons et plus particulièrement deux jeunes femmes allemandes qui, pendant la traversée, avaient su nous donner l'impression qu'elles étaient en grande hâte de tromper leurs maris aussitôt qu'il leur aurait été possible de se laver. De ce point de vue, l'affaire du Lazaret aggravait notre déception.

Tandis que la vieille Ford se hissait en première au long de pistes accidentées et que je retrouvais avec ravissement tant d'espèces végétales qui m'étaient familières depuis l'Amazonie, mais que j'allais apprendre ici à désigner de nouveaux noms : caïmite pour *fruta do conde* – idée de l'artichaut enclose dans la poire – corrosol et non plus *graviola*, papaye pour *mammão*, sapotille pour *mangabeira*, j'évoquais les scènes pénibles qui venaient de se produire et j'essayais de les relier à d'autres expériences du même type. Car, pour mes compagnons lancés dans l'aventure après une existence souvent paisible, ce mélange de méchanceté et de bêtise apparaissait comme un phénomène inouï, unique, exceptionnel, l'inci-

dence sur leur personne individuelle et sur celle de leurs
geôliers d'une catastrophe internationale comme il ne
s'en était encore jamais produit dans l'histoire. Mais moi,
qui avais vu le monde et qui, au cours des années
précédentes, m'étais trouvé placé dans des situations peu
banales, ce genre d'expériences ne m'était pas complètement étranger. Je savais que, de façon lente et progressive, elles se mettaient à sourdre comme une eau perfide
d'une humanité saturée de son propre nombre et de la
complexité chaque jour plus grande de ses problèmes,
comme si son épiderme eût été irrité par le frottement
résultant d'échanges matériels et intellectuels accrus par
l'intensité des communications. Sur cette terre française,
la guerre et la défaite n'avaient pas fait autre chose que
hâter la marche d'un processus universel, faciliter l'installation d'une infection durable, et qui ne disparaîtrait
jamais complètement de la face du monde, renaissante en
un point quand elle s'affaiblirait ailleurs. Toutes ces
manifestations stupides, haineuses et crédules que les
groupements sociaux sécrètent comme un pus quand la
distance commence à leur manquer, je ne les rencontrais
pas aujourd'hui pour la première fois.

C'est hier encore, quelques mois avant la déclaration de
guerre et sur la route du retour en France, à Bahia où je
me promène dans la ville haute allant de l'une à l'autre de
ces églises qu'on dit être au nombre de trois cent soixante-
cinq, une pour chaque jour de l'année, et variées par le
style et la décoration intérieure à l'image même des jours
et des saisons. Je suis tout occupé à photographier des
détails d'architecture, poursuivi de place en place par une
bande de négrillons à demi nus qui me supplient : *tira o
retrato! tira o retrato!* « Fais-nous une photo! » A la fin,
touché par une mendicité si gracieuse – une photo qu'ils
ne verraient jamais plutôt que quelques sous – j'accepte
d'exposer un cliché pour contenter les enfants. Je n'ai pas
marché cent mètres qu'une main s'abat sur mon épaule :
deux inspecteurs en civil, qui m'ont suivi pas à pas depuis
le début de ma promenade, m'informent que je viens de
me livrer à un acte hostile au Brésil : cette photo, utilisée
en Europe, pouvant sans doute accréditer la légende qu'il
y a des Brésiliens à peau noire et que les gamins de Bahia

vont nu-pieds. Je suis mis en état d'arrestation, pour peu
de temps heureusement, car le bateau va partir.

Ce bateau me portait décidément malheur; peu de
jours auparavant j'avais rencontré semblable aventure;
cette fois à l'embarquement, et encore à quai dans le port
de Santos : à peine monté à bord, un commandant de la
marine brésilienne en grand uniforme accompagné de
deux fusiliers marins baïonnette au canon me fait prisonnier dans ma cabine. Là, il faut quatre ou cinq heures
pour élucider le mystère : l'expédition franco-brésilienne,
que je venais de diriger pendant un an, avait été soumise
à la règle du partage des collections entre les deux pays.
Ce partage devait être fait sous le contrôle du Musée national de Rio de Janeiro qui avait aussitôt notifié à tous
les ports du pays : au cas où, nourrissant de ténébreux
desseins, je tenterais de m'échapper du pays avec une
cargaison d'arcs, de flèches et de coiffures de plumes
excédant la part attribuée à la France, on devrait à tout
prix s'assurer de ma personne. Seulement, au retour de
l'expédition, le Musée de Rio avait changé d'avis et décidé
de céder la part brésilienne à un institut scientifique de
São Paulo; on m'avait bien informé qu'en conséquence
l'exportation de la part française devrait se faire par
Santos et non par Rio, mais comme on avait oublié que la
question avait fait l'objet d'une réglementation différente
un an auparavant, j'étais décrété criminel en vertu d'instructions anciennes dont les auteurs avaient perdu le
souvenir, mais non point ceux chargés de les exécuter.

Heureusement qu'à cette époque il y avait encore au
cœur de tout fonctionnaire brésilien un anarchiste som-
meillant, tenu vivant par ces bribes de Voltaire et d'Anatole France qui, même au plus profond de la brousse,
restaient en suspension dans la culture nationale (« Ah,
Monsieur, vous êtes français! Ah, la France! Anatole,
Anatole! » s'écriait bouleversé, en me serrant dans ses
bras, un vieillard d'une bourgade de l'intérieur et qui,
jamais encore, n'avait rencontré un de mes compatriotes).
Aussi, suffisamment expérimenté pour accorder tout le
temps nécessaire à la démonstration de mes sentiments
de déférence envers l'Etat brésilien en général et l'autorité maritime en particulier, je m'employai à faire réson-

ner certaines cordes sensibles; non sans succès, puisque après quelques heures passées en sueurs froides (les collections ethnographiques étant mélangées dans les caisses avec mon mobilier et ma bibliothèque, car je quittais le Brésil de façon définitive, j'avais à certain moment la crainte qu'on les mît en pièces sur les quais pendant que le bateau lèverait l'ancre), c'est moi-même qui dictai à mon interlocuteur les termes cinglants d'un rapport où il s'attribuait la gloire d'avoir, en permettant mon départ et celui de mes bagages, sauvé son pays d'un conflit international et de l'humiliation subséquente.

Peut-être, d'ailleurs, n'aurais-je pas agi avec tant d'audace si je ne m'étais encore trouvé sous l'influence d'un souvenir qui dépouillait de tout leur sérieux les polices sud-américaines. Deux mois auparavant, devant changer d'avion dans un gros village de basse Bolivie, j'y fus bloqué pendant quelques jours avec un compagnon, le Dr J.A. Vellard, pour attendre une correspondance qui n'arrivait pas. En 1938, l'aviation ressemblait peu à ce qu'elle est aujourd'hui. Sautant, dans des régions reculées de l'Amérique du Sud, certaines étapes du progrès, elle s'était installée de plain-pied dans le rôle de patache pour des villageois qui jusqu'alors, en l'absence de route, perdaient plusieurs jours pour se rendre à la foire voisine, à pied ou à cheval. Maintenant, un vol de quelques minutes (mais, à dire vrai, souvent en retard d'un nombre très supérieur de jours) leur permettait de transporter leurs poules et leurs canards entre lesquels on voyageait le plus souvent accroupi, car les petits avions étaient bourrés d'un mélange bigarré de paysans nu-pieds, d'animaux de basse-cour et de caisses trop lourdes ou trop volumineuses pour passer dans les pistes de forêt.

Nous traînions donc notre désœuvrement dans les rues de Santa Cruz de la Sierra, transformées par la saison des pluies en torrents boueux qu'on passait à gué sur de grosses pierres placées à intervalles réguliers comme des passages cloutés vraiment infranchissables aux véhicules, quand une patrouille remarqua nos visages peu familiers; raison suffisante pour nous arrêter et, en attendant l'heure des explications, nous enfermer dans une pièce d'un luxe désuet : ancien palais de gouverneur provincial

aux murs couverts de boiseries encadrant des bibliothèques vitrées dont de gros volumes richement reliés garnissaient les rayons, interrompus seulement par un pan-
neau, vitré lui aussi et encadré, présentant l'étonnante
inscription calligraphiée que je traduis ici de l'espagnol :
« Sous peine de sévères sanctions, il est rigoureusement
interdit d'arracher des pages des archives pour s'en servir
à des fins particulières ou hygiéniques. Toute personne
qui contreviendra à cette interdiction sera punie. »

Je dois à la vérité de reconnaître que ma situation à la
Martinique s'améliora grâce à l'intervention d'un haut
fonctionnaire des Ponts et Chaussées qui dissimulait
derrière une réserve un peu froide des sentiments éloignés de ceux des milieux officiels; peut-être aussi à cause
de mes visites fréquentes à un journal religieux, dans les
bureaux duquel des Pères de je ne sais quel ordre avaient
accumulé des caisses pleines de vestiges archéologiques
remontant à l'occupation indienne, et que j'employais
mes loisirs à inventorier.

Un jour, je suis entré dans la salle de la Cour d'assises
qui était alors en session; c'était ma première visite à un
tribunal, et c'est demeuré la seule. On jugeait un paysan
qui, au cours d'une querelle, avait emporté d'un coup de
dent un morceau d'oreille de son adversaire. Accusé,
plaignant et témoins s'exprimaient en un créole volubile
dont, en un tel lieu, la cristalline fraîcheur offrait quelque
chose de surnaturel. On traduisait à trois juges qui
supportaient mal, sous la chaleur, des toges rouges et des
fourrures à quoi l'humidité ambiante avait enlevé leur
apprêt. Ces défroques pendaient autour de leurs corps
comme des pansements ensanglantés. En cinq minutes
exactement, l'irascible noir s'entendit condamner à huit
ans de prison. La justice était et reste toujours associée
dans ma pensée au doute, au scrupule, au respect. Qu'on
puisse, avec cette désinvolture, disposer en un temps si
bref d'un être humain me frappa de stupeur. Je ne
pouvais admettre que je venais d'assister à un événement
réel. Aujourd'hui encore, nul rêve, si fantastique ou
grotesque qu'il puisse être, ne parvient à me pénétrer
d'un tel sentiment d'incrédulité.

Quant à mes compagnons de bord, ils durent leur

libération à un conflit entre l'autorité maritime et les
commerçants. Si l'une les considérait comme des espions
et des traîtres, les autres voyaient en eux une source de
profits que l'internement au Lazaret, même payant, ne
permettait pas d'exploiter. Ces considérations l'emportè-
rent sur les autres et, pendant une quinzaine de jours,
tout le monde fut libre de dépenser les derniers billets
français, sous une surveillance fort active de la police qui
tissait autour de chacun, et particulièrement des femmes,
un réseau de tentations, provocations, séductions et
représailles. En même temps, on implorait des visas au
consulat dominicain, on collectionnait les faux bruits sur
l'arrivée des bateaux hypothétiques qui devaient tous
nous tirer de là. La situation changea à nouveau quand le
commerce villageois, jaloux de la préfecture, fit valoir
qu'il avait lui aussi droit à sa part de réfugiés. Du jour au
lendemain, on mit tout le monde en résidence forcée
dans les villages de l'intérieur; j'y échappai encore, mais
anxieux de suivre mes belles amies dans leur nouvelle
résidence au pied du mont Pelé, je dus à cette dernière
machination policière d'inoubliables promenades dans
cette île d'un exotisme tellement plus classique que le
continent sud-américain : sombre agate herborisée enclose dans une auréole de plages en sable noir pailleté
d'argent, tandis que les vallées englouties dans une
brume laiteuse laissent à peine deviner – et, par un
égouttement continuel, à l'ouïe plus encore qu'à la vue –
la géante, plumeuse et tendre mousse des fougères arbo-
rescentes au-dessus des fossiles vivants de leurs troncs.

Si j'avais été jusqu'alors favorisé par rapport à mes
compagnons, je n'en restais pas moins préoccupé d'un
problème qu'il faut bien que j'évoque ici puisque la
rédaction même de ce livre devait dépendre de sa solution, laquelle, on va le voir, n'alla pas sans difficulté. Je
transportais pour seule fortune une malle remplie de mes
documents d'expédition : fichiers linguistiques et technologiques, journal de route, notes prises sur le terrain,
cartes, plans et négatifs photographiques – des milliers de
feuillets, de fiches et de clichés. Un ensemble aussi
suspect avait franchi la ligne de démarcation au prix d'un
considérable risque pour le passeur qui s'en était chargé.

De l'accueil reçu à la Martinique, j'avais déduit que je ne pouvais laisser la douane, la police et le 2e Bureau de l'Amirauté jeter, ne fût-ce qu'un coup d'œil, sur ce qui ne manquerait pas de leur apparaître comme des instructions en code (en ce qui concerne les vocabulaires indigènes) et des relevés de dispositifs stratégiques ou des plans d'invasion pour les cartes, les schémas et les photos. Je décidai donc de déclarer ma malle en transit, et on l'envoya plombée dans les magasins de la douane. En conséquence, comme on me le signifia par la suite, il me faudrait quitter la Martinique sur un bateau étranger où la malle serait directement transbordée (encore m'a-t-il fallu déployer des efforts pour faire accepter ce compromis). Si je prétendais me rendre à New York à bord du *D'Aumale* (véritable bateau fantôme que mes compagnons attendirent pendant un mois avant qu'il se matérialisât un beau matin comme un gros jouet d'un autre siècle, peint à neuf) la malle devrait d'abord entrer à la Martinique, puis en ressortir. Il n'en était pas question. Et c'est ainsi que j'embarquai pour Porto Rico sur un bananier suédois d'une blancheur immaculée où, pendant quatre jours, je savourai, comme un arrière-goût des temps révolus, une traversée paisible et presque solitaire, car nous étions huit passagers à bord. Je faisais bien d'en profiter.

Après la police française, la police américaine. En mettant le pied à Porto Rico, je découvris deux choses : pendant le couple de mois qui s'étaient écoulés depuis le départ de Marseille, la législation d'immigration aux Etats-Unis avait changé, et les documents que je tenais de la *New School for Social Research* ne correspondaient plus aux nouveaux règlements; ensuite et surtout les soupçons que j'avais prêtés à la police martiniquaise relativement à mes documents ethnographiques, et dont je m'étais si judicieusement protégé, la police américaine les partageait au plus haut point. Car, après avoir été traité de judéo-maçon à la solde des Américains à Fort-de-France, j'avais la compensation plutôt amère de constater que, du point de vue des U.S.A., il y avait toute chance pour que je fusse un émissaire de Vichy, sinon même des Allemands. En attendant que la *New School* (à qui je télégraphiai d'urgence) eût satisfait aux exigences de la loi, et surtout qu'un spécialiste du F.B.I. capable de lire le français arrivât à Porto Rico (sachant que mes fiches comprenaient pour les trois quarts des termes non pas français, mais provenant de dialectes à peu près inconnus du Brésil central, je frémissais à la pensée du temps qu'il faudrait pour découvrir un expert), les services d'immigration résolurent de m'interner, d'ailleurs aux frais de la compagnie de navigation, dans un hôtel austère, dans la tradition espagnole, où j'étais nourri de bœuf bouilli et de pois chiches, tandis que deux policiers indigènes, fort sales et mal rasés, se relayaient à ma porte aussi bien de jour que de nuit.

C'est, je m'en souviens, dans le patio de cet hôtel que Bertrand Goldschmidt, arrivé par le même bateau et devenu depuis lors directeur au Commissariat de l'Energie atomique, m'expliqua un soir le principe de la bombe atomique et me révéla (on était en mai 1941) que les principaux pays étaient engagés dans une course scientifique qui garantirait la victoire à celui qui se classerait premier.

Au bout de quelques jours, mes derniers compagnons de voyage ont réglé leurs difficultés personnelles et sont partis pour New York. Je reste seul à San Juan, flanqué de mes deux policiers qui, sur ma demande, m'accompagnent aussi souvent que je le désire aux trois points autorisés : le consulat de France, la banque, l'immigration. Pour tout autre déplacement je dois solliciter une autorisation spéciale. Un jour j'en obtiens une pour aller à l'Université où mon gardien de service a la délicatesse de ne pas pénétrer avec moi; pour ne pas m'humilier, il m'attend à la porte. Et comme lui-même et son compagnon s'ennuient, ils violent parfois le règlement et me permettent, de leur propre initiative, de les emmener au cinéma. C'est seulement dans les quarante-huit heures qui s'écoulèrent entre ma libération et mon embarquement que je pus visiter l'île, sous l'aimable conduite de M. Christian Belle, alors consul général et en qui je retrouvai, non sans étonnement dans des circonstances aussi insolites, un collègue américaniste, plein de récits de cabotages en voilier le long des côtes sud-américaines. Peu de temps auparavant, la presse matinale m'apprit l'arrivée de Jacques Soustelle qui faisait la tournée des Antilles pour rallier les résidents français au général de Gaulle : il me fallut une autre autorisation pour le rencontrer.

A Porto Rico, j'ai donc pris contact avec les Etats-Unis; pour la première fois, j'ai respiré le vernis tiède et le *wintergreen* (autrement nommé thé du Canada), pôles olfactifs entre lesquels s'échelonne la gamme du confort américain : de l'automobile aux toilettes en passant par le poste de radio, la confiserie et la pâte dentifrice; et j'ai cherché à déchiffrer, derrière le masque du fard, les pensées des demoiselles des *drug-stores* en robe mauve et à chevelure acajou. C'est là aussi que, dans la perspective assez particulière des Grandes Antilles, j'ai d'abord perçu ces aspects typiques de la ville américaine : toujours semblable, par la légèreté de la construction, le souci de l'effet et la sollicitation du passant, à quelque exposition universelle devenue permanente, sauf qu'ici on se croyait plutôt dans la section espagnole.

Le hasard des voyages offre souvent de telles ambiguïtés. D'avoir passé à Porto Rico mes premières semaines sur le sol des Etats-Unis me fera, dorénavant, retrouver l'Amérique en Espagne. Comme aussi, pas mal d'années plus tard, d'avoir visité ma première université anglaise sur le campus aux édifices néo-gothiques de Dacca, dans le Bengale oriental, m'incite maintenant à considérer Oxford comme une Inde qui aurait réussi à contrôler la boue, la moisissure et les débordements de la végétation.

L'inspecteur du F.B.I. arrive trois semaines après mon débarquement à San Juan. Je cours à la douane, j'ouvre la malle, l'instant est solennel. Un jeune homme courtois s'avance, tire au hasard une fiche, son œil se durcit, il se tourne férocement vers moi : « C'est de l'allemand ! » En effet, il s'agit de la référence de l'ouvrage classique de von den Steinen, mon illustre et lointain prédécesseur dans le Mato Grosso central, *Unter den Naturvölkern Zentral-Brasiliens*, Berlin, 1894. Immédiatement apaisé par cette explication, l'expert si longtemps attendu se désintéresse de toute l'affaire. Ça va bien, O.K., je suis admis sur le sol américain, je suis libre.

Il faut s'arrêter. Chacune de ces menues aventures, dans mon souvenir en fait jaillir une autre. Certaines, comme celle qu'on vient de lire, liées à la guerre, mais d'autres que j'ai contées plus haut, antérieures. Et je pourrais en ajouter encore de plus récentes, si j'empruntais à l'expérience de voyages asiatiques remontant à ces toutes dernières années. Quant à mon gentil inspecteur du F.B.I., il ne serait pas aujourd'hui si aisément satisfait. L'air devient partout aussi lourd.

LA QUÊTE DU POUVOIR

Ces senteurs douteuses, ces vents tournants annoncia-
teurs d'une agitation plus profonde, un incident futile
m'en a fourni le premier indice et reste dans ma mémoire
comme un présage. Ayant renoncé au renouvellement de
mon contrat à l'Université de São Paulo pour me consacrer à une longue campagne dans l'intérieur du pays,
j'avais devancé mes collègues et pris, quelques semaines
avant eux, le bateau qui devait me ramener au Brésil;
pour la première fois depuis quatre ans, j'étais donc seul
universitaire à bord; pour la première fois aussi il y avait
beaucoup de passagers : hommes d'affaires étrangers,
mais surtout l'effectif complet d'une mission militaire qui
se rendait au Paraguay. Une traversée familière en était
rendue méconnaissable, ainsi que l'atmosphère, jadis si
sereine, du paquebot. Ces officiers et leurs épouses con-
fondaient un voyage transatlantique avec une expédition
coloniale et le service comme instructeurs auprès d'une
armée somme toute assez modeste, avec l'occupation
d'un pays conquis à laquelle ils se préparaient, moralement au moins, sur le pont transformé en place d'armes,
le rôle d'indigènes étant dévolu aux passagers civils.
Ceux-ci ne savaient plus où fuir une insolence si bruyante
qu'elle avait réussi à provoquer un malaise jusque sur la
passerelle. L'attitude du chef de mission s'opposait à celle
de ses subordonnés; lui-même et sa femme étaient deux
personnes à la conduite discrète et prévenante; ils
m'abordèrent un jour dans le coin peu fréquenté où
j'essayais d'échapper au vacarme, s'enquirent de mes
travaux passés, de l'objet de ma mission, et surent par

quelques allusions me faire comprendre leur rôle de témoins impuissants et clairvoyants. Le contraste était si flagrant qu'il paraissait recouvrir un mystère; trois ou quatre ans plus tard, l'incident revint à ma mémoire en retrouvant dans la presse le nom de cet officier dont la position personnelle était, en effet, paradoxale.

Est-ce alors que j'ai, pour la première fois, compris ce qu'en d'autres régions du monde, d'aussi démoralisantes circonstances m'ont définitivement enseigné? Voyages, coffrets magiques aux promesses rêveuses, vous ne livrerez plus vos trésors intacts. Une civilisation proliférante et surexcitée trouble à jamais le silence des mers. Les parfums des tropiques et la fraîcheur des êtres sont viciés par une fermentation aux relents suspects, qui mortifie nos désirs et nous voue à cueillir des souvenirs à demi corrompus.

Aujourd'hui où des îles polynésiennes noyées de béton sont transformées en porte-avions pesamment ancrés au fond des mers du Sud, où l'Asie tout entière prend le visage d'une zone maladive, où les bidonvilles rongent l'Afrique, où l'aviation commerciale et militaire flétrit la candeur de la forêt américaine ou mélanésienne avant même d'en pouvoir détruire la virginité, comment la prétendue évasion du voyage pourrait-elle réussir autre chose que nous confronter aux formes les plus malheureuses de notre existence historique? Cette grande civilisation occidentale, créatrice des merveilles dont nous jouissons, elle n'a certes pas réussi à les produire sans contrepartie. Comme son œuvre la plus fameuse, pile où s'élaborent des architectures d'une complexité inconnue, l'ordre et l'harmonie de l'Occident exigent l'élimination d'une masse prodigieuse de sous-produits maléfiques dont la terre est aujourd'hui infectée. Ce que d'abord vous nous montrez, voyages, c'est notre ordure lancée au visage de l'humanité.

Je comprends alors la passion, la folie, la duperie des récits de voyage. Ils apportent l'illusion de ce qui n'existe plus et qui devrait être encore, pour que nous échappions à l'accablante évidence que vingt mille ans d'histoire sont joués. Il n'y a plus rien à faire : la civilisation n'est plus cette fleur fragile qu'on préservait, qu'on développait à grand-peine dans quelques coins abrités d'un terroir riche en espèces rustiques, menaçantes sans doute par leur vivacité, mais qui permettaient aussi de varier et de revigorer les semis. L'humanité s'installe dans la mono-culture; elle s'apprête à produire la civilisation en masse, comme la betterave. Son ordinaire ne comportera plus que ce plat.

On risquait jadis sa vie dans les Indes ou aux Amériques pour rapporter des biens qui nous paraissent aujourd'hui dérisoires : bois de braise (d'où Brésil) : teinture rouge, ou poivre dont, au temps d'Henri IV, on avait à ce point la folie que la Cour en mettait dans des bonbonnières des grains à croquer. Ces secousses visuelles ou olfactives, cette joyeuse chaleur pour les yeux, cette brûlure exquise pour la langue ajoutaient un nouveau registre au clavier sensoriel d'une civilisation qui ne s'était pas doutée de sa fadeur. Dirons-nous alors que, par un double renversement, nos modernes Marco Polo rapportent de ces mêmes terres, cette fois sous forme de photographies, de livres et de récits, les épices morales dont notre société éprouve un besoin plus aigu en se sentant sombrer dans l'ennui?

Un autre parallèle me semble plus significatif. Car ces modernes assaisonnements sont, qu'on le veuille ou non, falsifiés. Non certes parce que leur nature est purement psychologique; mais parce que, si honnête que soit le narrateur, il ne peut pas, il ne peut plus nous les livrer sous une forme authentique. Pour que nous consentions à les recevoir, il faut, par une manipulation qui chez les plus sincères est seulement inconsciente, trier et tamiser les souvenirs et substituer le poncif au vécu. J'ouvre ces récits d'explorateurs : telle tribu, qu'on me décrit comme sauvage et conservant jusqu'à l'époque actuelle les mœurs de je ne sais quelle humanité primitive caricaturée en quelques légers chapitres, j'ai passé des semaines de ma vie d'étudiant à annoter les ouvrages que, voici cinquante ans, parfois même tout récemment, des hommes de science ont consacrés à son étude, avant que le contact avec les blancs et les épidémies subséquentes ne l'aient réduite à une poignée de misérables déracinés. Cet autre groupe, dont l'existence, dit-on, a été découverte et

l'étude menée en quarante-huit heures par un voyageur
adolescent, il a été entrevu (et ce n'est pas négligeable) au
cours d'un déplacement hors de son territoire dans un
campement provisoire, naïvement pris pour un village
permanent. Et on a minutieusement gazé les méthodes
d'accès, qui auraient révélé le poste missionnaire depuis
vingt ans en relations permanentes avec les indigènes, la
petite ligne de navigation à moteur qui pénètre au plus
profond du pays, mais dont l'œil entraîné infère aussitôt
l'existence d'après de menus détails photographiques, le
cadrage n'ayant pas toujours réussi à éviter les bidons
rouillés où cette humanité vierge fait sa popote.

La vanité de ces prétentions, la crédulité naïve qui les
accueille et même les suscite, le mérite enfin qui sanc-
tionne tant d'efforts inutiles (si ce n'est qu'ils contribuent
à étendre la détérioration qu'ils s'appliquent par ailleurs
à dissimuler), tout cela implique des ressorts psychologiques puissants, tant chez les acteurs que dans leur public,
et que l'étude de certaines institutions indigènes peut
contribuer à mettre à jour. Car l'ethnographie doit aider à
comprendre la mode qui attire vers elle tous ces concours qui la desservent.

Chez un bon nombre de tribus de l'Amérique du Nord,
le prestige social de chaque individu est déterminé par
les circonstances entourant des épreuves auxquelles les
adolescents doivent se soumettre à l'âge de la puberté.
Certains s'abandonnent sans nourriture sur un radeau
solitaire; d'autres vont chercher l'isolement dans la montagne, exposés aux bêtes féroces, au froid et à la pluie.
Pendant des jours, des semaines ou des mois selon le cas,
ils se privent de nourriture : n'absorbant que des produits
grossiers, ou jeûnant pendant de longues périodes, aggravant même leur délabrement physiologique par l'usage
d'émétiques. Tout est prétexte à provoquer l'au-delà :
bains glacés et prolongés, mutilations volontaires d'une
ou de plusieurs phalanges, déchirement des aponévroses
par l'insertion, sous les muscles dorsaux, de chevilles
pointues attachées par des cordes à de lourds fardeaux
qu'on essaye de traîner. Quand même ils n'en viennent
pas à de telles extrémités, au moins s'épuisent-ils dans
des travaux gratuits : épilage du corps poil par poil, ou

encore de branchages de sapin jusqu'à ce qu'ils soient
débarrassés de toutes leurs aiguilles; évidement de blocs
de pierre.

Dans l'état d'hébétude, d'affaiblissement ou de délire
où les plongent ces épreuves, ils espèrent entrer en
communication avec le monde surnaturel. Emus par
l'intensité de leurs souffrances et de leurs prières, un
animal magique sera contraint de leur apparaître; une
vision leur révélera celui qui sera désormais leur esprit
gardien en même temps que le nom par lequel ils seront
connus, et le pouvoir particulier, tenu de leur protecteur,
qui leur donnera, au sein du groupe social, leurs privilèges et leur rang.

Dira-t-on que, pour ces indigènes, il n'y a rien à attendre de la société? Institutions et coutumes leur semblent
pareilles à un mécanisme dont le fonctionnement monotone ne laisse pas de jeu au hasard, à la chance ou au
talent. Le seul moyen de forcer le sort serait de se risquer
sur ces franges périlleuses où les normes sociales cessent
d'avoir un sens en même temps que s'évanouissent les
garanties et les exigences du groupe : aller jusqu'aux
frontières du territoire policé, jusqu'aux limites de la
résistance physiologique ou de la souffrance physique et
morale. Car c'est sur cette bordure instable qu'on s'expose soit à tomber de l'autre côté pour ne plus revenir,
soit au contraire à capter, dans l'immense océan de forces
inexploitées qui entoure une humanité bien réglée, une
provision personnelle de puissance grâce à quoi un ordre
social autrement immuable sera révoqué en faveur du
risque-tout.

Toutefois, une telle interprétation serait encore superficielle. Car il ne s'agit pas, dans ces tribus des plaines ou
du plateau nord-américains, de croyances individuelles
s'opposant à une doctrine collective. La dialectique totale
relève des coutumes et de la philosophie du groupe. C'est
du groupe que les individus apprennent leur leçon; la
croyance aux esprits gardiens est le fait du groupe, et
c'est la société tout entière qui enseigne à ses membres
qu'il n'est pour eux de chance, au sein de l'ordre social,
qu'au prix d'une tentative absurde et désespérée pour en
sortir.

Qui ne voit à quel point cette « quête du pouvoir » se trouve remise en honneur dans la société française contemporaine sous la forme naïve du rapport entre le public et « ses » explorateurs? Dès l'âge de la puberté aussi, nos adolescents trouvent licence d'obéir aux stimulations auxquelles tout les soumet depuis la petite enfance, et de franchir, d'une manière quelconque, l'emprise momentanée de leur civilisation. Ce peut être en hauteur, par l'ascension de quelque montagne; ou en profondeur, en descendant dans les abîmes; horizontalement aussi, si l'on s'avance au cœur de régions lointaines. Enfin, la démesure cherchée peut être d'ordre moral, comme chez ceux qui se placent volontairement dans des situations si difficiles que les connaissances actuelles semblent exclure toute possibilité de survie.

Vis-à-vis des résultats qu'on voudrait appeler rationnels de ces aventures, la société affiche une indifférence totale. Il ne s'agit ni de découverte scientifique, ni d'enrichissement poétique et littéraire, les témoignages étant le plus souvent d'une pauvreté choquante. C'est le fait de la tentative qui compte et non pas son objet. Comme dans notre exemple indigène, le jeune homme qui, pendant quelques semaines ou quelques mois, s'est isolé du groupe pour s'exposer (tantôt avec conviction et sincérité, tantôt au contraire avec prudence et roublardise, mais les sociétés indigènes connaissent aussi ces nuances) à une situation excessive, revient nanti d'un pouvoir, lequel s'exprime chez nous par les articles de presse, les gros tirages et les conférences à bureau fermé, mais dont le caractère magique est attesté par le processus d'automystification du groupe par lui-même qui explique le phénomène dans tous les cas. Car ces primitifs à qui il suffit de rendre visite pour en revenir sanctifié, ces cimes glacées, ces grottes et ces forêts profondes, temples de hautes et profitables révélations, ce sont, à des titres divers, les ennemis d'une société qui se joue à elle-même la comédie de les anoblir au moment où elle achève de les supprimer, mais qui n'éprouvait pour eux qu'effroi et dégoût quand ils étaient des adversaires véritables. Pauvre gibier pris aux pièges de la civilisation mécanique, sauvages de la forêt amazonienne, tendres et impuissantes victimes, je peux me résigner à comprendre le destin qui vous anéantit, mais non point être dupe de cette sorcellerie plus chétive que la vôtre, qui brandit devant un public avide des albums en kodachrome remplaçant vos masques détruits. Croit-il par leur intermédiaire réussir à s'approprier vos charmes? Non satisfait encore ni même conscient de vous abolir, il lui faut rassasier fiévreusement de vos ombres le cannibalisme nostalgique d'une histoire à laquelle vous avez déjà succombé.

Prédécesseur blanchi de ces coureurs de brousse, demeuré-je donc le seul à n'avoir rien retenu dans mes mains, que des cendres? Mon unique voix témoignera-t-elle pour l'échec de l'évasion? Comme l'Indien du mythe, je suis allé aussi loin que la terre le permet, et quand je suis arrivé au bout du monde, j'ai interrogé les êtres et les choses pour retrouver sa déception : « Il resta là tout en larmes; priant et gémissant. Et cependant, il n'entendit aucun bruit mystérieux, pas davantage ne fut-il endormi pour être transporté dans son sommeil au temple des animaux magiques. Il ne pouvait pas subsister pour lui le moindre doute : aucun pouvoir, de personne, ne lui était échu... »

Le rêve, « dieu des sauvages », disaient les anciens missionnaires, comme un mercure subtil a toujours glissé entre mes doigts. Où m'a-t-il laissé quelques parcelles brillantes? A Cuiaba dont le sol livrait jadis les pépites d'or? A Ubatuba, port aujourd'hui désert, où il y a deux cents ans on chargeait les galions? En survolant les déserts d'Arabie, roses et verts comme la nacre de l'haliotide? Serait-ce en Amérique ou en Asie? Sur les bancs de Terre-Neuve, les plateaux boliviens ou les collines de la frontière birmane? je choisis, au hasard, un nom tout confit encore de prestiges par la légende : Lahore.

Un terrain d'aviation dans une banlieue imprécise; d'interminables avenues plantées d'arbres, bordées de villas; dans un enclos, un hôtel, évocateur de quelque haras normand, aligne plusieurs bâtiments tous pareils, dont les portes de plain-pied et juxtaposées comme autant de petites écuries donnent accès à des appartements identiques : salon par-devant, cabinet de toilette par-derrière, chambre à coucher au milieu. Un kilomètre d'avenue conduit à une place de sous-préfecture d'où partent d'autres avenues bordées de rares boutiques : pharmacien, photographe, libraire, horloger. Prisonnier de cette vastité insignifiante, mon but me paraît déjà hors de portée. Où est-il, ce vieux, ce vrai Lahore? Pour l'atteindre à l'extrémité de cette banlieue maladroitement implantée et déjà décrépite, il faut encore parcourir un kilomètre de bazar où une joaillerie à la portée des petites bourses, qui travaille à la scie mécanique un or de l'épaisseur du fer-blanc, voisine avec les cosmétiques, les médicaments, les matières plastiques d'importation. Vais-je enfin le tenir dans ces ruelles ombreuses où je dois m'effacer le long des murs pour faire place aux troupeaux de moutons à la toison teinte de bleu et de rose, et aux buffles – chacun gros comme trois vaches – qui vous bousculent amicalement, mais plus souvent encore aux camions? Devant ces boiseries croulantes et rongées par les ans? Je pourrais deviner leur dentelle et leurs ciselures si l'abord n'en était interdit par la toile d'araignée métallique que lance, d'un mur à l'autre et par toute la vieille ville, une installation électrique bâclée. De temps en temps aussi, certes, pour quelques secondes, sur quelques mètres, une image, un écho surnageant du fond des âges : dans la ruelle des batteurs d'or et d'argent, le carillonnement placide et clair que ferait un xylophone frappé distraitement par un génie aux mille bras. J'en sors pour tomber aussitôt dans de vastes tracés d'avenues coupant brutalement les décombres (dus aux émeutes récentes) de maisons vieilles de cinq cents ans, mais si souvent détruites et réparées que leur indicible vétusté n'a plus d'âge. Tel je me reconnais, voyageur, archéologue de l'espace, cherchant vainement à reconstituer l'exotisme à l'aide de parcelles et de débris.

Alors, insidieusement, l'illusion commence à tisser ses pièges. Je voudrais avoir vécu au temps des *vrais* voyages, quand s'offrait dans toute sa splendeur un spectacle non encore gâché, contaminé et maudit; n'avoir pas franchi cette enceinte moi-même, mais comme Bernier, Tavernier, Manucci... Une fois entamé, le jeu de conjectures n'a plus de fin. Quand fallait-il voir l'Inde, à quelle époque l'étude des sauvages brésiliens pouvait-elle apporter la

satisfaction la plus pure, les faire connaître sous la forme
la moins altérée? Eût-il mieux valu arriver à Rio au
XVIIIᵉ siècle avec Bougainville, ou au XVIᵉ avec Léry et
Thevet? Chaque lustre en arrière me permet de sauver
une coutume, de gagner une fête, de partager une
croyance supplémentaire. Mais je connais trop les textes
pour ne pas savoir qu'en m'enlevant un siècle, je renonce
du même coup à des informations et à des curiosités
propres à enrichir ma réflexion. Et voici, devant moi, le
cercle infranchissable : moins les cultures humaines
étaient en mesure de communiquer entre elles et donc de
se corrompre par leur contact, moins aussi leurs émissaires respectifs étaient capables de percevoir la richesse et
la signification de cette diversité. En fin de compte, je suis
prisonnier d'une alternative : tantôt voyageur ancien, confronté à un prodigieux spectacle dont tout ou presque lui
échappait – pire encore inspirait raillerie et dégoût;
tantôt voyageur moderne, courant après les vestiges
d'une réalité disparue. Sur ces deux tableaux je perds, et
plus qu'il ne semble : car moi qui gémis devant des
ombres, ne suis-je pas imperméable au vrai spectacle qui
prend forme en cet instant, mais pour l'observation
duquel mon degré d'humanité manque encore du sens
requis? Dans quelques centaines d'années, en ce même
lieu, un autre voyageur, aussi désespéré que moi, pleu-
rera la disparition de ce que j'aurais pu voir et qui m'a
échappé. Victime d'une double infirmité, tout ce que
j'aperçois me blesse, et je me reproche sans relâche de ne
pas regarder assez.

Longtemps paralysé par ce dilemme, il me semble
pourtant que le trouble liquide commence à reposer. Des
formes évanescentes se précisent, la confusion se dissipe
lentement. Que s'est-il donc passé, sinon la fuite des
années? En roulant mes souvenirs dans son flux, l'oubli a
fait plus que les user et les ensevelir. Le profond édifice
qu'il a construit de ces fragments propose à mes pas un
équilibre plus stable, un dessin plus clair à ma vue. Un
ordre a été substitué à un autre. Entre ces deux falaises
maintenant à distance mon regard et son objet, les
années qui les ruinent ont commencé à entasser les
débris. Les arêtes s'amenuisent, des pans entiers s'effon-

drent; les temps et les lieux se heurtent, se juxtaposent ou
s'inversent, comme les sédiments disloqués par les trem-
blements d'une écorce vieillie. Tel détail, infime et ancien,
jaillit comme un pic; tandis que des couches entières de
mon passé s'affaissent sans laisser de trace. Des événements sans rapport apparent, provenant de périodes et
de régions hétéroclites, glissent les uns sur les autres et
soudain s'immobilisent en un semblant de castel dont un
architecte plus sage que mon histoire eût médité les
plans. « Chaque homme, écrit Chateaubriand, porte en lui
un monde composé de tout ce qu'il a vu et aimé, et où il
rentre sans cesse, alors même qu'il parcourt et semble
habiter un monde étranger (1). » Désormais, le passage
est possible. D'une façon inattendue, entre la vie et moi,
le temps a allongé son isthme; il a fallu vingt années
d'oubli pour m'amener au tête-à-tête avec une expérience
ancienne dont une poursuite aussi longue que la terre
m'avait jadis refusé le sens et ravi l'intimité.

(1) *Voyages en Italie*, à la date du 11 décembre.

DEUXIÈME PARTIE

FEUILLES DE ROUTE

REGARDS EN ARRIÈRE

Ma carrière s'est jouée un dimanche de l'automne 1934, à 9 heures du matin, sur un coup de téléphone. C'était Célestin Bouglé, alors directeur de l'Ecole normale supérieure; il m'accordait depuis quelques années une bienveillance un peu lointaine et réticente : d'abord parce que je n'étais pas un ancien normalien, ensuite et surtout parce que, même si je l'avais été, je n'appartenais pas à son écurie pour laquelle il manifestait des sentiments très exclusifs. Sans doute n'avait-il pas pu faire un meilleur choix, car il me demanda abruptement : « Avez-vous toujours le désir de faire de l'ethnographie? – Certes! – Alors, posez votre candidature comme professeur de sociologie à l'Université de São Paulo. Les faubourgs sont remplis d'Indiens, vous leur consacrerez vos week-ends. Mais il faut que vous donniez votre réponse définitive à Georges Dumas avant midi. »

Le Brésil et l'Amérique du Sud ne signifiaient pas grand-chose pour moi. Néanmoins, je revois encore, avec la plus grande netteté, les images qu'évoqua aussitôt cette proposition imprévue. Les pays exotiques m'apparaissaient comme le contrepied des nôtres, le terme d'antipodes trouvait dans ma pensée un sens plus riche et plus naïf que son contenu littéral. On m'eût fort étonné en disant qu'une espèce animale ou végétale pouvait avoir le même aspect des deux côtés du globe. Chaque animal, chaque arbre, chaque brin d'herbe, devait être radicalement différent, afficher au premier coup d'œil sa nature tropicale. Le Brésil s'esquissait dans mon imagination comme des gerbes de palmiers contournés, dissimulant des architectures bizarres, le tout baigné dans une odeur de cassolette, détail olfactif introduit subrepticement, semble-t-il, par l'homophonie inconsciemment perçue des mots « Brésil » et « grésiller », mais qui, plus que toute expérience acquise, explique qu'aujourd'hui encore je pense d'abord au Brésil comme à un parfum brûlé.

Considérées rétrospectivement, ces images ne me paraissent plus aussi arbitraires. J'ai appris que la vérité d'une situation ne se trouve pas dans son observation journalière, mais dans cette distillation patiente et fractionnée que l'équivoque du parfum m'invitait peut-être déjà à mettre en pratique, sous la forme d'un calembour spontané, véhicule d'une leçon symbolique que je n'étais pas à même de formuler clairement. Moins qu'un parcours, l'exploration est une fouille : une scène fugitive, un coin de paysage, une réflexion saisie au vol permettent seuls de comprendre et d'interpréter des horizons autrement stériles.

A ce moment, l'extravagante promesse de Bouglé relative aux Indiens me posait d'autres problèmes. D'où avait-il tiré la croyance que São Paulo était une ville indigène, au moins par sa banlieue? Sans doute d'une confusion avec Mexico ou Tegucigalpa. Ce philosophe qui avait jadis écrit un ouvrage sur le *Régime des castes* dans l'Inde, sans se demander un seul instant s'il n'eût pas mieux valu, d'abord, y aller voir (« dans le flux des événements, ce sont les institutions qui surnagent », proclamait-il avec hauteur dans sa préface de 1927), ne pensait pas que la condition des indigènes dût avoir un sérieux retentissement sur l'enquête ethnographique. On sait d'ailleurs qu'il n'était pas le seul, parmi les sociologues officiels, à témoigner cette indifférence dont des exemples survivent sous nos yeux.

Quoi qu'il en soit, j'étais trop ignorant moi-même pour ne pas accueillir des illusions si favorables à mon dessein; d'autant que Georges Dumas avait sur la question des notions également imprécises : il avait connu le Brésil méridional à une époque où l'extermination des populations indigènes n'était pas encore parvenue à son terme; et surtout, la société de dictateurs, de féodaux et de mécènes dans laquelle il se plaisait ne lui avait guère fourni de lumières sur ce sujet.

Je fus donc bien étonné quand, au cours d'un déjeuner où m'avait amené Victor Margueritte, j'entendis de la bouche de l'ambassadeur du Brésil à Paris le son de cloche officiel : « Des Indiens ? Hélas, mon cher Monsieur, mais voici des lustres qu'ils ont tous disparu. Oh, c'est là une page bien triste, bien honteuse, dans l'histoire de mon pays. Mais les colons portugais du XVIᵉ siècle étaient des hommes avides et brutaux. Comment leur reprocher d'avoir participé à la rudesse générale des mœurs ? Ils se saisissaient des Indiens, les attachaient à la bouche des canons et les déchiquetaient vivants à coups de boulets. C'est ainsi qu'on les a eus, jusqu'au dernier. Vous allez, comme sociologue, découvrir au Brésil des choses passionnantes, mais les Indiens, n'y songez plus, vous n'en trouverez plus un seul... »

Quand j'évoque aujourd'hui ces propos, ils me paraissent incroyables, même dans la bouche d'un *gran fino* de 1934 et me souvenant à quel point l'élite brésilienne d'alors (heureusement, elle a changé depuis) avait horreur de toute allusion aux indigènes et plus généralement aux conditions primitives de l'intérieur, sinon pour admettre – et même suggérer – qu'une arrière-grand-mère indienne était à l'origine d'une physionomie imperceptiblement exotique, et non pas ces quelques gouttes, ou litres, de sang noir qu'il devenait déjà de bon ton (à l'inverse des ancêtres de l'époque impériale) d'essayer de faire oublier. Pourtant, chez Luis de Souza-Dantas, l'ascendance indienne n'était pas douteuse et il eût pu aisément s'en glorifier. Mais, Brésilien d'exportation qui avait depuis l'adolescence adopté la France, il avait perdu jusqu'à la connaissance de l'état réel de son pays, à quoi s'était substitué dans sa mémoire une sorte de poncif officiel et distingué. Dans la mesure où certains souvenirs lui étaient restés, il préférait aussi, j'imagine, ternir les Brésiliens du XVIᵉ siècle pour détourner l'attention du passe-temps favori qui avait été celui des hommes de la génération de ses parents, et même encore du temps de sa jeunesse : à savoir, recueillir dans les hôpitaux les vêtements infectés des victimes de la variole, pour aller les accrocher avec d'autres présents le long des sentiers encore fréquentés par les tribus. Grâce à quoi fut obtenu

ce brillant résultat : l'Etat de São Paulo, aussi grand que
la France, que les cartes de 1918 indiquaient encore aux
deux tiers « territoire inconnu habité seulement par les
Indiens », ne comptait, quand j'y arrivai en 1935, plus un
seul indigène, sinon un groupe de quelques familles lo-
calisées sur la côte qui venaient vendre le dimanche, sur
les plages de Santos, de prétendues curiosités. Heureusement, à défaut des faubourgs de São Paulo, à trois mille
kilomètres dans l'intérieur, les Indiens étaient encore là.

Il m'est impossible de passer sur cette période sans
arrêter un regard amical sur un autre monde que je dois
à Victor Margueritte (mon introducteur à l'ambassade du
Brésil) de m'avoir fait entrevoir ; il m'avait conservé son
amitié, après un bref passage à son service comme
secrétaire durant mes dernières années d'étudiant. Mon
rôle avait été d'assurer la sortie d'un de ses livres – *la
Patrie humaine* – en rendant visite à une centaine de
personnalités parisiennes, pour leur présenter l'exemplaire que le Maître – il tenait à cette appellation – leur
avait dédicacé. Je devais aussi rédiger des notices et de
prétendus échos suggérant à la critique les commentaires
appropriés. Victor Margueritte demeure dans mon souvenir, non seulement à cause de la délicatesse de tous ses
procédés à mon endroit, mais aussi (comme c'est le cas
pour tout ce qui me frappe durablement) en raison de la
contradiction entre le personnage et l'œuvre. Autant
celle-ci peut paraître simpliste, rocailleuse malgré sa
générosité, autant la mémoire de l'homme mériterait de
subsister. Son visage avait la grâce et la finesse un peu
féminines d'un ange gothique, et toutes ses manières
respiraient une noblesse si naturelle que ses travers, dont
la vanité n'était pas le moindre, ne parvenaient pas à
choquer ou à irriter, tant ils paraissaient l'indice supplémentaire d'un privilège de sang ou d'esprit.

Il habitait du côté du XVIIe arrondissement un grand
appartement bourgeois et désuet, où, déjà presque aveugle, l'entourait d'une sollicitude active sa femme dont
l'âge (qui exclut la confusion, seulement possible dans la
jeunesse, entre les caractéristiques physiques et morales)
avait décomposé en laideur et en vivacité ce que jadis
sans doute on avait admiré comme du *piquant*.

Il recevait fort peu, non seulement parce qu'il se jugeait méconnu par les jeunes générations et que les milieux officiels l'avaient répudié, mais surtout parce qu'il s'était installé sur un si haut piédestal qu'il lui devenait difficile de se trouver des interlocuteurs. De façon spontanée ou réfléchie, je n'ai jamais pu le savoir, il avait contribué avec quelques autres à l'établissement d'une confrérie internationale de surhommes dont ils étaient cinq ou six à faire partie : lui-même, Keyserling, Ladislas Reymond, Romain Rolland et, je crois, pour un temps Einstein. La base du système était que, chaque fois qu'un des membres publiait un livre, les autres, dispersés à travers le monde, s'empressaient de le saluer comme une des plus hautes manifestations du génie humain.

Mais ce qui touchait surtout chez Victor Margueritte, c'était la simplicité avec laquelle il voulait assumer dans sa personne toute l'histoire de la littérature française. Cela lui était d'autant plus facile qu'il provenait d'un milieu littéraire : sa mère était cousine germaine de Mallarmé; les anecdotes, les souvenirs étayaient son affectation. Aussi parlait-on familièrement chez lui de Zola, des Goncourt, de Balzac, de Hugo comme d'oncles et de grands-parents dont il eût reçu le soin de gérer l'héritage. Et quand il s'écriait avec impatience : « On dit que j'écris sans style! Et Balzac, lui, est-ce qu'il avait du style? » on se serait cru devant un descendant de rois expliquant une de ses frasques par le tempérament bouillant d'un ancêtre, tempérament célèbre que le commun des mortels évoque, non comme un trait personnel, mais comme l'explication officiellement reconnue d'un grand bouleversement de l'histoire contemporaine; et on frissonne d'aise en le retrouvant incarné. D'autres écrivains ont eu plus de talent; mais peu, sans doute, ont su se faire, avec tant de grâce, une conception aussi aristocratique de leur métier.

COMMENT ON DEVIENT ETHNOGRAPHE

Je préparais l'agrégation de philosophie vers quoi
m'avait poussé moins une vocation véritable que la
répugnance éprouvée au contact des autres études dont
j'avais tâté jusque-là.

A l'arrivée en classe de philosophie, j'étais vaguement
imbu d'un monisme rationaliste que je m'apprêtais à
justifier et fortifier; j'avais donc fait des pieds et des
mains pour entrer dans la division dont le professeur
avait la réputation d'être le plus « avancé ». Il est vrai que
Gustave Rodrigues était un militant du parti S.F.I.O.,
mais, sur le plan philosophique, sa doctrine offrait un
mélange de bergsonisme et de néo-kantisme qui décevait
rudement mon espérance. Au service d'une sécheresse
dogmatique, il mettait une ferveur qui se traduisait tout
au long de son cours par une gesticulation passionnée. Je
n'ai jamais connu autant de conviction candide associée à
une réflexion plus maigre. Il s'est suicidé en 1940 lors de
l'entrée des Allemands à Paris.

Là, j'ai commencé à apprendre que tout problème,
grave ou futile, peut être liquidé par l'application d'une
méthode, toujours identique, qui consiste à opposer deux
vues traditionnelles de la question; à introduire la première par les justifications du sens commun, puis à les
détruire au moyen de la seconde; enfin à les renvoyer dos
à dos grâce à une troisième qui révèle le caractère également partiel des deux autres, ramenées par des artifices de vocabulaire aux aspects complémentaires d'une
même réalité : forme et fond, contenant et contenu, être
et paraître, continu et discontinu, essence et existence,

etc. Ces exercices deviennent vite verbaux, fondés sur un art du calembour qui prend la place de la réflexion; les assonances entre les termes, les homophonies et les ambiguïtés fournissant progressivement la matière de ces coups de théâtre spéculatifs à l'ingéniosité desquels se reconnaissent les bons travaux philosophiques.

Cinq années de Sorbonne se réduisaient à l'apprentissage de cette gymnastique dont les dangers sont pourtant manifestes. D'abord parce que le ressort de ces rétablissements est si simple qu'il n'existe pas de problème qui ne puisse être abordé de cette façon. Pour préparer le concours et cette suprême épreuve, la leçon (qui consiste, après quelques heures de préparation, à traiter une question tirée au sort), mes camarades et moi nous proposions les sujets les plus extravagants. Je me faisais fort de mettre en dix minutes sur pied une conférence d'une heure, à solide charpente dialectique, sur la supériorité respective des autobus et des tramways. Non seulement la méthode fournit un passe-partout, mais elle incite à n'apercevoir dans la richesse des thèmes de réflexion qu'une forme unique, toujours semblable, à condition d'y apporter quelques correctifs élémentaires : un peu comme une musique qui se réduirait à une seule mélodie, dès qu'on a compris que celle-ci se lit tantôt en clé de sol et tantôt en clé de fa. De ce point de vue, l'enseignement philosophique exerçait l'intelligence en même temps qu'il desséchait l'esprit.

J'aperçois un péril plus grave encore à confondre le progrès de la connaissance avec la complexité croissante des constructions de l'esprit. On nous invitait à pratiquer une synthèse dynamique prenant comme point de départ les théories les moins adéquates pour nous élever jusqu'aux plus subtiles; mais en même temps (et en raison du souci historique qui obsédait tous nos maîtres), il fallait expliquer comment celles-ci étaient graduellement nées de celles-là. Au fond, il s'agissait moins de découvrir le vrai et le faux que de comprendre comment les hommes avaient peu à peu surmonté des contradictions. La philosophie n'était pas *ancilla scientiarum*, la servante et l'auxiliaire de l'exploration scientifique, mais une sorte de contemplation esthétique de la conscience par elle-

même. On la voyait, à travers les siècles, élaborer des
constructions de plus en plus légères et audacieuses,
résoudre des problèmes d'équilibre ou de portée, inven-
ter des raffinements logiques, et tout cela était d'autant
plus méritoire que la perfection technique ou la cohérence interne était plus grande; l'enseignement philosophique devenait comparable à celui d'une histoire de l'art
qui proclamerait le gothique nécessairement supérieur
au roman, et, dans l'ordre du premier, le flamboyant plus
parfait que le primitif, mais où personne ne se demanderait ce qui est beau et ce qui ne l'est pas. Le signifiant ne
se rapportait à aucun signifié, il n'y avait plus de référent.
Le savoir-faire remplaçait le goût de la vérité. Après des
années consacrées à ces exercices, je me retrouve en tête
à tête avec quelques convictions rustiques qui ne sont pas
très différentes de celles de ma quinzième année. Peut-
être je perçois mieux l'insuffisance de ces outils; au moins
ont-ils une valeur instrumentale qui les rend propres au
service que je leur demande; je ne suis pas en danger
d'être dupe de leur complication interne, ni d'oublier leur
destination pratique pour me perdre dans la contemplation de leur agencement merveilleux.

Toutefois, je devine des causes plus personnelles au
dégoût rapide qui m'éloigna de la philosophie et me fit
m'accrocher à l'ethnographie comme à une planche de
salut. Après avoir passé au lycée de Mont-de-Marsan une
année heureuse à élaborer mon cours en même temps
que j'enseignais, je découvris avec horreur dès la rentrée
suivante, à Laon où j'avais été nommé, que tout le reste
de ma vie consisterait à le répéter. Or, mon esprit
présente cette particularité, qui est sans doute une infirmité, qu'il m'est difficile de le fixer deux fois sur le même
objet. D'habitude, le concours d'agrégation est considéré
comme une épreuve inhumaine au terme de laquelle,
pour peu qu'on le veuille, on gagne définitivement le
repos. Pour moi, c'était le contraire. Reçu à mon premier
concours, cadet de ma promotion, j'avais sans fatigue
remporté ce rallye à travers les doctrines, les théories et
les hypothèses. Mais c'est ensuite que mon supplice allait
commencer : il me serait impossible d'articuler verbalement mes leçons si je ne m'employais chaque année à

fabriquer un cours nouveau. Cette incapacité se révélait encore plus gênante quand je me trouvais dans le rôle d'examinateur : car, tirant au hasard les questions du programme, je ne savais même plus quelles réponses les candidats auraient dû me fournir. Le plus nul semblait déjà tout dire. C'était comme si les sujets se dissolvaient devant moi du seul fait que je leur avais une fois appliqué ma réflexion.

Aujourd'hui, je me demande parfois si l'ethnographie ne m'a pas appelé, sans que je m'en doute, en raison d'une affinité de structure entre les civilisations qu'elle étudie et celle de ma propre pensée. Les aptitudes me manquent pour garder sagement en culture un domaine dont, année après année, je recueillerais les moissons : j'ai l'intelligence néolithique. Pareille aux feux de brousse indigènes, elle embrase des sols parfois inexplorés ; elle les féconde peut-être pour en tirer hâtivement quelques récoltes, et laisse derrière elle un territoire dévasté. Mais à l'époque, je ne pouvais prendre conscience de ces motivations profondes. J'ignorais tout de l'ethnologie, je n'avais jamais suivi un cours, et lorsque Sir James Frazer rendit à la Sorbonne sa dernière visite et y prononça une conférence mémorable – en 1928, je crois – bien que je fusse au courant de l'événement, l'idée ne me vint même pas d'y assister.

Sans doute m'étais-je consacré dès la petite enfance à une collection de curiosités exotiques. Mais c'était une occupation d'antiquaire, guidée vers des domaines où tout n'était pas inaccessible à ma bourse. A l'adolescence, mon orientation restait encore si indécise que le premier qui se fût essayé à formuler un diagnostic, mon professeur de philosophie de première supérieure qui s'appelait André Cresson, m'assigna les études juridiques comme répondant le mieux à mon tempérament ; j'en conserve beaucoup de reconnaissance à sa mémoire à cause de la demi-vérité que recouvrait cette erreur.

Je renonçai donc à l'Ecole normale et je m'inscrivis au Droit en même temps que je préparai la licence de philosophie ; simplement parce que c'était si facile. Une curieuse fatalité pèse sur l'enseignement du Droit. Pris entre la théologie dont, à cette époque, son esprit le

rapprochait, et le journalisme vers quoi la récente
réforme est en train de le faire basculer, on dirait qu'il lui
est impossible de se situer sur un plan à la fois solide et
objectif : il perd une des vertus quand il essaye de
conquérir ou de retenir l'autre. Objet d'étude pour le
savant, le juriste me faisait penser à un animal qui
prétendrait montrer la lanterne magique au zoologiste. A
l'époque, heureusement, les examens de droit se travaillaient en quinze jours, grâce à des aide-mémoire appris
par cœur. Plus encore que sa stérilité, la clientèle du droit
me rebutait. La distinction est-elle toujours solide ? J'en
doute. Mais, vers 1928, les étudiants de première année
des divers ordres se répartissaient en deux espèces, on
pourrait presque dire en deux races séparées : droit et
médecine d'une part, lettres et sciences de l'autre.

Si peu séduisants que soient les termes extroverti et
introverti, ce sont sans doute les plus propres à traduire
l'opposition. D'un côté une « jeunesse » (au sens où le
folklore traditionnel prend ce terme pour désigner une
classe d'âge) bruyante, agressive, soucieuse de s'affirmer
même au prix de la pire vulgarité, politiquement orientée
vers l'extrême-droite (de l'époque); de l'autre, des adolescents prématurément vieillis, discrets, retirés, habituellement « à gauche », et travaillant à se faire déjà admettre
au nombre de ces adultes qu'ils s'employaient à devenir.

L'explication de cette différence est assez simple. Les
premiers, qui se préparent à l'exercice d'une profession,
célèbrent par leur conduite l'affranchissement de l'école
et une position déjà prise dans le système des fonctions
sociales. Placés dans une situation intermédiaire entre
l'état indifférencié de lycéen et l'activité spécialisée à
laquelle ils se destinent, ils se sentent en état de marge et
revendiquent les privilèges contradictoires propres à
l'une et l'autre condition.

Aux lettres et aux sciences, les débouchés habituels :
professorat, recherche et quelques carrières imprécises,
sont d'une autre nature. L'étudiant qui les choisit ne dit
pas adieu à l'univers enfantin : il s'attache plutôt à y
rester. Le professorat n'est-il pas le seul moyen offert aux
adultes pour leur permettre de demeurer à l'école ?

L'étudiant en lettres ou en sciences se caractérise par une sorte de refus qu'il oppose aux exigences du groupe. Une réaction presque conventuelle l'incite à se replier temporairement ou de façon plus durable, dans l'étude, la préservation et la transmission d'un patrimoine indépendant de l'heure qui passe. Quant au futur savant, son objet est commensurable à la durée de l'univers seulement. Rien n'est donc plus faux que de les persuader qu'ils s'engagent; même quand ils croient le faire, leur engagement ne consiste pas à accepter un donné, à s'identifier à une de ses fonctions, à en assumer les chances et les risques personnels; mais à le juger du dehors et comme s'ils n'en faisaient pas eux-mêmes partie; leur engagement est encore une manière particulière de rester dégagés. L'enseignement et la recherche ne se confondent pas, de ce point de vue, avec l'apprentissage d'un métier. C'est leur grandeur et leur misère que d'être soit un refuge, soit une mission.

Dans cette antinomie qui oppose, d'une part le métier, de l'autre une entreprise ambiguë qui oscille entre la mission et le refuge, participe toujours de l'une et de l'autre tout en étant plutôt l'une ou plutôt l'autre, l'ethnographie occupe certes une place de choix. C'est la forme la plus extrême qui se puisse concevoir du second terme. Tout en se voulant humain, l'ethnographe cherche à connaître et à juger l'homme d'un point de vue suffisamment élevé et éloigné pour l'abstraire des contingences particulières à telle société ou telle civilisation. Ses conditions de vie et de travail le retranchent physiquement de son groupe pendant de longues périodes; par la brutalité des changements auxquels il s'expose, il acquiert une sorte de déracinement chronique : plus jamais il ne se sentira chez lui nulle part, il restera psychologiquement mutilé. Comme les mathématiques ou la musique, l'ethnographie est une des rares vocations authentiques. On peut la découvrir en soi, même sans qu'on vous l'ait enseignée.

Aux particularités individuelles et aux attitudes sociales, il faut ajouter des motivations d'une nature proprement intellectuelle. La période 1920-1930 a été celle de la diffusion des théories psychanalytiques en France. A

travers elles, j'apprenais que les antinomies statiques
autour desquelles on nous conseillait de construire nos
dissertations philosophiques et plus tard nos leçons –
rationnel et irrationnel, intellectuel et affectif, logique et
prélogique – se ramenaient à un jeu gratuit. D'abord, au
delà du rationnel il existe une catégorie plus importante
et plus fertile, celle du signifiant qui est la plus haute
manière d'être du rationnel, mais dont nos maîtres (plus
occupés sans doute à méditer l'*Essai sur les données
immédiates de la conscience* que le *Cours de linguistique
générale* de F. de Saussure) ne prononçaient même pas
le nom. Ensuite, l'œuvre de Freud me révélait que ces
oppositions n'étaient pas véritablement telles, puisque ce
sont précisément les conduites en apparence les plus
affectives, les opérations les moins rationnelles, les manifestations déclarées prélogiques, qui sont en même temps
les plus signifiantes. A la place des actes de foi ou des
pétitions de principe du bergsonisme, réduisant êtres et
choses à l'état de bouillie pour mieux faire ressortir leur
nature ineffable, je me convainquais qu'êtres et choses
peuvent conserver leurs valeurs propres sans perdre la
netteté des contours qui les délimitent les uns par rapport aux autres, et leur donnent à chacun une structure
intelligible. La connaissance ne repose pas sur une renonciation ou sur un troc, mais consiste dans une sélection
des aspects *vrais*, c'est-à-dire ceux qui coïncident avec les
propriétés de ma pensée. Non point comme le prétendaient les néo-kantiens, parce que celle-ci exerce sur les
choses une inévitable contrainte, mais bien plutôt parce
que ma pensée est elle-même un objet. Etant « de ce
monde », elle participe de la même nature que lui.

Cette évolution intellectuelle, que j'ai subie de concert
avec d'autres hommes de ma génération, se colorait
toutefois d'une nuance particulière en raison de l'intense
curiosité qui, dès l'enfance, m'avait poussé vers la géologie; je range encore parmi mes plus chers souvenirs,
moins telle équipée dans une zone inconnue du Brésil
central que la poursuite au flanc d'un causse languedo-
cien de la ligne de contact entre deux couches géologiques. Il s'agit là de bien autre chose que d'une promenade
ou d'une simple exploration de l'espace : cette quête

incohérente pour un observateur non prévenu offre à mes yeux l'image même de la connaissance, des difficultés qu'elle oppose, des joies qu'on peut en espérer.

Tout paysage se présente d'abord comme un immense désordre qui laisse libre de choisir le sens qu'on préfère lui donner. Mais, au delà des spéculations agricoles, des accidents géographiques, des avatars de l'histoire et de la préhistoire, le sens auguste entre tous n'est-il pas celui qui précède, commande et, dans une large mesure, explique les autres? Cette ligne pâle et brouillée, cette différence souvent imperceptible dans la forme et la consistance des débris rocheux témoignent que là où je vois aujourd'hui un terroir aride, deux océans se sont jadis succédé. Suivant à la trace les preuves de leur stagnation millénaire et franchissant tous les obstacles – parois abruptes, éboulements, broussailles, cultures – indifférent aux sentiers comme aux barrières, on paraît agir à contre-sens. Or, cette insubordination a pour seul but de recouvrer un maître-sens, obscur sans doute, mais dont chacun des autres est la transposition partielle ou déformée.

Que le miracle se produise, comme il arrive parfois; que, de part et d'autre de la secrète fêlure, surgissent côte à côte deux vertes plantes d'espèces différentes, dont chacune a choisi le sol le plus propice; et qu'au même moment se devinent dans la roche deux ammonites aux involutions inégalement compliquées, attestant à leur manière un écart de quelques dizaines de millénaires : soudain l'espace et le temps se confondent; la diversité vivante de l'instant juxtapose et perpétue les âges. La pensée et la sensibilité accèdent à une dimension nouvelle où chaque goutte de sueur, chaque flexion musculaire, chaque halètement deviennent autant de symboles d'une histoire dont mon corps reproduit le mouvement propre, en même temps que ma pensée en embrasse la signification. Je me sens baigné par une intelligibilité plus dense, au sein de laquelle les siècles et les lieux se répondent et parlent des langages enfin réconciliés.

Quand je connus les théories de Freud, elles m'apparurent tout naturellement comme l'application à l'homme individuel d'une méthode dont la géologie représentait le canon. Dans les deux cas, le chercheur est placé d'emblée devant des phénomènes en apparence impénétrables; dans les deux cas il doit, pour inventorier et jauger les éléments d'une situation complexe, mettre en œuvre des qualités de finesse : sensibilité, flair et goût. Et pourtant, l'ordre qui s'introduit dans un ensemble au premier abord incohérent n'est ni contingent, ni arbitraire. A la différence de l'histoire des historiens, celle du géologue comme celle du psychanalyste cherchent à projeter dans le temps, un peu à la manière d'un tableau vivant, certaines propriétés fondamentales de l'univers physique ou psychique. Je viens de parler de tableau vivant; en effet, le jeu des « proverbes en action » fournit l'image naïve d'une entreprise consistant à interpréter chaque geste comme le déroulement dans la durée de certaines vérités intemporelles dont les proverbes tentent de restituer l'aspect concret sur le plan moral, mais qui, dans d'autres domaines, s'appellent exactement des lois. Dans tous ces cas, une sollicitation de la curiosité esthétique permet d'accéder de plain-pied à la connaissance.

Vers ma dix-septième année, j'avais été initié au marxisme par un jeune socialiste belge, connu en vacances et qui est aujourd'hui ambassadeur de son pays à l'étranger. La lecture de Marx m'avait d'autant plus transporté que je prenais pour la première fois contact, à travers cette grande pensée, avec le courant philosophique qui va de Kant à Hegel : tout un monde m'était révélé. Depuis lors, cette ferveur ne s'est jamais démentie et je m'applique rarement à débrouiller un problème de sociologie ou d'ethnologie sans avoir, au préalable, vivifié ma réflexion par quelques pages du *18 Brumaire de Louis Bonaparte* ou de la *Critique de l'économie politique*. Il ne s'agit d'ailleurs pas de savoir si Marx a justement prévu tel ou tel développement de l'histoire. A la suite de Rousseau, et sous une forme qui me paraît décisive, Marx a enseigné que la science sociale ne se bâtit pas plus sur le plan des événements que la physique à partir des données de la sensibilité : le but est de construire un modèle, d'étudier ses propriétés et les différentes manières dont il réagit au laboratoire, pour appliquer ensuite ces observations à l'interprétation de ce qui se passe empiriquement et qui peut être fort éloigné des prévisions.

A un niveau différent de la réalité, le marxisme me semblait procéder de la même façon que la géologie et la psychanalyse entendue au sens que lui avait donné son fondateur : tous trois démontrent que comprendre consiste à réduire un type de réalité à un autre; que la réalité vraie n'est jamais la plus manifeste; et que la nature du vrai transparaît déjà dans le soin qu'il met à se dérober. Dans tous les cas, le même problème se pose, qui est celui du rapport entre le sensible et le rationnel et le but cherché est le même : une sorte de *super-rationalisme*, visant à intégrer le premier au second sans rien sacrifier de ses propriétés.

Je me montrais donc rebelle aux nouvelles tendances de la réflexion métaphysique telles qu'elles commençaient à se dessiner. La phénoménologie me heurtait, dans la mesure où elle postule une continuité entre le vécu et le réel. D'accord pour reconnaître que celui-ci enveloppe et explique celui-là, j'avais appris de mes trois maîtresses que le passage entre les deux ordres est discontinu; que pour atteindre le réel il faut d'abord répudier le vécu, quitte à le réintégrer par la suite dans une synthèse objective dépouillée de toute sentimentalité. Quant au mouvement de pensée qui allait s'épanouir dans l'existentialisme, il me semblait être le contraire d'une réflexion légitime en raison de la complaisance qu'il manifeste envers les illusions de la subjectivité. Cette promotion des préoccupations personnelles à la dignité de problèmes philosophiques risque trop d'aboutir à une sorte de métaphysique pour midinette, excusable au titre de procédé didactique, mais fort dangereuse si elle doit permettre de tergiverser avec cette mission dévolue à la philosophie jusqu'à ce que la science soit assez forte pour la remplacer, qui est de comprendre l'être par rapport à lui-même et non point par rapport à moi. Au lieu d'abolir la métaphysique, la phénoménologie et l'existentialisme introduisaient deux méthodes pour lui trouver des alibis.

Entre le marxisme et la psychanalyse qui sont des sciences humaines à perspective sociale pour l'une, indi-

viduelle pour l'autre, et la géologie, science physique –
mais aussi mère et nourrice de l'histoire, à la fois par sa
méthode et par son objet – l'ethnographie s'établit spontanément dans son royaume : car cette humanité, que
nous envisageons sans autres limitations que celles de
l'espace, affecte d'un nouveau sens les transformations du
globe terrestre que l'histoire géologique a léguées : indissoluble travail qui se poursuit au cours des millénaires,
dans l'œuvre de sociétés anonymes comme les forces
telluriques, et dans la pensée d'individus qui offrent à
l'attention du psychologue autant de cas particuliers.
L'ethnographie m'apporte une satisfaction intellectuelle :
comme histoire qui rejoint par ses deux extrémités celle
du monde et la mienne, elle dévoile du même coup leur
commune raison. Me proposant d'étudier l'homme, elle
m'affranchit du doute, car elle considère en lui ces
différences et ces changements qui ont un sens pour tous
les hommes à l'exclusion de ceux, propres à une seule
civilisation, qui se dissoudraient si l'on choisissait de
rester en dehors. Enfin, elle tranquillise cet appétit
inquiet et destructeur dont j'ai parlé, en garantissant à ma
réflexion une matière pratiquement inépuisable, fournie
par la diversité des mœurs, des coutumes et des institutions. Elle réconcilie mon caractère et ma vie.

Après cela, il peut paraître étrange que je sois resté si
longtemps sourd à un message qui, dès la classe de
philosophie pourtant, m'était transmis par l'œuvre des
maîtres de l'école sociologique française. En fait, la révélation m'est seulement venue vers 1933 ou 34, à la lecture
d'un livre rencontré par hasard et déjà ancien : *Primitive
Society* de Robert H. Lowie. Mais c'est qu'au lieu de
notions empruntées à des livres et immédiatement méta-
morphosées en concepts philosophiques, j'étais confronté
à une expérience vécue des sociétés indigènes et dont
l'engagement de l'observateur avait préservé la signification. Ma pensée échappait à cette sudation en vase clos à
quoi la pratique de la réflexion philosophique la réduisait. Conduite au grand air, elle se sentait rafraîchie d'un
souffle nouveau. Comme un citadin lâché dans les montagnes, je m'enivrais d'espace tandis que mon œil ébloui
mesurait la richesse et la variété des objets.

Ainsi a commencé cette longue intimité avec l'ethnologie anglo-américaine, nouée à distance par la lecture et maintenue plus tard au moyen de contacts personnels, qui devait fournir l'occasion de si graves malentendus. Au Brésil d'abord, où les maîtres de l'Université attendaient de moi que je contribue à l'enseignement d'une sociologie durkheimienne vers quoi les avaient poussés la tradition positiviste, si vivace en Amérique du Sud, et le souci de donner une base philosophique au libéralisme modéré qui est l'arme idéologique habituelle des oligarchies contre le pouvoir personnel. J'arrivai en état d'insurrection ouverte contre Durkheim et contre toute tentative d'utiliser la sociologie à des fins métaphysiques. Ce n'était certes pas au moment où je cherchais de toutes mes forces à élargir mon horizon que j'allais aider à relever les vieilles murailles. On m'a bien souvent reproché depuis lors je ne sais quelle inféodation à la pensée anglo-saxonne. Quelle sottise! Outre qu'à l'heure actuelle je suis probablement plus fidèle que tout autre à la tradition durkheimienne – on ne s'y trompe pas à l'étranger – les auteurs envers qui je tiens à proclamer ma dette : Lowie, Kroeber, Boas, me semblent aussi éloignés que possible de cette philosophie américaine à la manière de James ou de Dewey (et maintenant du prétendu logico-positivisme) qui est depuis longtemps périmée. Européens de naissance, formés eux-mêmes en Europe ou par des maîtres européens, ils représentent tout autre chose : une synthèse reflétant, sur le plan de la connaissance, celle dont Colomb avait quatre siècles plus tôt fourni l'occasion objective; cette fois, entre une méthode scientifique vigoureuse et le terrain expérimental unique offert par le Nouveau Monde, à un moment où, jouissant déjà des meilleures bibliothèques, on pouvait quitter son université et se rendre en milieu indigène aussi facilement que nous allons au pays basque ou sur la Côte d'Azur. Ce n'est pas à une tradition intellectuelle que je rends hommage, mais à une situation historique. Qu'on songe seulement au privilège d'accéder à des populations vierges de toute investigation sérieuse et suffisamment bien préservées, grâce au temps si court depuis que fut entreprise leur destruction. Une anecdote le fera bien comprendre : celle

d'un Indien échappé seul, miraculeusement, à l'extermination des tribus californiennes encore sauvages, et qui,
pendant des années, vécut ignoré de tous au voisinage
des grandes villes, taillant les pointes en pierre de ses
flèches qui lui permettaient de chasser. Peu à peu,
pourtant, le gibier disparut; on découvrit un jour cet
Indien nu et mourant de faim à l'entrée d'un faubourg. Il
finit paisiblement son existence comme concierge de
l'Université de Californie.

VII

LE COUCHER DU SOLEIL

Voilà des considérations bien longues et bien inutiles, pour amener à cette matinée de février 1935 où j'arrivai à Marseille prêt à embarquer à destination de Santos. Par la suite, j'ai connu d'autres départs et tous se confondent dans mon souvenir où quelques images seulement sont préservées : d'abord cette gaieté particulière de l'hiver dans le Midi de la France; sous un ciel bleu très clair, plus immatériel encore que de coutume, un air mordant offrait le plaisir à peine supportable que donne à l'assoiffé une eau gazeuse et glacée trop vite bue. Par contraste, de lourds relents traînaient dans les couloirs du paquebot immobile et surchauffé, mélange de senteurs marines, d'émanations provenant des cuisines et de récente peinture à l'huile. Enfin, je me rappelle la satisfaction et la quiétude, je dirais presque le placide bonheur, que procure au milieu de la nuit la perception assourdie de la trépidation des machines et du froissement de l'eau par la coque; comme si le mouvement faisait accéder à une sorte de stabilité d'une essence plus parfaite que l'immobilité; laquelle, par contre, réveillant brusquement le dormeur à l'occasion d'une escale nocturne, suscite un sentiment d'insécurité et de malaise : impatience que le cours devenu naturel des choses ait été soudain compromis.

Nos bateaux faisaient beaucoup d'escales. En vérité, la première semaine de voyage se passait presque complètement à terre tandis que se chargeait et se déchargeait le fret; on naviguait la nuit. Chaque réveil nous trouvait à quai dans un autre port : Barcelone, Tarragone, Valence,

Alicante, Malaga, Cadix parfois; ou bien encore Alger, Oran, Gibraltar, avant la plus longue étape qui menait à Casablanca et enfin à Dakar. Alors seulement commençait la grande traversée, soit directement jusqu'à Rio et Santos, soit, plus rarement, ralentie vers la fin par une reprise du cabotage le long de la côte brésilienne, avec des escales à Recife, Bahia et Victoria. L'air peu à peu tiédissait, les sierras espagnoles défilaient doucement à l'horizon, et des mirages en forme de mondrains et de falaises prolongeaient le spectacle pendant des journées entières, au large de la côte d'Afrique trop basse et marécageuse pour être directement visible. C'était le contraire d'un voyage. Plutôt que moyen de transport, le bateau nous semblait demeure et foyer, à la porte duquel le plateau tournant du monde eût arrêté chaque jour un décor nouveau.

Pourtant, l'esprit ethnographique m'était encore si étranger que je ne songeais pas à profiter de ces occasions. J'ai appris depuis combien ces brefs aperçus d'une ville, d'une région ou d'une culture exercent utilement l'attention et permettent même parfois – en raison de l'intense concentration rendue nécessaire par le moment si bref dont on dispose – d'appréhender certaines propriétés de l'objet qui eussent pu, en d'autres circonstances, rester longtemps cachées. D'autres spectacles m'attiraient davantage et, avec la naïveté du débutant, j'observais passionnément, sur le pont désert, ces cataclysmes surnaturels dont, pendant quelques instants chaque jour, le lever et le coucher du soleil figuraient la naissance, l'évolution et la fin, aux quatre coins d'un horizon plus vaste que je n'en avais jamais contemplé. Si je trouvais un langage pour fixer ces apparences à la fois instables et rebelles à tout effort de description, s'il m'était donné de communiquer à d'autres les phases et les articulations d'un événement pourtant unique et qui jamais ne se reproduirait dans les mêmes termes, alors, me semblait-il, j'aurais d'un seul coup atteint aux arcanes de mon métier : il n'y aurait pas d'expérience bizarre ou particulière à quoi l'enquête ethnographique dût m'exposer, et dont je ne puisse un jour faire saisir à tous le sens et la portée.

Après tant d'années, parviendrais-je à me replacer dans cet état de grâce? Saurais-je revivre ces instants fiévreux où, carnet en main, je notais seconde après seconde l'expression qui me permettrait peut-être d'immobiliser ces formes évanescentes et toujours renouvelées? Le jeu me fascine encore et je me prends souvent en train de m'y risquer.

Ecrit en bateau.

Pour les savants, l'aube et le crépuscule sont un seul phénomène et les Grecs pensaient de même, puisqu'ils les désignaient d'un mot que l'on qualifiait autrement selon qu'il s'agissait du soir ou du matin. Cette confusion exprime bien le prédominant souci des spéculations théoriques et une singulière négligence de l'aspect concret des choses. Qu'un point quelconque de la terre se déplace par un mouvement indivisible entre la zone d'incidence des rayons solaires et celle où la lumière lui échappe ou lui revient, cela se peut. Mais en réalité, rien n'est plus différent que le soir et le matin. Le lever du jour est un prélude, son coucher, une ouverture qui se produirait à la fin au lieu du commencement comme dans les vieux opéras. Le visage du soleil annonce les moments qui vont suivre, sombre et livide si les premières heures de la matinée doivent être pluvieuses; rose, léger, mousseux quand une claire lumière va briller. Mais, de la suite du jour, l'aurore ne préjuge pas. Elle engage l'action météorologique et dit : il va pleuvoir, il va faire beau. Pour le coucher du soleil, c'est autre chose; il s'agit d'une représentation complète avec un début, un milieu et une fin. Et ce spectacle offre une sorte d'image en réduction des combats, des triomphes et des défaites qui se sont succédé pendant douze heures de façon palpable, mais aussi plus ralentie. L'aube n'est que le début du jour; le crépuscule en est une répétition.

Voilà pourquoi les hommes prêtent plus d'attention au soleil couchant qu'au soleil levant; l'aube ne leur fournit qu'une indication supplémentaire à celles du thermomètre, du baromètre et – pour les moins civilisés – des phases de la lune, du vol des oiseaux ou des oscillations des marées.

Tandis qu'un coucher de soleil les élève, réunit dans de mystérieuses configurations les péripéties du vent, du froid, et de la chaleur ou de la pluie dans lesquels leur être physique a été ballotté. Les jeux de la conscience peuvent aussi se lire dans ces constellations cotonneuses. Lorsque le ciel commence à s'éclairer des lueurs du couchant (ainsi que, dans certains théâtres, ce sont de brusques illuminations de la rampe, et non pas les trois coups traditionnels, qui annoncent le début du spectacle) le paysan suspend sa marche au long du sentier, le pêcheur retient sa barque et le sauvage cligne de l'œil, assis près d'un feu pâlissant. Se souvenir est une grande volupté pour l'homme, mais non dans la mesure où la mémoire se montre littérale, car peu accepteraient de vivre à nouveau les fatigues et les souffrances qu'ils aiment pourtant à se remémorer. Le souvenir est la vie même, mais d'une autre qualité. Aussi est-ce quand le soleil s'abaisse vers la surface polie d'une eau calme, telle l'obole d'un céleste avare, ou quand son disque découpe la crête des montagnes comme une feuille dure et dentelée, que l'homme trouve par excellence, dans une courte fantasmagorie, la révélation des forces opaques, des vapeurs et des fulgurations dont, au fond de lui-même et tout le long du jour, il a vaguement perçu les obscurs conflits.

Il avait donc fallu que de bien sinistres luttes se livrent dans les âmes. Car l'insignifiance des événements extérieurs ne justifiait aucune débauche atmosphérique. Rien n'avait marqué cette journée. Vers 16 heures – précisément à ce moment du jour où le soleil à mi-course perd déjà sa netteté, mais pas encore son éclat, où tout se brouille dans une épaisse lumière dorée qui semble accumulée à dessein pour masquer un préparatif – le Mendoza avait changé de route. A chacune des oscillations provoquées par une houle légère, on avait commencé à percevoir la chaleur avec plus d'insistance, mais la courbe décrite était si peu sensible qu'on pouvait prendre le changement de direction pour un faible accroissement du roulis. Nul, d'ailleurs, n'y avait prêté attention, rien ne ressemblant plus à un transfert géométrique qu'une traversée en haute mer. Aucun paysage n'est là pour attester la lente transition au long des latitudes, le franchissement des isothermes et des courbes pluviométriques. Cinquante kilomètres de route terrestre peuvent don-

ner l'impression d'un changement de planète, mais 5 000 kilomètres d'océan présentent un visage immuable, au moins à l'œil non exercé. Nulle préoccupation d'itinéraire, d'orientation, nulle connaissance des terres invisibles mais présentes derrière l'horizon rebondi, rien de cela ne tourmentait l'esprit des passagers. Il leur semblait être enfermés entre des parois restreintes, pour un nombre de jours fixé d'avance, non parce qu'il y avait une distance à vaincre, mais plutôt pour expier le privilège d'être transportés d'un bout à l'autre de la terre sans que leurs membres eussent à fournir un effort; trop ramollis par de grasses matinées et de paresseux repas qui, depuis longtemps, avaient cessé d'apporter une jouissance sensuelle, mais devenaient une distraction escomptée (et encore à condition de la prolonger outre mesure) pour meubler le vide des journées.

L'effort, du reste, il n'y avait rien pour l'attester. On savait bien que, quelque part au fond de cette grande boîte se trouvaient des machines et des hommes tout autour, qui les faisaient fonctionner. Mais ils ne se souciaient pas de recevoir des visites, les passagers de leur en faire, ni les officiers d'exhiber ceux-ci pour ceux-là ou inversement. Restait à se traîner autour de la carcasse où le travail du matelot solitaire décochant quelques touches de peinture sur une manche-à-air, les gestes économes des stewards en treillis bleu propulsant une loque humide dans le corridor des premières, offraient seuls la preuve du glissement régulier des milles dont on entendait vaguement le clapotis en bas de la coque rouillée.

A 17 h 40, le ciel, du côté de l'ouest, semblait encombré par un édifice complexe, parfaitement horizontal en dessous, à l'image de la mer dont on l'eût cru décollé par un incompréhensible exhaussement au-dessus de l'horizon, ou encore par l'interposition entre eux d'une épaisse et invisible plaque de cristal. A son sommet s'accrochaient et se suspendaient vers le zénith, sous l'effet de quelque pesanteur renversée, des échafaudages instables, des pyramides boursouflées, des bouillonnements figés dans un style de moulures qui eussent prétendu représenter des nuages, mais auxquelles les nuages ressembleraient eux-mêmes pour autant qu'ils évoquent le poli et la ronde-bosse du bois sculpté et doré. Cet amas confus qui masquait le soleil se

*détachait en teintes sombres avec de rares éclats, sauf vers le
haut où s'envolaient des flammèches.*

*Plus haut encore dans le ciel, des diaprures blondes se
dénouaient en sinuosités nonchalantes qui semblaient sans
matière et d'une texture purement lumineuse.*

*En suivant l'horizon vers le nord on voyait le motif
principal s'amincir, s'enlever dans un égrènement de nuages
derrière quoi, très loin, une barre plus haute se dégageait,
effervescente au sommet; du côté le plus proche du soleil –
cependant encore invisible – la lumière bordait ces reliefs
d'un vigoureux ourlet. Plus au nord, les modelés disparaissaient et il n'y avait plus que la barre elle-même, terne et
plate, qui s'effaçait dans la mer.*

*Au sud, la même barre encore surgissait, mais surmontée
de grandes dalles nuageuses reposant comme des dolmens
cosmologiques sur les crêtes du support.*

*Quand on tournait franchement le dos au soleil et qu'on
regardait vers l'est, on apercevait enfin deux groupes superposés de nuages, étirés dans le sens de la longueur et
détachés comme à contre-jour par l'incidence des rayons
solaires sur un arrière-plan de rempart mamelu et ventripo-
tent, mais tout aérien et nacré de reflets roses, mauves et
argentés.*

*Pendant ce temps, derrière les célestes récifs obstruant
l'occident, le soleil évoluait lentement; à chaque progrès de
sa chute, quelqu'un de ses rayons crevait la masse opaque
ou se frayait un passage par des voies dont le tracé, à
l'instant où le rayon jaillissait, découpait l'obstacle en un
empilage de secteurs circulaires, différents par la taille et
l'intensité lumineuse. Par moments, la lumière se résorbait
comme un poing qui se ferme et le manchon nébuleux ne
laissait plus percer qu'un ou deux doigts étincelants et
raidis. Ou bien un poulpe incandescent s'avançait hors des
grottes vaporeuses, précédant une nouvelle rétraction.*

*Il y a deux phases bien distinctes dans un coucher de
soleil. Au début, l'astre est architecte. Ensuite seulement
(quand ses rayons parviennent réfléchis et non plus directs)
il se transforme en peintre. Dès qu'il s'efface derrière l'horizon, la lumière faiblit et fait apparaître des plans à chaque
instant plus complexes. La pleine lumière est l'ennemie de la
perspective, mais, entre le jour et la nuit, il y a place pour*

une architecture aussi fantaisiste que temporaire. Avec
l'obscurité, tout s'aplatit de nouveau comme un jouet japonais merveilleusement coloré.

A 17 h 45 précises s'ébaucha la première phase. Le soleil
était déjà bas, sans toucher encore l'horizon. Au moment où
il sortit par-dessous l'édifice nuageux, il parut crever comme
un jaune d'œuf et barbouiller de lumière les formes auxquelles il était encore accroché. Cet épanchement de clarté fit vite
place à une retraite; les alentours devinrent mats et, dans ce
vide maintenant à distance la limite supérieure de l'océan et
celle, inférieure, des nuages, on put voir une cordillère de
vapeurs, tout à l'heure encore éblouissante et indiscernable,
maintenant aiguë et sombre. En même temps, de plate au
début, elle devenait volumineuse. Ces petits objets solides et
noirs se promenaient, migration oiseuse à travers une large
plaque rougeoyante qui – inaugurant la phase des couleurs
– remontait lentement de l'horizon vers le ciel.

Peu à peu, les profondes constructions du soir se repliè-
rent. La masse qui, tout le jour, avait occupé le ciel
occidental parut laminée comme une feuille métallique
qu'illuminait par-derrière un feu d'abord doré, puis vermillon, puis cerise. Déjà celui-ci faisait fondre, décapait et
enlevait dans un tourbillonnement de parcelles, des nuages
contorsionnés qui progressivement s'évanouirent.

D'innombrables réseaux vaporeux surgirent dans le ciel;
ils semblaient tendus dans tous les sens : horizontal, oblique,
perpendiculaire et même spirale. Les rayons du soleil, au fur
et à mesure de leur déclin (tel un archet penché ou redressé
pour effleurer des cordes différentes), en faisaient éclater
successivement un, puis l'autre, dans une gamme de couleurs qu'on eût crue la propriété exclusive et arbitraire de
chacun. Au moment de sa manifestation, chaque réseau
offrait la netteté, la précision et la frêle rigidité du verre filé,
mais peu à peu il se dissolvait, comme si sa matière
surchauffée par une exposition dans un ciel tout empli de
flammes, fonçant de couleur et perdant son individualité,
s'étalait en nappe de plus en plus mince jusqu'à disparaître
de la scène en démasquant un nouveau réseau fraîchement
filé. A la fin, il n'y eut plus que des teintes confuses et se
mêlant les unes aux autres; ainsi, dans une coupe, des
liquides de couleurs et de densités différentes d'abord super-

*posés, commencent lentement à se confondre malgré leur
apparente stabilité.*

*Après cela, il devint très difficile de suivre un spectacle qui
semblait se répéter avec un décalage de minutes, et parfois
de secondes, en des points éloignés du ciel. Vers l'est, dès
que le disque solaire eut entamé l'horizon opposé, on vit se
matérialiser d'un seul coup, très haut et dans des tonalités
mauve acide, des nuages jusqu'alors invisibles. L'apparition
se développa rapidement, s'enrichit de détails et de nuances,
puis tout commença à s'effacer latéralement, de la droite
vers la gauche, comme sous l'action d'un chiffon promené
d'un mouvement sûr et lent. Au bout de quelques secondes,
il ne resta plus que l'ardoise épurée du ciel au-dessus du
rempart nébuleux. Mais celui-ci passait aux blancs et aux
grisailles, tandis que le ciel rosissait.*

*Du côté du soleil, une nouvelle barre s'exhaussait derrière
la précédente devenue ciment uniforme et confus. C'était
l'autre, à présent qui flamboyait. Quand ses irradiations
rouges s'affaiblirent, les diaprures du zénith, qui n'avaient
pas encore joué leur rôle, acquirent lentement un volume.
Leur face inférieure dora et éclata, leur sommet naguère
étincelant passa aux marrons, aux violets. En même temps,
leur contexture sembla vue sous le microscope : on la
découvrit constituée de mille petits filaments soutenant leurs
formes dodues, comme un squelette.*

*Maintenant, les rayons directs du soleil avaient complète-
ment disparu. Le ciel ne présentait plus que des couleurs
rose et jaune : crevette, saumon, lin, paille; et on sentit cette
richesse discrète s'évanouir elle aussi. Le paysage céleste
renaissait dans une gamme de blancs, de bleus et de verts.
Pourtant, de petits coins de l'horizon jouissaient encore
d'une vie éphémère et indépendante. Sur la gauche, un voile
inaperçu s'affirma soudain comme un caprice de verts
mystérieux et mélangés; ceux-ci passèrent progressivement à
des rouges d'abord intenses, puis sombres, puis violets, puis
charbonneux, et ce ne fut plus que la trace irrégulière d'un
bâton de fusain effleurant un papier granuleux. Par-derrière,
le ciel était d'un jaune-vert alpestre, et la barre restait
opaque avec un contour rigoureux. Dans le ciel de l'ouest,
de petites striures d'or horizontales scintillèrent encore un
instant, mais vers le nord il faisait presque nuit : le rempart*

mamelonné n'offrait que des bombements blanchâtres sous un ciel de chaux.

Rien n'est plus mystérieux que l'ensemble de procédés toujours identiques, mais imprévisibles, par lesquels la nuit succède au jour. Sa marque apparaît subitement dans le ciel, accompagnée d'incertitude et d'angoisse. Nul ne saurait pressentir la forme qu'adoptera, cette fois unique entre toutes les autres, la surrection nocturne. Par une alchimie impénétrable, chaque couleur parvient à se métamorphoser en sa complémentaire alors qu'on sait bien que, sur la palette, il faudrait absolument ouvrir un autre tube afin d'obtenir le même résultat. Mais, pour la nuit, les mélanges n'ont pas de limite car elle inaugure un spectacle faux : le ciel passe du rose au vert, mais c'est parce que je n'ai pas pris garde que certains nuages sont devenus rouge vif, et font ainsi, par contraste, paraître vert un ciel qui était bien rose, mais d'une nuance si pâle qu'elle ne peut plus lutter avec la valeur suraiguë de la nouvelle teinte que pourtant je n'avais pas remarquée, le passage du doré au rouge s'accompagnant d'une surprise moindre que celui du rose au vert. La nuit s'introduit donc comme par supercherie.

Ainsi, au spectacle des ors et des pourpres, la nuit commençait-elle à substituer son négatif où les tons chauds étaient remplacés par des blancs et des gris. La plaque nocturne révéla lentement un paysage marin au-dessus de la mer, immense écran de nuage, s'effilant devant un ciel océanique en presqu'îles parallèles, telle une côte plate et sableuse aperçue d'un avion volant à faible hauteur et penché sur l'aile, étirant ses flèches dans la mer. L'illusion se trouvait accrue par les dernières lueurs du jour qui, frappant très obliquement ces pointes nuageuses, leur donnaient une apparence de relief évocatrice de solides rochers – eux aussi, mais à d'autres heures, sculptés d'ombres et de lumière – comme si l'astre ne pouvait plus exercer ses burins étincelants sur les porphyres et les granits, mais seulement sur des substances débiles et vaporeuses, tout en conservant dans son déclin le même style.

Sur ce fond de nuages qui ressemblait à un paysage côtier, au fur et à mesure que le ciel se nettoyait on vit apparaître des plages, des lagunes, des multitudes d'îlots et de bancs de sable envahis par l'océan inerte du ciel, criblant de fjords et *de lacs intérieurs la nappe en cours de dissociation. Et parce que le ciel bordant ces flèches nuageuses simulait un océan, et parce que la mer reflète d'habitude la couleur du ciel, ce tableau céleste reconstituait un paysage lointain sur lequel le soleil se coucherait de nouveau. Il suffisait d'ailleurs de considérer la véritable mer, bien en dessous, pour échapper au mirage : ce n'était plus la plaque ardente de midi, ni la surface gracieuse et frisée de l'après-dîner. Les rayons du jour, reçus presque horizontalement, n'éclairaient plus que la face des vaguelettes tournées vers eux, tandis que l'autre était toute sombre. L'eau prenait ainsi un relief aux ombres nettes, appuyées, creusées comme dans un métal. Toute transparence avait disparu.*

Alors, par un passage très habituel, mais comme toujours imperceptible et instantané, le soir fit place à la nuit. Tout se trouva changé. Dans le ciel opaque à l'horizon, puis au-dessus d'un jaune livide et passant au bleu vers le zénith, s'éparpillaient les derniers nuages mis en œuvre par la fin du jour. Très vite, ce ne furent plus que des ombres efflanquées et maladives, comme les portants d'un décor dont, après le spectacle et sur une scène privée de lumière, on perçoit soudain la pauvreté, la fragilité et le caractère provisoire, et que la réalité dont ils sont parvenus à créer l'illusion ne tenait pas à leur nature, mais à quelque duperie d'éclairage ou de perspective. Autant, tout à l'heure, ils vivaient et se transformaient à chaque seconde, autant ils semblent à présent figés dans une forme immuable et douloureuse, au milieu du ciel dont l'obscurité croissante les confondra bientôt avec lui.

TROISIÈME PARTIE

LE NOUVEAU MONDE

VIII

LE POT-AU-NOIR

A Dakar, nous avions dit adieu à l'Ancien Monde et, sans apercevoir les îles du Cap-Vert, nous étions parvenus à ce fatidique 7° N. où, lors de son troisième voyage en 1498, Colomb, parti dans la bonne direction pour découvrir le Brésil, changea de route vers le nord-ouest et dut à un miracle de ne pas manquer, quinze jours plus tard, Trinidad et la côte du Venezuela.

On approchait du Pot-au-Noir, redouté des anciens navigateurs. Les vents propres aux deux hémisphères s'arrêtent de part et d'autre de cette zone où les voiles pendaient pendant des semaines, sans un souffle pour les animer. L'air est si immobile qu'on se croit dans un espace clos et non plus au large; de sombres nuages dont nulle brise ne compromet l'équilibre, sensibles seulement à la pesanteur, s'abaissent et se désagrègent lentement vers la mer. Par leurs extrémités traînantes ils balayeraient la surface polie si leur inertie n'était aussi grande. L'océan, éclairé indirectement par les rayons d'un invisible soleil, offre un reflet huileux et monotone, surpassant celui que refuse un ciel d'encre, et qui inverse le rapport habituel des valeurs lumineuses entre l'air et l'eau. Quand on bascule la tête, une marine plus vraisemblable prend forme, où ciel et mer se remplacent réciproquement. A travers cet horizon devenu intime, tant les éléments sont passifs et l'éclairage réduit, errent paresseusement quelques grains, courtes et confuses colonnes qui diminuent encore la hauteur apparente séparant la mer et le plafond nuageux. Entre ces surfaces voisines, le bateau glisse avec une sorte de hâte anxieuse, comme si le temps lui était

mesuré pour échapper à l'étouffement. Parfois, un grain
se rapproche, perd ses contours, envahit l'espace et
flagelle le pont de ses lanières humides. Puis, de l'autre
côté, il retrouve sa forme visible en même temps que son
être sonore s'abolit.

Toute vie avait quitté la mer. On ne voyait plus à l'avant
du bateau, solide et mieux rythmé que l'assaut de l'écume
sur l'étrave, le noir ressac des bandes de dauphins
devançant gracieusement la fuite blanche des vagues. Le
jet d'un souffleur ne coupait plus l'horizon; à nul moment
désormais, une mer intensément bleue n'était peuplée
par la flottille aux délicates voiles membraneuses, mauves et roses, des nautiles.

De l'autre côté de la fosse, seraient-ils encore là pour
nous accueillir, tous ces prodiges perçus par les navigateurs des anciens siècles? En parcourant des espaces
vierges, ils étaient moins occupés de découvrir un nouveau monde que de vérifier le passé de l'ancien. Adam,
Ulysse leur étaient confirmés. Quand il aborda la côte des
Antilles à son premier voyage, Colomb croyait peut-être
avoir atteint le Japon, mais, plus encore, retrouvé le
Paradis Terrestre. Ce ne sont pas les quatre cents ans
écoulés depuis lors qui pourraient anéantir ce grand
décalage grâce à quoi, pendant dix ou vingt millénaires, le
Nouveau Monde est resté à l'écart des agitations de
l'histoire. Il en subsisterait quelque chose, sur un plan
différent. J'apprendrais vite que, si l'Amérique du Sud
n'était plus un Eden avant la chute, elle devait encore à
ce mystère d'être restée un âge d'or, au moins pour ceux
qui avaient de l'argent. Sa chance était en train de fondre
comme neige au soleil. Qu'en demeure-t-il aujourd'hui?
Réduite à une précieuse flaque, en même temps que seuls
peuvent désormais y accéder les privilégiés, elle s'est
transformée dans sa nature, d'éternelle devenant historique et de métaphysique, sociale. Le paradis des hommes,
tel que Colomb l'avait entrevu, se prolongeait et s'abîmait
à la fois dans la douceur de vivre réservée aux seuls
riches.

Le ciel fuligineux du Pot-au-Noir, son atmosphère
pesante ne sont pas seulement le signe manifeste de la
ligne équatoriale. Ils résument le climat sous lequel deux

mondes se sont affrontés. Ce morne élément qui les sépare, cette bonace où les forces malfaisantes semblent seulement se réparer, sont la dernière barrière mystique entre ce qui constituait, hier encore, deux planètes opposées par des conditions si différentes que les premiers témoins ne purent croire qu'elles fussent également humaines. Un continent à peine effleuré par l'homme s'offrait à des hommes dont l'avidité ne pouvait plus se contenter du leur. Tout allait être remis en cause par ce second péché : Dieu, la morale, les lois. Tout serait, de façon simultanée et contradictoire à la fois, en fait vérifié, en droit révoqué. Vérifiés, l'Eden de la Bible, l'Age d'Or des anciens, la Fontaine de Jouvence, l'Atlantide, les Hespérides, les pastorales et les îles Fortunées; mais livrés au doute aussi par le spectacle d'une humanité plus pure et plus heureuse (qui, certes, ne l'était point vraiment mais qu'un secret remords faisait déjà croire telle), la révélation, le salut, les mœurs et le droit. Jamais l'humanité n'avait connu aussi déchirante épreuve, et jamais plus elle n'en connaîtra de pareille, à moins qu'un jour, à des millions de kilomètres du nôtre, un autre globe ne se révèle, habité par des êtres pensants. Encore savons-nous que ces distances sont théoriquement franchissables, tandis que les premiers navigateurs craignaient d'affronter le néant.

Pour mesurer le caractère absolu, total, intransigeant des dilemmes dans lesquels l'humanité du XVIᵉ siècle se sentait enfermée, il faut se rappeler quelques incidents. Dans cette Hispaniola (aujourd'hui Haïti et Saint-Domingue) où les indigènes, au nombre de cent mille environ en 1492, n'étaient plus que deux cents un siècle après, mourant d'horreur et de dégoût pour la civilisation européenne plus encore que sous la variole et les coups, les colonisateurs envoyaient commission sur commission afin de déterminer leur nature. S'ils étaient vraiment des hommes, fallait-il voir en eux les descendants des dix tribus perdues d'Israël? Des Mongols arrivés sur des éléphants? Ou des Ecossais amenés il y a quelques siècles par le prince Modoc? Demeuraient-ils des païens d'origine ou d'anciens catholiques baptisés par saint Thomas et relaps? On n'était même pas sûr que ce fussent des hommes, et non point des créatures diaboliques ou des animaux. Tel était le sentiment du roi Ferdinand, puisqu'en 1512 il importait des esclaves blanches dans les Indes occidentales dans le seul but d'empêcher les Espagnols d'épouser des indigènes « qui sont loin d'être des créatures raisonnables ». Devant les efforts de Las Casas pour supprimer le travail forcé, les colons se montraient moins indignés qu'incrédules : « Alors, s'écriaient-ils, on ne peut même plus se servir de bêtes de somme ? »

De toutes ces commissions, la plus justement célèbre, celle des moines de l'ordre de Saint-Jérôme, émeut à la fois par un scrupule que les entreprises coloniales ont bien oublié depuis 1517, et par le jour qu'elle jette sur les attitudes mentales de l'époque. Au cours d'une véritable enquête psycho-sociologique conçue selon les canons les plus modernes, on avait soumis les colons à un questionnaire destiné à savoir si, selon eux, les Indiens étaient ou non « capables de vivre par eux-mêmes, comme des paysans de Castille ». Toutes les réponses furent négatives : « A la rigueur, peut-être, leurs petits-enfants; encore les indigènes sont-ils si profondément vicieux qu'on peut en douter; à preuve : ils fuient les Espagnols, refusent de travailler sans rémunération, mais poussent la perversité jusqu'à faire cadeau de leurs biens; n'acceptent pas de rejeter leurs camarades à qui les Espagnols ont coupé les oreilles. » Et comme conclusion unanime : « Il vaut mieux pour les Indiens devenir des hommes esclaves que de rester des animaux libres... ».

Un témoignage de quelques années postérieur ajoute le point final à ce réquisitoire : « Ils mangent de la chair humaine, ils n'ont pas de justice, ils vont tout nus, mangent des puces, des araignées et des vers crus... Ils n'ont pas de barbe et si par hasard il leur en pousse, ils s'empressent de l'épiler. » (Ortiz devant le Conseil des Indes, 1525.)

Au même moment, d'ailleurs, et dans une île voisine (Porto-Rico, selon le témoignage d'Oviedo) les Indiens s'employaient à capturer des blancs et à les faire périr par immersion, puis montaient pendant des semaines la garde autour des noyés afin de savoir s'ils étaient ou non soumis à la putréfaction. De cette comparaison entre les

enquêtes se dégagent deux conclusions : les blancs invo-
quaient les sciences sociales alors que les Indiens avaient
plutôt confiance dans les sciences naturelles; et, tandis
que les blancs proclamaient que les Indiens étaient des
bêtes, les seconds se contentaient de soupçonner les
premiers d'être des dieux. A ignorance égale, le dernier
procédé était certes plus digne d'hommes.

Les épreuves intellectuelles ajoutent un pathétique
supplémentaire au trouble moral. Tout était mystère à
nos voyageurs; *l'Image du monde* de Pierre d'Ailly parle
d'une humanité fraîchement découverte et suprêmement
heureuse, « *gens beatissima* », composée de pygmées, de
macrobes et même d'acéphales. Pierre Martyr recueille la
description de bêtes monstrueuses : serpents semblables
à des crocodiles; animaux ayant un corps de bœuf armé
de proboscide comme un éléphant; poissons à quatre
membres et à tête de bœuf, le dos orné de mille verrues
et à carapace de tortue; tyburons dévorant gens. Ce ne
sont là, après tout, que boas, tapirs, lamantins ou hippo-
potames et requins (en portugais *tubarão*). Mais inversement, d'apparents mystères étaient admis comme allant
de soi. Pour justifier le brusque changement de route qui
lui fit manquer le Brésil, Colomb ne relatait-il pas, dans
ses rapports officiels, d'extravagantes circonstances,
jamais renouvelées depuis lors, surtout dans cette zone
toujours humide : chaleur brûlante qui rendit impossible
la visite des cales, si bien que les fûts d'eau et de vin
explosèrent, le grain flamba, le lard et la viande sèche
rôtirent pendant une semaine; le soleil était si ardent que
l'équipage crut brûler vif. Heureux siècle où tout était
encore possible, comme peut-être aujourd'hui grâce aux
soucoupes volantes!

Dans ces flots où nous voguons maintenant, n'est-ce pas
là ou presque que Colomb rencontra des sirènes? En
vérité, il les vit à la fin du premier voyage, dans la mer
des Caraïbes, mais elles n'eussent pas été déplacées au
large du delta amazonien. « Les trois sirènes, raconte-t-il,
élevaient leurs corps au-dessus de la surface de l'océan, et
bien qu'elles ne fussent pas aussi belles qu'on les représente en peinture, leur visage rond avait nettement forme
humaine. » Les lamantins ont la tête ronde, portent les

mamelles sur la poitrine; comme les femelles allaitent leurs petits en les serrant contre elles avec leurs pattes, l'identification n'est pas si surprenante, à une époque où l'on se préparait à décrire le cotonnier (et même à le dessiner) sous le nom d'arbre à moutons : un arbre portant, en guise de fruits, des moutons entiers pendus par le dos et dont il suffisait de tondre la laine.

De même, lorsque au *Quart Livre* de Pantagruel, Rabelais, se fondant sans doute sur des comptes rendus de navigateurs débarqués d'Amérique, offre la première caricature de ce que les ethnologues appellent aujourd'hui un système de parenté, il brode librement sur un fragile canevas, car il est peu de systèmes de parenté concevables où un vieillard puisse appeler une petite fille « mon père ». Dans tous ces cas, il manquait à la conscience du XVIe siècle un élément plus essentiel que les connaissances : une qualité indispensable à la réflexion scientifique et qui lui faisait défaut. Les hommes de cette époque n'étaient pas sensibles au style de l'univers; comme aujourd'hui, sur le plan des beaux-arts, un rustique ayant perçu certains caractères extérieurs de la peinture italienne ou de la sculpture nègre, et non leur harmonie significative, serait incapable de distinguer une contrefaçon d'un Botticelli authentique, ou un objet de bazar d'une figurine pahouin. Les sirènes et l'arbre à moutons constituent autre chose et plus que des erreurs objectives : sur le plan intellectuel, ce sont plutôt des fautes de goût; le défaut d'esprits qui, malgré leur génie, et le raffinement dont ils témoignaient dans d'autres domaines, étaient infirmes sous le rapport de l'observation. Ce qui n'entraîne point de censure à leur endroit, mais bien plutôt un sentiment de révérence devant les résultats obtenus en dépit de ces lacunes.

Mieux qu'Athènes, le pont d'un bateau en route vers les Amériques offre à l'homme moderne une acropole pour sa prière. Nous te la refuserons désormais, anémique déesse, institutrice d'une civilisation claquemurée! Par-dessus ces héros – navigateurs, explorateurs et conquérants du Nouveau Monde – qui (en attendant le voyage dans la lune) coururent la seule aventure totale proposée à l'humanité, ma pensée s'élève vers vous, survivants

d'une arrière-garde qui a si cruellement payé l'honneur
de tenir les portes ouvertes : Indiens dont, à travers
Montaigne, Rousseau, Voltaire, Diderot, l'exemple a enrichi la substance de quoi l'école m'a nourri, Hurons,
Iroquois, Caraïbes, Tupi, me voici !

Les premières lueurs aperçues par Colomb et qu'il prit
pour la côte provenaient d'une espèce marine de vers
luisants occupés à pondre entre le coucher du soleil et le
lever de la lune, car la terre ne pouvait encore être
visible. C'est bien elle dont je devine à présent les
lumières, au cours de cette nuit sans sommeil passée sur
le pont, à guetter l'Amérique.

Depuis hier, déjà, le Nouveau Monde est présent ; non
pas à la vue, la côte est trop éloignée malgré le changement de route du bateau obliquant progressivement vers
le Sud pour se placer dans un axe qui, depuis le Cabo
São-Agostino jusqu'à Rio, restera parallèle au rivage.
Pendant deux jours au moins, peut-être trois, nous vogue-
rons de conserve avec l'Amérique. Et ce ne sont pas non
plus les grands oiseaux marins qui nous annoncent la fin
du voyage : paille-en-queue criards, pétrels tyranniques
qui contraignent en plein vol les fous à dégorger leur
proie ; car ces oiseaux se risquent loin des terres, Colomb
l'avait appris à ses dépens puisque, en plein milieu de
l'océan encore, il saluait leur vol comme sa victoire.
Quant aux poissons volants, propulsés d'un coup de
queue frappant l'eau et portés à distance par leurs
nageoires ouvertes, étincelles d'argent jaillissant en tous
sens au-dessus du creuset bleu de la mer, ils s'étaient
plutôt raréfiés depuis quelques jours. Le Nouveau Monde,
pour le navigateur qui s'en approche, s'impose d'abord
comme un parfum, bien différent de celui suggéré dès
Paris par une assonance verbale, et difficile à décrire à
qui ne l'a pas respiré.

Au début, il semble que les senteurs marines des
semaines précédentes ne circulent plus librement ; elles
butent contre un invisible mur ; ainsi immobilisées, elles
ne sollicitent plus une attention rendue disponible à des
odeurs d'une autre nature, et que nulle expérience antérieure ne permet de qualifier ; brise de forêt alternant
avec des parfums de serre, quintessence du règne végétal

dont la fraîcheur spécifique aurait été si concentrée
qu'elle se traduirait par une ivresse olfactive, dernière
note d'un puissant accord, arpégé comme pour isoler et
fondre à la fois les temps successifs d'arômes diverse-
ment fruités. Seuls comprendront ceux qui ont enfoui le
nez au cœur d'un piment exotique fraîchement éventré
après avoir, dans quelque *botequim* du *sertão* brésilien,
respiré la torsade mielleuse et noire du *fumo de rôlo*,
feuilles de tabac fermentées et roulées en cordes de
plusieurs mètres; et qui, dans l'union de ces odeurs
germaines, retrouvent cette Amérique qui fut, pendant
des millénaires, seule à posséder leur secret.

Mais lorsque à 4 heures du matin, le jour suivant, elle
se dresse enfin à l'horizon, l'image visible du Nouveau
Monde paraît digne de son parfum. Pendant deux jours et
deux nuits, une cordillère immense se découvre; immense, non certes par sa hauteur mais parce qu'elle se
reproduit identique à elle-même, sans qu'il soit possible
de distinguer un début ou une interruption dans l'enchaînement désordonné de ses crêtes. A plusieurs centaines
de mètres au-dessus des vagues, ces montagnes dressent
leurs parois de pierre polie, chevauchement de formes
provocantes et folles comme on en observe parfois dans
des châteaux de sable rongés par le flot, mais dont on ne
soupçonnerait pas que, sur notre planète au moins, elles
puissent exister à une si vaste échelle.

Cette impression d'énormité relève en propre de l'Amérique; on l'éprouve partout, dans les villes comme dans la
campagne; je l'ai ressentie devant la côte et sur les
plateaux du Brésil central, dans les Andes boliviennes et
dans les Rocheuses du Colorado, dans les faubourgs de
Rio, la banlieue de Chicago et les rues de New York.
Partout on est saisi par le même choc; ces spectacles en
évoquent d'autres, ces rues sont des rues, ces montagnes
sont des montagnes, ces fleuves sont des fleuves : d'où
provient le sentiment de dépaysement? Simplement, de
ce que le rapport entre la taille de l'homme et celle des
choses s'est distendu au point que la commune mesure
est exclue. Plus tard, quand on s'est familiarisé avec
l'Amérique, on opère presque inconsciemment cette
accommodation qui rétablit une relation normale entre

les termes; le travail est devenu imperceptible, on le
vérifie tout juste au déclic mental qui se produit à la descente de l'avion. Mais cette incommensurabilité congé-
nitale des deux mondes pénètre et déforme nos jugements. Ceux qui déclarent New York laide sont seulement victimes d'une illusion de la perception. N'ayant pas
encore appris à changer de registre, ils s'obstinent à juger
New York comme une ville, et critiquent les avenues, les
parcs, les monuments. Et sans doute, objectivement, New
York est une ville, mais le spectacle qu'elle propose à la
sensibilité européenne est d'un autre ordre de grandeur :
celui de nos propres paysages; alors que les paysages
américains nous entraîneraient eux-mêmes dans un système encore plus vaste et pour quoi nous ne possédons
pas d'équivalent. La beauté de New York ne tient donc
pas à sa nature de ville, mais à sa transposition, pour
notre œil inévitable si nous renonçons à nous raidir, de la
ville au niveau d'un paysage artificiel où les principes de
l'urbanisme ne jouent plus : les seules valeurs significatives étant le velouté de la lumière, la finesse des lointains,
les précipices sublimes au pied des gratte-ciel, et des
vallées ombreuses parsemées d'automobiles multicolores,
comme des fleurs.

Après cela, je me sens d'autant plus embarrassé pour
parler de Rio de Janeiro qui me rebute, en dépit de sa
beauté tant de fois célébrée. Comment dirai-je? Il me
semble que le paysage de Rio n'est pas à l'échelle de ses
propres dimensions. Le Pain-de-Sucre, le Corcovado, tous
ces points si vantés paraissent au voyageur qui pénètre la
baie comme des chicots perdus aux quatre coins d'une
bouche édentée. Presque constamment noyés dans la
brume boueuse des tropiques, ces accidents géographiques n'arrivent pas à meubler un horizon trop large pour
s'en contenter. Si l'on veut embrasser un spectacle, il faut
prendre la baie à revers et la contempler des hauteurs.
Du côté de la mer et par une illusion inverse de celle de
New York, c'est la nature ici qui revêt l'aspect d'un
chantier.

Aussi, les dimensions de la baie de Rio ne sont pas
perceptibles à l'aide de repères visuels : la lente progression du navire, ses manœuvres pour éviter les îles, la

fraîcheur et les parfums descendant brusquement des forêts accrochées aux mornes établissent par anticipation une sorte de contact physique avec des fleurs et des roches qui n'existent pas encore comme des objets, mais préforment pour le voyageur la physionomie d'un continent. Et c'est Colomb encore qui revient à la mémoire : « Les arbres étaient si hauts qu'ils semblaient toucher le ciel; et, si j'ai bien compris, ils ne perdent jamais leurs feuilles : car je les ai vus aussi verts et frais en novembre qu'ils le sont au mois de mai en Espagne; quelques-uns même étaient en fleurs, et d'autres portaient des fruits... Dans quelque direction que je me tourne, le rossignol chantait, accompagné de milliers d'oiseaux d'espèces différentes. » Voici l'Amérique, le continent s'impose. Il est fait de toutes les présences qui animent au crépuscule l'horizon nébuleux de la baie; mais, pour le nouvel arrivé, ces mouvements, ces formes, ces lumières, n'indiquent pas des provinces, des hameaux et des villes; elles ne signifient pas des forêts, des prairies, des vallées et des paysages; elles ne traduisent pas les démarches et les travaux d'individus qui s'ignorent les uns les autres, chacun enfermé dans l'horizon étroit de sa famille et de son métier. Tout cela vit d'une existence unique et globale. Ce qui m'entoure de toutes parts et m'écrase, ce n'est point la diversité inépuisable des choses et des êtres, mais une seule et formidable entité : le Nouveau Monde.

IX

GUANABARA

Rio est mordu par sa baie jusqu'au cœur; on débarque en plein centre, comme si l'autre moitié, nouvelle Ys, avait été déjà dévorée par les flots. Et en un sens c'est vrai puisque la première cité, simple fort, se trouvait sur cet îlot rocheux que le navire frôlait tout à l'heure et qui porte toujours le nom du fondateur : Villegaignon. Je foule l'Avenida Rio-Branco où s'élevaient jadis les villages tupinamba, mais j'ai dans ma poche Jean de Léry, bréviaire de l'ethnologue.

Il y a trois cent soixante-dix-huit ans presque jour pour jour, il arrivait ici avec dix autres Genevois, protestants envoyés par Calvin à la requête de Villegaignon, son ancien condisciple qui venait de se convertir un an à peine après son établissement dans la baie de Guanabara. Cet étrange personnage qui avait fait successivement tous les métiers et qui avait touché à tous les problèmes s'était battu contre les Turcs, les Arabes, les Italiens, les Ecossais (il avait enlevé Marie Stuart pour permettre son mariage avec François II) et les Anglais. On l'avait vu à Malte, à Alger et à la bataille de Cérisoles. Et c'est presque au terme de sa carrière aventureuse, alors qu'il semblait s'être consacré à l'architecture militaire, qu'à la suite d'une déception de carrière il décide d'aller au Brésil. Mais là encore, ses plans sont à la mesure de son esprit inquiet et ambitieux. Que veut-il faire au Brésil? Y fonder une colonie, mais sans doute aussi s'y tailler un empire; et, comme objectif immédiat, établir un refuge pour les protestants persécutés qui voudraient quitter la métropole. Catholique lui-même et probablement libre penseur, il obtient le patronage de Coligny et du cardinal de Lorraine. Après une campagne de recrutement auprès des fidèles des deux cultes, menée aussi sur la place publique auprès des débauchés et des esclaves fugitifs, il réussit finalement, le 12 juillet 1555, à embarquer six cents personnes sur deux navires : mélange de pionniers représentant tous les corps d'état et de criminels tirés des prisons. Il n'oubliait que les femmes et le ravitaillement.

Le départ fut laborieux; par deux fois, on rentre à Dieppe, enfin, le 14 août, on lève définitivement l'ancre, et les difficultés commencent : bagarres aux Canaries, putréfaction de l'eau à bord, scorbut. Le 10 novembre, Villegaignon mouille dans la baie de Guanabara, où Français et Portugais se disputaient depuis plusieurs années les faveurs des indigènes.

La position privilégiée de la France sur la côte brésilienne à cette époque pose de curieux problèmes. Elle remonte certainement jusqu'au début du siècle où de nombreux voyages français sont signalés – notamment celui de Gonneville en 1503, qui ramena du Brésil un gendre indien – presque en même temps que la découverte de la Terre de Sainte-Croix par Cabral en 1500. Faut-il remonter plus haut ? Doit-on conclure de l'attribution immédiate à cette nouvelle terre, par les Français, du nom de Brésil (attesté depuis le XIIe siècle, au moins, comme l'appellation – au secret jalousement gardé – du continent mythique d'où provenaient les bois de teinture), et du grand nombre de termes empruntés directement par le français aux dialectes indigènes sans passer par l'intermédiaire des langues ibériques : ananas, manioc, tamandua, tapir, jaguar, sagouin, agouti, ara, caïman, toucan, coati, acajou, etc., qu'un fond de vérité étaye cette tradition dieppoise d'une découverte du Brésil par Jean Cousin, quatre ans avant le premier voyage de Colomb ? Cousin avait un nommé Pinzon à son bord, ce sont des Pinzon qui redonnent courage à Colomb lorsqu'à Palos il semble tout prêt d'abandonner son projet, c'est un Pinzon encore qui commande *la Pinta* au cours du premier voyage, et avec qui Colomb tient à conférer chaque fois qu'il envisage un changement de route; enfin, c'est en renonçant à la route qui sera, exactement un an plus tard, celle menant un autre Pinzon jusqu'à Cabo São-Agostino et lui assurant la première découverte officielle du Brésil, que Colomb manque de peu un titre de gloire supplémentaire.

A moins d'un miracle, le problème ne sera jamais résolu puisque les archives dieppoises, y compris la relation de Cousin, ont disparu au XVIIᵉ siècle au cours de l'incendie dû au bombardement anglais. Mais, mettant pour la première fois le pied sur la terre du Brésil, je ne puis me retenir d'évoquer tous ces incidents burlesques et tragiques qui attestaient il y a quatre cents ans l'intimité régnant entre Français et Indiens : interprètes normands conquis par l'état de nature, prenant femme indigène et devenant anthropophages; le malheureux Hans Staden qui passa des années d'angoisse attendant chaque jour d'être mangé et chaque fois sauvé par la chance, essayant de se faire passer pour Français en invoquant une barbe rousse fort peu ibérique et s'attirant du roi Quoniam Bébé cette réplique : « J'ai déjà pris et mangé cinq Portugais et tous prétendaient être français; cependant ils mentaient! » Et quelle constante fréquentation n'avait pas été requise pour qu'en 1531, la frégate *la Pèlerine* pût rapporter en France, en même temps que trois mille peaux de léopard et trois cents singes et guenons, six cents perroquets « sachant déjà quelques mots de français... ».

Villegaignon fonde, sur une île en pleine baie, le Fort-Coligny; les Indiens le construisent, ils ravitaillent la petite colonie; mais vite dégoûtés de donner sans recevoir, ils se sauvent, désertent leurs villages. La famine et les maladies s'installent au fort. Villegaignon commence à manifester son tempérament tyrannique; les forçats se révoltent : on les massacre. L'épidémie passe sur la terre ferme : les rares Indiens restés fidèles à la mission sont contaminés. Huit cents meurent ainsi.

Villegaignon dédaigne les affaires temporelles; une crise spirituelle le gagne. Au contact des protestants, il se convertit, fait appel à Calvin pour obtenir des missions qui l'éclaireront sur sa foi nouvelle. C'est ainsi que s'organise, en 1556, le voyage dont Léry fait partie.

L'histoire prend alors un tour si étrange que je

m'étonne que nul romancier ou scénariste ne s'en soit encore emparé. Quel film elle ferait! Isolés sur un continent aussi inconnu qu'une autre planète, complètement ignorants de la nature et des hommes, incapables de cultiver la terre pour assurer leur subsistance, dépendant pour tous leurs besoins d'une population incompréhensible qui les a d'ailleurs pris en haine, assaillis par les maladies, cette poignée de Français, qui s'étaient exposés à tous les périls pour échapper aux luttes métropolitaines et fonder un foyer où puissent coexister les croyances sous un régime de tolérance et de liberté, se trouvent pris à leur propre piège. Les protestants essayent de convertir les catholiques, et ceux-ci les protestants. Au lieu de travailler à survivre, ils passent les semaines en folles discussions : comment doit-on interpréter la Cène? Faut-il mêler l'eau et le vin pour la consécration? L'Eucharistie, l'administration du baptême fournissent le thème de véritables tournois théologiques à la suite desquels Villegaignon se convertit ou se reprend.

On va jusqu'à expédier un émissaire en Europe pour consulter Calvin et lui faire trancher les points litigieux. Pendant ce temps les conflits redoublent. Les facultés de Villegaignon s'altèrent; Léry conte qu'on pouvait prédire son humeur et ses rigueurs à la couleur de ses costumes. Finalement, il se tourne contre les protestants et entreprend de les affamer; ceux-ci cessent de participer à la vie commune, passent sur le continent et s'allient aux Indiens. A l'idylle qui se noue entre eux, nous devons ce chef-d'œuvre de la littérature ethnographique, *le Voyage faict en la Terre du Brésil* de Jean de Léry. La fin de l'aventure est triste : les Genevois arrivent, non sans mal, à rentrer sur un bateau français; il ne s'agit plus, comme à l'aller où ils étaient en force, de « dégraisser » – c'est-à-dire de piller – gaiement les bateaux rencontrés sur la route; la famine règne à bord. On mange les singes, et ces perroquets si précieux qu'une Indienne amie de Léry refusait de céder le sien, à moins que ce ne fût contre une pièce d'artillerie. Les rats et les souris des cales, dernières victuailles, atteignent le cours de quatre écus pièce. Il n'y a plus d'eau. En 1558, l'équipage débarque en Bretagne à demi mort de faim.

Sur l'île, la colonie se désagrège dans un climat d'exécutions et de terreur; détesté par tous, considéré comme traître par les uns, comme renégat par les autres, redoutable aux Indiens, effrayé par les Portugais, Villegaignon renonce à son rêve. Fort-Coligny commandé par son neveu, Bois-le-Comte, tombe aux mains des Portugais en 1560.

Dans ce Rio qui m'est maintenant donné en pâture, c'est la saveur de cette histoire que je cherche d'abord à discerner. En vérité, je devais la deviner un jour, à l'occasion d'une excursion archéologique organisée par le *Museu Nacional* en l'honneur d'un savant japonais, au fond de la baie. Une vedette nous avait laissés sur une plage marécageuse où rouillait une vieille coque échouée; sans doute ne datait-elle pas du XVIᵉ siècle; mais elle introduisait tout de même une dimension historique dans ces espaces où rien d'autre n'illustrait le passage du temps. Sous les nuages bas, derrière une pluie fine qui tombait sans discontinuer depuis l'aube, la ville lointaine avait disparu. Au-delà des crabes pullulant dans la boue noire et des palétuviers dont on ne sait jamais si l'expansion de leurs formes relève de la croissance ou du pourrissement, la forêt détachait en silhouettes ruisselantes quelques cabanes de paille qui n'appartenaient à aucun âge. Plus loin encore, des pentes montagneuses noyaient leurs escarpements dans une brume pâlie. Approchant des arbres, nous atteignîmes le but de notre visite : une sablière où des paysans avaient récemment mis à jour des fragments de poterie. Je palpe cette céramique épaisse, d'une facture incontestablement tupi par son engobe blanc bordé de rouge et le fin lacis de traits noirs, labyrinthe destiné, dit-on, à égarer les mauvais esprits en quête des ossements humains jadis préservés dans ces urnes. On m'explique que nous aurions pu atteindre en auto ce site, distant de cinquante kilomètres à peine du centre de la ville, mais que la pluie, coupant les pistes, risquait de nous y bloquer pour une semaine. C'eût été se rapprocher davantage encore d'un passé impuissant à transformer ce lieu mélancolique, où Léry trompa peut-être l'attente à regarder le preste mouvement d'une main brune formant, avec une spatule trempée dans un vernis noir, ces « mille petites gentillesses, comme guillochis, lacs d'amour et autres drôleries » dont j'interroge aujourd'hui l'énigme au dos d'un tesson détrempé.

Le premier contact avec Rio a été différent. Me voici, pour la première fois de ma vie, de l'autre côté de l'équateur, sous les tropiques, dans le Nouveau Monde. A quel maître signe vais-je reconnaître cette triple mutation? Quelle est la voix qui me l'attestera, quelle note jamais entendue résonnera d'abord à mon oreille? Ma première remarque est futile : je suis dans un salon.

Plus légèrement vêtu que de coutume et foulant les méandres ondulés d'un revêtement en mosaïque blanche et noire, je perçois, dans ces rues étroites et ombreuses qui coupent l'avenue principale, une ambiance particulière; le passage est moins marqué qu'en Europe entre les demeures et la chaussée; les magasins, malgré le luxe de leur devanture, prolongent l'étalage jusque dans la rue; on ne prête guère attention si l'on est dehors ou dedans. En vérité, la rue n'est plus seulement un endroit où l'on passe; c'est un lieu où l'on se tient. Vivante et paisible en même temps, plus animée et mieux protégée que les nôtres, je retrouve le terme de comparaison qu'elle m'inspire. Car les changements d'hémisphère, de continent et de climat n'ont guère, pour le moment, fait autre chose que de rendre superflue la mince couverture vitrée qui, en Europe, établit artificieusement des conditions identiques : Rio paraît d'abord reconstituer à l'air libre les Gallerias de Milan, la Galerij d'Amsterdam, le passage des Panoramas ou le hall de la gare Saint-Lazare.

On conçoit généralement les voyages comme un déplacement dans l'espace. C'est peu. Un voyage s'inscrit simultanément dans l'espace, dans le temps, et dans la hiérarchie sociale. Chaque impression n'est définissable qu'en la rapportant solidairement à ces trois axes, et comme l'espace possède à lui seul trois dimensions, il en faudrait au moins cinq pour se faire du voyage une représentation adéquate. Je l'éprouve tout de suite en débarquant au Brésil. Sans doute suis-je de l'autre côté de l'Atlantique et de l'équateur, et tout près du tropique. Bien des choses me l'attestent : cette chaleur tranquille et humide qui affranchit mon corps de l'habituel poids de la laine et supprime l'opposition (que je découvre rétrospectivement comme une des constantes de ma civilisation) entre la maison et la rue; d'ailleurs, j'apprendrai vite que c'est seulement pour en introduire une autre, entre l'homme et la brousse, que mes paysages intégralement humanisés ne comportaient pas; il y a aussi les palmiers, des fleurs nouvelles, et, à la devanture des cafés, ces amas de noix de coco vertes où l'on aspire, après les avoir décapitées, une eau sucrée et fraîche qui sent la cave.

Mais j'éprouve aussi d'autres changements : j'étais pauvre et je suis riche; d'abord parce que ma condition matérielle a changé; ensuite parce que le prix des produits locaux est incroyablement bas : cet ananas me coûterait vingt sous, ce régime de bananes deux francs, ces poulets qu'un boutiquier italien fait rôtir à la broche, quatre francs. On dirait le Palais de Dame Tartine. Enfin, l'état de disponibilité qu'instaure une escale, chance gratuitement offerte mais qui s'accompagne du sentiment de la contrainte d'en profiter, crée une attitude ambiguë propice à la suspension des contrôles les plus habituels et à la libération presque rituelle de la prodigalité. Sans doute le voyage peut-il agir de façon diamétralement opposée, j'en ai fait l'expérience quand je suis arrivé sans argent à New York après l'armistice; mais, qu'il s'agisse en plus ou en moins, dans le sens d'une amélioration de la condition matérielle ou dans celui de sa détérioration, il faudrait un miracle pour que le voyage ne correspondît sous ce rapport à aucun changement. En même temps qu'il transporte à des milliers de kilomètres, le voyage fait gravir ou descendre quelques degrés dans l'échelle des statuts. Il déplace, mais aussi il déclasse – pour le meilleur et pour le pire – et la couleur et la saveur des lieux ne peuvent être dissociées du rang toujours imprévu où il vous installe pour les goûter.

Il y eut un temps où le voyage confrontait le voyageur à des civilisations radicalement différentes de la sienne et qui s'imposaient d'abord par leur étrangeté. Voilà quelques siècles que ces occasions deviennent de plus en plus rares. Que ce soit dans l'Inde ou en Amérique, le voyageur moderne est moins surpris qu'il ne reconnaît. En choisissant des objectifs et des itinéraires, on se donne surtout la liberté de préférer telle date de pénétration, tel rythme d'envahissement de la civilisation mécanique à tels autres. La quête de l'exotisme se ramène à la collection d'états anticipés ou retardés d'un développement familier. Le voyageur devient un antiquaire, contraint par le manque d'objets à délaisser sa galerie d'art nègre pour se rabattre sur des souvenirs vieillots, marchandés au cours de ses promenades au marché aux puces de la terre habitée.

Ces différences sont déjà perceptibles au sein d'une ville. Comme des plantes atteignant la floraison chacune à sa saison particulière, les quartiers portent la marque des siècles où se sont produits leur croissance, leur épanouissement et leur déclin. Dans ce parterre de végétation urbaine, il y a des concomitances et des successions. A Paris, le Marais était en fleur au XVIIᵉ siècle et la moisissure le ronge; espèce plus tardive, le IXᵉ arrondissement s'épanouissait sous le Second Empire, mais ses maisons aujourd'hui flétries sont occupées par une faune de petites gens qui, comme des insectes, y trouvent un terrain propice à d'humbles formes d'activité. Le XVIIᵉ arrondissement reste figé dans son luxe défunt comme un grand chrysanthème portant noblement sa tête desséchée bien au-delà de son terme. Le XVIᵉ était éclatant hier; maintenant, ses fleurs brillantes se noient dans un taillis d'immeubles qui le confondent peu à peu avec un paysage de banlieue.

Quand on compare entre elles des villes très éloignées par la géographie et l'histoire, ces différences de cycle se compliquent encore de rythmes inégaux. Dès qu'on s'écarte du centre de Rio, qui fait alors très début de siècle, on tombe dans des rues tranquilles, de longues avenues plantées de palmiers, de manguiers et de palissandres taillés, où s'élèvent des villas désuètes dans des jardins. Je songe (comme je devais le faire plus tard dans les quartiers résidentiels de Calcutta) à Nice ou à Biarritz sous Napoléon III. Les tropiques sont moins exotiques que démodés. Ce n'est pas la végétation qui les atteste, mais de menus détails d'architecture et la suggestion d'un genre de vie qui, plutôt que d'avoir franchi d'immenses espaces, persuade qu'on s'est imperceptiblement reculé dans le temps.

Rio de Janeiro n'est pas construite comme une ville ordinaire. Etablie d'abord sur la zone plate et marécageuse qui borde la baie, elle s'est introduite entre les mornes abrupts qui l'enserrent de toutes parts, à la façon des doigts dans un gant trop étroit. Des tentacules urbains, longs parfois de vingt ou trente kilomètres, glissent au bas de formations granitiques dont la pente est si raide que nulle végétation ne peut s'y accrocher; parfois, sur une terrasse isolée ou dans une cheminée profonde, un îlot de forêt s'est pourtant installé, d'autant plus véritablement vierge que l'endroit est inaccessible malgré sa proximité : d'avion, on croirait frôler les branches, dans ces corridors frais et graves où l'on plane entre des tapisseries somptueuses avant d'atterrir à leur pied. Cette ville si prodigue en collines les traite avec un mépris qu'explique en partie le manque d'eau au sommet. Rio est, à cet égard, le contraire de Chittagong, sur le golfe du Bengale : dans une plaine marécageuse, des petites buttes coniques en glaise orangée, luisante sous l'herbe verte, y portent chacune un bungalow solitaire, forteresse des riches qui se protègent de la chaleur pesante et de la pouillerie des bas-fonds. A Rio, c'est l'inverse : ces calottes globuleuses, où le granit est pris en bloc comme une fonte, réverbèrent si violemment la chaleur que la brise circulant au fond des défilés ne parvient pas à monter. Peut-être l'urbanisme a-t-il maintenant résolu le problème, mais en 1935, à Rio, la place occupée par chacun dans la hiérarchie sociale se mesurait à l'altimètre : d'autant plus basse que le domicile était haut. Les miséreux vivaient perchés sur les mornes, dans les *favellas* où une population de noirs, vêtus de loques bien lessivées, inventaient sur la guitare ces mélodies alertes qui, au temps du carnaval, descendraient des hauteurs et envahiraient la ville avec eux.

Dès qu'on s'engage sur une de ces pistes urbaines qui enfoncent leurs méandres entre les collines, l'aspect devient très vite faubourien. Botafogo, au bout de l'avenue Rio-Branco, c'est encore la ville de luxe, mais, après Flamengo, on se croirait à Neuilly, et vers le tunnel de

Copacabana, c'était, il y a vingt ans, Saint-Denis ou Le
Bourget, avec un côté campagne en plus, comme pouvait
être notre banlieue avant la guerre de 1914. Dans Copacabana, aujourd'hui hérisson de gratte-ciel, je découvrais
seulement une petite ville de province avec son commerce et ses boutiques.

Dernier souvenir de Rio qui date de mon départ
définitif : un hôtel où je visitai des collègues américains,
au flanc du Corcovado; on y accédait par un funiculaire
sommairement établi au milieu des éboulis, dans un style
moitié garage et moitié refuge de haute montagne, avec
des postes de commande tenus par des valets attentifs :
une sorte de Luna-Park. Tout cela pour atteindre en haut
de la colline, et après s'être hissé le long de terrains
vagues, malpropres et rocailleux, et qui se rapprochaient
souvent de la verticale, une petite résidence de la période
impériale, maison *terrea*, c'est-à-dire sans étage, décorée
de stucs et badigeonnée d'ocre, où l'on dînait sur une
plate-forme transformée en terrasse au-dessus d'un
mélange incohérent d'édifices en béton, de bicoques et de
conglomérats urbains; avec, au fond, au lieu des cheminées d'usine qu'on attendait comme limite à ce paysage
hétéroclite, une mer tropicale, brillante et satinée, surmontée d'un clair de lune monstrueux.

Je regagne le bord. Le bateau appareille et grésille de
toutes ses lumières; il défile devant la mer qui se tortille,
et semble passer en revue un morceau ambulant de rue
borgne. Il a fait vers le soir un orage et la mer reluit au
large comme un ventre de bête. Cependant, la lune est
masquée par des nuages en lambeaux que le vent
déforme en zigzags, en croix et en triangles. Ces figures
bizarres sont illuminées comme de l'intérieur; sur le fond
noir du ciel, on dirait une aurore boréale à l'usage des
tropiques. De temps en temps, on aperçoit au travers de
ces apparitions fumeuses un fragment de lune rougeâtre
qui passe, repasse et disparaît comme une lanterne
errante et angoissée.

X

PASSAGE DU TROPIQUE

Le rivage entre Rio et Santos propose encore des tropiques de rêve. La chaîne côtière, qui dépasse en un point 2 000 mètres, dévale dans la mer et la découpe d'îlots et de criques; des grèves de sable fin bordées de cocotiers ou de forêts humides, débordantes d'orchidées, viennent buter contre des parois de grès ou de basalte qui en interdisent l'accès, sauf de la mer. Des petits ports, distants l'un de l'autre d'une centaine de kilomètres, abritent les pêcheurs dans des demeures du XVIIIᵉ siècle, maintenant en ruine et que jadis construisirent en pierres noblement taillées des armateurs, capitaines et vice-gouverneurs. Angra-dos-Reis, Ubatuba, Parati, São Sebastião, Villa-Bella, autant de points où l'or, les diamants, les topazes et les chrysolithes extraits dans les Minas Gerais, les « mines générales » du royaume, aboutissaient après des semaines de voyage à travers la montagne, transportés à dos de mulet. Quand on cherche la trace de ces pistes au long des *espigões*, lignes de crêtes, on a peine à évoquer un trafic si important qu'une industrie spéciale vivait de la récupération des fers perdus en route par les bêtes.

Bougainville a raconté les précautions entourant l'exploitation et le transport. A peine extrait, l'or devait être remis à des Maisons de Fondation situées dans chaque district : Rio-das-Mortes, Sabara, Serro-Frio. On y percevait les droits de la couronne, et ce qui revenait aux exploitants leur était remis en barres marquées de leur poids, leur titre, leur numéro et des armes du roi. Un comptoir central, situé à mi-chemin entre les mines et la

côte, opérait un nouveau contrôle. Un lieutenant et cinquante hommes prélevaient le droit de quint, le droit de
péage par tête d'homme et d'animal. Ce droit était
partagé entre le roi et le détachement; aussi n'y avait-il
rien de surprenant à ce que les caravanes, venant des
mines et passant obligatoirement par ce registre, y fussent « arrêtées et fouillées avec la dernière rigueur ».

Les particuliers portaient ensuite l'or en barres à la
monnaie de Rio de Janeiro qui les échangeait contre des
espèces monnayées, demi-doublons valant huit piastres
d'Espagne, sur chacun desquels le roi gagnait une piastre
par l'alliage et le droit de monnaie. Et Bougainville
ajoute : « L'hôtel des monnaies... est un des plus beaux qui
existent; il est muni de toutes les commodités nécessaires
pour y travailler avec la plus grande célérité. Comme l'or
descend des mines dans le même temps où les flottes
arrivent du Portugal, il faut accélérer le travail de la
monnaie et elle s'y frappe avec une promptitude surprenante. »

Pour les diamants, le système était plus strict encore.
Les entrepreneurs, raconte Bougainville, « sont obligés de
donner un compte exact des diamants trouvés et de les
remettre entre les mains de l'intendant préposé par le roi
à cet effet. Cet intendant les dépose aussitôt dans une
cassette cerclée de fer et fermée avec trois serrures. Il a
une des clefs, le vice-roi une autre et le *provedor* de
l'Hacienda Reale, la troisième. Cette cassette est renfer-
mée dans une seconde, où sont posés les cachets des trois
personnes mentionnées ci-dessus, et qui contient les trois
clefs de la première. Le vice-roi n'a pas le pouvoir de
visiter ce qu'elle renferme. Il consigne seulement le tout à
un troisième coffre-fort qu'il envoie à Lisbonne, après
avoir apposé son cachet sur la serrure. L'ouverture s'en
fait en présence du roi, qui choisit les diamants qu'il veut,
et en paye le prix aux entrepreneurs sur le pied d'un tarif
réglé par leur traité. »

De cette intense activité qui, pour la seule année 1762,
avait porté sur le transport, le contrôle, la frappe et
l'expédition de cent dix-neuf arrobes d'or, c'est-à-dire plus
d'une tonne et demie, rien ne subsiste au long de cette
côte rendue à l'Eden, sinon quelques façades majestueu-

ses et solitaires au fond de leur crique, murailles battues
par les flots au pied desquelles abordaient les galions. Ces
forêts grandioses, ces anses vierges, ces roches escarpées,
on aimerait croire que seuls quelques indigènes aux pieds
nus s'y sont laissé glisser du haut des plateaux, et non
point qu'ils fournirent un site à des ateliers où, il y a deux
cents ans encore, se forgeait la destinée du monde
moderne.

Après s'être repu d'or, le monde eut faim de sucre, mais
le sucre consommait lui-même des esclaves. L'épuisement
des mines – précédé d'ailleurs par la dévastation des
forêts donnant le combustible aux creusets – l'abolition
de l'esclavage, enfin une demande mondiale croissante
orientent São Paulo et son port Santos vers le café. De
jaune, puis blanc, l'or est devenu noir. Mais, malgré ces
transformations qui ont fait de Santos un des centres du
commerce international, le site reste d'une secrète beauté; alors que le bateau pénètre lentement entre les îles,
j'éprouve ici le premier choc des tropiques. Un chenal
verdoyant nous enferme. En tendant la main, on pourrait
presque saisir ces plantes que Rio retenait encore à
distance, dans ses serres hautement accrochées. Sur une
scène plus modeste, le contact avec le paysage s'établit.

L'arrière-pays de Santos, plaine inondée, criblée de
lagunes et de marais, sillonnée de rivières, de détroits et
de canaux dont une buée nacrée estompe perpétuellement les contours, semble la terre même, émergeant au
début de la création. Les bananeraies qui la couvrent sont
du vert le plus jeune et le plus tendre qu'on puisse
concevoir; plus aigu que l'or vert des champs de jute dans
le delta du Brahmapoutre avec quoi mon souvenir aime à
les réunir : mais cette minceur même de la nuance, sa
gracilité inquiète comparée à la paisible somptuosité de
l'autre, contribuent à créer une ambiance primordiale.
Pendant une demi-heure, on roule entre les bananiers,
plantes mastodontes plutôt qu'arbres nains, troncs juteux
qui s'achèvent dans un foisonnement de feuilles élastiques au-dessus d'une main aux cent doigts sortant d'un
énorme lotus marron et rosé. Puis, la route s'élève à huit
cents mètres d'altitude jusqu'au sommet de la serra.
Comme partout sur cette côte, des pentes abruptes ont

protégé des atteintes de l'homme une forêt vierge si riche
que, pour retrouver sa pareille, il faudrait aller à plusieurs milliers de kilomètres vers le nord, près du bassin
amazonien. Pendant que l'auto gémit dans les virages
qu'on ne peut même plus qualifier de « têtes d'épingle »
tant ils sont en spirale, à travers un brouillard qui feint la
haute montagne sous d'autres climats, j'ai loisir d'inspecter les arbres et les plantes étagés devant mon regard
comme des spécimens de musée.

Cette forêt diffère de la nôtre par le contraste entre le
feuillage et les troncs. Celui-ci est plus sombre, ses
nuances de vert évoquent le minéral plutôt que le végétal
et, dans le premier règne, le jade et la tourmaline
davantage encore que l'émeraude et le péridot. Au contraire, les troncs, blancs ou grisâtres, se silhouettent
comme des ossements sur le fond obscur du feuillage.
Trop près de la paroi pour considérer l'ensemble, j'exa-
minais surtout les détails. Des plantes plus copieuses que
celles d'Europe dressent des tiges et des feuilles qui
semblent découpées dans le métal, tant leur port est
assuré et tant leur forme pleine de sens paraît à l'abri des
épreuves du temps. Vue de dehors, cette nature est d'un
autre ordre que la nôtre; elle manifeste un degré supérieur de présence et de permanence. Comme dans les
paysages exotiques d'Henri Rousseau, ses êtres atteignent
à la dignité d'objets.

Une fois déjà, j'ai ressenti une impression analogue.
C'était à l'occasion de premières vacances en Provence,
après des années vouées à la Normandie et à la Bretagne.
A une végétation restée pour moi confuse et sans intérêt,
en succédait une autre où chaque espèce m'offrait une
signification particulière. C'était un peu comme si j'étais
transporté d'un village banal dans un site archéologique
où chaque pierre ne serait plus un élément de maison,
mais un témoin. Je parcourais, exalté, la rocaille, me
répétant que chaque brindille ici s'appelait thym, origan,
romarin, basilic, ciste, laurier, lavande, arbousier, câprier,
lentisque, qu'elle possédait ses lettres de noblesse et
qu'elle avait reçu sa charge privilégiée. Et la lourde
senteur résineuse m'était à la fois preuve et raison d'un
univers végétal plus notable. Ce que la flore provençale

m'apportait alors par son arôme, celle du tropique me le suggérait maintenant par sa forme. Non plus monde d'odeurs et d'usages, herbier de recettes et de superstitions, mais troupe végétale pareille à un corps de grandes danseuses dont chacune aurait arrêté son geste dans la position la plus sensible, comme pour rendre manifeste un dessein mieux apparent s'il n'avait plus rien à craindre de la vie; ballet immobile, troublé seulement par l'agitation minérale des sources.

Quand on atteint le sommet, encore une fois tout change; finie la moite chaleur des tropiques et les heroïques enchevêtrements de lianes et de rochers. Au lieu de l'immense panorama miroitant, qu'on surplombe pour la dernière fois jusqu'à la mer depuis le belvédère de la serra, on aperçoit dans la direction opposée un plateau inégal et dépouillé, déroulant crêtes et ravines sous un ciel quinteux. Il tombe là-dessus une bruine bretonne. Car nous sommes à près de 1 000 mètres d'altitude, bien que la mer soit encore proche. Au sommet de cette paroi commencent les hautes terres, succession de gradins dont la chaîne côtière forme la première et la plus dure marche. Ces terres s'abaissent insensiblement en direction du nord. Jusqu'au bassin de l'Amazone dans lequel elles s'effondrent par de grandes failles à 3 000 kilomètres d'ici, leur déclin ne sera interrompu qu'à deux reprises, par des alignements de falaises : Serra de Botucatu, à 500 kilomètres environ de la côte, et Chapada de Mato Grosso à 1 500. Je les franchirai l'une et l'autre avant de retrouver, autour des grands fleuves amazoniens, une forêt semblable à celle qui s'accroche au rempart côtier; la plus grande partie du Brésil, circonscrite entre l'Atlantique, l'Amazone et le Paraguay, figure une table en pente redressée du côté de la mer : tremplin crêpu de brousse encerclé par un humide anneau de jungle et de marais.

Autour de moi, l'érosion a ravagé les terres au relief inachevé, mais l'homme surtout est responsable de l'aspect chaotique du paysage. On a d'abord défriché pour cultiver; mais au bout de quelques années, le sol épuisé et lavé par les pluies s'est dérobé aux caféiers. Et les plantations se sont transportées plus loin, là où la terre était encore vierge et fertile. Entre l'homme et le sol, jamais ne s'est instaurée cette récipocité attentive qui, dans l'Ancien Monde, fonde l'intimité millénaire au cours de laquelle ils se sont mutuellement façonnés. Ici, le sol a été violé et détruit. Une agriculture de rapine s'est saisie d'une richesse gisante et puis s'en est allée ailleurs, après avoir arraché quelques profits. C'est justement qu'on décrit l'aire d'activité des pionniers comme une frange. Car, dévastant le sol aussi vite, presque, qu'ils le défrichent, ils semblent condamnés à n'occuper jamais qu'une bande mouvante, mordant d'un côté sur le sol vierge et abandonnant de l'autre des jachères exténuées. Comme un feu de brousse fuyant en avant l'épuisement de sa substance, en cent ans la flambée agricole a traversé l'Etat de São Paulo. Allumée au milieu du XIXᵉ siècle par les *mineiros* délaissant leurs filons taris, elle s'est déplacée d'est en ouest, et j'allais bientôt la rattraper de l'autre côté du fleuve Parana, s'ouvrant un passage à travers une foule confuse de troncs abattus et de familles déracinées.

Le territoire traversé par la route de Santos à São Paulo est l'un des plus anciennement exploités du pays; aussi semble-t-il un site archéologique dédié à une agriculture défunte. Des coteaux, des talus autrefois boisés laissent apercevoir leur ossature sous un mince manteau d'herbe rêche. On devine par endroits le pointillé des buttes qui marquaient l'emplacement des pieds de caféiers; elles saillent sous les flancs herbus, pareilles à des mamelles atrophiées. Dans les vallées, la végétation a repris possession du sol; mais ce n'est plus la noble architecture de la forêt primitive : la *capoeira*, c'est-à-dire la forêt secondaire, renaît comme un fourré continu d'arbres grêles. De temps à autre, on remarque la cabane d'un émigrant japonais qui s'emploie, selon des méthodes archaïques, à régénérer un coin de sol pour y installer des cultures maraîchères.

Le voyageur européen est déconcerté par ce paysage qui ne rentre dans aucune de ses catégories traditionnelles. Nous ignorons la nature vierge, notre paysage est ostensiblement asservi à l'homme; parfois il nous paraît sauvage, non point qu'il soit réellement tel, mais parce que les échanges se sont produits sur un rythme plus lent (comme en forêt) ou encore – dans les montagnes – parce que les problèmes posés étaient si complexes que l'homme, au lieu de leur donner une réponse systématique, a réagi au cours des siècles par une multitude de démarches de détail; les solutions d'ensemble qui les résument, jamais nettement voulues ou pensées comme telles, lui apparaissent du dehors avec un caractère primitif. On les prend pour une sauvagerie authentique du paysage, alors qu'elles résultent d'un enchaînement d'initiatives et de décisions inconscientes.

Mais même les plus rudes paysages d'Europe offrent une ordonnance, dont Poussin a été l'incomparable interprète. Allez en montagne : remarquez le contraste entre les pentes arides et les forêts; l'étagement de celles-ci au-dessus des prairies, la diversité des nuances dues à la prédominance de telle ou telle essence végétale selon l'exposition ou le versant – il faut avoir voyagé en Amérique pour savoir que cette harmonie sublime, loin d'être une expression spontanée de la nature, provient d'accords longuement cherchés au cours d'une collaboration entre le site et l'homme. Celui-ci admire naïvement les traces de ses entreprises passées.

En Amérique habitée, aussi bien du Nord que du Sud (exception faite des plateaux andins, du Mexique et de l'Amérique centrale, où une occupation plus dense et plus persistante rapproche de la situation européenne) nous n'avons le choix qu'entre une nature si impitoyablement domptée qu'elle est devenue usine de plein air plutôt que campagne (je pense aux champs de canne des Antilles et à ceux de maïs dans la *corn-belt*) et une autre qui – comme celle que je considère en ce moment – a été suffisamment occupée par l'homme pour lui donner le temps de la saccager, mais pas assez pour qu'une lente et incessante cohabitation l'ait élevée au rang de paysage. Dans les environs de São Paulo, comme plus tard dans l'Etat de New York, le Connecticut et même les montagnes Rocheuses, j'apprenais à me familiariser avec une nature plus farouche que la nôtre parce que moins peuplée et moins cultivée, et pourtant privée de fraîcheur véritable : non point sauvage, mais déclassée.

Terrains vagues grands comme des provinces, l'homme

les a jadis et pour peu de temps possédés; puis il est parti ailleurs. Derrière lui, il a laissé un relief meurtri, tout embrouillé de vestiges. Et sur ces champs de bataille où, pendant quelques dizaines d'années, il s'est affronté à une terre ignorée, renaît lentement une végétation monotone, dans un désordre d'autant plus trompeur que, sous le visage d'une fausse innocence, elle préserve la mémoire et la formation des combats.

XI

SÃO PAULO

Un esprit malicieux a défini l'Amérique comme un pays qui a passé de la barbarie à la décadence sans connaître la civilisation. On pourrait, avec plus de justesse, appliquer la formule aux villes du Nouveau Monde : elles vont de la fraîcheur à la décrépitude sans s'arrêter à l'ancienneté. Une étudiante brésilienne m'est revenue en larmes après son premier voyage en France : Paris lui avait paru sale, avec ses bâtiments noircis. La blancheur et la propreté étaient les seuls critères à sa disposition pour estimer une ville. Mais ces vacances hors du temps à quoi convie le genre monumental, cette vie sans âge qui caractérise les plus belles cités, devenues objet de contemplation et de réflexion, et non plus simples instruments de la fonction urbaine – les villes américaines n'y accèdent jamais. Dans les villes du Nouveau Monde, que ce soit New York, Chicago ou São Paulo qu'on lui a souvent comparée, ce n'est pas le manque de vestiges qui me frappe : cette absence est un élément de leur signification. A l'inverse de ces touristes européens qui boudent parce qu'ils ne peuvent ajouter à leur tableau de chasse une autre cathédrale du XIIIᵉ, je me réjouis de m'adapter à un système sans dimension temporelle, pour interpréter une forme différente de civilisation. Mais c'est dans l'erreur opposée que je tombe : puisque ces villes sont neuves et tirent de cette nouveauté leur être et leur justification, je leur pardonne mal de ne pas le rester. Pour les villes européennes, le passage des siècles constitue une promotion; pour les américaines, celui des années est une déchéance. Car elles ne sont pas seule-

ment fraîchement construites : elles sont construites pour
se renouveler avec la même rapidité qu'elles furent
bâties, c'est-à-dire mal. Au moment où les nouveaux
quartiers se dressent, ce sont à peine des éléments
urbains : ils sont trop brillants, trop neufs, trop joyeux
pour cela. Plutôt on croirait une foire, une exposition
internationale édifiée pour quelques mois. Après ce délai,
la fête se termine et ces grands bibelots dépérissent : les
façades s'écaillent, la pluie et la suie y tracent des sillons,
le style se démode, l'ordonnance primitive disparaît sous
les démolitions qu'exige, à côté, une nouvelle impatience.
Ce ne sont pas des villes neuves contrastant avec des
villes anciennes; mais des villes à cycle d'évolution très
court, comparées à des villes à cycle lent. Certaines cités
d'Europe s'endorment doucement dans la mort; celles du
Nouveau Monde vivent fiévreusement dans une maladie
chronique; perpétuellement jeunes, elles ne sont pourtant
jamais saines.

En visitant New York ou Chicago en 1941, en arrivant à
São Paulo en 1935, ce n'est donc pas la nouveauté qui m'a
d'abord étonné, mais la précocité des ravages du temps.
Je n'ai pas été surpris qu'il manquât à ces villes dix
siècles, j'ai été saisi de constater que tant de leurs
quartiers eussent déjà cinquante ans; de ce que, sans
honte, ils fissent montre de telles flétrissures puisque,
aussi bien, la seule parure à quoi ils pourraient prétendre
serait celle d'une jeunesse fugitive pour eux comme pour
des vivants. Ferrailles, tramways rouges comme des voitures de pompiers, bars d'acajou à balustrade de laiton
poli; entrepôts de briques dans des ruelles solitaires où le
vent seul balaye les ordures; paroisses rustiques au pied
des bureaux et des bourses au style de cathédrale;
labyrinthes d'immeubles verdis surplombant des gouffres
entrecroisés de tranchées, de ponts tournants et de
passerelles, ville sans cesse accrue en hauteur par l'accu-
mulation de ses propres décombres supportant les constructions neuves : Chicago, image des Amériques, il n'est
pas surprenant qu'en toi le Nouveau Monde chérisse la
mémoire des années 1880; car la seule antiquité à quoi il
puisse prétendre dans sa soif de renouvellement, c'est cet
écart modeste d'un demi-siècle, trop bref pour servir au

jugement de nos sociétés millénaires, mais qui lui donne, à lui qui ne pense pas le temps, une chance menue de s'attendrir sur sa jeunesse transitoire.

En 1935, les Paulistes se vantaient qu'on construisît dans leur ville, en moyenne, une maison par heure. Il s'agissait alors de villas; on m'assure que le rythme est resté le même, mais pour les immeubles. La ville se développe à une telle vitesse qu'il est impossible de s'en procurer le plan : chaque semaine demanderait une nouvelle édition. Il paraît même qu'en se rendant en taxi à un rendez-vous fixé quelques semaines auparavant, on risque d'être en avance d'un jour sur le quartier. Dans ces conditions, l'évocation de souvenirs vieux de presque vingt ans ressemble à la contemplation d'une photographie fanée. Au moins peut-elle offrir un intérêt documentaire; je verse les fonds de tiroir de ma mémoire aux archives municipales.

On dépeignait alors São Paulo comme une ville laide. Sans doute, les immeubles du centre étaient pompeux et démodés; la prétentieuse indigence de leur ornementation se trouvait encore aggravée par la pauvreté du gros œuvre : statues et guirlandes n'étaient pas en pierre, mais en plâtre barbouillé de jaune pour feindre une patine. D'une façon générale, la ville offrait ces tons soutenus et arbitraires qui caractérisent les mauvaises constructions dont l'architecte a dû recourir au badigeon, autant pour protéger que pour dissimuler le substrat.

Dans les constructions de pierre, les extravagances du style 1890 sont partiellement excusées par la pesanteur et la densité du matériau : elles se situent à leur plan d'accessoire. Tandis que là, ces boursouflures laborieuses évoquent seulement les improvisations dermiques de la lèpre. Sous les couleurs fausses, les ombres sortent plus noires; des rues étroites ne permettent pas à une couche d'air trop mince de « faire atmosphère » et il en résulte un sentiment d'irréalité, comme si tout cela n'était pas une ville, mais un faux-semblant de constructions hâtivement édifiées pour les besoins d'une prise de vue cinématographique ou d'une représentation théâtrale.

Et pourtant, São Paulo ne m'a jamais paru laide : c'était une ville sauvage, comme le sont toutes les villes américaines à l'exception peut-être de Washington, D.C., ni sauvage, ni domestiquée, celle-là, mais plutôt captive et périssant d'ennui dans la cage étoilée d'avenues derrière quoi l'a enfermée Lenfant. Quant à São Paulo, elle était alors indomptée. Construite à l'origine sur une terrasse en forme d'éperon pointant vers le nord, au confluent de deux petites rivières, les rios Anhangabahu et Tamanduatehy qui se jettent un peu plus bas dans le Rio Tiete, affluent du Parana, ce fut une simple « réduction d'Indiens » : centre missionnaire autour duquel les jésuites portugais s'efforcèrent, dès le XVIe siècle, de grouper les sauvages et de les initier aux vertus de la civilisation. Sur le talus descendant vers le Tamanduatehy et qui domine les quartiers populaires du Braz et de la Penha, subsistaient encore en 1935 quelques ruelles provinciales et des *largos* : places carrées et herbues, entourées de maisons basses à toit de tuiles et à petites fenêtres grillagées, peintes à la chaux, avec d'un côté une église paroissiale austère, sans autre décoration que la double accolade découpant un fronton baroque à la partie supérieure de sa façade. Très loin vers le nord, le Tiete allongeait ses méandres argentés dans les *varzeas* – marécages se transformant peu à peu en cités – entourés d'un chapelet irrégulier de faubourgs et de lotissements. Immédiatement derrière, c'était le centre des affaires, fidèle au style et aux aspirations de l'Exposition de 1889 : la Praça da Sé, place de la Cathédrale, à mi-chemin entre le chantier et la ruine. Puis le fameux Triangle, dont São Paulo était aussi fier que Chicago de son Loop : zone du commerce formée par l'intersection des rues Direita, São-Bento et 15-Novembre : voies encombrées d'enseignes où se pressait une foule de commerçants et d'employés proclamant par une tenue sombre leur allégeance aux valeurs européennes ou nord-américaines, en même temps que leur fierté des huit cents mètres d'altitude qui les affranchissaient des langueurs du tropique (lequel passe cependant en pleine ville).

A São Paulo, au mois de janvier, la pluie « n'arrive » pas, elle s'engendre de l'humidité ambiante, comme si la vapeur d'eau qui imbibe tout se matérialisait en perles aquatiques tombant dru, mais qu'on dirait freinées par

leur affinité avec toute cette buée à travers quoi elles
glissent. Ce n'est pas, comme en Europe, une pluie à
rayures mais un scintillement pâle, fait d'une multitude
de petites boules d'eau qui dégringolent dans une atmosphère moite : cascade de consommé clair au tapioca. Et
ce n'est pas non plus quand le nuage a passé que la pluie
cesse, mais quand sur place l'air s'est, par la ponction
pluvieuse, suffisamment débarrassé d'un surplus d'humidité. Alors le ciel s'éclaircit, on entrevoit du bleu très pâle
entre les nuages blonds, tandis que des torrents alpestres
s'écoulent à travers les rues.

A la pointe nord de la terrasse, un gigantesque chantier
s'ouvrait : c'était celui de l'Avenida São-João, artère de
plusieurs kilomètres qu'on commençait à tracer parallèlement au Tiete, suivant le parcours de la vieille route du
Nord vers Ytu, Sorocaba et les riches plantations de
Campinas. Accrochée par son début à l'extrémité de
l'éperon, l'avenue dévalait dans les décombres d'anciens
quartiers. Elle laissait d'abord à droite la rue Florencio-
de-Abreu qui conduisait à la gare, entre les bazars syriens
qui approvisionnaient tout l'intérieur en camelote, et de
paisibles ateliers de bourreliers et de tapissiers où continuait – mais pour combien de temps? – la fabrication des
hautes selles de cuir ouvragé, des couvertures de chevaux
en grosses mèches de coton, des harnachements décorés
d'argent repoussé, à l'usage des planteurs et des péons de
la brousse si proche. Puis, l'avenue passant au pied d'un
gratte-ciel – alors unique et inachevé – le rose Predio
Martinelli, défonçait les Campos-Elyseos, autrefois séjour
des riches, où les villas en bois peint se délabraient dans
des jardins d'eucalyptus et de manguiers; la populaire
Santa Ifigenia, bordée d'un quartier réservé de masures à
l'entresol surélevé desquelles les filles hélaient les clients
par les fenêtres. Enfin, aux lisières de la ville progres-
saient les lotissements petits-bourgeois de Perdizes et
d'Agua-Branca, se fondant au sud-ouest dans la colline
verdoyante et plus aristocratique de Pacaembu.

Vers le sud, la terrasse continue de s'élever; de modestes avenues la gravissent, jointes au sommet, sur l'échine
même du relief, par l'Avenida Paulista bordant les résidences autrefois fastueuses des millionnaires du demi-

siècle écoulé, dans un style de casino et de ville d'eaux.
Tout au bout, vers l'est, l'avenue surplombe la plaine au-
dessus du quartier neuf de Pacaembu où les villas cubiques s'édifient pêle-mêle au long d'avenues sinueuses
poudrées du bleu-violet des jacarandas en fleur, entre des
talus de gazon et des remblais de terre ocrée. Mais les
millionnaires ont quitté l'Avenida Paulista. Suivant l'expansion de la ville, ils ont descendu avec elle le sud de la
colline, vers de paisibles quartiers aux rues tournantes.
Leurs résidences d'inspiration californienne, en ciment
micacé et à balustrades de fer forgé, se laissent deviner
au fond de parcs taillés dans les bosquets rustiques où
s'implantent ces lotissements pour les riches.

Des pâturages à vaches s'étendent au pied d'immeubles
en béton, un quartier surgit comme un mirage, des
avenues bordées de luxueuses résidences s'interrompent
de part et d'autre des ravins; un torrent bourbeux y
circule entre les bananiers, servant à la fois de source et
d'égout à des bicoques de torchis sur clayonnage de
bambou, où l'on retrouve la même population noire qui, à
Rio, campe au sommet des mornes. Les chèvres courent
le long des pentes. Certains lieux privilégiés de la ville
réussissent à cumuler tous les aspects. Ainsi, à la sortie de
deux rues divergentes qui conduisent vers la mer, on
débouche au bord du ravin du rio Anhangabahu, franchi
par un pont qui est une des principales artères de la ville.
Le bas-fond est occupé par un parc dans le goût anglais :
pelouses ornées de statues et de kiosques, tandis qu'à
l'aplomb des deux talus s'élèvent les principaux édifices :
le théâtre municipal, l'hôtel Esplanada, l'Automobile
Club, les bureaux de la compagnie canadienne qui assure
l'éclairage et les transports. Leurs masses hétéroclites
s'affrontent dans un désordre figé. Ces immeubles en
bataille évoquent de grands troupeaux de mammifères
réunis le soir autour d'un point d'eau, pour quelques
instants hésitants et immobiles; condamnés, par un
besoin plus pressant que la crainte, à mêler temporairement leurs espèces antagonistes. L'évolution animale s'ac-
complit selon des phases plus lentes que celles de la vie
urbaine; si je contemplais aujourd'hui le même site, je
constaterais peut-être que l'hybride troupeau a disparu :

piétiné par une race plus vigoureuse et plus homogène de gratte-ciel implantés sur ces rives qu'une autostrade a fossilisées d'asphalte.

A l'abri de cette faune pierreuse, l'élite pauliste, pareille à ses orchidées favorites, formait une flore nonchalante et plus exotique qu'elle ne croyait. Les botanistes enseignent que les espèces tropicales comprennent des variétés plus nombreuses que celles des zones tempérées bien que chacune soit, en revanche, constituée par un nombre parfois très petit d'individus. Le *gran fino* local avait poussé à l'extrême cette spécialisation.

Une société restreinte s'était réparti les rôles. Toutes les occupations, les goûts, les curiosités justiciables de la civilisation contemporaine s'y rencontraient, mais chacune figurée par un seul représentant. Nos amis n'étaient pas vraiment des personnes, mais plutôt des fonctions dont l'importance intrinsèque, moins que leur disponibilité, semblait avoir déterminé la liste. Il y avait ainsi le catholique, le libéral, le légitimiste, le communiste; ou, sur un autre plan, le gastronome, le bibliophile, l'amateur de chiens (ou de chevaux) de race, de peinture ancienne, de peinture moderne; et aussi l'érudit local, le poète surréaliste, le musicologue, le peintre. Nul souci véritable d'approfondir un domaine de la connaissance n'était à l'origine de ces vocations; si deux individus, à la suite d'une fausse manœuvre ou par jalousie, se trouvaient occuper le même terrain ou des terrains distincts mais trop proches, ils n'avaient d'autre souci que de se détruire l'un l'autre et y mettaient une persistance et une férocité remarquables. Par contre, entre fiefs voisins on se rendait des visites intellectuelles, on se faisait des courbettes : chacun étant intéressé, non seulement à défendre son emploi, mais encore à perfectionner ce menuet sociologique dans l'exécution duquel la société pauliste semblait trouver une inépuisable délectation.

Il faut bien reconnaître que certains rôles étaient tenus avec un brio extraordinaire, dû à la combinaison de la fortune héritée, du charme inné et de la roublardise acquise, qui rendaient si délicieuse et si décevante en même temps la fréquentation des salons. Mais la nécessité, qui exigeait que tous les rôles fussent occupés

pour parfaire le microcosme et jouer le grand jeu de la
civilisation, entraînait aussi quelques paradoxes : que le
communiste se trouvât être le riche héritier de la féodalité locale, et qu'une société fort guindée permît tout de
même à un de ses membres, mais à un seul – puisqu'il
fallait bien avoir le poète d'avant-garde – de sortir sa
jeune maîtresse en public. Quelques emplois n'avaient pu
être remplis que par des pis-aller : le criminologue était
un dentiste qui avait introduit à la police judiciaire le
moulage des mâchoires au lieu des empreintes digitales
comme système d'identification; et le monarchiste vivait
pour collectionner des spécimens de vaisselle de toutes
les familles royales de l'univers : les murs de son salon
étaient couverts d'assiettes, sauf la place nécessaire à un
coffre-fort où il conservait les lettres par lesquelles les
dames d'honneur des reines témoignaient leur intérêt
pour ses sollicitations ménagères.

Cette spécialisation sur le plan mondain allait de pair
avec un appétit encyclopédique. Le Brésil cultivé dévorait
les manuels et les ouvrages de vulgarisation. Au lieu de se
targuer du prestige encore inégalé de la France à l'étranger, nos ministres eussent été plus sages de s'attacher à le
comprendre; dès cette époque, hélas, il n'était plus tant
dû à la richesse et à l'originalité d'une création scientifique faiblissante qu'au talent, dont beaucoup de nos
savants étaient encore doués, pour rendre accessibles des
problèmes difficiles à la solution desquels ils avaient
contribué modestement. En ce sens, l'amour porté par
l'Amérique du Sud à la France tenait en partie à une
connivence secrète fondée sur la même inclination à
consommer, et à faciliter aux autres la consommation,
plutôt qu'à produire. Les grands noms qu'on vénérait
là-bas : Pasteur, Curie, Durkheim, appartenaient tous au
passé, sans doute assez proche pour justifier un large
crédit; mais de ce crédit, nous ne servions plus l'intérêt
qu'en une menue monnaie appréciée dans la mesure où
une clientèle prodigue préférait elle-même dépenser à
investir. Nous lui épargnions seulement la fatigue de
réaliser.

Il est triste de constater que même ce rôle de courtier
intellectuel, vers quoi la France se laissait glisser, sem-

ble aujourd'hui lui devenir trop lourd. Sommes-nous à ce
point prisonniers d'une perspective scientifique héritée
du XIXᵉ siècle, où chaque domaine de la pensée était
suffisamment restreint pour qu'un homme nanti de ces
qualités traditionnellement françaises : culture générale,
vivacité et clarté, esprit logique et talent littéraire, parvînt
à l'embrasser tout entier, et, travaillant isolément, réussît à
le repenser pour son compte et à en offrir une synthèse ?
Qu'on s'en réjouisse ou qu'on le déplore, la science
moderne ne permet plus cette exploitation artisanale. Là
où il suffisait d'un spécialiste pour illustrer son pays, il en
faut une armée, qui nous manque; les bibliothèques
personnelles sont devenues des curiosités muséographiques,
mais nos bibliothèques publiques, sans locaux, sans
crédit, sans personnel documentaliste et même sans
sièges en nombre suffisant pour les lecteurs, rebutent les
chercheurs au lieu de les servir. Enfin, la création scientifique représente aujourd'hui une entreprise collective et
largement anonyme à quoi nous sommes aussi mal pré-
parés que possible, nous étant trop exclusivement occupés de prolonger au-delà de leur temps les succès faciles
de nos vieux virtuoses. Ceux-ci continueront-ils longtemps à croire qu'un style à toute épreuve peut remédier
à l'absence de partition ?

Des pays plus jeunes ont compris la leçon. Dans ce
Brésil qui avait connu quelques éclatantes réussites individuelles, mais rares : Euclides da Cunha, Oswaldo Cruz,
Chagas, Villa-Lobos, la culture était restée, jusqu'à une
époque récente, un jouet pour les riches. Et c'est parce
que cette oligarchie avait besoin d'une opinion publique
d'inspiration civile et laïque, pour faire pièce à l'influence
traditionnelle de l'Eglise et de l'armée ainsi qu'au pouvoir
personnel, qu'en créant l'Université de São Paulo, elle
entreprit d'ouvrir la culture à une plus large clientèle.

Quand j'arrivai au Brésil pour participer à cette fondation je considérai – il m'en souvient encore – la condition
humiliée de mes collègues locaux avec une pitié un peu
hautaine. A voir ces professeurs misérablement payés,
contraints pour manger à d'obscurs travaux, j'éprouvai la
fierté d'appartenir à un pays de vieille culture où l'exercice d'une profession libérale était entouré de garanties

et de prestige. Je ne me doutais pas que, vingt ans plus tard, mes élèves besogneux d'alors occuperaient des chaires d'université, parfois plus nombreuses et mieux équipées que les nôtres, servis par des bibliothèques comme nous aimerions en posséder.

Ils venaient pourtant de loin, ces hommes et ces femmes de tous âges qui se pressaient à nos cours avec une ferveur soupçonneuse : jeunes gens à l'affût des emplois ouverts par les diplômes que nous décernions; ou avocats, ingénieurs, politiciens établis, qui redoutaient la concurrence prochaine des titres universitaires s'ils n'avaient eux-mêmes la sagesse de les briguer. Ils étaient tous rongés par un esprit boulevardier et destructeur, en partie inspiré par une tradition française désuète dans un style de « vie parisienne » du siècle passé, introduit par quelques Brésiliens cousins du personnage de Meilhac et Halévy, mais plus encore, trait symptomatique d'une évolution sociale qui fut celle de Paris au XIXᵉ siècle et que São Paulo et Rio de Janeiro reproduisaient alors pour leur compte : rythme de différenciation accéléré entre la ville et la campagne, celle-là se développant aux dépens de celle-ci avec le souci résultant, pour une population fraîchement urbanisée, de se désolidariser de la naïveté rustique symbolisée dans le Brésil du XXᵉ siècle par le *caipira* – c'est-à-dire le péquenot – comme elle l'avait été par le natif d'Arpajon ou de Charentonneau dans notre théâtre du boulevard. Je me rappelle un exemple de cet humour douteux.

Au milieu d'une de ces rues presque campagnardes, bien que longues de trois ou quatre kilomètres, qui prolongeaient le centre de São Paulo, la colonie italienne avait fait élever une statue d'Auguste. C'était une reproduction en bronze, grandeur naturelle, d'un marbre antique, en vérité médiocre mais qui méritait cependant quelque respect dans une ville où rien d'autre n'évoquait l'histoire en deçà du siècle dernier. La population de São Paulo décida néanmoins que le bras levé pour le salut romain signifiait : « C'est ici qu'habite Carlito. » Carlos Pereira de Souza, ancien ministre et homme politique influent, possédait dans la direction indiquée par la main impériale une de ces vastes maisons de plain-pied, construite de briques et de torchis et recouverte d'un enduit de chaux grisâtre et s'écaillant depuis vingt ans, mais où l'on avait prétendu suggérer par des volutes et des rosaces les fastes de l'époque coloniale.

On convint également qu'Auguste portait le short, ce qui n'était de l'humour qu'à demi, la plupart des passants ignorant la jupe romaine. Ces bonnes plaisanteries couraient la ville une heure après l'inauguration, et on les répétait à grand renfort de claques dans le dos à la « soirée élégante » du cinéma Odéon qui avait lieu le même jour. C'est ainsi que la bourgeoisie de São Paulo (responsable de l'institution d'une séance cinématographique hebdomadaire à prix élevé, destinée à la protéger des contacts plébéiens) se vengeait d'avoir, par son incurie, permis la constitution d'une aristocratie d'émigrants italiens arrivés il y a un demi-siècle pour vendre dans la rue des cravates, aujourd'hui possesseurs des plus tapageuses résidences de « l'Avenida » et donateurs du bronze tant commenté.

Nos étudiants voulaient tout savoir; mais, dans quelque domaine que ce fût, seule la théorie la plus récente leur semblait mériter d'être retenue. Blasés de tous les festins intellectuels du passé, qu'ils ne connaissaient d'ailleurs que par ouï-dire puisqu'ils ne lisaient pas les œuvres originales, ils conservaient un enthousiasme toujours disponible pour les plats nouveaux. Dans leur cas, il faudrait parler de mode plutôt que de cuisine : idées et doctrines n'offraient pas à leurs yeux un intérêt intrinsèque, ils les considéraient comme des instruments de prestige dont il fallait s'assurer la primeur. Partager une théorie connue avec d'autres équivalait à porter une robe déjà vue; on s'exposait à perdre la face. En revanche, une concurrence acharnée s'exerçait à grands coups de revues de vulgarisation, de périodiques à sensation et de manuels, pour obtenir l'exclusivité du modèle le plus récent dans le domaine des idées. Produits sélectionnés des écuries académiques, mes collègues et moi-même nous sentions souvent embarrassés : dressés à ne respecter que les idées mûres, nous nous trouvions en butte aux assauts d'étudiants d'une ignorance totale envers le passé, mais dont l'information était toujours en avance de quelques mois sur la nôtre. Pourtant, l'érudition, dont ils n'avaient ni le goût ni la méthode, leur semblait tout de même un devoir; aussi leurs dissertations consistaient, quel qu'en fût le sujet, en une évocation de l'histoire générale de l'humanité depuis les singes anthropoïdes pour s'achever à travers quelques citations de Platon, d'Aristote et de Comte, dans la paraphrase d'un polygraphe visqueux dont l'ouvrage avait d'autant plus de prix que son obscurité même donnait une chance que nul autre ne se fût encore avisé de le piller.

L'Université leur apparaissait comme un fruit tentant, mais empoisonné. A ces jeunes gens qui n'avaient pas vu le monde et dont la condition souvent fort modeste leur interdisait l'espoir de connaître l'Europe, nous étions amenés comme des mages exotiques, par des fils de famille doublement exécrés : d'abord parce qu'ils représentaient la classe dominante, et ensuite en raison même de leur existence cosmopolite qui leur conférait un avantage sur tous ceux restés au village, mais qui les avait coupés de la vie et des aspirations nationales. Au même titre qu'eux, nous paraissions suspects; mais nous apportions dans nos mains les pommes du savoir, et les étudiants nous fuyaient et nous courtisaient alternativement, tantôt captivés et tantôt rebelles. Chacun de nous mesurait son influence à l'importance de la petite cour qui s'organisait autour de lui. Ces clientèles se faisaient une guerre de prestige dont les professeurs chéris étaient les symboles, les bénéficiaires ou les victimes. Cela se traduisait par les *homenagems*, c'est-à-dire les manifestations en hommage au maître, déjeuners ou thés offerts grâce à des efforts d'autant plus touchants qu'ils supposaient des privations réelles. Les personnes et les disciplines fluctuaient au cours de ces fêtes comme des valeurs boursières, en raison du prestige de l'établissement, du nombre des participants, du rang des personnalités mondaines ou officielles qui acceptaient d'y assister. Et comme chaque grande nation avait à São Paulo son ambassade sous forme de boutique : le Thé anglais, la Pâtisserie viennoise, ou parisienne, la Brasserie allemande, des intentions tortueuses s'exprimaient aussi selon que l'une ou l'autre avait été choisie.

Que tous ceux d'entre vous qui jetteront les yeux sur
ces lignes, charmants élèves, aujourd'hui collègues esti-
més, n'en ressentent pas de rancune. En pensant à vous,
selon votre usage, par vos prénoms si baroques pour une
oreille européenne, mais dont la diversité exprime le
privilège qui fut encore celui de vos pères, de pouvoir
librement, de toutes les fleurs d'une humanité millénaire,
cueillir le frais bouquet de la vôtre : Anita, Corina, Ze-
naïda, Lavinia, Thaïs, Gioconda, Gilda, Oneïde, Lucilla,
Zenith, Cecilia, et vous, Egon, Mario-Wagner, Nicanor,
Ruy, Livio, James, Azor, Achilles, Decio, Euclides, Milton,
c'est sans ironie que j'évoque cette période balbutiante.
Bien au contraire, car elle m'a enseigné une leçon : celle
de la précarité des avantages conférés par le temps.
Pensant à ce qu'était alors l'Europe et à ce qu'elle est
aujourd'hui, j'ai appris, en vous voyant franchir en peu
d'années un écart intellectuel qu'on aurait pu croire de
l'ordre de plusieurs décennies, comment disparaissent et
comment naissent les sociétés; et que ces grands boule-
versements de l'histoire qui semblent, dans les livres,
résulter du jeu des forces anonymes agissant au cœur des
ténèbres, peuvent aussi, en un clair instant, s'accomplir
par la résolution virile d'une poignée d'enfants bien
doués.

QUATRIÈME PARTIE

LA TERRE ET LES HOMMES

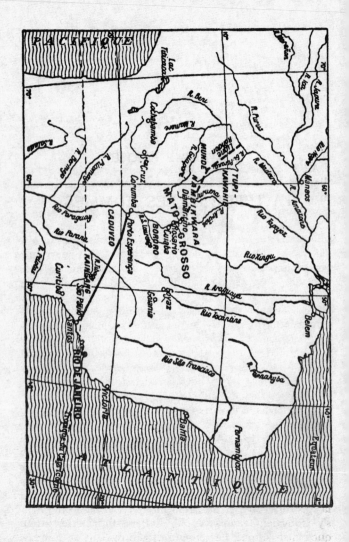

XII

VILLES ET CAMPAGNES

A São Paulo, on pouvait s'adonner à l'ethnographie du dimanche. Non auprès des Indiens des faubourgs dont on m'avait fait la fausse promesse, car les faubourgs étaient syriens ou italiens et la curiosité ethnographique la plus voisine, à une quinzaine de kilomètres, consistait en un village primitif dont la population vêtue de loques trahissait par ses cheveux blonds et ses yeux bleus une origine germanique récente, puisque c'est aux environs de 1820 que des groupes de colons allemands étaient venus s'installer dans les régions les moins tropicales du pays. Ici, ils s'étaient en quelque sorte fondus et perdus dans la misérable paysannerie locale, mais plus au sud, dans l'Etat de Santa Catarina, les petites villes de Joinville et de Blumenau perpétuaient sous les araucarias une ambiance du dernier siècle : les rues, bordées de maisons aux toits à forte pente, portaient des noms allemands; on y parlait cette seule langue. A la terrasse des brasseries, des vieillards à favoris et à moustaches fumaient de longues pipes à fourneau de porcelaine.

Autour de São Paulo, il y avait aussi beaucoup de Japonais; ceux-ci étaient d'un abord plus difficile. Des entreprises d'immigration les recrutaient, assuraient leur passage, leur logement temporaire à l'arrivée, puis les distribuaient dans des fermes de l'intérieur qui tenaient à la fois du village et du camp militaire. Tous les services s'y trouvaient réunis : école, ateliers, infirmerie, boutiques, distractions. Les émigrants y passaient de longues périodes dans une réclusion partiellement volontaire et systématiquement encouragée, remboursant leur dette à

la compagnie et déposant leurs gains dans ses coffres.
Après plusieurs années, celle-ci se chargeait de les ramener dans la terre de leurs ancêtres pour y mourir, ou, si la
malaria avait eu raison d'eux auparavant, de rapatrier
leur corps. Tout était organisé pour que cette grande
aventure se déroulât sans qu'ils eussent jamais le sentiment d'avoir quitté le Japon. Mais il n'est pas certain que
les préoccupations des entrepreneurs fussent simplement
financières, économiques ou humanitaires. Un examen
attentif des cartes révélait les arrière-pensées stratégiques qui avaient pu inspirer l'implantation des fermes.
L'extrême difficulté qu'on éprouvait à pénétrer dans les
bureaux de la *Kaigai-Iju-Kumiai* ou de la *Brazil-Takahoka-
Kumiai,* et plus encore dans les réseaux presque clandes-
tins d'hôtels, d'hôpitaux, de briqueteries, de scieries,
grâce à quoi l'immigration se suffisait à elle-même, enfin
dans les centres agricoles, protégeait des desseins tor-
tueux dont la ségrégation des colons en des points bien
choisis d'une part, de l'autre les recherches archéologiques (méthodiquement conduites à l'occasion des travaux
agricoles, avec pour objet de souligner certaines analogies entre les vestiges indigènes et ceux du néolithique
japonais) n'étaient vraisemblablement que les deux extrêmes maillons.

Au cœur de la ville, certains marchés des quartiers
populaires étaient tenus par les noirs. Plus exactement –
puisque ce terme n'a guère de sens dans un pays où une
grande diversité raciale, s'accompagnant de fort peu de
préjugés, au moins dans le passé, a permis les mélanges
de toutes sortes – on pouvait s'y exercer à distinguer les
mestiços croisés de blanc et de noir, les *caboclos,* de blanc
et d'indien, et les *cafusos,* d'indien et de noir. Les produits
en vente conservaient un style plus pur : *peneiras,* tamis
à farine de manioc de facture typiquement indienne,
formés d'un treillis lâche de bambous refendus et cerclés
de lattes; *abanicos :* éventails à feu, aussi hérités de la
tradition indigène, et dont l'étude est plaisante; car chaque type représente une solution ingénieuse pour transformer par le tressage, la structure perméable et échevelée d'une feuille de palmier en une surface rigide et
continue, propre à déplacer l'air quand elle est violem-

ment agitée. Comme il y a plusieurs manières de résoudre le problème et plusieurs types de feuilles de palmier,
il est possible de les combiner pour déterminer toutes les
formes concevables et collectionner ensuite les spécimens illustrant ces petits théorèmes technologiques.

Il existe deux espèces principales de palmes : tantôt les
folioles sont distribuées symétriquement de part et d'autre d'une tige médiane; tantôt elles divergent en éventail.
Le premier type suggère deux méthodes : ou bien rabattre toutes les folioles du même côté de la tige et les
tresser ensemble, ou bien tresser chaque groupe isolément, en repliant les folioles à angle droit sur elles-
mêmes et en insérant les extrémités des unes à travers la
partie inférieure des autres et réciproquement. On
obtient ainsi deux espèces d'éventail : en aile, ou en
papillon. Quant au deuxième type, il offre plusieurs
possibilités qui sont toujours, bien qu'à des degrés divers,
une combinaison des deux autres, et le résultat en cuiller,
en palette ou en rosace, évoque par sa structure une sorte
de grand chignon aplati.

Un autre objet particulièrement attrayant des marchés
paulistes était la *figa*. On appelle *figa*, figue, un antique
talisman méditerranéen en forme d'avant-bras terminé
par un poing fermé, mais dont le bout du pouce émerge
entre les premières phalanges des doigts du milieu. Il
s'agit sans doute d'une figuration symbolique du coït. Les
figas qu'on trouvait dans les marchés étaient des brelo-
ques en ébène ou en argent, ou bien des objets grands
comme des enseignes, naïvement sculptés et bariolés de
couleurs vives. J'en suspendais de joyeux carrousels au
plafond de ma maison, villa enduite d'ocre, dans le style
romain des années 1900, située vers le haut de la ville. On
y pénétrait sous une voûte de jasmin et, par-derrière, il y
avait un jardin vieillot à l'extrémité duquel j'avais
demandé au propriétaire de planter un bananier qui me
convainquît d'être sous les tropiques. Quelques années
plus tard, le bananier symbolique était devenu une petite
forêt où je faisais ma récolte.

Dans les environs de São Paulo, on pouvait enfin
observer et recueillir un rustique folklore : fêtes de mai
où les villages s'ornaient de vertes palmes, luttes commé-

moratives fidèles à la tradition portugaise, entre *mouros*
et *cristãos;* procession de la *nau catarineta,* navire de
carton gréé de voiles en papier; pèlerinage à de lointaines
paroisses protectrices des lépreux où, dans les effluves
crapuleux de la *pinga* – alcool de canne à sucre très
différent du rhum et qu'on absorbe pur ou en *batida,*
c'est-à-dire mêlé au jus d'un citron galé – des bardes
métis, bottés, costumés d'oripeaux et prodigieusement
ivres, se provoquaient au son du tambour à des duels de
chansons satiriques. Il y avait aussi les croyances et les
superstitions dont il était intéressant de faire la carte :
cure de l'orgelet par l'imposition d'un anneau d'or; répartition de tous les aliments en deux groupes incompatibles : *comida quente, comida fria,* nourriture chaude et
nourriture froide. Et d'autres associations maléfiques :
poisson et viande, mangue avec boisson alcoolisée ou
banane avec du lait.

Pourtant, dans l'intérieur de l'Etat, il était plus passion-
nant encore de s'attacher, non pas aux vestiges des
traditions méditerranéennes mais aux formes singulières
que favorisait une société en gestation. Le sujet était le
même, il s'agissait toujours du passé et du présent, mais à
l'inverse de l'enquête ethnographique de type classique,
qui cherche à expliquer celui-ci par celui-là, c'était ici le
présent fluide qui paraissait reconstituer des étapes très
anciennes de l'évolution européenne. Comme au temps de
la France mérovingienne, on voyait naître la vie communale et urbaine dans une campagne de latifundia.

Les agglomérations qui surgissaient n'étaient pas
comme les villes d'aujourd'hui – si usées qu'il devient
difficile d'y découvrir la marque de leur histoire particulière – confondues dans une forme de plus en plus
homogène où s'affirment seulement les distinctions administratives. Au contraire, on pouvait scruter les villes
comme un botaniste les plantes, reconnaissant au nom, à
l'aspect et à la structure de chacune son appartenance à
telle ou telle grande famille d'un règne ajouté par
l'homme à la nature : le règne urbain.

Au cours des XIXe et XXe siècles, l'anneau mouvant de la
frange pionnière s'était lentement déplacé d'est en ouest
et du sud vers le nord. En 1836, seule la Norte, c'est-à-dire

la région entre Rio et São Paulo, était solidement occupée, et le mouvement gagnait la zone centrale de l'Etat. Vingt ans plus tard, la colonisation mordait au nord-est sur la Mogiana et la Paulista; en 1886, elle entamait l'Araraquara, l'Alta Sorocabana et la Noroeste. Dans ces dernières zones, en 1935 encore, la courbe de croissance de la population épousait celle de la production du café tandis que, dans les vieilles terres du Nord, l'effondrement de l'une anticipait d'un demi-siècle le déclin de l'autre : la chute démographique commence à s'y faire sentir à partir de 1920, alors que, dès 1854, les terres épuisées tombent à l'abandon.

Ce cycle d'utilisation de l'espace correspondait à une évolution historique dont la marque était également passagère. C'est seulement dans les grandes villes de la côte – Rio et São Paulo – que l'expansion urbaine semblait avoir une base assez solide pour paraître irréversible : São Paulo comptait 240 000 habitants en 1900, 580 000 en 1920, passait le million en 1928 et double ce cap aujourd'hui. Mais, à l'intérieur, les espèces urbaines naissaient et disparaissaient; en même temps qu'elle se peuplait, la province se dépeuplait. En se déplaçant d'un point à un autre sans toujours s'accroître en nombre, les habitants changeaient de type social, et l'observation côte à côte de villes fossiles et de cités embryonnaires permettait, sur le plan humain et dans les limites temporelles extrêmement courtes, l'étude de transformations aussi saisissantes que celles du paléontologiste comparant au long des étages géologiques les phases, s'étendant sur des millions de siècles, de l'évolution des êtres organisés.

Dès qu'on quittait la côte il ne fallait pas perdre de vue que, depuis un siècle, le Brésil s'était transformé plus qu'il ne s'était développé.

A l'époque impériale, l'occupation humaine était faible, mais relativement bien répartie. Si les villes littorales ou voisines restaient petites, celles de l'intérieur avaient une vitalité plus grande qu'aujourd'hui. Par un paradoxe historique qu'on a trop souvent tendance à oublier, l'insuffisance générale des moyens de communication favorisait les plus mauvais; quand on n'avait d'autre ressource que d'aller à cheval, on éprouvait moins de

répugnance à prolonger de tels voyages pendant des mois
plutôt que des jours ou des semaines, et à s'enfoncer là
où le mulet seul pouvait se risquer. L'intérieur du Brésil
vivait solidairement d'une vie lente sans doute, mais
continue; on naviguait à dates fixes sur les rivières, en
petites étapes s'étendant sur plusieurs mois; et des pistes
complètement oubliées en 1935, comme celle de Cuiaba à
Goyaz, servaient encore à un trafic intense de caravanes
comptant chacune cinquante à deux cents mules, un
siècle auparavant.

Si l'on excepte les régions les plus reculées, l'abandon
dans lequel était tombé le Brésil central au début du
XXᵉ siècle ne reflétait nullement une situation primitive :
il était le prix payé pour l'intensification du peuplement
et des échanges dans les régions côtières, en raison des
conditions de vie moderne qui s'y instauraient; tandis que
l'intérieur, parce que le progrès y était trop difficile,
régressait au lieu de suivre le mouvement au rythme
ralenti qui lui appartient. Ainsi la navigation à vapeur qui
raccourcit les trajets, a-t-elle tué à travers le monde des
ports d'escale jadis célèbres; on peut se demander si
l'aviation, en nous invitant à jouer à saute-mouton par-
dessus les étapes anciennes, n'est pas appelée à remplir le
même rôle. Après tout, il est permis de rêver que le
progrès mécanique s'arrache à lui-même cette rançon où
se loge notre espoir : l'obligeant à rendre une menue
monnaie de solitude et d'oubli, en échange de l'intimité
dont il nous ravit massivement la jouissance.

A une échelle réduite, l'intérieur de l'Etat de São Paulo
et les régions voisines illustraient ces transformations.
Sans doute, il n'y avait plus trace de ces villes-fortins, par
l'établissement desquelles on s'assurait jadis la possession
d'une province et qui sont à l'origine de tant de villes
brésiliennes de la côte ou des fleuves : Rio de Janeiro,
Vitoria, Florianopolis dans son île, Bahia et Fortaleza sur
le cap; Manaus, Obidos au bord de l'Amazone; ou encore
Villa Bella de Mato Grosso dont les ruines périodiquement envahies par les Indiens Nambikwara subsistent
près du Guaporé : jadis garnison fameuse d'un *capitão de
mato* – capitaine de la brousse – à la frontière bolivienne,
c'est-à-dire sur la ligne même que le pape Alexandre VI

avait symboliquement tracée en 1493 à travers le Nouveau Monde encore inconnu, pour départager les convoitises rivales de la couronne d'Espagne et de celle du Portugal.

Vers le nord et vers l'est, se remarquaient quelques villes minières aujourd'hui désertes, dont les monuments délabrés – églises d'un flamboyant baroque du XVIII⁰ siècle – contrastaient par leur somptuosité avec la désolation environnante. Bourdonnantes tant que les mines étaient exploitées, maintenant léthargiques, elles semblaient s'être acharnées à retenir dans chaque creux et chaque pli de leurs colonnades torses, de leurs frontons à volutes et de leurs statues drapées, des parcelles de cette richesse qui engendra leur ruine : l'exploitation du sous-sol se payait au prix de la dévastation de la campagne, surtout des forêts dont le bois alimentait les fonderies. Les cités minières se sont éteintes sur place, après avoir épuisé leur substance, comme l'incendie.

L'Etat de São Paulo évoque aussi d'autres événements : la lutte qui, dès le XVI⁰ siècle, opposa les jésuites et les planteurs, chacun défendant une autre forme de peuplement. Avec les réductions, les premiers voulaient arracher les Indiens à la vie sauvage et les grouper sous leur direction dans un genre de vie communal. Dans certaines régions reculées de l'Etat, on reconnaît ces premiers villages brésiliens à leur nom d'*aldeia* ou de *missão*, et mieux encore à leur plan ample et fonctionnel : église au centre, commandant une place rectangulaire de terre battue envahie par l'herbe, le *largo da matriz*, et entourée de rues se coupant à angle droit, bordées de maisons basses remplaçant les huttes indigènes d'autrefois. Les planteurs, *fazendeiros*, jalousaient le pouvoir temporel des missions qui freinait leurs exactions et les privait aussi de main-d'œuvre servile. Ils lançaient des expéditions punitives à la suite desquelles prêtres et Indiens se débandaient. Ainsi s'explique ce trait singulier de la démographie brésilienne que la vie de village, héritière des *aldeias*, se soit maintenue dans les régions les plus pauvres, tandis qu'ailleurs, là où une terre riche était âprement convoitée, la population n'avait d'autre choix que de se grouper autour de la maison du maître, dans les cahutes

de paille ou de torchis toutes semblables, où le propriétaire pouvait garder l'œil sur les colons. Aujourd'hui
encore, le long de certaines lignes de chemin de fer où, en
l'absence de vie communale, les constructeurs sont réduits à établir arbitrairement des stations à distance régulière, les nommant par ordre alphabétique : Buarquina,
Félicidade, Limão, Marilia (vers 1935, la compagnie *Paulista*
en était à la lettre P) il arrive que, sur des centaines
de kilomètres, le train ne s'arrête qu'à des « clés » :
haltes desservant une *fazenda* qui rassemble toute la population : Chave Bananal, Chave Conceição, Chave Elisa...

Dans certains cas, au contraire, les planteurs décidaient,
pour des raisons religieuses, de faire abandon de terre à
une paroisse. Ainsi naissait un *património*, agglomération
placée sous l'invocation d'un saint. D'autres patrimoines
ont un caractère laïque, quand un propriétaire décidait
de se faire *povoador*, populateur et même *plantador de
cidade* : planteur, mais de ville. Il baptisait alors sa ville de
son nom : Paulopolis, Orlandia; ou, par calcul politique, il
la plaçait sous le patronage d'un personnage célèbre :
Presidente-Prudente, Cornelio-Procopio, Epitacio-Pessoa...
Car même dans le cycle de vie si bref qui était le leur, les
agglomérations trouvaient encore le moyen de changer
plusieurs fois de nom, chacune de ces étapes étant
également révélatrice de leur devenir. Au début, un
simple lieu-dit repéré par un sobriquet; soit à cause d'une
petite culture au milieu de la brousse : *Batatais*, Pommes-
de-terre; soit en raison d'une carence de combustible
pour chauffer la gamelle dans un site désolé : *Feijão-Cru*,
Haricot-cru; soit enfin parce que les provisions manquent
en atteignant une étape lointaine, qui devient : *Arroz-
sem-Sal*, Riz-sans-sel. Puis un jour, sur quelques milliers
d'hectares reçus en concession, un « colonel » – titre
libéralement distribué aux gros propriétaires et aux
agents politiques – cherche à se bâtir une influence; il
recrute, il embauche, il rabat une population flottante, et
Feijão-Cru se change en Leopoldina, Fernandópolis. Plus
tard, la cité née du caprice et de l'ambition s'étiole et
disparaît : il n'en reste que le nom de quelques masures
où s'éteint une population minée par la malaria et
l'ankylostomiase. Ou bien la ville prend; elle acquiert

une conscience collective, veut oublier qu'elle fut le jouet et l'instrument d'un homme : une population fraîchement émigrée d'Italie, d'Allemagne et d'une demi-douzaine d'autres provenances, se sent un besoin de racines, et va chercher dans les dictionnaires les éléments d'un nom indigène, généralement tupi, qui la pare à ses yeux d'un prestige précolombien : Tanabi, Votupuranga, Tupão ou Aymoré...

Mortes, les bourgades fluviales tuées par le chemin de fer, mais dont subsistent, çà et là, les vestiges illustrant un cycle avorté : au début, auberge et hangars sur la rive, pour permettre aux piroguiers de passer la nuit à l'abri des embûches indiennes; puis, avec la petite navigation à vapeur, les *portos de lenha* où, tous les trente kilomètres environ, les bateaux à aubes et à cheminée grêle s'arrêtaient pour faire du bois; enfin, les ports fluviaux aux deux extrémités du tronçon navigable, et – aux endroits rendus infranchissables par des rapides ou des chutes – les centres de transbordement.

En 1935, deux types de villes conservaient un aspect traditionnel tout en restant vivantes. C'étaient les *pousos*, villages de carrefour, et les *bocas de sertão*, « bouches de la brousse », à l'aboutissement des pistes. Déjà le camion commençait à se substituer aux anciens moyens de transport : caravanes de mules ou chars à bœufs; empruntant les mêmes pistes, contraint par leur état précaire à rouler en première ou en seconde sur des centaines de kilomètres, réduit au même rythme de marche que les bêtes de somme et astreint aux mêmes étapes où se coudoyaient les chauffeurs en salopettes huileuses et les *tropeiros* harnachés de cuir.

Les pistes répondaient mal à l'espoir qu'on y plaçait. Diverses par leur origine : anciennes routes de caravanes ayant jadis servi, dans un sens, au transport du café, de l'alcool de canne et du sucre; dans l'autre, du sel, des légumes secs et de la farine; et coupées de temps à autre par un *registro* en pleine brousse : barrière de bois entourée de quelques huttes où une autorité problématique, incarnée par un paysan en loques, réclamait le prix du péage; et, ceci expliquant cela, d'autres réseaux plus secrets : les *estradas francas*, destinées à éviter les droits;

enfin, les *estradas muladas*, c'est-à-dire les routes de
mules, et les *estradas boiadas*, routes de chars à bœufs.
Sur celles-là, on entendait fréquemment, pendant deux
ou trois heures d'affilée, le hurlement monotone et déchi-
rant – au point d'en perdre la tête quand on n'avait pas
l'habitude – produit par la friction de l'essieu d'un char se
rapprochant lentement. Ces chars d'un modèle antique,
importés au XVIe siècle d'un monde méditerranéen où ils
n'avaient guère changé depuis les temps proto-histori-
ques, se composaient d'une lourde caisse à timon, à
parois de vannerie, posant directement sur un essieu
solidaire de roues pleines, sans moyeu. Les bêtes de trait
s'épuisaient à vaincre la résistance stridente opposée par
l'essieu à la caisse, bien plus qu'à faire avancer le tout.

Aussi, les pistes étaient l'effet largement accidentel du
nivelage résultant de l'action répétée d'animaux, de chars
et de camions se dirigeant approximativement dans la
même direction, mais chacun au hasard des pluies, des
effondrements ou de la croissance de la végétation,
cherchant à se frayer la voie la mieux adaptée aux
circonstances : écheveau compliqué de ravines et de
pentes dénudées, parfois réunies et larges alors d'une
centaine de mètres, comme un boulevard en pleine
brousse qui me rappelait les drailles cévenoles, ou bien se
dissociant aux quatre coins de l'horizon sans qu'on sache
jamais lequel de tous ces fils d'Ariane il fallait suivre pour
ne pas, au bout d'une trentaine de kilomètres vaincus en
plusieurs heures d'une progression périlleuse, se trouver
perdu au milieu des sables ou des marais. A la saison des
pluies, les pistes transformées en canaux de boue grasse
étaient intransitables; mais ensuite, le premier camion
qui réussissait à passer creusait la glaise de sillons
profonds auxquels la sécheresse donnait en trois jours la
consistance et la solidité du ciment. Les véhicules qui
suivaient n'avaient d'autre ressource que de placer leurs
roues dans ces gorges et de laisser aller, ce qui était
possible à condition d'avoir le même écartement des
roues et la même hauteur de pont que le prédécesseur. Si
l'écartement était le même et le châssis plus bas, le dôme
de la piste vous élevait tout à coup, la voiture se trouvait
perchée sur un socle compact qu'on était condamné à

démanteler à la pioche. Si l'écartement était autre, il
fallait rouler pendant des journées entières, les roues
d'un côté en contre-bas dans une rainure, les autres
surélevées, si bien que le véhicule risquait à chaque
instant de verser.

Il me souvient encore d'un voyage auquel René Courtin
avait sacrifié sa Ford neuve. Jean Maugüé, lui et moi nous
étions proposé d'aller aussi loin que la voiture s'y prête-
rait. Cela s'est terminé à mille cinq cents kilomètres de São
Paulo, dans la hutte d'une famille d'Indiens Karaja sur les
bords de l'Araguaya; au retour, les ressorts avant se
brisèrent, nous roulâmes pendant cent kilomètres le
bloc-moteur posant directement sur l'essieu, puis, pendant six cents autres, soutenu par une lame de fer qu'un
artisan de village avait consenti à forger. Mais surtout, je
me rappelle ces heures de conduite anxieuse, la nuit
tombée – car les villages sont rares aux confins de São
Paulo et de Goyaz – sans savoir à quel instant nous
trahirait le sillon que nous avions choisi pour piste entre
dix autres. Tout à coup, le *pouso* surgissait dans l'obscurité
criblée d'étoiles tremblotantes : ampoules électriques alimentées par un petit moteur dont la pulsation était
parfois perceptible depuis des heures, mais confondue
par l'oreille avec les bruits nocturnes de la brousse.
L'auberge offrait ses lits de fer ou ses hamacs, et dès
l'aube on parcourait la *rua direita* de la *cidade viajante*,
ville d'étape, avec ses maisons et ses bazars, et sa place
occupée par les *regatões* et les *mascates* : commerçants,
docteurs, dentistes et même notaires itinérants.

Les jours de foire, l'animation est grande : des centaines
de paysans isolés ont quitté leur cahute pour l'occasion
avec toute leur famille, voyage de plusieurs jours qui
permettra, une fois l'an, de vendre un veau, une mule, un
cuir de tapir ou de puma, quelques sacs de maïs, de riz,
ou de café, et de rapporter en échange une pièce de
cotonnade, du sel, du pétrole pour la lampe et quelques
balles de fusil.

A l'arrière-plan le plateau s'étend, couvert de broussaille avec des arbustes épars. Une jeune érosion – le
déboisement datant d'un demi-siècle – l'a légèrement
décapé, comme à coups précautionneux d'herminette.

Des différences de niveau de quelques mètres circonscrivent le début des terrasses et marquent des ravins naissants. Non loin d'un cours d'eau large mais superficiel – inondation capricieuse plutôt que rivière déjà fixée dans un lit – deux ou trois avenues parallèles bordent les enclos luxuriants autour des ranchos en torchis, couverts de tuiles et faisant étinceler la blancheur crémeuse de leur enduit de chaux, rendue plus intense par l'encadrement marron des volets et le rayonnement du sol pourpre. Dès les premières habitations, qui ressemblent à des halles couvertes à cause de leurs façades percées de grandes fenêtres sans vitres et presque toujours béantes, commencent des prairies d'herbe dure rongée jusqu'à la racine par le bétail. En prévision de la foire, les organisateurs ont fait déposer des provisions de fourrage : fanes de canne à sucre ou jeunes palmes comprimées au moyen de branchages et de liens d'herbe. Les visiteurs campent dans les intervalles entre ces blocs cubiques, avec leurs chars à roues pleines, cloutées sur le pourtour. Des parois en vannerie neuve, une toiture de cuirs de bœuf arrimée par des cordages, ont, au cours du voyage, fourni un abri complété ici par un auvent de palmes, ou une tente de cotonnade blanche prolongeant l'arrière du char. On fait cuire en plein vent le riz, les haricots noirs et la viande séchée; les enfants nus courent entre les pattes des bœufs qui mastiquent les cannes dont les tiges flexibles pendent hors de leur bouche, comme de verdoyants jets d'eau.

Quelques jours plus tard, tout le monde est parti; les voyageurs se sont résorbés dans la brousse; le *pouso* dort sous le soleil; pendant un an, la vie campagnarde se réduira à l'animation hebdomadaire des *vilas de domingo*, fermées toute la semaine; les cavaliers s'y retrouvent le dimanche à un croisement de pistes où se sont installés un débit de boissons et quelques huttes.

XIII

ZONE PIONNIÈRE

Des scènes de ce type, l'intérieur du Brésil les reproduit à l'infini quand on s'éloigne de la côte vers le nord ou vers l'ouest, là où la brousse s'allonge jusqu'aux marais du Paraguay ou la forêt-galerie des tributaires de l'Amazone. Les villages se font rares, et plus vastes les espaces qui les séparent : tantôt dégagés, et c'est le *campo limpo*, la savane « propre »; tantôt broussailleux et nommés alors *campo sujo*, savane « sale », ou encore *cerrado* et *caatinga*, qui sont deux espèces de maquis.

Dans la direction du sud, celle de l'Etat de Parana, l'éloignement progressif du tropique, l'élévation des terres et l'origine volcanique du sous-sol sont, à des titres divers, responsables d'autres paysages et d'autres formes de vie. On y trouve côte à côte les restes de populations indigènes, encore proches des centres civilisés, et les formes les plus modernes de la colonisation intérieure. Aussi, c'est dans cette zone de la Norte-Parana que j'ai dirigé mes premières excursions.

Il ne fallait guère plus de vingt-quatre heures de voyage pour atteindre, au-delà de la frontière de l'Etat de São Paulo marquée par le fleuve Parana, la grande forêt tempérée et humide de conifères qui avait si longtemps opposé sa masse à la pénétration des planteurs; jusqu'aux environs de 1930, elle était restée pratiquement vierge, à l'exception des bandes indiennes qui y erraient encore et de quelques pionniers isolés, en général paysans pauvres cultivant le maïs dans de petits défrichements.

Au moment où j'arrivai au Brésil, la région était en train de s'ouvrir, principalement sous l'influence d'une

entreprise britannique qui avait obtenu du gouvernement
la cession initiale d'un million et demi d'hectares contre
l'engagement d'y construire routes et chemin de fer. Les
Anglais se proposaient de revendre le territoire par lots à
des émigrants provenant surtout d'Europe centrale et
orientale, et de conserver la propriété du chemin de fer
dont le trafic serait assuré par la production agricole. En
1935, l'expérience était en cours : à travers la forêt, la voie
progressait régulièrement : 50 kilomètres au début de
l'année 1930, 125 à la fin, 200 en 1932, 250 en 1936. Tous
les 15 kilomètres environ, on plaçait une station en bordure d'un défrichement d'un kilomètre carré qui deviendrait une ville. Celle-ci se peuplait avec le temps, de sorte
qu'en effectuant le parcours, on traversait successivement, en tête de ligne Londrina, la doyenne, qui comptait
déjà 3 000 habitants, puis Nova-Dantzig avec 90, Rolandia
avec 60 et la dernière-née, Arapongas, qui possédait en
1935 une maison et un unique habitant : un Français déjà
mûr qui spéculait dans le désert, botté de leggins militaires provenant de la guerre de 1914-1918 et coiffé d'un
canotier. Grand spécialiste de cette frange pionnière,
Pierre Monbeig me dit qu'Arapongas, en 1950, comptait
10 000 habitants.

Lorsqu'on parcourait la contrée à cheval ou en camion,
empruntant les routes nouvellement tracées qui suivaient
les crêtes à la façon des voies romaines en Gaule, il était
impossible de savoir que le pays vivait : les lots allongés
prenaient appui d'un côté sur la route, de l'autre sur le
ruisseau qui courait au fond de chaque vallée; mais
c'est en bas, près de l'eau, qu'avait commencé l'installation; la *derrubada*, le défrichement, remontait lentement
la pente, si bien que la route elle-même, symbole de
civilisation, restait engainée dans l'épaisse couverture
forestière qui, pour quelques mois ou quelques années
encore, continuerait à coiffer le sommet des collines.
Mais, au fond des vallées, les premières récoltes, toujours
fabuleuses dans cette *terra roxa*, terre violette et vierge,
germaient entre les troncs des grands arbres gisants et les
souches. Les pluies d'hiver se chargeraient de les décom-
poser en humus fertile que, presque aussitôt, elles entraîneraient le long des pentes, en même temps que celui qui

nourrissait la forêt disparue et dont les racines manqueraient pour le retenir. Attendrait-on dix ans, vingt ou
trente, avant que cette terre de Chanaan prenne l'aspect
d'un paysage aride et dévasté ?

Pour le moment, les émigrants étaient tout aux dures
joies de l'abondance; des familles poméraniennes ou
ukrainiennes – qui n'avaient pas encore eu le temps de se
construire une maison, partageant avec leurs bêtes un
abri de planches au bord du ruisseau – chantaient cette
glèbe miraculeuse dont il avait d'abord fallu briser l'ar-
deur comme à un cheval sauvage, pour que le maïs et le
coton fructifient au lieu de se perdre en végétation
luxuriante. Tel cultivateur allemand pleurait de joie en
nous montrant le bosquet de citronniers nés de quelques
pépins. Car ces hommes du Nord n'étaient pas seulement
confondus par la fertilité, mais plus encore peut-être par
l'étrangeté de cultures connues seulement à travers les
contes de fées. Comme le pays est à la limite des zones
tropicale et tempérée, quelques mètres de dénivellation
correspondent à des différences climatiques sensibles : il
était possible de tout faire pousser côte à côte, les plantes
du pays natal et celles de l'Amérique, de sorte qu'enchan-
tés de divertissements agricoles, ils juxtaposaient le blé et
la canne à sucre, le lin et le café...

Les jeunes cités étaient complètement nordiques; la
nouvelle immigration y rejoignait l'ancienne : allemande,
polonaise, russe, à un moindre degré italienne, qui, cent
ans à peine auparavant, s'était groupée dans le sud de
l'Etat autour de Curitiba. Des maisons en planches ou en
troncs d'arbres équarris évoquaient l'Europe centrale et
orientale. De longues charrettes à quatre roues rayon-
nées, attelées de chevaux, remplaçaient les chars à bœufs
ibériques. Et là aussi, les linéaments d'un avenir qui
prenait forme à un rythme accéléré passionnaient davantage que ces survivances imprévues. Un espace informe
acquérait, jour après jour, une structure urbaine; il se
différenciait à la façon de l'embryon qui se segmente en
cellules qui à leur tour se spécialisent en groupes, chacun
dénoté par sa fonction. Déjà, Londrina était une ville
organisée avec sa grande rue, son centre des affaires, son
quartier d'artisans et sa zone résidentielle. Mais quels

mystérieux formateurs étaient à l'œuvre sur le terrain
vague à quoi se réduisait Rolandia, et surtout Arapongas,
prêts à pousser certains types d'habitants dans un sens, et
certains dans un autre, astreignant chaque zone à une
fonction et lui imposant une vocation particulière? Dans
ces quadrilatères arbitrairement évidés au cœur de la
forêt, les rues à angle droit sont au départ toutes semblables : tracés géométriques, dépourvus de qualité propre.
Pourtant, les unes sont centrales, les autres périphériques; certaines sont parallèles et certaines perpendiculaires à la voie ferrée ou à la route; ainsi, les premières sont
dans le sens du trafic, les secondes le coupent et le
suspendent. Le commerce et les affaires choisiront les
premières, nécessairement achalandées; et pour la raison
inverse, les habitations privées et certains services
publics préféreront les secondes ou y seront rejetés. Par
leur combinaison, ces deux oppositions entre central et
périphérique d'une part, parallèle et perpendiculaire de
l'autre, déterminent quatre modes différents de vie
urbaine qui façonneront les futurs habitants, favorisant
les uns, décourageant les autres, générateurs de succès ou
d'échecs. Et ce n'est pas tout : ces habitants relèvent de
deux types : les grégaires pour qui une zone aura d'autant
plus d'attrait que l'implantation urbaine y sera plus
avancée, les solitaires soucieux de liberté; et un nouveau
contrepoint s'organisera, compliquant le premier.

Enfin, il faut faire leur place à de mystérieux facteurs à
l'œuvre dans tant de villes, les chassant vers l'ouest et
condamnant leurs quartiers orientaux à la misère ou à la
décadence. Simple expression, peut-être, de ce rythme
cosmique qui, depuis ses origines, a pénétré l'humanité
de la croyance inconsciente que le sens du mouvement
solaire est positif, le sens inverse négatif; que l'un traduit
l'ordre, l'autre le désordre. Voilà longtemps que nous
n'adorons plus le soleil et que nous avons cessé d'associer
les points cardinaux à des qualités magiques : couleurs et
vertus. Mais, si rebelle que soit devenu notre esprit
euclidien à la conception qualitative de l'espace, il ne
dépend pas de nous que les grands phénomènes astronomiques ou même météorologiques n'affectent les régions
d'un imperceptible mais indélébile coefficient; que, pour

tous les hommes, la direction est-ouest ne soit celle de
l'accomplissement; et pour l'habitant des régions tempérées de l'hémisphère boréal, que le nord ne soit le siège
du froid et de la nuit; le sud, celui de la chaleur et de la
lumière. Rien de tout cela ne transparaît dans la conduite
raisonnable de chaque individu. Mais la vie urbaine offre
un étrange contraste. Bien qu'elle représente la forme la
plus complexe et la plus raffinée de la civilisation, par
l'exceptionnelle concentration humaine qu'elle réalise sur
un petit espace et par la durée de son cycle, elle précipite
dans son creuset des attitudes inconscientes, chacune
infinitésimale mais qui, en raison du nombre d'individus
qui les manifestent au même titre et de la même manière,
deviennent capables d'engendrer de grands effets. Telle la
croissance des villes d'est en ouest et la polarisation du
luxe et de la misère selon cet axe, incompréhensible si
l'on ne reconnaît ce privilège – ou cette servitude – des
villes, à la façon d'un microscope, et grâce au grossisse-
ment qui leur est propre, de faire surgir sur la lame de la
conscience collective le grouillement microbien de nos
ancestrales et toujours vivantes superstitions.

   S'agit-il bien, d'ailleurs, de superstitions? Dans de telles
prédilections, je vois plutôt la marque d'une sagesse que
les peuples sauvages ont spontanément pratiquée et
contre quoi la rébellion moderne est la vraie folle. Ils ont
souvent su gagner leur harmonie mentale aux moindres
frais. Quelles usures, quelles irritations inutiles ne nous
épargnerions-nous pas si nous acceptions de reconnaître
les conditions réelles de notre expérience humaine, et
qu'il ne dépend pas de nous de nous affranchir intégralement de ses cadres et de son rythme? L'espace possède
ses valeurs propres, comme les sons et les parfums ont
des couleurs, et les sentiments un poids. Cette quête des
correspondances n'est pas un jeu de poète ou une mystification (ainsi qu'on a osé l'écrire à propos du sonnet des
voyelles, exemple classique aujourd'hui pour le linguiste
qui connaît le fondement – non point de la couleur
des phonèmes, variable selon les individus – de la relation qui les unit et qui admet une gamme limitée de
possibles); elle propose au savant le terrain le plus neuf et
celui dont l'exploration peut encore lui procurer de

riches découvertes. Si les poissons distinguent à la façon de l'esthète les parfums en clairs et foncés, et si les abeilles classent les intensités lumineuses en termes de pesanteur – l'obscurité étant pour elles lourde, et la clarté légère – l'œuvre du peintre, du poète ou du musicien, les mythes et les symboles du sauvage doivent nous apparaître, sinon comme une forme supérieure de connaissance, au moins comme la plus fondamentale, la seule véritablement commune, et dont la pensée scientifique constitue seulement la pointe acérée : plus pénétrante parce qu'aiguisée sur la pierre des faits, mais au prix d'une perte de substance; et dont l'efficacité tient à son pouvoir de percer assez profondément pour que la masse de l'outil suive complètement la tête.

Le sociologue peut apporter son aide à cette élaboration d'un humanisme global et concret. Car les grandes manifestations de la vie sociale ont ceci de commun avec l'œuvre d'art qu'elles naissent au niveau de la vie inconsciente, parce qu'elles sont collectives dans le premier cas, et bien qu'elles soient individuelles dans le second; mais la différence reste secondaire, elle est même seulement apparente puisque les unes sont produites *par* le public et les autres *pour* le public et que ce public leur fournit à toutes deux leur dénominateur commun, et détermine les conditions de leur création.

Ce n'est donc pas de façon métaphorique qu'on a le droit de comparer – comme on l'a si souvent fait – une ville à une symphonie ou à un poème; ce sont des objets de même nature. Plus précieuse peut-être encore, la ville se situe au confluent de la nature et de l'artifice. Congrégation d'animaux qui enferment leur histoire biologique dans ses limites et qui la modèlent en même temps de toutes leurs intentions d'êtres pensants, par sa genèse et par sa forme la ville relève simultanément de la procréation biologique, de l'évolution organique et de la création esthétique. Elle est à la fois objet de nature et sujet de culture; individu et groupe; vécue et rêvée : la chose humaine par excellence.

Dans ces villes de synthèse du Brésil méridional, la volonté secrète et têtue qui se faisait jour dans l'implantation des maisons, la spécialisation des artères, le style naissant des quartiers, paraissait d'autant plus significative qu'elle contrariait en le prolongeant le caprice qui avait donné naissance à l'entreprise. Londrina, Nova-Dantzig, Rolandia et Arapongas – nées de la décision d'une équipe d'ingénieurs et de financiers – rentraient doucement dans la concrète diversité d'un ordre vrai, comme avait fait un siècle plus tôt Curitiba, comme le fait peut-être aujourd'hui Goiania.

Curitiba, capitale de l'Etat de Parana, est apparue sur la carte le jour où le gouvernement décida de faire une ville : la terre acquise d'un propriétaire fut cédée en lots suffisamment bon marché pour créer un afflux de population. Le même système fut appliqué plus tard pour doter l'Etat de Minas de sa capitale Bello-Horizonte. Avec Goiania, on s'est risqué davantage, puisque le but fut d'abord de fabriquer au Brésil sa capitale fédérale à partir du néant.

Au tiers environ de la distance qui sépare, à vol d'oiseau, la côte méridionale du cours de l'Amazone, s'étendent de vastes plateaux oubliés par l'homme depuis deux siècles. Au temps des caravanes et de la navigation fluviale, on pouvait les traverser en quelques semaines pour remonter des mines vers le nord; on gagnait ainsi les rives de l'Araguaya que l'on descendrait en barque jusqu'à Belem. Seul témoin de cette ancienne vie provinciale, la petite capitale de l'Etat de Goyaz, qui lui a donné son nom, dormait à mille kilomètres du littoral dont elle était pratiquement coupée. Dans un site verdoyant dominé par la silhouette capricieuse des mornes empanachés de palmes, des rues aux maisons basses dévalaient les coteaux entre les jardins et les places où les chevaux paissaient devant les églises à fenêtres ornées, moitié granges et moitié maisons à clocher. Des colonnades, des stucs, des frontons, toujours fraîchement fouettés d'un enduit mousseux comme du blanc d'œuf et teinté de crème, d'ocre, de bleu ou de rose, évoquaient le style baroque des pastorales ibériques. Une rivière coulait entre des quais moussus, parfois effondrés sous le poids des lianes, des bananiers et des palmiers qui avaient envahi les résidences abandonnées; mais cette végétation somptueuse paraissait moins marquer celles-ci du signe

de la décrépitude qu'elle n'ajoutait une dignité silencieuse à leurs façades dégradées.

Je ne sais s'il faut déplorer l'absurdité ou s'en réjouir :
l'administration avait décidé d'oublier Goyaz, sa campagne, ses calades et sa grâce démodée. Tout cela était trop
petit, trop vieux. Il fallait une table rase pour fonder la
gigantesque entreprise dont on rêvait. On la trouva à cent
kilomètres vers l'est, sous la forme d'un plateau couvert
seulement d'herbe dure et de buissons épineux, comme
s'il avait été frappé d'un fléau destructeur de toute faune
et ennemi de la végétation. Nulle voie ferrée, nulle route
pour y conduire, sinon des pistes bonnes pour les chars.
Correspondant à ce territoire, un carré symbolique de
cent kilomètres de côté fut marqué sur la carte, siège du
district fédéral au centre duquel s'élèverait la future
capitale. Comme aucun accident naturel n'était là pour
importuner les architectes, ceux-ci purent travailler sur
place comme ils l'eussent fait sur des épures. Le tracé de
la ville fut dessiné par terre; on délimita le pourtour, et à
l'intérieur, les différentes zones : résidentielle, administra-
tive, commerciale, industrielle et celle consacrée aux
distractions. Celles-ci sont toujours importantes dans une
cité pionnière; n'y eut-il pas une époque, vers 1925, où
Marilia, née d'une semblable entreprise, sur six cents
maisons construites en comptait presque cent closes,
pour la plupart consacrées à ces *Francesinhas* qui, avec
les bonnes sœurs, formaient au XIXᵉ siècle les deux ailes
marchantes de notre influence à l'étranger; le Quai d'Orsay le savait bien, qui, en 1939 encore, consacrait une
fraction substantielle de ses fonds secrets à la diffusion
de revues dites légères. Certains de mes anciens collègues
ne me démentiront pas si je rappelle que la fondation de
l'Université de Rio Grande do Sul, Etat le plus méridional
du Brésil, et la prédominance qui y fut donnée aux
maîtres français, eurent pour origine le goût de notre
littérature et de notre liberté, inculqué à Paris, au cours
de sa jeunesse, à un futur dictateur par une demoiselle de
petite vertu.

Du jour au lendemain les journaux furent couverts de
placards en pleine page. On annonçait la fondation de la
cité de Goiania; autour d'un plan détaillé comme si la

ville eût été centenaire, on énumérait les avantages promis aux habitants : voirie, chemin de fer, adduction d'eau, égouts et cinémas. Si je ne me trompe, il y eut même, au début, en 1935-36, une période où la terre était offerte en prime aux acquéreurs qui consentaient à débourser les frais d'acte. Car les notaires et les spéculateurs étaient les premiers occupants.

J'ai visité Goiania en 1937. Une plaine sans fin, qui tenait du terrain vague et du champ de bataille, hérissée de poteaux électriques et de piquets d'arpentage, laissait apercevoir une centaine de maisons neuves dispersées aux quatre coins de l'horizon. La plus importante était l'hôtel, parallélépipède en ciment, qui, au milieu de cette platitude, évoquait une aérogare ou un fortin ; on lui eût volontiers appliqué l'expression « bastion de la civilisation » dans un sens, non plus figuré mais direct, qui prenait de cet usage une valeur singulièrement ironique. Car rien ne pouvait être aussi barbare, aussi inhumain, que cette emprise sur le désert. Cette bâtisse sans grâce était le contraire de Goyaz ; nulle histoire, nulle durée, nulle habitude n'en avait saturé le vide ou adouci la raideur ; on s'y sentait, comme dans une gare ou dans un hôpital, toujours passager et jamais résident. Seule la crainte d'un cataclysme pouvait justifier cette casemate. Il s'en était produit un en effet, dont le silence et l'immobilité régnants prolongeaient la menace. Cadmus, le civilisateur, avait semé les dents du dragon. Sur une terre écorchée et brûlée par le souffle du monstre, on attendait de voir pousser les hommes.

XIV

LE TAPIS VOLANT

Aujourd'hui, le souvenir du grand hôtel de Goiania en rencontre d'autres dans ma mémoire qui témoignent, aux deux pôles du luxe et de la misère, de l'absurdité des rapports que l'homme accepte d'entretenir avec le monde, ou plutôt qui lui sont de façon croissante imposés. J'ai retrouvé l'hôtel de Goiania, mais agrandi à une échelle disproportionnée, dans une autre ville non moins arbitraire, puisque les calculs politiques et l'arrachage systématique des populations avaient en 1950 fait passer Karachi, dans le cours de trois années, de 300 000 à 1 200 000 habitants; et en plein désert aussi : à l'extrémité orientale de cette plaine aride, depuis l'Egypte jusqu'à l'Inde, qui dépouille une immense surface de notre globe de son épiderme vivant.

Village de pêcheurs à l'origine, puis avec la colonisation anglaise petit port et ville marchande, Karachi s'est trouvée en 1947 promue au rang de capitale. Dans les longues avenues de l'ancien cantonnement bordées de casernes collectives ou individuelles – ces dernières, résidences privées de fonctionnaires ou d'officiers – chacune isolée dans son enclos de végétation poussiéreuse, des hordes de réfugiés dormaient en plein vent et vivaient une existence miséreuse sur le trottoir ensanglanté de crachats au bétel, tandis que les millionnaires parsis bâtissaient pour les gens d'affaires occidentaux des palaces babyloniens. Pendant des mois, de l'aube à la nuit, une procession d'hommes et de femmes en loques défilait (en pays musulman, la ségrégation des femmes est moins une pratique religieuse qu'une marque de prestige bourgeois, et les plus pauvres n'ont même pas droit à un sexe), chacun chargé d'une corbeille de béton frais qu'il déversait dans le coffrage et que, sans marquer une pause, il retournait remplir auprès des mélangeuses pour accomplir un nouveau circuit. Chaque aile, à peine terminée, était livrée à la clientèle, car la chambre avec la pension coûtait par jour plus qu'une ouvrière ne touchait par mois; ainsi amortissait-on en neuf mois le prix de construction d'un hôtel de luxe. Il fallait donc aller vite, et les contremaîtres ne se souciaient guère que les différents blocs se raccordent exactement. Rien n'avait changé sans doute, depuis que les satrapes astreignaient des esclaves à déverser la boue et à empiler les briques pour édifier des palais boiteux, ornés de frises auxquelles le défilé des porteuses de corbeilles, se découpant sur le ciel en haut des échafaudages, aurait pu toujours servir de modèle.

Eloignée de la vie indigène (elle-même, en ce désert, création artificielle de la colonisation) par quelques kilomètres, rendus infranchissables par l'insupportable moiteur d'une mousson toujours avortée, et plus encore par la peur de la dysenterie – « *Karachi tummy* », comme disaient les Anglais – une clientèle de commerçants, d'industriels et de diplomates languissait de chaleur et d'ennui dans ces cuves de ciment nu qui leur servaient de chambre, comme si, plus encore qu'un souci d'économie, avait présidé à leur plan celui de pouvoir aisément en opérer la désinfection chaque fois que changeait le spécimen humain qui s'y était immobilisé pour quelques semaines ou quelques mois. Et mon souvenir franchit aussitôt trois mille kilomètres, pour juxtaposer à cette image une autre recueillie au temple de la déesse Kali, le plus ancien et vénéré sanctuaire de Calcutta. Là, près d'une mare croupissante et dans cette atmosphère de cour des miracles et d'âpre exploitation commerciale où se déroule la vie religieuse populaire de l'Inde, près des bazars regorgeants de chromolithographies pieuses et de divinités en plâtre peint, s'élève le moderne caravansérail construit par les entrepreneurs du culte pour loger les pèlerins : c'est la *rest-house*, longue halle de ciment divisée en deux corps, un pour les hommes, l'autre pour les femmes et le long desquels courent des entablements,

eux aussi de ciment nu, destinés à servir de lits; on me
fait admirer les rigoles d'écoulement et les prises d'eau :
dès que la cargaison humaine s'est éveillée et qu'on l'a
envoyée se prosterner, implorant la guérison de ses
chancres et de ses ulcères, de ses suintements et de ses
plaies, on lave tout à grande eau avec des lances, et les
étals rafraîchis sont prêts à recevoir un nouvel arrivage;
jamais, sans doute – sauf dans les camps de concentration
– on n'a confondu à tel point des humains avec de la
viande de boucherie.

Encore était-ce un lieu de passage. Mais un peu plus
loin, à Narrayanganj, les ouvriers du jute travaillent dans
une géante toile d'araignée, filaments blanchâtres qui
pendent des murs et flottent dans l'air; ils en sortent pour
rejoindre les *coolie lines*, auges de briques sans lumière
et sans plancher où vivent six à huit personnes, alignées
en ruelles sillonnées d'égouts à ciel ouvert qu'on irrigue
trois fois par jour pour évacuer l'immondice. A cette
formule, le progrès social tend à substituer celle des
workers' quarters, prisons où deux ou trois ouvriers partagent des cellules de trois mètres sur quatre. Des murs
tout autour, des policiers armés gardant les portes; cuisine et salle à manger communes : cuves de ciment nu,
lavables à grande eau, où chacun allume son feu et mange
accroupi par terre, dans l'obscurité.

Quand j'occupai mon premier poste professoral, dans
les Landes, on me montra un jour les basses-cours
organisées spécialement pour le gavage des oies : chacune, enfermée dans une étroite logette, était réduite à
la condition du tube digestif. C'était bien la même chose
ici, avec cette double différence qu'à la place d'oies, je
considérais des hommes et des femmes, et qu'au lieu de
les engraisser, on se préoccupait plutôt de les faire
maigrir. Mais dans les deux cas, l'éleveur reconnaissait
exclusivement chez ses pensionnaires une activité, désirable là-bas, ou inévitable ici : ces alvéoles obscurs et sans
air ne se prêtaient ni au repos, ni au loisir, ni à l'amour.
Simples points d'attache au rivage de l'égout communal,
ils procédaient d'une conception de la vie humaine ramenée à l'exercice des seules fonctions d'excrétion.

Pauvre Orient! Dans la secrète Dacca, j'ai visité des

maisons bourgeoises : certaines luxueuses, qui ressemblaient aux boutiques d'antiquaires new-yorkais de la Troisième Avenue; d'autres aisées, garnies de guéridons en rotin, de napperons à franges et de porcelaines autant qu'un pavillon de retraités à Bois-Colombes. Certaines d'ancien style, pareilles à nos plus pauvres chaumières, avec un four de terre battue en guise de cuisine au fond d'une courette boueuse; et des appartements de trois pièces pour jeunes ménages aisés dans des immeubles indiscernables de ceux que les services de la reconstruction bâtissent économiquement à Châtillon-sur-Seine ou à Givors, sauf qu'à Dacca les pièces étaient en ciment nu, comme aussi la salle d'eau, avec une simple prise, et le mobilier plus mince que celui d'une chambre de fillette. Accroupi sur le sol bétonné et éclairé par une faible ampoule pendant par son fil au plafond, ô Mille et Une Nuits, j'ai mangé là, avec mes doigts, un dîner tout plein de succulences ancestrales : d'abord le *khichuri*, riz et petites lentilles appelées en anglais *pulse*, dont on voit dans les marchés les sacs remplis de variétés multicolores. Puis le *nimkorma*, fricassée de volaille; le *chingri cari*, ragoût huileux et fruité de crevettes géantes, et celui aux œufs durs qui se nomme *dimer tak*, accompagné d'une sauce aux concombres, *shosha;* enfin, le dessert, *firni*, riz au lait.

J'étais l'hôte d'un jeune professeur; il y avait là son beau-frère, qui faisait fonction de maître d'hôtel, une bonne et un bébé; enfin la femme de mon hôte qui s'émancipait du *pardah* : silencieuse et biche effrayée, tandis que son mari, pour affirmer sa libération récente, l'assaillait de sarcasmes dont la lourdeur me faisait souffrir autant qu'elle; l'obligeant, puisque j'étais ethnographe, à sortir son linge de corps d'une armoire de pensionnaire pour que j'en puisse faire l'inventaire. Un peu plus il l'aurait déshabillée, tant il était anxieux de donner des gages à cet Occident qu'il ignorait.

Ainsi, je voyais se préfigurer sous mes yeux une Asie de cités ouvrières et de H.L.M. qui sera celle de demain, répudiant tout exotisme et rejoignant, après une éclipse de cinq mille années, ce style de vie moderne et efficace qu'elle a peut-être inventé au 3e millénaire et qui s'est ensuite déplacé à la surface de la terre, s'immobilisant provisoirement dans le Nouveau Monde à l'époque contemporaine au point d'être encore pour nous identifié à l'Amérique, mais, dès 1850, reprenant sa marche vers l'ouest, gagnant le Japon et retrouvant aujourd'hui son lieu d'origine, après avoir achevé le tour du monde.

Dans la vallée de l'Indus, j'ai erré dans ces austères vestiges que les siècles, les sables, les inondations, le salpêtre et les invasions aryennes ont laissés subsister de la plus ancienne culture de l'Orient : Mohenjo-Daro, Harappa, loupes durcies de briques et de tessons. Quel déconcertant spectacle que ces antiques corons! Des rues tracées au cordeau et se recoupant à angle droit; des quartiers ouvriers aux logements identiques; des ateliers industriels pour la mouture des farines, la fonte et le ciselage des métaux, et la fabrication de ces gobelets d'argile dont les débris jonchent le sol; des greniers municipaux occupant (dirait-on volontiers, en transposant dans le temps et l'espace) plusieurs « blocs »; des bains publics, des canalisations et des égouts; des quartiers résidentiels d'un confort solide et sans grâce. Pas de monuments, pas de grandes sculptures, mais, gisant à dix ou vingt mètres de profondeur, des bibelots légers et des bijoux précieux, indices d'un art sans mystère et sans loi profonde, visant à satisfaire le besoin d'ostentation et la sensualité des riches. Cet ensemble rappelle au visiteur les prestiges et les tares d'une grande cité moderne; il préfigure ces formes plus poussées de la civilisation occidentale dont à l'Europe même, les Etats Unis d'Amérique offrent aujourd'hui le modèle.

Au terme de quatre ou cinq mille ans d'histoire, on se plaît à imaginer qu'un cycle s'est bouclé; que la civilisation urbaine, industrielle, bourgeoise, inaugurée par les villes de l'Indus, n'était pas si différente dans son inspiration profonde de celle destinée, après une longue involution dans la chrysalide européenne, à atteindre la plénitude de l'autre côté de l'Atlantique. Quand il était encore jeune, le plus Ancien Monde esquissait déjà le visage du Nouveau.

Je me méfie donc des contrastes superficiels et du pittoresque apparent; ils tiennent parole trop peu de temps. Ce que nous nommons exotisme traduit une inégalité de rythme, significative pendant le laps de quelques siècles et voilant provisoirement un destin qui aurait aussi bien pu demeurer solidaire, comme le conçurent Alexandre et les rois grecs des rives de la Jumna, les empires scythe et parthe, les expéditions navales romaines aux côtes du Viet-Nam, et les cours cosmopolites des empereurs mogols. Lorsque, la Méditerranée franchie, l'avion aborde l'Egypte, l'œil est d'abord surpris par cette symphonie grave formée par le vert-brun des palmeraies, le vert de l'eau – qu'on se sent enfin justifié d'appeler « Nil » – le sable beige et le limon violet; et, plus encore que le paysage, par le plan survolé des villages : mal enclos dans leur périmètre, ils présentent un désordre compliqué de maisons et de ruelles qui atteste l'Orient. N'est-ce pas là l'opposé du Nouveau Monde, l'espagnol comme l'anglo-saxon qui, au XVIᵉ siècle aussi bien qu'au XXᵉ, affirme sa prédilection pour les plans géométriques?

Après l'Egypte, le survol de l'Arabie propose une série de variations sur un seul thème : le désert. D'abord, des roches semblables à des châteaux ruinés de briques rouges, s'élevant au-dessus de l'opale des sables; ailleurs, les motifs compliqués, en forme d'arbres horizontaux – ou, mieux encore, d'algues ou de cristaux – tracés par le ruissellement paradoxal des oueds : au lieu de joindre leurs eaux, les dispersant en fins rameaux. Plus loin la terre semble foulée par un monstrueux animal qui se serait épuisé à en exprimer le suc à coups de talon furieux.

Que ces sables ont des couleurs tendres! On dirait un désert de chair : peau de pêche, nacre, poisson cru. A Akaba, l'eau, pourtant bienfaisante, reflète un bleu impitoyablement dur, tandis que les invivables massifs rocheux se fondent en teintes gorge-de-pigeon.

Vers la fin de l'après-midi, le sable s'efface progressivement dans la brume : elle-même sable céleste, rallié au parti de la terre contre le bleu-vert limpide du ciel. Le désert perd inflexions et accidents. Il se confond avec le soir, immense masse rose, uniforme, à peine plus pâteuse encore que le ciel. Le désert est devenu désert par

rapport à soi. Peu à peu la brume gagne : il n'y a plus rien
du tout, que la nuit.

Après l'escale de Karachi, le jour se lève sur le désert
de Thar, lunaire, incompréhensible; des petits groupes de
champs apparaissent, encore isolés par de longues étendues désertiques. Avec le jour, les cultures se soudent et
offrent une surface continue dans les tons roses et verts;
comme les couleurs exquises et fanées d'une très
ancienne tapisserie élimée par un long usage et inlassablement reprisée. C'est l'Inde.

Les parcelles sont irrégulières mais nullement désor-
données dans la forme ou dans la couleur. De quelque
façon qu'on les groupe, elles composent un ensemble
équilibré, comme si leur tracé avait été longuement
médité avec la mise en place : quelque chose comme la
rêverie géographique d'un Klee. Tout cela est d'une
rareté, d'une préciosité extrême et arbitraire, malgré la
récurrence d'un thème trinitaire associant le village, les
champs réticulés et le bosquet entourant une mare.

L'escale à Delhi donne, en rase-mottes, un bref aperçu
d'une Inde romanesque : temples en ruine dans les broussailles d'un vert violent. Ensuite, les inondations commencent. L'eau paraît si stagnante, si dense, si limoneuse
qu'elle évoque plutôt une huile dont les traînées surnage-
raient à la surface d'une eau qui serait elle-même le sol.
On survole Bihar avec ses collines rocheuses et ses forêts,
puis c'est le commencement du delta : la terre est cultivée
jusqu'au dernier pouce, et chaque champ paraît un joyau
d'or vert, scintillant et pâle sous l'eau qui l'imprègne,
cerné du parfait rebord sombre de ses haies. Il n'y a pas
d'angle vif, toutes les lisières sont arrondies et s'ajustent
pourtant les unes aux autres comme les cellules d'un
tissu vivant. Plus près de Calcutta, les hameaux se multi-
plient : huttes empilées comme des œufs de fourmis dans
des alvéoles de verdure dont l'intense couleur est encore
exaltée par les tuiles rouge sombre de certains toits. En
atterrissant, on découvre qu'il pleut à torrents.

Après Calcutta on traverse le delta du Brahmapoutre :
monstre de fleuve, masse tellement tortueuse qu'elle
semble une bête. Tout autour, la campagne est oblitérée
par l'eau, à perte de vue, sauf les champs de jute qui,

d'avion, forment autant de carrés de mousse dont la fraîcheur aurait exaspéré le vert. Les villages entourés d'arbres émergent de l'eau comme des bouquets. On aperçoit des embarcations qui grouillent tout autour.

Placée entre ce sable sans hommes et cette humanité sans sol, que l'Inde, terre des hommes, offre un visage équivoque! L'idée que je peux m'en faire, pendant les huit heures que dure sa traversée de Karachi à Calcutta, la décroche définitivement du Nouveau Monde. Ce n'est ni le carrelage rigoureux du Middle-West ou du Canada, formé d'unités identiques dont chacune porte sur un bord, toujours au même endroit, la précise égrénure de la ferme; ni surtout le profond velours de la forêt tropicale sur quoi les régions pionnières commencent à peine de mordre à coups d'échancrures audacieuses. Le spectacle de cette terre, divisée en infimes parcelles et cultivée jusqu'au dernier arpent, inspire d'abord à l'Européen un sentiment de familiarité. Mais ces tons confondus, ces contours irréguliers des champs et des rizières sans cesse repris en tracés différents, ces bordures indistinctes et comme rapetassées, c'est bien de la même tapisserie qu'il s'agit, mais d'une tapisserie que – comparée aux formes et aux couleurs mieux délimitées de la campagne européenne – on a l'impression de regarder *à l'envers*.

Simple image; mais elle traduit assez bien la position respective de l'Europe et de l'Asie par rapport à leur civilisation commune (et de celle-là même, par rapport à son rejet américain). Du point de vue des aspects matériels au moins, l'une paraît être à l'envers de l'autre, l'une a toujours été gagnante, l'autre perdante; comme si, dans l'exercice d'une commune entreprise, l'une avait drainé tous les avantages, laissant à l'autre les misères pour récolte. Dans un cas (mais pour combien de temps encore?) une expansion démographique régulière a permis le progrès agricole et industriel, les ressources augmentant plus vite que les consommateurs. Dans l'autre, la même révolution a entraîné, depuis le XVIIIᵉ siècle, un abaissement constant des prélèvements individuels sur une masse de biens restée relativement stationnaire. Europe, Inde, Amérique du Nord et Amérique du Sud n'épuisent-elles pas les combinaisons possibles entre le

cadre géographique et le peuplement? A l'Amérique
amazonienne, région de tropiques pauvres mais sans
hommes (ceci compensant partiellement cela) s'oppose
l'Asie du Sud, également tropicale et pauvre, mais surpeu-
plée (ceci aggravant cela) comme – dans la catégorie des
pays tempérés – l'Amérique du Nord aux vastes ressources et à population relativement restreinte, fait pendant à
une Europe aux ressources relativement restreintes mais
au chiffre de population élevé. De quelque façon qu'on
dispose ces évidences, l'Asie du Sud est toujours le
continent sacrifié.

XV

FOULES

Qu'il s'agisse des villes momifiées de l'Ancien Monde ou des cités fœtales du Nouveau, c'est à la vie urbaine que nous sommes habitués à associer nos valeurs les plus hautes sur le plan matériel et spirituel. Les grandes villes de l'Inde sont une zone; mais ce dont nous avons honte comme d'une tare, ce que nous considérons comme une lèpre, constitue ici le fait urbain réduit à son expression dernière : l'agglomération d'individus dont la raison d'être est de s'agglomérer par millions, quelles que puissent être les conditions réelles. Ordure, désordre, promiscuité, frôlements; ruines, cabanes, boue, immondices; humeurs, fiente, urine, pus, sécrétions, suintements : tout ce contre quoi la vie urbaine nous paraît être la défense organisée, tout ce que nous haïssons, tout ce dont nous nous garantissons à si haut prix, tous ces sous-produits de la cohabitation, ici ne deviennent jamais sa limite. Ils forment plutôt le milieu naturel dont la ville a besoin pour prospérer. A chaque individu, la rue, sente ou venelle, fournit un chez-soi où il s'assied, dort, ramasse sa nourriture à même une gluante ordure. Loin de le repousser, elle acquiert une sorte de statut domestique du seul fait d'avoir été exsudée, excrétée, piétinée et maniée par tant d'hommes.

Chaque fois que je sors de mon hôtel à Calcutta, investi par les vaches et dont les fenêtres servent de perchoir aux charognards, je deviens le centre d'un ballet que je trouverais comique s'il n'inspirait à ce point la pitié. On peut y distinguer plusieurs entrées, chacune assurée par un grand rôle :

le cireur de chaussures, qui se jette à mes pieds;

le petit garçon nasillard qui se précipite : *one anna, papa, one anna!*

l'infirme presque nu pour qu'on puisse mieux détailler ses moignons;

le proxénète : *British girls, very nice...*;

le marchand de clarinettes;

le porteur de New-Market, qui supplie de tout acheter, non point qu'il y soit directement intéressé, mais parce que les annas gagnées à me suivre lui permettront de manger. Il détaille le catalogue avec la même concupiscence que si tous ces biens lui étaient destinés : *Suitcases? Shirts? Hose?...*

Et enfin, toute la troupe des petits sujets : racoleurs de rickshaws, de gharries, de taxis. Il y a autant de taxis qu'on veut à trois mètres, le long du trottoir. Mais qui sait? Je puis être un si grand personnage que je ne daignerai pas les apercevoir... Sans compter la cohorte des marchands, boutiquiers, camelots à qui votre passage annonce le Paradis : vous allez peut-être leur acheter quelque chose.

Que celui qui voudrait en rire ou s'irriter prenne garde, comme devant un sacrilège. Ces gestes grotesques, ces démarches grimaçantes, il serait vain de les censurer, criminel de les railler, au lieu d'y voir les symptômes cliniques d'une agonie. Une seule hantise, la faim, inspire ces conduites de désespoir; la même qui chasse les foules des campagnes, faisant en quelques années passer Calcutta de deux à cinq millions d'habitants; entasse les fuyards dans le cul-de-sac des gares où on les aperçoit du train, la nuit, endormis sur les quais et enroulés dans la cotonnade blanche qui forme aujourd'hui leur vêtement et sera demain leur suaire; et confère son intensité tragique au regard du mendiant qui croise le vôtre, à travers les barreaux métalliques du compartiment de première classe placés là – comme le soldat armé accroupi sur le marchepied – pour vous protéger contre cette revendication muette d'un seul, qui pourrait se changer en une hurlante émeute si la compassion du voyageur, plus forte que la prudence, entretenait ces condamnés dans l'espérance d'une aumône.

L'Européen qui vit dans l'Amérique tropicale se pose des problèmes. Il observe des relations originales entre l'homme et le milieu géographique; et les modalités mêmes de la vie humaine lui offrent sans cesse des sujets de réflexion. Mais les relations de personne à personne n'affectent pas une forme nouvelle; elles sont du même ordre que celles qui l'ont toujours entouré. Dans l'Asie méridionale, au contraire, il lui semble être en deçà ou au-delà de ce que l'homme est en droit d'exiger du monde, et de l'homme.

La vie quotidienne paraît être une répudiation permanente de la notion de relations humaines. On vous offre tout, on s'engage à tout, on proclame toutes les compétences alors qu'on ne sait rien. Ainsi, on vous oblige d'emblée à nier chez autrui la qualité humaine qui réside dans la bonne foi, le sens du contrat et la capacité de s'obliger. Des *rickshaw boys* proposent de vous conduire n'importe où, bien qu'ils soient plus ignorants de l'itinéraire que vous-même. Comment donc ne pas s'emporter et – quelque scrupule que l'on ait à monter dans leur pousse et à se faire traîner par eux – ne pas les traiter en bêtes, puisqu'ils vous contraignent à les considérer tels par cette déraison qui est la leur?

La mendicité générale trouble plus profondément encore. On n'ose plus croiser un regard franchement, par pure satisfaction de prendre contact avec un autre homme, car le moindre arrêt sera interprété comme une faiblesse, une prise donnée à l'imploration de quelqu'un. Le ton du mendiant qui appelle : « sa-HIB! » est étonnamment semblable à celui que nous employons pour gourmander un enfant : « vo-YONS! » amplifiant la voix et baissant le ton sur la dernière syllabe, comme s'ils disaient : « Mais c'est évident, cela crève les yeux, ne suis-je pas là, à mendier devant toi, ayant de ce seul fait, sur toi, une créance? A quoi penses-tu donc? Où as-tu la tête? » L'acceptation d'une situation de fait est si totale qu'elle parvient à dissoudre l'élément de supplication. Il n'y a plus que la constatation d'un état objectif, d'un rapport naturel de lui à moi, dont l'aumône devrait découler avec la même nécessité que celle unissant, dans le monde physique, les causes et les effets.

Là aussi, on est contraint par le partenaire à lui dénier l'humanité qu'on voudrait tant lui reconnaître. Toutes les situations initiales qui définissent les rapports entre des personnes sont faussées, les règles du jeu social truquées, il n'y a pas moyen de commencer. Car, voudrait-on même traiter ces malheureux comme des égaux, ils protesteraient contre l'injustice : ils ne se veulent pas égaux; ils supplient, ils conjurent que vous les écrasiez de votre superbe, puisque c'est de la dilatation de l'écart qui vous sépare qu'ils attendent une bribe (que l'anglais dit juste : *bribery*) d'autant plus substantielle que le rapport entre nous sera distendu; plus ils me placeront haut, plus ils espéreront que ce rien qu'ils me demandent deviendra quelque chose. Ils ne revendiquent pas un droit à la vie; le seul fait de survivre leur paraît une aumône imméritée, à peine excusée par l'hommage rendu aux puissants.

Ils ne songent donc pas à se poser en égaux. Mais, même d'êtres humains, on ne peut supporter cette pression incessante, cette ingéniosité toujours en alerte pour vous tromper, pour vous « avoir », pour obtenir quelque chose de vous par ruse, mensonge ou vol. Et pourtant, comment se durcir? Car – et c'est ici qu'on *n'en sort plus* – tous ces procédés sont des modalités diverses de la prière. Et c'est parce que l'attitude fondamentale à votre égard est celle de la prière, même quand on vous vole, que la situation est si parfaitement, si totalement insupportable et que je ne puis, quelque honte que j'en éprouve, résister à confondre les réfugiés – que j'entends toute la journée, des fenêtres de mon palace, geindre et pleurer à la porte du Premier ministre au lieu de nous chasser de nos chambres qui logeraient plusieurs familles – avec ces corbeaux noirs à camail gris qui croassent sans trêve dans les arbres de Karachi.

Cette altération des rapports humains paraît d'abord incompréhensible à un esprit européen. Nous concevons les oppositions entre les classes sous forme de lutte ou de tension, comme si la situation initiale – ou idéale – correspondait à la solution de ces antagonismes. Mais ici, le terme de tension n'a pas de sens. Rien n'est tendu, il y a belle lurette que tout ce qui pouvait être tendu s'est cassé. La rupture est au commencement, et cette absence

d'un « bon temps », à quoi on puisse se référer pour en
retrouver les vestiges ou pour souhaiter son retour, laisse
en proie à une seule conviction : tous ces gens qu'on
croise dans la rue sont en train de se perdre. Pour les
retenir un moment sur la pente, suffirait-il même de se
dépouiller ?

Et si l'on veut penser en termes de tension, le tableau
auquel on arrive n'est guère moins sombre. Car alors, il
faudra dire que tout est si tendu qu'il n'y a plus d'équilibre possible : dans les termes du système et à moins
qu'on ne commence par la détruire, la situation est
devenue irréversible. D'emblée, on se trouve en déséquilibre vis-à-vis de suppliants qu'il faut repousser, non
parce qu'on les méprise mais parce qu'ils vous avilissent
de leur vénération, vous souhaitant plus majestueux, plus
puissants encore, dans la conviction extravagante que
chaque infime amélioration de leur sort ne peut provenir
que de celle cent fois multipliée du vôtre. Comme s'éclairent les sources de la cruauté dite asiatique ! Ces bûchers,
ces exécutions et ces supplices, ces armes chirurgicales
conçues pour infliger d'inguérissables blessures, ne résul-
tent-ils pas d'un jeu atroce, enjolivement de ces rapports
abjects où les humbles vous font chose en se voulant
chose et réciproquement ? L'écart entre l'excès de luxe et
l'excès de misère fait éclater la dimension humaine. Seule
reste une société où ceux qui ne sont capables de rien
survivent en espérant tout (quel rêve bien oriental que
les génies des Mille et Une Nuits !), et où ceux qui exigent
tout n'offrent rien.

Dans de telles conditions, il n'est pas surprenant que
des relations humaines incommensurables à celles dont
nous nous complaisons à imaginer (trop souvent de façon
illusoire) qu'elles définissent la civilisation occidentale,
nous apparaissent alternativement inhumaines et subhu-
maines, comme celles que nous observons au niveau de
l'activité enfantine. Sous certains aspects au moins, ce
peuple tragique nous semble enfantin : à commencer par
la gentillesse de ses regards et de ses sourires. Il y a aussi
l'indifférence à la tenue et au lieu, frappante chez tous ces
gens assis, couchés dans n'importe quelle position ; le goût
du colifichet et de l'oripeau ; les conduites naïves et

complaisantes d'hommes qui se promènent en se tenant
par la main, urinent accroupis en public, et tètent la
fumée sucrée de leur chilam; le prestige magique des
attestations et des certificats, et cette croyance commune
que tout est possible, se traduisant chez les cochers (et
plus généralement de la part de tous ceux qu'on emploie)
par des prétentions démesurées vite satisfaites au quart
ou au dixième. « De quoi ont-ils à se plaindre? » fit
demander un jour par son interprète le gouverneur du
Bengale oriental aux indigènes des collines de Chittagong, rongés par la maladie, la sous-alimentation, la
pauvreté, et malicieusement persécutés par les musulmans. Ils réfléchirent longuement, et répondirent : « Du
froid... ».

Tout Européen dans l'Inde se voit – qu'il le veuille ou
non – entouré d'un nombre respectable de serviteurs
hommes-à-tout-faire que l'on nomme *bearers*. Est-ce le
système des castes, une inégalité sociale traditionnelle ou
les exigences des colonisateurs qui expliquent leur soif de
servir? Je ne sais, mais l'obséquiosité qu'ils déploient
réussit vite à rendre l'atmosphère irrespirable. Ils s'éten-
draient par terre pour vous épargner un pas sur le
plancher, vous proposent dix bains par jour : quand on se
mouche, quand on mange un fruit, quand on se tache le
doigt... A chaque instant ils rôdent, implorent un ordre. Il
y a quelque chose d'érotique dans cette angoisse de
soumission. Et si votre conduite ne répond pas à leur
attente, si vous n'agissez pas en toutes circonstances à la
façon de leurs anciens maîtres britanniques, leur univers
s'écroule : pas de pudding? Bain après le dîner au lieu
d'avant? Il n'y a donc plus de bon Dieu... Le désarroi se
peint sur leur visage; je fais précipitamment machine en
arrière, je renonce à mes habitudes ou aux occasions les
plus rares. Je mangerai une poire dure comme une
pierre, un custard glaireux, puisque je dois payer du
sacrifice d'un ananas le sauvetage moral d'un être
humain.

J'ai été pendant quelques jours logé au *Circuit House* de
Chittagong : palais de bois en style de chalet suisse où
j'occupais une chambre de neuf mètres sur cinq et six
mètres de hauteur. On n'y comptait pas moins de douze

commutateurs : plafonnier, vasques murales, éclairage indirect, salle de bains, *dressing-room*, miroir, ventilateurs, etc. Ce pays n'était-il pas celui des feux *de Bengale*? Par cette débauche électrique, quelque maharadjah s'était réservé la délectation d'un feu d'artifice intime et quotidien.

Un jour, dans la ville basse, j'arrêtai la voiture mise à ma disposition par le chef de district devant une boutique de bonne apparence où je voulus entrer : *Royal Hair Dresser, High class cutting*, etc. Le chauffeur me regarde horrifié : *How can you sit there!* Que deviendrait en effet son propre prestige auprès des siens si le *Master* se dégradait, et le dégradait du même coup, en s'asseyant auprès de ceux de sa race?... Découragé, je lui laisse le soin d'organiser lui-même le rituel de la coupe de cheveux pour un être d'essence supérieure. Résultat : une heure d'attente dans la voiture jusqu'à ce que le coiffeur ait terminé avec ses clients et rassemblé son matériel; retour ensemble au *Circuit House* dans notre Chevrolet. A peine arrivés dans ma chambre aux douze commutateurs, le *bearer* fait couler un bain pour que je puisse, sitôt la coupe terminée, me laver de la souillure de ces mains serves qui ont frôlé mes cheveux.

De telles attitudes sont enracinées dans un pays dont la culture traditionnelle inspire à chacun de se faire roi par rapport à quelqu'un d'autre, pour peu qu'il parvienne à se découvrir ou à se créer un inférieur. Comme il souhaiterait que je le traite, le *bearer* traitera l'homme de peine appartenant aux *scheduled castes*, c'est-à-dire les plus basses, « inscrites », disait l'administration anglaise, comme ayant droit à sa protection puisque la coutume leur refusait presque la qualité humaine; et sont-ce bien des hommes, en effet, ces balayeurs et enleveurs de tinettes obligés par cette double fonction à rester accroupis toute la journée soit que, sur le perron des chambres, ils collectent dans leurs mains la poussière à l'aide d'une balayette sans manche, soit que, par-derrière, ils sollicitent, à coups de poing martelant le bas des portes, l'occupant du cabinet de toilette d'en terminer vite avec ce monstrueux ustensile que les Anglais appellent « commôde », comme si, toujours contractés et courant comme des crabes à travers la cour, eux aussi trouvaient, en ravissant au maître sa substance, le moyen d'affirmer une prérogative et d'acquérir un statut.

Il faudra bien autre chose que l'indépendance et le temps pour effacer ce pli de servitude. Je m'en rendais compte une nuit à Calcutta, sortant du *Start Theater* où j'étais allé assister à la représentation d'une pièce bengali, inspirée d'un sujet mythologique et appelée *Urboshi*. Un peu perdu dans ce quartier périphérique d'une ville où j'étais arrivé la veille, je me trouvai devancé, pour arrêter l'unique taxi qui passait, par une famille locale de bonne bourgeoisie. Mais le chauffeur ne l'entendait pas ainsi : au cours d'une conversation animée qui s'engagea entre lui et ses clients, et où le mot Sahib revenait avec insistance, il parut souligner leur inconvenance de se mettre en concurrence avec un blanc. Avec une mauvaise humeur discrète, la famille partit à pied dans la nuit et le taxi me ramena; peut-être le chauffeur escomptait-il un pourboire plus substantiel; mais autant que mon bengali sommaire me permît de le comprendre, c'était bien autre chose sur quoi portait la discussion : un ordre traditionnel, qui devait être respecté.

J'en fus d'autant plus déconcerté que cette soirée m'avait donné l'illusion de surmonter quelques barrières. Dans cette vaste salle délabrée qui tenait du hangar autant que du théâtre, j'avais beau être seul étranger, j'étais tout de même mêlé à la société locale. Ces boutiquiers, commerçants, employés, fonctionnaires, parfaitement dignes et accompagnés souvent de leurs femmes dont la charmante gravité semblait témoigner qu'elles avaient peu l'habitude de sortir, manifestaient à mon égard une indifférence qui avait quelque chose de bienfaisant après l'expérience de la journée; si négative que fût leur attitude, et peut-être même pour cette raison, elle instaurait entre nous une discrète fraternité.

La pièce, dont je ne comprenais que des bribes, formait un mélange de Broadway, de Châtelet et de *Belle Hélène*. Il y avait des scènes comiques et ancillaires, des scènes d'amour pathétiques, l'Himalaya, un amant déçu qui y vivait en ermite et un dieu porteur de trident et au regard foudroyant qui le protégeait contre un général à grosses moustaches; enfin une troupe de chorus girls dont la moitié ressemblaient à des filles de garnison, et l'autre à de précieuses idoles tibétaines. A l'entracte, on servait du thé et de la limonade dans des gobelets en poterie abandonnés après usage – comme cela se faisait il y a quatre mille ans à Harappa où l'on peut toujours ramasser les tessons – pendant que des haut-parleurs diffusaient une musique canaille et pleine de verve, intermédiaire entre des airs chinois et des paso doble.

En contemplant les évolutions du jeune premier dont le léger costume dégageait les frisures, le double menton et les formes grassouillettes, je me rappelais une phrase lue quelques jours auparavant dans la page littéraire d'un journal local, et que je transcris ici sans la traduire pour ne pas laisser échapper la saveur indescriptible de l'anglo-indien : ... *and the young girls who sigh as they gaze into the vast blueness of the sky, of what are they thinking? Of fat, prosperous suitors...* Cette référence aux « gras prétendants » m'avait étonné, mais, considérant le héros avantageux qui faisait onduler sur scène les replis de son estomac et évoquant les mendiants affamés que j'allais retrouver à la porte, je percevais mieux cette valeur poétique de la réplétion pour une société qui vit dans une intimité si lancinante avec la disette. Les Anglais ont compris, d'ailleurs, que le plus sûr moyen de poser ici aux surhommes était de convaincre les indigènes qu'il leur fallait une quantité de nourriture très supérieure à celle qui suffit à un homme ordinaire.

Voyageant dans les collines de Chittagong, sur la frontière birmane, avec le frère d'un rajah local devenu fonctionnaire, je me suis vite étonné de la sollicitude avec laquelle il me faisait gaver par ses serviteurs : à l'aube le *palancha*, c'est-à-dire le « thé au lit » (si tant est que le terme pût s'appliquer aux élastiques planchers de bambous tressés sur quoi nous dormions dans les huttes indigènes); deux heures plus tard, un solide *breakfast;* le repas de midi; un thé copieux à 5 heures; enfin le dîner. Tout cela dans des hameaux dont la population se nourrissait, deux fois par jour seulement, de riz et de courges bouillies, assaisonnés par les plus riches d'un peu de sauce de poisson fermentée. Très vite je n'y tins plus,

aussi bien pour des raisons physiologiques que morales.
Mon compagnon, aristocrate bouddhiste élevé dans un
collège anglo-indien, et fier d'une généalogie remontant à
quarante-six générations (il se référait à son très modeste
bungalow en disant « mon palais » puisqu'il avait appris à
l'école qu'on appelait ainsi la demeure des princes) se
montrait stupéfait et vaguement choqué de ma tempéran-
ce : *Don't you take five times a day?* Non, je ne « prenais »
pas cinq fois par jour, surtout au milieu de gens mourant
de faim. De la bouche de cet homme qui n'avait jamais vu
de blanc autre qu'anglais, les questions fusaient : que
mangeait-on en France? Quelle était la composition des
repas? L'intervalle les séparant? Je m'efforçai de le
renseigner comme un indigène consciencieux répondant
à l'enquête d'un ethnographe, et à chacune de mes
paroles, je mesurais le bouleversement qui s'opérait dans
son esprit. Toute sa conception du monde changeait :
après tout, un blanc pouvait être seulement un homme.

Pourtant il faut si peu de choses, ici, pour créer
l'humanité! Voici un artisan installé tout seul sur un
trottoir où il a disposé quelques bouts de métal et ses
outils. Il s'occupe à une besogne infime d'où il tire sa
subsistance et celle des siens. Quelle subsistance? Dans
les cuisines en plein vent, des parcelles de viande agglomérées autour de baguettes grillent sur des braises; des
laitages réduisent dans des bassins coniques; des rouelles
de feuilles disposées en spirale servent à envelopper la
chique de bétel; les grains d'or du gram rôtissent dans le
sable chaud. Un enfant promène dans une cuvette quelques pois chiches dont un homme achète l'équivalent
d'une cuiller à soupe; il s'accroupit aussitôt pour manger,
dans la même posture indifférente aux passants qu'il
prendra un instant après pour uriner. Dans des guinguet-
tes en planches, les oisifs passent des heures à boire un
thé coupé de lait.

On a besoin de peu pour exister : peu d'espace, peu de
nourriture, peu de joie, peu d'ustensiles ou d'outils; c'est
la vie dans un mouchoir de poche. En revanche, il semble
y avoir beaucoup d'âme. On le sent à l'animation de la
rue, à l'intensité des regards, à la virulence de la moindre
discussion; à la courtoisie des sourires qui marquent le

passage de l'étranger, accompagnés souvent, en pays
musulman, d'un « *salaam* » la main portée au front. Comment interpréter autrement l'aisance avec laquelle ces
gens prennent place dans le cosmos? Voilà bien la
civilisation du tapis de prière qui représente le monde, ou
du carré dessiné sur le sol qui définit un lieu de culte. Ils
sont là, en pleine rue, chacun dans l'univers de son petit
étalage et vaquant placidement à son industrie au milieu
des mouches, des passants et du vacarme : barbiers,
scribes, coiffeurs, artisans. Pour pouvoir résister, il faut
un lien très fort, très personnel avec le surnaturel, et c'est
là que réside peut-être un des secrets de l'Islam et des
autres cultes de cette région du monde, que chacun se
sente constamment en présence de son Dieu.

Je me souviens d'une promenade à Clifton Beach, près
de Karachi au bord de l'océan Indien. Au bout d'un
kilomètre de dunes et de marais, on débouche sur une
longue plage de sable sombre, aujourd'hui déserte mais
où, les jours de fête, la foule se rend dans des voitures
traînées par des chameaux plus endimanchés que leurs
maîtres. L'océan était d'un blanc verdâtre. Le soleil se
couchait; la lumière semblait venir du sable et de la mer,
par-dessous un ciel en contre-jour. Un vieillard entur-
banné s'était improvisé une petite mosquée individuelle
avec deux chaises de fer empruntées à une guinguette
voisine où rôtissaient les *kebab*. Tout seul sur la plage, il
priait.

XVI

MARCHÉS

Sans que j'en aie formé le dessein, une sorte de *travelling* mental m'a conduit du Brésil central à l'Asie du Sud; des terres les plus récemment découvertes à celles où la civilisation s'est manifestée en premier; des plus vides aux plus pleines, s'il est vrai que le Bengale est trois mille fois aussi peuplé que le Mato Grosso ou Goyaz. En me relisant, je perçois que la différence est plus profonde encore. Ce que je considérais en Amérique, c'étaient d'abord des sites naturels ou urbains; dans les deux cas, objets définis par leurs formes, leurs couleurs, leurs structures particulières, qui leur confèrent une existence indépendante des êtres vivants qui les occupent. Dans l'Inde, ces grands objets ont disparu, ruinés par l'histoire, réduits à une poussière physique ou humaine qui devient l'unique réalité. Là où je voyais d'abord des choses, ici je n'aperçois plus que des êtres. Une sociologie érodée par l'action des millénaires s'effondre, fait place à une multiplicité de rapports entre des personnes, tant la densité humaine s'interpose entre l'observateur et un objet qui se dissout. L'expression, là-bas si courante pour désigner cette partie du monde : le sous-continent, prend alors un sens nouveau. Elle ne signifie plus simplement une partie du continent asiatique, elle paraît s'appliquer à un monde qui mérite à peine le nom de continent, tant une désintégration poussée jusqu'à l'extrême limite de son cycle a détruit la structure qui maintenait jadis dans des cadres organisés quelques centaines de millions de particules : les hommes, aujourd'hui lâchés dans un néant engendré par l'histoire, agités en tous sens par les motivations les plus élémentaires de la peur, de la souffrance et de la faim.

Dans l'Amérique tropicale, l'homme est dissimulé d'abord par sa rareté; mais même là où il s'est groupé en formations plus denses, les individus restent pris, si l'on peut dire, dans le relief encore bien accusé de leur agrégation toute fraîche. Quelle que soit la pauvreté du niveau de vie dans l'intérieur ou même dans les villes, il ne s'abaisse qu'exceptionnellement au point où l'on entend crier les êtres, tant il demeure possible de subsister avec peu de choses sur un sol que l'homme a entrepris de saccager – et encore sur certains points – voici seulement quatre cent cinquante ans. Mais dans l'Inde, agricole et manufacturière depuis cinq mille ou dix mille ans, ce sont les bases mêmes qui se dérobent : les forêts ont disparu; à défaut de bois, il faut pour cuire la nourriture brûler un engrais dénié aux champs; la terre arable, lavée par les pluies, fuit vers la mer; le bétail affamé se reproduit moins vite que les hommes et doit sa survivance à la défense que font ceux-ci de s'en nourrir.

Cette opposition radicale entre les tropiques vacants et les tropiques bondés, rien ne l'illustre mieux qu'une comparaison de leurs foires et de leurs marchés. Au Brésil comme en Bolivie ou au Paraguay, ces grandes occasions de la vie collective font apparaître un régime de production resté encore individuel; chaque éventaire reflète l'originalité de son titulaire : comme en Afrique, la marchande propose au client les menus excédents de son activité domestique. Deux œufs, une poignée de piments, une botte de légumes, une autre de fleurs, deux ou trois rangs de perles faites de graines sauvages – « œils de chèvre » rouges pointillées de noir, « larmes de la Vierge » grises et lustrées – récoltées et enfilées pendant les instants de loisirs; un panier ou une poterie, ouvrage de la vendeuse, et quelque antique talisman poursuivant là un cycle compliqué de transactions. Ces devantures de poupées, dont chacune est une humble œuvre d'art, expriment une diversité de goûts et d'activités, un équilibre spécifique pour chacune d'elles, qui témoignent en faveur de la liberté préservée par tous. Et quand le

passant est interpellé, ce n'est point pour le secouer du
spectacle d'un corps squelettique ou mutilé, l'implorer de
sauver quelqu'un de la mort, mais pour lui proposer de
tomar a borboleta, prendre le papillon – ou quelque autre
bête – dans cette loterie dite du *bicho*, jeu de l'animal, où
les nombres se combinent avec les figurants d'un bes-
tiaire gracieux.

D'un bazar oriental on connaît tout avant de l'avoir
visité, hors deux choses : la densité humaine et la saleté.
Ni l'une ni l'autre ne sont imaginables, il faut l'expérience
pour les éprouver. Car, d'un seul coup, cette expérience
restitue une dimension fondamentale. Cet air piqueté de
noir par les mouches, ce grouillement, on reconnaît en
eux un cadre naturel à l'homme, celui dans lequel, depuis
Ur en Chaldée jusqu'au Paris de Philippe le Bel en
passant par la Rome impériale, ce que nous nommons
civilisation s'est lentement sécrété.

J'ai couru tous les marchés à Calcutta, le nouveau et les
anciens : *Bombay bazar* à Karachi; ceux de Delhi et ceux
d'Agra : *Sadar* et *Kunari;* Dacca, qui est une succession de
soukhs où vivent des familles, blotties dans les interstices
des boutiques et des ateliers; *Riazuddin Bazar* et *Khatun-
ganj* à Chittagong; tous ceux des portes de Lahore :
Anarkali Bazar, Delhi, Shah, Almi, Akkari; et *Sadr, Dabgari,
Sirki, Bajori, Ganj, Kalan* à Peshawar. Dans les foires
campagnardes de la passe de Khaïber à la frontière
afghane et dans celles de Rangamati, aux portes de la
Birmanie, j'ai visité les marchés aux fruits et aux légumes,
amoncellements d'aubergines et d'oignons roses, de gre-
nades éclatées dans une odeur entêtante de goyave; ceux
des fleuristes, qui enguirlandent les roses et le jasmin de
clinquant et de cheveux d'ange; les étalages des marchands de fruits secs, tas fauves et bruns sur fond de
papier d'argent; j'ai regardé, j'ai respiré les épices et les
currys, pyramides de poudres rouge, orange et jaune;
montagnes de piments, irradiant une odeur suraiguë
d'abricot sec et de lavande, à défaillir de volupté; j'ai vu
les rôtisseurs, bouilleurs de lait caillé, fabricants de
crêpes : *nān* ou *chapati;* les vendeurs de thé et de limonade, les marchands en gros de dattes agglomérées en
gluants monticules de pulpe et de noyaux évoquant les

déjections de quelque dinosaure; les pâtissiers qu'on prendrait plutôt pour des marchands de mouches collées sur des présentoirs en gâteau; les chaudronniers, perceptibles à l'oreille cent mètres à l'avance par le roulement sonore de leurs masses; les vanniers et cordiers aux pailles blondes et vertes; les chapeliers, alignant les cônes dorés des *kallas*, pareils aux mitres des rois sassanides, entre les écharpes à turban; les boutiques de textiles où flottent les pièces fraîchement teintes en bleu ou en jaune, et les foulards safran et rose tissés en soie artificielle dans le style de Boukhara; les ébénistes, sculpteurs et laqueurs de bois de lits; les rémouleurs tirant sur la ficelle de leur meule; la foire à la ferraille, isolée et maussade; les marchands de tabac aux piles de feuilles blondes alternant avec la mélasse rousse du *tombak*, près des tuyaux de chilam disposés en faisceaux; ceux de sandales, rangées par centaines comme des bouteilles dans un chai; les marchands de bracelets – *bangles* – tripes de verre aux tons bleu et rose s'effrondrant en tous sens et comme échappées d'un corps éventré; les échoppes de potiers où s'alignent les vases des chilam, oblongs et vernissés, les jarres d'argile micacée et celles peintes en brun, blanc et rouge sur un fond de terre fauve avec des ornements vermicellés, les fourneaux de chilam enfilés en grappes, comme des chapelets. Les marchands de farine qui tamisent à longueur de journée; les orfèvres pesant dans des balances des menus fragments de galon précieux, aux devantures moins étincelantes que celles des ferblantiers voisins; les imprimeurs de tissus, frappant les cotonnades blanches d'un geste léger et monotone qui laisse une délicate empreinte colorée; les forgerons en plein vent : univers grouillant et ordonné au-dessus duquel frémissent, comme des arbres aux feuilles agitées par la brise, les gaules hérissées des moulinets multicolores destinés aux enfants.

Même dans des régions rustiques, le spectacle peut être aussi saisissant. Je voyageais en bateau à moteur sur les rivières du Bengale. Au milieu du Buliganga bordé de bananiers et de palmiers, entourant des mosquées en faïence blanche qui semblent flotter au ras des eaux, nous avions abordé un îlot pour visiter un *hat*, marché campa-

gnard qu'un millier de barques et de sampans amarrés
avaient signalé à notre attention. Bien qu'aucune habitation ne se remarquât, il y avait là une véritable ville d'un
jour, emplie d'une foule installée dans la boue, avec des
quartiers distincts dont chacun était réservé à un
commerce : paddy, bétail, embarcations, perches de bambou, planches, poteries, tissus, fruits, noix d'arec, nas-
ses. Dans les bras du fleuve, la circulation était si dense
qu'on les aurait pris pour des rues liquides. Les vaches
nouvellement achetées se laissaient transporter, chacune
debout dans sa barque et défilant devant un paysage qui
la regarde.

Tout ce pays est d'une extraordinaire douceur. Dans
cette verdure bleutée par les jacinthes, dans l'eau des
marais et des fleuves où passent les sampans, il y a
quelque chose de pacifiant, d'endormant; on se laisserait
volontiers pourrir comme les vieux murs de briques
rouges désarticulés par les banyans.

Mais en même temps, cette douceur reste inquiétante :
le paysage n'est pas normal, il y a trop d'eau pour cela.
L'inondation annuelle crée des conditions d'existence
exceptionnelles, car elle entraîne la chute de la production de légumes et des pêcheries : temps de crue, temps
de disette. Même le bétail devient squelettique et meurt,
ne réussissant pas à trouver dans les spongieuses jacinthes d'eau un fourrage suffisant. Etrange humanité qui vit
imbibée d'eau plus encore que d'air; dont les enfants
apprennent à se servir de leur petit dingi presque en
même temps qu'à marcher; lieu où, par manque d'autre
combustible, le jute séché après rouissage et défibrage, se
vend, au temps des crues, deux cent cinquante francs les
deux cents tiges à des gens qui gagnent moins de trois
mille francs par mois.

Pourtant, il fallait pénétrer dans les villages pour comprendre la situation tragique de ces populations que la
coutume, l'habitation et le genre de vie rapprochent des
plus primitives, mais qui tiennent des marchés aussi
compliqués qu'un grand magasin. Il y a un siècle à peine,
leurs ossements couvraient la campagne; tisserands pour
la plupart, ils avaient été réduits à la famine et à la mort
par l'interdiction, faite par le colonisateur, d'exercer leur

métier traditionnel afin d'ouvrir un marché aux cotonnades de Manchester. Aujourd'hui, chaque pouce de terre
cultivable, bien qu'inondée pendant la moitié de l'année,
est affecté à la culture du jute qui part après rouissage
dans les usines de Narrayanganj et de Calcutta ou même
directement pour l'Europe et l'Amérique, de sorte que
d'une autre manière, non moins arbitraire que la précédente, ces paysans illettrés et à demi nus dépendent pour
leur alimentation quotidienne des fluctuations du marché
mondial. S'ils pêchent le poisson, le riz dont ils se
nourrissent est presque entièrement importé; et pour
compléter le maigre revenu des cultures – une minorité
seulement étant propriétaire – ils consacrent leurs jours à
de navrantes industries.

Demra est un hameau presque lacustre, tant est précaire le réseau de talus émergés où les huttes se groupent
dans les bosquets. J'y ai vu la population, depuis les
enfants en bas âge, occupée dès l'aube à tisser à la main
ces voiles de mousseline qui firent jadis la célébrité de
Dacca. Un peu plus loin, à Langalbund, une région entière
se consacre à la fabrication de boutons de nacre du genre
utilisé dans notre lingerie masculine. Une caste de bate-
liers, les Bidyaya ou Badia, qui vivent en permanence
dans la cabine en paille de leurs sampans, récoltent et
vendent les moules fluviales destinées à fournir la nacre;
les tas de coquilles boueuses donnent aux hameaux
l'apparence de *placers*. Après avoir été décapées dans un
bain acide, les coquilles sont brisées au marteau en
fragments, arrondis ensuite sur une meule à main. Puis,
chaque disque est placé sur un support pour être façonné
à l'aide d'un bout de lime ébréchée armant une vrille de
bois manœuvrée à l'archet. Un instrument analogue, mais
pointu, sert enfin à percer quatre trous. Les enfants
cousent les boutons terminés, par douzaine, sur des
cartes recouvertes de clinquant, comme les offrent nos
merceries de province.

Avant les grandes transformations politiques qui ont
résulté de l'indépendance des pays asiatiques, cette
industrie modeste, qui approvisionnait le marché indien
et les îles du Pacifique, donnait la subsistance aux travailleurs, malgré l'exploitation dont ils étaient et continuent

d'être victimes de la part de cette classe d'usuriers et
d'intermédiaires, les *mahajans*, qui avancent la matière
première et les produits de transformation. Le prix de ces
derniers a été multiplié par cinq ou six, tandis que par
fermeture du marché, la production régionale est tombée
de soixante mille grosses par semaine à moins de cinquante mille par mois; enfin, dans le même temps, le prix
payé au producteur a baissé de 75 %. Du jour au lendemain presque, cinquante mille personnes ont constaté
qu'un revenu déjà dérisoire était réduit au centième. Mais
c'est qu'en dépit des formes de vie primitives, le chiffre
de la population, le volume de la production et l'aspect
du produit fini interdisent de parler d'artisanat véritable.
Dans l'Amérique tropicale – au Brésil, en Bolivie ou au
Mexique – le terme reste applicable au travail du métal,
du verre, de la laine, du coton ou de la paille. La matière
première est d'origine locale, les techniques sont traditionnelles, et les conditions de production, domestiques;
l'utilisation et la forme sont d'abord régies par les goûts,
les habitudes et les besoins des producteurs.

Ici, des populations médiévales sont précipitées en
pleine ère manufacturière et jetées en pâture au marché
mondial. Du point de départ jusqu'au point d'arrivée,
elles vivent sous un régime d'aliénation. La matière
première leur est étrangère, complètement pour les tisserands de Demra qui emploient des filés importés d'Angleterre ou d'Italie, partiellement pour les façonniers de
Langalbund dont les coquillages ont une origine locale,
mais non les produits chimiques, les cartons et les feuilles
métalliques indispensables à leur industrie. Et partout, la
production est conçue *according to foreign standards*, ces
malheureux ayant à peine les moyens de se vêtir, moins
encore de se boutonner. Sous les campagnes verdoyantes
et les canaux paisibles bordés de chaumières, le visage
hideux de la fabrique apparaît en filigrane, comme si
l'évolution historique et économique avait réussi à fixer
et à superposer ses phases les plus tragiques aux dépens
de ces pitoyables victimes : carences et épidémies médiévales, exploitation forcenée comme aux débuts de l'ère
industrielle, chômage et spéculation du capitalisme
moderne. Le XIVᵉ, le XVIIIᵉ et le XXᵉ siècle se sont ici donné

rendez-vous pour tourner en dérision l'idylle dont la nature tropicale entretient le décor.

C'est dans ces régions, où la densité de population dépasse parfois mille au kilomètre carré, que j'ai pleinement mesuré le privilège historique encore dévolu à l'Amérique tropicale (et jusqu'à un certain point à l'Amérique tout entière) d'être restée absolument ou relativement vide d'hommes. La liberté n'est ni une invention juridique ni un trésor philosophique, propriété chérie de civilisations plus dignes que d'autres parce qu'elles seules sauraient la produire ou la préserver. Elle résulte d'une relation objective entre l'individu et l'espace qu'il occupe, entre le consommateur et les ressources dont il dispose. Encore n'est-il pas sûr que ceci compense cela, et qu'une société riche mais trop dense ne s'empoisonne pas de cette densité, comme ces parasites de la farine qui réussissent à s'exterminer à distance par leurs toxines, avant même que la matière nutritive ne fasse défaut.

Il faut beaucoup de naïveté ou de mauvaise foi pour penser que les hommes choisissent leurs croyances indépendamment de leur condition. Loin que les systèmes politiques déterminent la forme d'existence sociale, ce sont les formes d'existence qui donnent un sens aux idéologies qui les expriment : ces signes ne constituent un langage qu'en présence des objets auxquels ils se rapportent. En ce moment, le malentendu entre l'Occident et l'Orient est d'abord sémantique : les formules que nous y colportons impliquent des signifiés absents ou différents. S'il était possible que les choses changent, il importerait peu à leurs victimes que ce soit dans des cadres que nous jugerions insupportables. Ils ne se sentiraient pas devenir esclaves, mais bien au contraire libérés, d'accéder au travail forcé, à l'alimentation rationnée et à la pensée dirigée, puisque ce serait pour eux le moyen historique d'obtenir du travail, de la nourriture et de goûter une vie intellectuelle. Des modalités qui nous apparaissent privatives se résorberaient devant l'évidence d'une réalité offerte, et jusqu'alors par nous-mêmes, au nom de son apparence, refusée.

Par delà les remèdes politiques et économiques convenables, le problème posé par la confrontation de l'Asie et de l'Amérique tropicales reste celui de la multiplication humaine sur un espace limité. Comment oublier qu'à cet égard l'Europe occupe une position intermédiaire entre les deux mondes? Ce problème du nombre, l'Inde s'y est attaquée il y a quelque trois mille ans en cherchant, avec le système des castes, un moyen de transformer la quantité en qualité, c'est-à-dire de différencier les groupements humains pour leur permettre de vivre côte à côte. Elle avait même conçu le problème en termes plus vastes : l'élargissant, au-delà de l'homme, à toutes les formes de la vie. La règle végétarienne s'inspire du même souci que le régime des castes, à savoir d'empêcher les groupements sociaux et les espèces animales d'*empiéter* les uns sur les autres, de réserver à chacun une liberté qui lui soit propre grâce au renoncement par les autres à l'exercice d'une liberté antagoniste. Il est tragique pour l'homme que cette grande expérience ait échoué, je veux dire qu'au cours de l'histoire les castes n'aient pas réussi à atteindre un état où elles seraient demeurées égales parce que différentes – égales en ce sens qu'elles eussent été incommensurables – et que se soit introduite parmi elles cette dose perfide d'homogénéité qui permettait la comparaison, et donc la création d'une hiérarchie. Car si les hommes peuvent parvenir à coexister à condition de se reconnaître tous *autant* hommes, mais *autrement*, ils le peuvent aussi en se refusant les uns aux autres un degré comparable d'humanité, et donc en se subordonnant.

Ce grand échec de l'Inde apporte un enseignement : en devenant trop nombreuse et malgré le génie de ses penseurs, une société ne se perpétue qu'en sécrétant la servitude. Lorsque les hommes commencent à se sentir à l'étroit dans leurs espaces géographique, social et mental, une solution simple risque de les séduire : celle qui consiste à refuser la qualité humaine à une partie de l'espèce. Pour quelques dizaines d'années, les autres retrouveront les coudées franches. Ensuite il faudra procéder à une nouvelle expulsion. Dans cette lumière, les événements dont l'Europe a été depuis vingt ans le théâtre, résumant un siècle au cours duquel son chiffre de population a doublé, ne peuvent plus m'apparaître comme le résultat de l'aberration d'un peuple, d'une doctrine ou d'un groupe d'hommes. J'y vois plutôt un signe annonciateur d'une évolution vers le monde fini, dont l'Asie du Sud a fait l'expérience un millénaire ou deux avant nous et dont, à moins de grandes décisions, nous ne parviendrons peut-être pas à nous affranchir. Car cette dévalorisation systématique de l'homme par l'homme se répand, et ce serait trop d'hypocrisie et d'inconscience que d'écarter le problème par l'excuse d'une contamination momentanée.

Ce qui m'effraye en Asie, c'est l'image de notre futur, par elle anticipée. Avec l'Amérique indienne je chéris le reflet, fugitif même là-bas, d'une ère où l'espèce était à la mesure de son univers et où persistait un rapport adéquat entre l'exercice de la liberté et ses signes.

CINQUIÈME PARTIE

CADUVEO

XVII

PARANA

Campeurs, campez au Parana. Ou plutôt non : abstenez-vous. Réservez aux derniers sites d'Europe vos papiers gras, vos flacons indestructibles et vos boîtes de conserves éventrées. Etalez-y la rouille de vos tentes. Mais, au-delà de la frange pionnière et jusqu'à l'expiration du délai si court qui nous sépare de leur saccage définitif, respectez les torrents fouettés d'une jeune écume, qui dévalent en bondissant les gradins creusés aux flancs violets des basaltes. Ne foulez pas les mousses volcaniques à l'acide fraîcheur; puissent hésiter vos pas au seuil des prairies inhabitées et de la grande forêt humide de conifères, crevant l'enchevêtrement des lianes et des fougères pour élever dans le ciel des formes inverses de celle de nos sapins : non pas cônes effilés vers le sommet, mais au contraire – végétal régulier pour charmer Baudelaire – étageant autour du tronc les plateaux hexagonaux de leurs branches, et évasant ceux-ci jusqu'au dernier qui s'épanouit en une géante ombelle. Vierge et solennel paysage qui, pendant des millions de siècles, semble avoir préservé intact le visage du carbonifère et que l'altitude, combinée avec l'éloignement du tropique, affranchit de la confusion amazonienne pour lui prêter une majesté et une ordonnance inexplicables, à moins d'y voir l'effet d'un usage immémorial, par une race plus sage et plus puissante que la nôtre, et à la disparition de laquelle nous devons de pouvoir pénétrer dans ce parc sublime, aujourd'hui tombé au silence et à l'abandon.

Sur ces terres qui dominent les deux rives du Rio Tibagy, à mille mètres environ au-dessus du niveau de la

mer, j'ai pris mon premier contact avec les sauvages, en
accompagnant dans sa tournée un chef de district du
Service de Protection des Indiens.

A l'époque de la découverte, toute la zone sud du Brésil
servait d'habitat à des groupements parents par la langue
et par la culture et que l'on confondait naguère sous le
nom de Gé. Ils avaient été vraisemblablement refoulés
par des envahisseurs récents de langue tupi qui occupaient déjà toute la bande côtière et contre lesquels ils
luttaient. Protégés par leur repli dans des régions d'accès
difficile, les Gé du sud du Brésil ont survécu pendant
quelques siècles aux Tupi, vite liquidés par les colonisateurs. Dans les forêts des Etats méridionaux : Parana et
Santa Catarina, des petites bandes sauvages se sont
maintenues jusqu'au XXe siècle; il en subsistait peut-être
quelques-unes en 1935, si férocement persécutées au
cours des cent dernières années qu'elles se rendaient
invisibles; mais la plupart avaient été réduites et fixées
par le gouvernement brésilien, aux environs de 1914,
dans plusieurs centres. Au début, on s'efforça de les
intégrer à la vie moderne. Il y eut au village de São
Jeronymo qui me servait de base, une serrurerie, une
scierie, une école, une pharmacie. Le poste recevait
régulièrement des outils : haches, couteaux, clous; on
distribuait des vêtements et des couvertures. Vingt ans
plus tard, ces tentatives étaient abandonnées. En laissant
les Indiens à leurs ressources, le Service de Protection
témoignait de l'indifférence dont il était devenu l'objet de
la part des pouvoirs publics (il a depuis repris une
certaine autorité); ainsi se trouvait-il contraint, sans
l'avoir désiré, d'essayer une autre méthode, qui incitât les
indigènes à retrouver quelque initiative et les contraignît
à reprendre leur propre direction.

De leur expérience éphémère de civilisation, les indigènes n'ont retenu que les vêtements brésiliens, la hache, le
couteau et l'aiguille à coudre. Pour tout le reste, ce fut
l'échec. On leur avait construit des maisons, et ils vivaient
dehors. On s'était efforcé de les fixer dans des villages et
ils demeuraient nomades. Les lits, ils les avaient brisés
pour en faire du feu et couchaient à même le sol. Les
troupeaux de vaches envoyés par le gouvernement

vaguaient à l'aventure, les indigènes repoussant avec dégoût leur viande et leur lait. Les pilons de bois, mus mécaniquement par le remplissage et le vidage alternatifs d'un récipient fixé à un bras de levier (dispositif fréquent au Brésil où il est connu sous le nom de *monjolo*, et que les Portugais ont peut-être importé d'Orient), pourrissaient inutilisés, le pilage à la main restant la pratique générale.

A ma grande déception, les Indiens du Tibagy n'étaient donc, ni complètement des « vrais Indiens » ni, surtout, des « sauvages ». Mais, en dépouillant de sa poésie l'image naïve que l'ethnographe débutant forme de ses expériences futures, ils me donnaient une leçon de prudence et d'objectivité. En les trouvant moins intacts que je n'espérais, j'allais les découvrir plus secrets que leur apparence extérieure n'aurait pu le faire croire. Ils illustraient pleinement cette situation sociologique qui tend à devenir exclusive pour l'observateur de la seconde moitié du XXe siècle, de « primitifs » à qui la civilisation fut brutalement imposée et dont, une fois surmonté le péril qu'ils étaient censés représenter, on s'est ensuite désintéressé. Formée pour une part d'antiques traditions qui ont résisté à l'influence des blancs (telle la pratique du limage et de l'incrustation dentaires, si fréquente encore parmi eux), pour une autre, d'emprunts faits à la civilisation moderne, leur culture constituait un ensemble original dont l'étude, si dépourvue de pittoresque qu'elle pût être, ne me plaçait pourtant pas à une école moins instructive que celle des purs Indiens que je devais approcher ultérieurement.

Mais surtout, depuis que ces Indiens se trouvaient livrés à leurs propres ressources, on assistait à un étrange renversement de l'équilibre superficiel entre culture moderne et culture primitive. D'anciens genres de vie, des techniques traditionnelles réapparaissaient, issus d'un passé dont on aurait eu tort d'oublier la vivante proximité. D'où viennent ces pilons de pierre admirablement polis que j'ai trouvés, dans les maisons indiennes, mélangés avec les assiettes de fer émaillé, les cuillers de bazar, et même – parfois – les restes squelettiques d'une machine à coudre? Echanges commerciaux, dans le silence de la forêt, avec ces populations de même race, mais restées sauvages et dont l'activité belliqueuse défendait toujours aux défricheurs certaines régions du Parana? Pour répondre, il faudrait connaître exactement l'odyssée de ce vieil Indien *bravo* qui prenait alors sa retraite dans la colonie du gouvernement.

Ces objets qui laissent rêveurs subsistent dans les tribus comme témoins d'une époque où l'Indien ne connaissait ni maison, ni vêtements, ni ustensiles métalliques. Et dans les souvenirs à demi conscients des hommes, les vieilles techniques se conservent aussi. Aux allumettes, bien connues mais chères et difficiles à obtenir, l'Indien préfère toujours la rotation ou la friction de deux pièces tendres de bois de palmito. Et les vétustes fusils et pistolets jadis distribués par le gouvernement, bien souvent on les trouve pendus dans la maison abandonnée, pendant que l'homme chasse en forêt avec un arc et des flèches d'une technique aussi sûre que celle des peuples qui n'ont jamais vu d'arme à feu. Ainsi les antiques genres de vie, sommairement recouverts par les efforts officiels, se tracent à nouveau leur voie avec la même lenteur et la même certitude que ces colonnes d'Indiens que j'ai rencontrées, sillonnant les sentiers minuscules de la forêt, tandis que s'effondrent les toits dans les villages désertés.

Pendant une quinzaine de jours, nous avons voyagé à cheval par d'imperceptibles pistes à travers des étendues de forêt si vastes qu'il fallait souvent pousser fort avant dans la nuit pour atteindre la hutte où nous ferions étape. Comment les chevaux parvenaient-ils à placer leurs sabots, malgré l'obscurité qu'une végétation refermée trente mètres au-dessus de nos têtes rendait impénétrable, je ne sais. Je me rappelle seulement des heures de chevauchée saccadée par l'amble de nos montures. Tantôt, descendant un talus abrupt, celles-ci nous précipitaient en avant et, pour éviter la chute, la main devait être prête à se cramponner au haut arçon des selles paysannes; à la fraîcheur venue du sol et au clapotis sonore on devinait le franchissement d'un gué. Puis, renversant la bascule, le cheval grimpe en trébuchant la berge opposée, semblant, par ses mouvements désordonnés et peu compréhensibles dans la nuit, vouloir se débarrasser de sa selle et de son cavalier. L'équilibre une fois rétabli, il n'y a plus qu'à rester en éveil pour ne pas perdre le bénéfice de cette prescience singulière qui, une fois sur deux au moins, vous permet, sans avoir pu la voir, de rentrer la tête dans les épaules à temps pour échapper au cinglage d'une basse branche.

Bientôt, un son se précise dans le lointain; non plus le rugissement du jaguar, que nous avons entendu un instant au crépuscule. Cette fois, c'est un chien qui aboie, la halte est proche. Quelques minutes plus tard, notre guide change de direction; nous pénétrons à sa suite dans une petite friche où des barrières en troncs refendus délimitent un parc à bétail; devant une hutte, faite de palmiers disjoints surmontés d'une toiture de paille, s'agitent deux formes vêtues d'une mince cotonnade blanche : nos hôtes, le mari souvent d'origine portugaise, la femme indienne. A la lueur d'une mèche trempant dans le pétrole, l'inventaire est vite fait : sol en terre battue, une table, un sommier de planches, quelques caisses servant de sièges et, dans l'âtre d'argile durcie, une batterie de cuisine composée de bidons et de boîtes de conserves récupérées. On se hâte de tendre les hamacs en passant les cordes à travers les interstices des murs; ou bien l'on s'en va dormir dehors dans le *païol*, auvent sous lequel la récolte de maïs est entassée à l'abri de la pluie. Si surprenant que cela puisse paraître, un monceau d'épis secs encore entourés de leurs feuilles fournit une couche confortable; tous ces corps oblongs glissent les uns contre les autres et l'ensemble se modèle à la forme du dormeur. La fine odeur, herbeuse et sucrée, du maïs séché est merveilleusement sédative. Le froid et l'humidité réveillent pourtant au petit jour; un brouillard laiteux monte de la clairière; on rentre en hâte dans la hutte où le foyer brille dans le perpétuel clair-obscur de cette habitation sans fenêtres, dont les parois sont plutôt des clôtures ajourées. L'hôtesse prépare le café, torréfié jusqu'au noir brillant dans un fond de sucre, et une *pipoca*, grains de maïs éclatés en flocons avec des lardons; on rassemble les chevaux, on les selle et on part. En quelques instants, la forêt ruisselante s'est refermée autour de la hutte oubliée.

La réserve de São Jeronymo s'étend sur cent mille hectares environ, peuplés de quatre cent cinquante indigènes groupés en cinq ou six hameaux. Avant le départ, les statistiques du poste m'avaient permis de mesurer les ravages causés par la malaria, la tuberculose et l'alcoolisme. Depuis dix ans, le total des naissances n'avait pas dépassé cent soixante-dix, tandis que la seule mortalité infantile atteignait cent quarante individus.

Nous avons visité les maisons de bois construites par le gouvernement fédéral, réunies en villages de cinq à dix feux au bord des cours d'eau; nous avons vu les maisons plus isolées que bâtissent parfois les Indiens : une palissade carrée en troncs de palmitos assemblés par des lianes, et surmontés d'un toit de feuilles attaché aux murs par les quatre coins seulement. Enfin, nous avons pénétré sous ces auvents de branchages où vit parfois une famille à côté de la maison inutilisée.

Les habitants sont réunis autour du feu qui brûle jour et nuit. Les hommes généralement vêtus d'une chemise en loques et d'un vieux pantalon, les femmes d'une robe de cotonnade portée à même la peau, ou parfois d'une simple couverture roulée sous les aisselles, les enfants complètement nus. Tous portent, comme nous pendant le voyage, de larges chapeaux de paille, leur seule industrie et leur seule ressource. Chez les deux sexes et à tous âges, le type mongolique est patent : taille petite, face large et plate, pommettes saillantes, yeux bridés, peau jaune, cheveux noirs et plats – que les femmes ont indifféremment longs ou courts – poils rares et souvent absents. Une seule pièce est habitée. On y mange à n'importe quelle heure les patates douces qui rôtissent sous la cendre et qu'on saisit avec des longues pinces de bambou; on y dort sur une mince couche de fougères ou sur une natte de paille de maïs, chacun étendu les pieds au feu; au milieu de la nuit, les quelques braises qui subsistent et la paroi de troncs mal joints constituent une faible défense contre le froid glacial à mille mètres d'altitude.

A cette pièce unique se réduisent les maisons construites par les indigènes; mais dans celles du gouvernement,

une pièce seulement est aussi utilisée. C'est là que se
trouve étalée à même le sol toute la richesse de l'Indien,
dans un désordre qui scandalisait nos guides, *caboclos* du
sertão voisin, et où l'on distingue avec peine les objets
d'origine brésilienne et ceux de fabrication locale. Parmi
les premiers, généralement, on trouve hache, couteaux,
assiettes d'émail et récipients métalliques, chiffons,
aiguille et fil à coudre, parfois quelques bouteilles et
même un parapluie. Le mobilier est aussi rudimentaire :
quelques tabourets bas, de bois, d'origine guarani, également employés par les *caboclos*; paniers de toutes tailles
et de tous usages, qui illustrent la technique du « croisé
en marqueterie » si fréquente en Amérique du Sud; tamis
à farine, mortier de bois, pilons de bois ou de pierre,
quelques poteries, enfin, une quantité prodigieuse de
récipients de formes et d'usages divers, confectionnés
avec l'*abobra*, gourde vidée et desséchée. Quelle difficulté
pour se procurer ces pauvres objets! La distribution
préalable, à toute la famille, de nos bagues, colliers et
broches de verroterie est parfois insuffisante pour établir
l'indispensable contact amical. Même l'offre d'une quantité de milreis en disproportion monstrueuse avec l'indigence de l'ustensile laisse le propriétaire indifférent. « Il
ne peut pas. » « Si l'objet était de sa fabrication il le
donnerait volontiers, mais lui-même l'a acquis il y a
longtemps d'une vieille femme qui est seule à savoir
confectionner ce genre de choses. S'il nous le donne,
comment le remplacer? » La vieille femme n'est, bien
entendu, jamais là. Où? « Il ne sait pas » – geste vague –
« dans la forêt... ». D'ailleurs, que valent tous nos milreis
pour ce vieil Indien, tremblant de fièvre, à cent kilomètres du plus proche magasin des blancs? On se sent
honteux d'arracher à ces hommes si dépourvus un petit
outil dont la perte sera une irréparable diminution...

Mais souvent, c'est une autre histoire. Cette Indienne
veut-elle me vendre ce pot? « Certes, elle veut bien.
Malheureusement il ne lui appartient pas. A qui alors?
Silence. – A son mari? Non. – A son frère? Non plus. A son
fils? Pas davantage. » Il est à la petite-fille. La petite-fille
possède inévitablement tous les objets que nous voulons
acheter. Nous la considérons – elle a trois ou quatre ans –

accroupie près du feu, absorbée par la bague que, tout à l'heure, j'ai passée à son doigt. Et ce sont alors, avec la demoiselle, de longues négociations où les parents ne prennent aucune part. Une bague et cinq cents reis la laissent indifférente. Une broche et quatre cents reis la décident.

Les Kaingang cultivent un peu la terre, mais la pêche, la chasse et la collecte forment leurs occupations essentielles. Les procédés de pêche sont si pauvrement imités des blancs que leur efficacité doit être faible : une branche souple, un hameçon brésilien fixé par un peu de résine au bout d'un fil, parfois un simple chiffon en guise de filet. La chasse et la collecte règlent cette vie nomade de la forêt, où pendant des semaines les familles disparaissent, où nul ne les a suivies dans leurs retraites secrètes et leurs itinéraires compliqués. Nous avons parfois rencontré leur petite troupe, au détour du sentier, sortie de la forêt pour y disparaître aussitôt; les hommes en tête, armés de la *bodoque*, arc servant à projeter des boulettes pour la chasse aux oiseaux, avec, en bandoulière, le carquois de vannerie qui contient les projectiles d'argile séchée. Ensuite les femmes, transportant toute la richesse de la famille dans une hotte suspendue par une écharpe de tissu ou un large bandeau d'écorce prenant appui sur le front. Ainsi voyagent enfants et objets domestiques. Quelques mots échangés, nous retenant les chevaux, eux ralentissant à peine leur allure et la forêt retrouve son silence. Nous savons seulement que la prochaine maison sera – comme tant d'autres – vide. Pour combien de temps?

Cette vie nomade peut durer des jours et des semaines. La saison de la chasse, celle des fruits – *jaboticaba*, orange et *lima* – provoquent des déplacements massifs de toute la population. Dans quels abris vivent-ils au fond des bois? Dans quelles cachettes retrouvent-ils leurs arcs et leurs flèches, dont on ne rencontre que par hasard des exemplaires oubliés dans un coin de maison? De quelles traditions, rites, croyances renouent-ils les liens?

Le jardinage tient aussi sa place dans cette économie primitive. En pleine forêt, on traverse parfois les défrichements indigènes. Entre les hautes murailles des arbres,

une pauvre verdure occupe quelques dizaines de mètres
carrés : bananiers, patates douces, manioc, maïs. Le grain
est d'abord séché au feu, puis pilé au mortier par les
femmes travaillant seules ou à deux. La farine est mangée
directement ou agglomérée avec de la graisse pour former un gâteau compact; les haricots noirs s'ajoutent à
cette nourriture; le gibier et le porc semi-domestique
apportent l'élément carné. La viande est toujours rôtie,
enfilée sur une branche au-dessus du feu.

Il faut aussi mentionner les *koro*, larves pâles qui
pullulent dans certains troncs d'arbres pourrissants. Les
Indiens, blessés par les railleries des blancs, n'avouent
plus leur goût pour ces bestioles et se défendent énergi-
quement de les manger. Il suffit de parcourir la forêt
pour voir à terre, sur vingt ou trente mètres de longueur,
la trace d'un grand *pinheiro* abattu par la tempête,
déchiqueté, réduit à l'état de fantôme d'arbre. Les chercheurs de *koro* ont passé par là. Et quand on pénètre à
l'improviste dans une maison indienne, on peut apercevoir, avant qu'une main rapide ne l'ait dissimulée, une
coupe toute grouillante de la précieuse friandise.

Aussi n'est-ce pas chose facile que d'assister à l'extraction des *koro*. Nous méditons longuement notre projet,
comme des conspirateurs. Un Indien fiévreux, seul dans
un village abandonné, semble une proie facile. On lui met
la hache dans la main, on le secoue, on le pousse. Peine
perdue, il semble tout ignorer de ce que nous voulons de
lui. Sera-ce un nouvel échec? Tant pis! Nous lançons
notre dernier argument : nous voulons manger des *koro*.
On arrive à traîner la victime devant un tronc. Un coup
de hache dégage des milliers de canaux creux au plus
profond du bois. Dans chacun, un gros animal de couleur
crème, assez semblable au ver à soie. Maintenant il faut
s'exécuter. Sous le regard impassible de l'Indien, je déca-
pite mon gibier; du corps s'échappe une graisse blanchâ-
tre, que je goûte non sans hésitation : elle a la consistance
et la finesse du beurre, et la saveur du lait de noix du
cocotier.

XVIII

PANTANAL

Après ce baptême, j'étais prêt pour les vraies aventures. L'occasion allait s'en présenter pendant la période des vacances universitaires qui, au Brésil, ont lieu de novembre à mars, c'est-à-dire durant la saison des pluies. Malgré cet inconvénient, je formai le projet de prendre contact avec deux groupes indigènes, l'un fort mal étudié et peut-être déjà aux trois quarts disparu : les Caduveo de la frontière paraguayenne; l'autre, mieux connu mais encore plein de promesses : les Bororo, dans le Mato Grosso central. De plus, le Musée national de Rio de Janeiro me suggérait d'aller reconnaître un site archéologique qui se trouvait sur mon chemin et dont la mention traînait dans les archives sans que personne ait eu l'occasion de s'en occuper.

Depuis lors, j'ai circulé bien souvent entre São Paulo et le Mato Grosso, tantôt en avion, tantôt en camion, tantôt enfin par le train et le bateau. Ce sont ces derniers moyens de transport que j'ai utilisés en 1935-36; en effet, le gisement dont je viens de parler se trouvait au voisinage de la voie ferrée, non loin du point terminal qu'elle atteignait à Porto Esperança, sur la rive gauche du Rio Paraguay.

Il y a peu à dire de ce lassant voyage; la compagnie de chemin de fer de la Noroeste vous amenait d'abord à Bauru, en pleine zone pionnière; on y prenait le « nocturne » de Mato Grosso qui traversait le sud de l'Etat. Au total, trois jours de voyage dans un train chauffé au bois, roulant à vitesse réduite, s'arrêtant souvent et longtemps pour s'approvisionner en combustible. Les wagons étaient aussi en bois et passablement disjoints : au réveil, on avait le visage recouvert d'une pellicule d'argile durcie, formée par la fine poussière rouge du *sertão* s'insinuant dans chaque pli et dans chaque pore. Le wagon-restaurant était déjà fidèle au style alimentaire de l'intérieur : viande fraîche ou séchée selon l'occasion, riz et haricots noirs avec, pour absorber le jus, la *farinha* : pulpe de maïs ou de manioc frais, déshydratée à la chaleur et broyée en poudre grossière; enfin le sempiternel dessert brésilien, tranche de pâte de coing ou de goyave accompagnée de fromage. A chaque station, des gamins vendaient pour quelques sous aux voyageurs des ananas juteux à pulpe jaune qui procuraient un rafraîchissement providentiel.

On entre dans l'Etat de Mato Grosso peu avant la station de Tres-Lagoas, en traversant le Rio Parana, si vaste que, malgré les pluies déjà commencées, le fond apparaît encore en maints endroits. Ensuite commence le paysage qui me deviendra à la fois familier, insupportable et indispensable pendant mes années de voyage dans l'intérieur, car il caractérise le Brésil central depuis le Parana jusqu'au bassin amazonien : plateaux sans modelé ou faiblement ondulés; horizons lointains, végétation broussailleuse avec, de temps à autre, des troupeaux de zébus qui se débandent au passage du train. Beaucoup de voyageurs commettent un contresens en traduisant Mato Grosso par « grande forêt » : le mot forêt se rend par le féminin *mata*, tandis que le masculin exprime l'aspect complémentaire du paysage sud-américain. Mato Grosso, c'est donc exactement « grande brousse »; et nul terme ne pourrait être mieux approprié à cette contrée sauvage et triste, mais dont la monotonie offre quelque chose de grandiose et d'exaltant.

Il est vrai que je traduis aussi *sertão* par brousse. Le terme a une connotation un peu différente. *Mato* se rapporte à un caractère objectif du paysage : la brousse, dans son contraste avec la forêt; tandis que *sertão* se réfère à un aspect subjectif : le paysage par rapport à l'homme. Le *sertão* désigne donc la brousse, mais s'opposant aux terres habitées et cultivées : ce sont les régions où l'homme ne possède pas d'installation durable. L'argot

colonial fournit peut-être un équivalent exact avec
« bled ».

Parfois le plateau s'interrompt pour faire place à une
vallée boisée, herbeuse, presque riante sous le ciel léger.
Entre Campo Grande et Aquidauana, une cassure plus
profonde laisse apparaître les falaises flamboyantes de la
serra de Maracaju dont les gorges abritent déjà, à Cor-
rientes, un *garimpo*, c'est-à-dire un centre de chercheurs
de diamants. Et voici que tout change. Sitôt passé Aquidauana, on entre dans le pantanal : le plus grand marécage du monde, qui occupe le bassin moyen du Rio
Paraguay.

Vue d'avion, cette région de rivières serpentant à
travers les terres plates donne le spectacle d'arcs et de
méandres où stagnent les eaux. Le lit même du fleuve
apparaît cerné de courbes pâles, comme si la nature avait
hésité avant de lui donner son actuel et temporaire tracé.
Au sol, le pantanal devient un paysage de rêve, où les
troupeaux de zébus se réfugient comme sur des arches
flottantes au sommet des buttes; tandis que, dans les
marais submergés, les bandes de grands oiseaux : fla-
mants, aigrettes, hérons, forment des îles compactes,
blanches et roses, moins plumeuses encore que les frondaisons en éventail des palmiers *carandá* qui sécrètent
dans leurs feuilles une précieuse cire, et dont les bosquets clairsemés rompent seuls la perspective faussement
riante de ce désert aquatique.

Le lugubre Porto Esperança, si mal nommé, subsiste
dans ma mémoire comme le site le plus bizarre qu'on
puisse trouver à la surface du globe, à l'exception peut-
être de Fire Island dans l'Etat de New York, que je me
plais maintenant à lui joindre, les deux endroits offrant
cette analogie de rassembler les données les plus contradictoires, mais chacun dans une clé différente. La même
absurdité géographique et humaine s'y exprime, ici comique et là sinistre.

Swift aurait-il inventé Fire Island ? C'est une flèche de
sable dépourvue de végétation, qui s'étend au large de
Long Island. Elle est tout en longueur, mais sans largeur :
quatre vingts kilomètres dans un sens, deux à trois cents
mètres dans l'autre. Du côté de l'océan la mer est libre,

mais si violente qu'on n'ose se baigner; vers le continent, toujours paisible mais peu profonde au point de ne pouvoir s'y tremper. On passe donc le temps à pêcher des poissons non comestibles; pour éviter qu'ils ne pourrissent, des écriteaux posés à intervalles réguliers le long des plages intiment aux pêcheurs l'ordre de les ensevelir dans le sable dès qu'ils les ont tirés de l'eau. Les dunes de Fire Island sont tellement instables, et leur emprise sur l'eau si précaire, que d'autres écriteaux interdisent d'y marcher de peur qu'elles ne s'abîment dans les flots en dessous. Venise à l'envers, c'est la terre qui est ici fluide et les canaux solides : pour pouvoir circuler, les habitants de Cherry Grove, hameau qui occupe la partie médiane de l'île, doivent obligatoirement emprunter un réseau de passerelles de bois formant une voirie sur pilotis.

Pour compléter le tableau, Cherry Grove est principalement habité par des couples masculins, attirés sans doute par l'inversion générale de tous les termes. Comme rien ne pousse dans le sable, sinon le lierre vénéneux en larges plaques, on se ravitaille une fois par jour chez le seul commerçant, installé au pied du débarcadère. Dans les ruelles plus hautes et plus stables que la dune, on voit des couples stériles rentrant dans leurs cabanes et poussant devant eux des voitures d'enfant (seuls véhicules compatibles avec l'étroitesse des voies), inoccupés sinon par les bouteilles de lait du week-end qu'aucun nourrisson ne boira.

Fire Island donne l'impression d'une farce joyeuse, dont Porto Esperança fournit une réplique à l'usage d'une population mieux damnée. Rien ne justifie son existence, hors la butée contre le fleuve d'une ligne de chemin de fer longue de mille cinq cents kilomètres à travers un pays aux trois quarts inhabité; à partir de là, les relations avec l'intérieur ne se font plus qu'en bateau et les rails s'interrompent au-dessus d'une berge boueuse, à peine consolidée par les planches servant de débarcadère aux petits vapeurs fluviaux.

Pas d'autre population que les employés de la ligne; pas d'autres maisons que les leurs. Ce sont des baraques de bois construites en plein marécage. On les gagne par des planches branlantes qui sillonnent la zone habitée. Nous

nous sommes installés dans un chalet mis à notre disposition par la compagnie, boîte cubique formant une
petite chambre perchée sur de hauts pilotis dont une
échelle permet l'ascension. La porte s'ouvre dans le vide
au-dessus d'une voie de garage; à l'aube nous réveille le
sifflet de la locomotive haut-le-pied qui nous servira de
voiture particulière. Les nuits sont pénibles : la chaleur
moite, les gros moustiques des marais qui donnent l'assaut à notre refuge, les moustiquaires elles-mêmes dont la
conception trop savamment étudiée avant le départ se
révèle défectueuse, tout contribue à rendre impossible le
sommeil. A 5 heures du matin, quand la locomotive nous
transfuse sa vapeur à travers notre mince plancher, la
chaleur de la journée précédente est encore là. Pas de
brume, malgré l'humidité, mais un ciel plombé, une atmosphère alourdie comme par un élément supplémentaire
qui se serait ajouté à l'air et le rendrait impropre à la
respiration. Heureusement la locomotive va vite et, assis
dans la brise, les jambes ballantes au-dessus du chasse-
pierres, on parvient à secouer la langueur nocturne.

La voie unique (il y passe deux trains par semaine) est
sommairement posée à travers le marécage, passerelle
fragile que la locomotive paraît à chaque instant encline à
quitter. De part et d'autre des rails, une eau fangeuse et
repoussante exhale une puanteur fade. C'est pourtant
cette eau-là que nous boirons pendant des semaines.

A droite et à gauche, des arbustes se dressent, espacés
comme dans un verger; l'éloignement les confond en
masses sombres, tandis que, sous leurs branches, le ciel
reflété par l'eau fait des taches miroitantes. Tout semble
mijoter dans une tiédeur propice à de lentes maturations.
S'il était possible de demeurer pendant des millénaires
dans ce paysage préhistorique et d'en percevoir l'écoulement, on assisterait sans doute à la transformation des
matières organiques en tourbe, en houille ou en pétrole.
Je croyais même voir celui-ci sourdre à la surface, tein-
tant l'eau d'irisations délicates; nos manœuvres se refusaient à admettre que nous prenions nous-mêmes et leur
infligions tant de peine pour quelques tessons! Encoura-
gés par la valeur symbolique qu'ils attachaient à nos
casques de liège, emblème des « ingénieurs », ils con-

cluaient que l'archéologie servait de prétexte à de plus
sérieuses prospections.

Parfois, le silence était troublé par des animaux peu
effrayés par l'homme : un *veado*, chevreuil étonné à queue
blanche; des bandes d'*ema* qui sont de petites autruches,
ou les blancs vols d'aigrettes rasant la surface de l'eau.

En route, les travailleurs rejoignent la locomotive et se
hissent à nos côtés. Arrêt : c'est le kilomètre 12; la voie
secondaire s'interrompt, il faut maintenant gagner le
chantier sur nos jambes. On l'aperçoit au loin avec son
aspect caractéristique de *capão*.

Contrairement à l'apparence, l'eau du pantanal est
légèrement courante; elle entraîne des coquilles et du
limon qui s'accumulent en certains points où la végétation s'enracine. Le pantanal se trouve ainsi parsemé de
hérissons de verdure appelés *capões*, où les anciens
Indiens établissaient leurs campements et où l'on découvre des vestiges de leur passage.

Nous gagnions donc journellement notre *capão* par une
piste boisée que nous avions fabriquée avec des traverses
amoncelées près de la voie; là, nous passions des journées
écrasantes, respirant avec peine et buvant l'eau du marécage chauffée par le soleil. A la tombée du jour la
locomotive venait nous chercher, ou bien parfois un de
ces véhicules appelés diables, que des ouvriers debout
aux quatre coins propulsaient à grands coups de gaffe sur
le ballast, à la manière de gondoliers. Las et assoiffés,
nous rentrions pour ne pas dormir au désert de Porto
Esperança.

Une centaine de kilomètres en deçà se trouvait une
exploitation agricole que nous avions choisie comme base
de départ pour atteindre les Caduveo. La *Fazenda francesa*, comme on l'appelait sur la ligne, occupait une bande
d'environ 50 000 hectares où le train roulait pendant
120 kilomètres. Sur cette étendue de broussailles et d'herbes rêches errait un cheptel de 7 000 têtes (en région
tropicale, cinq à dix hectares sont tout juste suffisants par
bête) périodiquement exporté vers São Paulo, grâce au
chemin de fer qui faisait deux ou trois haltes dans les
limites du domaine. Celle qui desservait l'habitation se
nommait Guaycurus, rappelant le nom des grandes

tribus belliqueuses qui régnèrent jadis sur ces contrées et dont, en territoire brésilien, les Caduveo sont les derniers survivants.

Deux Français menaient l'exploitation avec quelques familles de vachers. Je ne me rappelle pas le nom du plus jeune; l'autre, qui approchait la quarantaine, s'appelait Félix R. – Don Félix, disait-on familièrement. Il est mort il y a quelques années, assassiné par un Indien.

Nos hôtes avaient grandi ou servi pendant la Première Guerre mondiale; leur tempérament et leurs aptitudes les destinaient à devenir colons marocains. Je ne sais quelles spéculations nantaises les entraînèrent vers une aventure plus incertaine, dans une région déshéritée du Brésil. Quoi qu'il en soit, dix ans après sa fondation, la *Fazenda francesa* s'étiolait en raison de l'insuffisance des premiers capitaux, absorbés par l'achat des terres, sans marge disponible pour l'amélioration du cheptel et de l'équipement. Dans un vaste bungalow à l'anglaise, nos hôtes menaient une vie austère, moitié éleveurs et moitié épiciers. En effet, le comptoir de la fazenda représentait l'unique centre d'approvisionnement à cent kilomètres à la ronde ou à peu près. Les *empregados*, c'est-à-dire les employés : travailleurs ou péons, venaient y dépenser d'une main ce qu'ils avaient gagné de l'autre; un jeu d'écritures permettait de transformer leur créance en dette et, de ce point de vue, toute l'entreprise fonctionnait à peu près sans argent. Comme les prix des marchandises étaient, conformément à l'usage, fixés au double ou au triple du cours normal, l'affaire aurait pu être rentable si cet aspect commercial n'était pas resté secondaire. Il y avait quelque chose de navrant, les samedis, à voir les ouvriers rentrer une petite cueillette de canne à sucre, la presser aussitôt dans l'*engenho* de la fazenda – machine faite de troncs grossièrement équarris où les tiges de cannes sont écrasées par la rotation de trois cylindres de bois – puis, dans de grandes bassines de tôle, faire évaporer le jus au feu avant de le couler dans les moules où il se prend en blocs fauves à consistance granuleuse : la *rapadura*; ils entreposaient alors le produit dans le magasin adjacent où, transformés en acheteurs, ils allaient le soir même l'acquérir au prix fort pour offrir à leurs enfants cette unique friandise du *sertão*.

Nos hôtes prenaient philosophiquement ce métier d'exploiteurs; sans contacts avec leurs employés en dehors du travail, et sans voisins de leur classe (puisque la réserve indienne s'étendait entre eux et les plantations de la frontière paraguayenne les plus proches), ils s'imposaient une vie très stricte dont l'observance était sans doute la meilleure protection contre le découragement. Leurs seules concessions au continent étaient le costume et la boisson : dans cette région frontière où se mêlaient les traditions brésilienne, paraguayenne, bolivienne et argentine, ils avaient adopté la tenue de la pampa : chapeau bolivien en paille bise finement tressée, à larges bords retournés et à haute calotte; et le *chiripá*, sorte de lange pour adultes en cotonnade de couleurs tendres, rayée de mauve, de rose ou de bleu, qui laisse les cuisses et les jambes nues hors les bottes blanches en grosse toile montant jusqu'aux mollets. Les jours plus frais, ils remplaçaient le *chiripá* par la *bombacha* : pantalons bouffants à la zouave, richement brodés sur les côtés.

Presque toutes leurs journées se passaient au corral pour « travailler » les bêtes, c'est-à-dire les inspecter et les trier pour la vente, à l'occasion de rassemblements périodiques. Dans une tempête de poussière, les animaux dirigés par les cris gutturaux du *capataz* défilaient sous l'œil des maîtres pour être séparés en plusieurs parcs. Zébus aux longues cornes, vaches grasses, veaux épouvantés se chevauchaient dans les passages de planches où parfois un taureau refusait de pénétrer. Quarante mètres de lanière finement tressée passent alors en tourbillonnant au-dessus de la tête du *laçoeiro*, et au même instant, semble-t-il, la bête s'abat tandis que se cabre le cheval triomphant.

Mais deux fois par jour – à 11 h 30 le matin, et à 7 heures le soir – tout le monde se réunissait sous la pergola qui entourait les pièces d'habitation pour le rite biquotidien du *chimarrão*, autrement dit le maté bu au chalumeau. On sait que le maté est un arbuste de la même famille que notre yeuse, dont les rameaux, légèrement torréfiés à la fumée d'un foyer souterrain, sont

moulus en une poudre grossière, couleur réséda, qui se
conserve longtemps en barils. J'entends le vrai maté, car
le produit vendu en Europe sous cette étiquette a généralement subi de si maléfiques transformations qu'il a
perdu toute ressemblance avec l'original.

Il y a plusieurs façons de boire le maté. En expédition,
lorsque, épuisés, nous étions trop impatients du réconfort
instantané qu'il apporte, nous nous contentions d'en jeter
une grosse poignée dans l'eau froide vite portée à ébulli-
tion, mais retirée du feu – cela est capital – au premier
bouillon, sinon le maté perd toute sa valeur. On l'appelle
alors *chá de maté*, infusion à l'envers, vert sombre et
presque huileuse comme une tasse de café fort. Quand le
temps manque, on se contente du *téréré* qui consiste à
aspirer avec une pipette l'eau froide dont on arrose une
poignée de poudre. On peut aussi, si l'on redoute l'amertume, préférer le *maté doce*, à la façon des belles Para-
guayennes; il faut alors faire caraméliser la poudre mêlée
de sucre sur un feu vif, noyer cette mixture d'eau bouillante et tamiser. Mais je ne connais pas d'amateur de
maté qui ne place plus haut que toutes ces recettes le
chimarrão, qui est à la fois un rite social et un vice privé,
ainsi qu'il se pratiquait à la fazenda.

On s'assied en cercle autour d'une petite fille, la *china*,
porteuse d'une bouilloire, d'un réchaud et de la *cuia*,
tantôt calebasse à l'orifice cerclé d'argent, tantôt –
comme à Guaycurus – corne de zébu sculptée par un
péon. Le réceptacle est aux deux tiers empli de poudre
que la fillette imbibe progressivement d'eau bouillante;
dès que le mélange forme pâte, elle creuse, avec le tube
d'argent terminé à sa partie inférieure en bulbe percé de
trous, un vide soigneusement profilé pour que la pipette
repose au plus profond, dans une menue grotte où
s'accumulera le liquide, tandis que le tube doit conserver
juste assez de jeu pour ne pas compromettre l'équilibre
de la masse pâteuse, mais pas trop, sinon l'eau ne se
mélangera pas. Le *chimarrão* ainsi disposé, il n'y a plus
qu'à le saturer de liquide avant de l'offrir au maître de
maison; après qu'il a aspiré deux ou trois fois et retourné
le vase, la même opération a lieu pour tous les participants, hommes d'abord, femmes ensuite s'il y a lieu. Les

tours se répètent, jusqu'à épuisement de la bouilloire.

Les premières aspirations procurent une sensation délicieuse – au moins à l'habitué, car le naïf se brûle – faite du contact un peu gras de l'argent ébouillanté, de l'eau effervescente, riche d'une mousse substantielle : amère et odorante à la fois, comme une forêt entière en quelques gouttes concentrée. Le maté contient un alcaloïde analogue à ceux du café, du thé et du chocolat, mais dont le dosage (et la demi-verdeur du véhicule) explique peut-être la vertu apaisante en même temps que revigorante. Après quelques tournées, le maté s'affadit, mais de prudentes explorations permettent d'atteindre avec la pipette des anfractuosités encore vierges, et qui prolongent le plaisir par autant de petites explosions d'amertume.

Certes, il faut placer le maté bien loin devant la *guaraná* amazonienne, dont je parlerai ailleurs; et plus encore, devant la triste coca du plateau bolivien : fade rumination de feuilles séchées, vite réduites à l'état de boulette fibreuse à saveur de tisane, insensibilisant la muqueuse et transformant la langue du mâcheur en corps étranger. Digne de lui être comparée, je ne vois que la plantureuse chique de bétel farcie d'épices, bien qu'elle affole le palais non prévenu d'une salve terrifiante de saveurs et de parfums.

Les Indiens Caduveo vivaient dans les basses terres de la rive gauche du Rio Paraguay, séparées de la *Fazenda francesa* par les collines de la Serra Bodoquena. Nos hôtes les tenaient pour des paresseux et des dégénérés, voleurs et ivrognes, rudement chassés des pâturages quand ils tentaient d'y pénétrer. Notre expédition leur paraissait condamnée d'avance et, en dépit de l'aide généreuse qu'ils nous donnèrent et sans laquelle nous n'aurions pu réaliser notre dessein, ils l'envisageaient avec désapprobation. Quelle ne fut pas leur stupeur quand ils nous virent, quelques semaines plus tard, revenir avec des bœufs aussi chargés que ceux d'une caravane : grandes jarres de céramique peinte et gravée, cuirs de chevreuils enluminés d'arabesques, bois sculptés figurant un panthéon disparu... Ce fut une révélation, qui entraîna chez eux un bizarre changement : à l'occasion

d'une visite que me rendit Don Félix à São Paulo deux ou
trois ans plus tard, je crus comprendre que lui-même et
son compagnon, si hautains jadis avec la population
locale, avaient, comme disent les Anglais, *gone native*; le
petit salon bourgeois de la fazenda était à présent tendu
de peaux peintes, avec des poteries indigènes dans tous
les coins; nos amis jouaient au bazar soudanais ou maro-
cain, comme les bons administrateurs coloniaux qu'ils
eussent mieux fait d'être. Et les Indiens, devenus leurs
fournisseurs attitrés, étaient reçus à la fazenda où on les
hébergeait par familles entières en échange de leurs
objets. Jusqu'où est allée cette intimité? Il était bien
difficile d'admettre que des célibataires, apprenant à les
connaître, pussent résister à l'attrait des fillettes indiennes, à demi nues les jours de fête, et le corps patiemment
décoré de fines volutes noires ou bleues qui paraissaient
confondre un fourreau de précieuse dentelle avec leur
peau. Quoi qu'il en soit, c'est vers 1944 ou 1945, je crois,
que Don Félix fut abattu par un de ses nouveaux familiers, moins encore peut-être victime des Indiens que du
trouble où l'avait plongé dix ans auparavant la visite
d'ethnographes débutants.

Le magasin de la fazenda nous fournit les vivres :
viande séchée, riz, haricots noirs, farine de manioc, maté,
café et *rapadura*. On nous prêta aussi les montures :
chevaux pour les hommes, bœufs pour les bagages, car
nous emportions un matériel d'échange en vue des collections à rassembler : jouets d'enfants, colliers de verroterie, miroirs, bracelets, bagues et parfums; enfin, des
pièces de tissu, des couvertures, des vêtements et des
outils. Des travailleurs de la fazenda nous serviraient de
guides, bien contre leur gré d'ailleurs, car nous allions les
arracher à leurs familles pendant les fêtes de Noël.

Nous étions attendus aux villages; dès notre arrivée à la
fazenda, des *vaqueiros* indiens étaient partis annoncer la
visite d'étrangers porteurs de présents. Cette perspective
inspirait aux indigènes des inquiétudes diverses, parmi
lesquelles dominait celle que nous ne venions *tomar
conta* : nous emparer de leurs terres.

XIX

NALIKE

Nalike, capitale du pays caduveo, se trouve à cent cinquante kilomètres environ de Guaycurus, soit trois jours de cheval. Quant aux bœufs de charge, on les expédie en avant en raison de leur marche plus lente. Pour la première étape, nous nous proposions de gravir les pentes de la Serra Bodoquena et de passer la nuit sur le plateau, dans le dernier poste de la fazenda. Très vite, on s'enfonce dans des vallées étroites, pleines de hautes herbes où les chevaux ont peine à se frayer un passage. La marche est rendue plus laborieuse encore en raison de la boue du marécage. Le cheval perd pied, lutte, rejoint la terre ferme comme il peut et où il peut, et on se retrouve encerclé par la végétation; gare alors qu'une feuille, en apparence innocente, ne déverse l'œuf grouillant formé par un essaim de carrapates abrité sous sa face; les mille bestioles orangées s'insinuent sous les habits, couvrent le corps comme une nappe fluide et s'incrustent : pour la victime, le seul remède est de les gagner de vitesse, sautant au bas du cheval et se dépouillant de tous vêtements pour les battre vigoureusement, tandis qu'un compagnon scrutera sa peau. Moins catastrophiques, les gros parasites solitaires, de couleur grise, se fixent sans douleur à l'épiderme; on les découvre au toucher, quelques heures ou quelques jours plus tard, devenus boursouflures intégrées au corps et qu'il faut amputer au couteau.

Enfin, la broussaille s'éclaircit, faisant place à un chemin pierreux qui conduit par une faible pente jusqu'à une forêt sèche où se mêlent les arbres et les cactus. L'orage

qui se préparait depuis le matin éclate alors que nous
contournons un piton hérissé de cierges. Nous mettons
pied à terre et cherchons un abri dans une fissure qui se
révèle être une grotte humide, mais protectrice. A peine
avons-nous pénétré qu'elle s'emplit du vrombissement
des *morcegos*, chauves-souris qui tapissent les parois et
dont nous venons troubler le sommeil.

Sitôt la pluie terminée, nous reprenons la marche dans
une forêt touffue et sombre, pleine d'odeurs fraîches et
de fruits sauvages : *genipapo* à chair lourde et d'âpre
saveur; *guavira* des clairières, qui a la réputation de
désaltérer le voyageur de sa pulpe éternellement froide,
ou *caju* révélateurs d'anciennes plantations indigènes.

Le plateau restitue l'aspect caractéristique du Mato
Grosso : herbes hautes parsemées d'arbres. Nous appro-
chons de l'étape à travers une zone marécageuse, boue
fendillée par la brise où courent de petits échassiers; un
corral, une hutte, c'est le poste du Largon où nous
trouvons une famille absorbée par la mise à mort d'un
bezerro, jeune taureau qu'on est en train de débiter; dans
la carcasse sanguinolente qu'ils utilisent comme nacelle,
deux ou trois enfants nus se vautrent et se balancent avec
des cris de plaisir. Au-dessus du feu en plein vent qui
brille dans le crépuscule, le *churrasco* rôtit et dégouline
de graisse, tandis que les urubus – vautours charognards
– descendus par centaines sur le lieu de carnage, disputent aux chiens le sang et les déchets.

A partir du Largon, nous suivrons la « route des
Indiens »; la serra se montre très raide à la descente; il
faut aller à pied, guidant les chevaux énervés par les
difficultés du relief. La piste surplombe un torrent dont
on entend, sans les voir, les eaux bondir sur la roche et
fuir en cascades; on glisse sur les pierres humides ou
dans les flaques boueuses laissées par la dernière pluie.
Enfin, au bas de la serra, nous atteignons un cirque
dégagé, le *campò dos Indios*, où nous nous reposons un
moment avec nos montures avant de repartir à travers le
marécage.

Dès 4 heures de l'après-midi, il faut prendre des dispositions pour l'étape. Nous repérons quelques arbres entre
lesquels tendre hamacs et moustiquaires; les guides

allument le feu et préparent le repas de riz et de viande séchée. Nous avons si soif que nous engloutissons sans répugnance des litres de ce mélange de terre, d'eau et de permanganate qui nous sert de boisson. Le jour tombe. Derrière l'étamine salie des moustiquaires, nous contemplons un moment le ciel enflammé. A peine le sommeil est-il venu qu'on repart : à minuit, les guides qui ont déjà sellé les chevaux nous réveillent. En cette saison chaude, on doit épargner les bêtes et profiter de la fraîcheur nocturne. Sous le clair de lune, nous reprenons la piste, mal réveillés, engourdis et grelottants; les heures passent à guetter l'approche de l'aube tandis que les chevaux trébuchent. Vers 4 heures du matin nous arrivons à Pitoko où le Service de Protection des Indiens eut autrefois un poste important. Il n'y a plus que trois maisons en ruine entre lesquelles il est tout juste possible de suspendre les hamacs. Le Rio Pitoko coule silencieux; surgi du pantanal, il s'y perd quelques kilomètres plus loin. Cet oued des marais, sans source ni embouchure, abrite un peuple de *piranhas* qui sont une menace pour l'imprudent, mais n'empêchent pas l'Indien attentif de s'y baigner et d'y puiser l'eau. Car il y a encore quelques familles indiennes disséminées dans le marécage.

Dorénavant, nous sommes en plein pantanal : tantôt cuvettes inondées entre des crêtes boisées, tantôt vastes étendues boueuses sans arbres. Le bœuf de selle serait préférable au cheval; car le pesant animal, dirigé au moyen d'une corde passée dans un anneau nasal, s'il progresse lentement, supporte mieux les marches exténuantes dans le marais, souvent enfoncé dans l'eau jusqu'au poitrail.

Nous nous trouvions dans une plaine qui se prolongeait peut-être jusqu'au Rio Paraguay, si plate que l'eau ne parvenait pas à s'évacuer, quand éclata le plus violent orage qu'il m'ait été donné d'affronter. Nul abri possible, pas d'arbre aussi loin que le regard se portait; il n'y avait rien à faire que d'avancer, aussi ruisselants et trempés que les montures, tandis que la foudre s'abattait à droite et à gauche comme les projectiles d'un tir de barrage. Après deux heures d'épreuve, la pluie s'arrêta; on commençait à apercevoir les grains circulant lentement à travers l'horizon comme cela se produit en haute mer. Mais déjà, à l'extrémité de la plaine, se profilait une terrasse argileuse, haute de quelques mètres et sur laquelle une dizaine de huttes se silhouettaient contre le ciel. Nous étions à Engenho, proche de Nalike, mais où nous avions décidé de résider plutôt que dans la vieille capitale, laquelle, en 1935, consistait en cinq huttes seulement.

Pour l'œil inattentif, ces hameaux différaient à peine de ceux des paysans brésiliens les plus proches, auxquels les indigènes s'identifiaient par le vêtement, et souvent par le type physique tant la proportion de métis était forte. Pour la langue, c'était autre chose : la phonétique guaicuru procure à l'oreille une sensation plaisante : un débit précipité et des mots longs, tout en voyelles claires alternant avec des dentales, des gutturales et une abondance de phonèmes mouillés ou liquides, donnent l'impression d'un ruisselet bondissant sur les galets. Le terme actuel caduveo (d'ailleurs prononcé : cadieu) est une corruption du nom dont les indigènes se désignaient eux-mêmes : Cadiguegodi. Il n'était pas question d'apprendre la langue pendant un si court séjour, bien que le portugais de nos nouveaux hôtes fût très rudimentaire.

La charpente des habitations était faite de troncs écorcés plantés dans le sol et supportant les poutres dans la naissance de la première fourche, réservée par le bûcheron. Une couverture de palmes jaunies formait le toit à double pente ; mais à la différence des cabanes brésiliennes, il n'y avait pas de murs ; les constructions offraient ainsi une sorte de compromis entre les habitations des blancs (d'où avait été copiée la forme du toit) et les anciens auvents indigènes à toiture plate couverte de nattes.

Les dimensions de ces habitations rudimentaires paraissaient plus significatives : peu de huttes abritaient une seule famille ; certaines, pareilles à des hangars allongés, en logeaient jusqu'à six, chacune disposant d'un secteur délimité par les poteaux de charpente et muni d'un bat-flanc de planches – un par famille – où les occupants passent le temps, assis, allongés ou accroupis parmi les cuirs de cervidés, les cotonnades, calebasses,

filets, réceptacles de paille, posés, entassés, accrochés un
peu partout. Dans les encoignures on apercevait les
grands vases à eau décorés, reposant dans un support
formé d'une fourche à trois branches plantée par l'extrémité inférieure et parfois sculptée.

Jadis, ces
habitations
avaient été
des « mai-
sons lon-
gues » à la
manière
iroquoise ;
par leur as-
pect, quel-
ques-unes
méritaient
toujours ce
nom, mais
les raisons
de l'agré-
gation de
plusieurs
familles en

Fig. 1. – *Vase à eau, décoré en rouge clair
et verni de résine noire.*

une seule communauté de travail étaient devenues con-
tingentes ; il ne s'agissait plus, comme autrefois, d'une
résidence matrilocale où les gendres se groupaient avec
leurs femmes au foyer de leurs beaux-parents.

D'ailleurs, on se sentait loin du passé dans ce misérable
hameau d'où semblait avoir disparu jusqu'au souvenir de
la prospérité qu'y avait rencontrée, quarante ans plus tôt,
le peintre et explorateur Guido Boggiani qui y séjourna à
deux reprises, en 1892 et en 1897, et laissa de ces voyages
d'importants documents ethnographiques, une collection
qui se trouve à Rome et un gracieux journal de route. La
population des trois centres ne dépassait guère deux
cents personnes, vivant de la chasse, de la collecte des
fruits sauvages, de l'élevage de quelques bœufs et bêtes
de basse-cour, et de la culture des parcelles de manioc
qu'on apercevait au-delà de l'unique source coulant au
pied de la terrasse ; nous allions alternativement nous y

débarbouiller au milieu des moustiques et puiser une eau opalescente, légèrement sucrée.

A part le tressage de la paille, le tissage des ceintures de coton portées par les hommes et le martelage des pièces de monnaie – de nickel plus souvent que d'argent – pour en faire des disques et des tubes destinés à être enfilés dans les colliers, la céramique constituait l'activité principale. Les femmes mêlaient l'argile du Rio Pitoko à des tessons pilés, roulaient la pâte en cordons montés en spi-

Fig. 2. – *Trois exemplaires de céramique caduveo.*

rale et tapotés pour les unir jusqu'à ce que la pièce soit formée; encore fraîche, elle était décorée d'impressions en creux au moyen de cordelettes, et peinte avec un oxyde de fer qu'on trouve dans la serra. Puis elle était cuite en plein vent; après quoi, il n'y avait plus qu'à

continuer à chaud le décor à l'aide de deux vernis de
résine fondante : noir du *pau santo*, jaune translucide de
l'*angico*; la pièce une fois refroidie, on procédait à une
application de poudre blanche – craie ou cendre – pour
rehausser les impressions.

Pour les enfants, les femmes confectionnaient des figurines représentant des personnages ou des animaux, avec
tout ce qui leur tombait sous la main : argile, cire, ou
gousses séchées dont elles se contentaient de corriger la
forme par un modelage surimposé.

Aux mains des enfants, on trouvait aussi des statuettes
de bois sculpté, généralement vêtues d'oripeaux, et qui
leur servaient de poupées, tandis que d'autres, pourtant
semblables aux précédentes, étaient conservées précieusement par quelques vieilles femmes au fond de leurs
paniers. Etaient-ce des jouets? des statues de divinité? ou
des figurations d'ancêtres? On ne pouvait le dire devant
ces usages contradictoires, et d'autant moins que la
même statuette passait parfois de l'un à l'autre emploi.
Pour certaines, qui sont aujourd'hui au Musée de l'Homme, la signification religieuse n'est pas douteuse puisqu'on peut reconnaître en l'une la Mère des Jumeaux, le
Petit Vieillard en une autre, celui-ci dieu descendu sur
terre et mal-traité par les hommes qu'il punit, sauf
l'unique fa-mille où il a trouvé protec-tion. D'autre
part, il serait trop facile de considérer cet abandon des
santos aux en-fants comme un symptôme

Fig. 3. – *Deux statuettes de bois :* à gauche, *le
Petit Vieillard;* à droite, *la Mère des
Jumeaux.*

de l'effondrement d'un culte; car cette situation, si instable à nos yeux, a été décrite exactement dans les mêmes
termes par Boggiani quarante ans plus tôt, et par Fritch
dix ans après lui; des observations postérieures de dix ans
aux miennes en font également état; une condition se
prolongeant sans changement pendant cinquante ans doit
être, en un sens, normale; il faudrait en chercher l'interprétation moins dans une décadence – certaine par
ailleurs – des valeurs religieuses que dans une manière
plus commune que nous n'avons tendance à le croire de
traiter les rapports entre le sacré et le profane. L'opposition entre ces termes n'est ni aussi absolue ni aussi
continuelle, qu'on s'est souvent plu à l'affirmer.

Il y avait, dans la hutte voisine de la mienne, un
sorcier-guérisseur dont l'équipement comprenait un
tabouret rond, une couronne de paille, un hochet en
calebasse recouvert d'un filet perlé et un plumeau d'autruche utilisé pour capturer les « animaux » *bichos* –
entendez les esprits malfaisants – cause des maladies et
dont la cure assurait l'expulsion, grâce à la puissance
antagoniste du *bicho* du sorcier, son esprit gardien, et
conservateur au surplus, car c'est lui qui interdit à son
protégé de me céder ces précieux ustensiles « auxquels il
était, me fit-il répondre, habitué ».

Durant notre séjour une fête eut lieu pour célébrer la
puberté d'une fille habitant une autre hutte; on commença par l'habiller à l'ancienne mode : sa robe de
cotonnade fut remplacée par une pièce de tissu carrée
enroulant le corps au-dessous des aisselles. On lui peignit
les épaules, les bras et le visage de riches dessins, et tous
les colliers disponibles furent passés autour de son cou.
Tout cela était, d'ailleurs, peut-être moins un sacrifice aux
usages qu'une tentative pour nous en mettre « plein la
vue ». On apprend aux jeunes ethnographes que les
indigènes redoutent de laisser capter leur image par la
photographie et qu'il convient de pallier leur crainte et
d'indemniser ce qu'ils considèrent comme un risque, en
leur faisant un cadeau, sous forme d'objet ou d'argent.
Les Caduveo avaient perfectionné le système : non seulement ils exigeaient d'être payés pour se laisser photographier, mais encore ils m'obligeaient à les photographier

pour que je les paye; il ne se passait guère de jour sans qu'une femme se présentât à moi dans un extraordinaire attirail et m'imposât, bon gré mal gré, de lui rendre l'hommage d'un déclic suivi de quelques milreis. Ménager de mes bobines, je me bornais souvent à un simulacre, et je payais.

Pourtant, c'eût été de la bien mauvaise ethnographie que de résister à ce manège, ou même de le considérer comme une preuve de décadence ou de mercantilisme. Car sous une forme transposée, réapparaissaient ainsi des traits spécifiques de la société indigène : indépendance et autorité des femmes de haute naissance; ostentation devant l'étranger, et revendication de l'hommage du commun. La tenue pouvait être fantaisiste et improvisée :

Fig. 4. – *Deux statuettes, celle de gauche en pierre, l'autre en bois, représentant des personnages mythologiques.*

la conduite qui l'inspirait conservait toute sa signification; il m'appartenait de la rétablir dans le contexte des institutions traditionnelles.

Il en était de même pour les manifestations qui suivirent l'imposition d'un pagne à la demoiselle : dès l'après-midi, on se mit à boire de la *pinga*, c'est-à-dire de l'alcool de canne, les hommes assis en cercle se targuant, à grands cris, de grades empruntés à la hiérarchie militaire subalterne (la seule qu'ils connaissaient) tels que : caporal, adjudant, lieutenant ou capitaine. C'était bien une de ces « solennelles beuveries » déjà décrites par les auteurs du XVIIIe siècle, où les chefs siégeaient selon leur rang, servis par des écuyers, tandis que les hérauts énuméraient les titres du buveur et récitaient ses hauts faits. Les

Caduveo réagissent curieusement à la boisson : après une période d'excitation, ils tombent dans un morne silence, puis ils se mettent à sangloter. Deux hommes moins ivres prennent alors les bras du désespéré et le promènent de long en large, en lui murmurant des paroles de consolation et d'affection jusqu'à ce qu'il se décide à vomir. Ensuite, tous les trois retournent à leur place où la beuverie continue.

Pendant ce temps, les femmes chantaient sur trois notes une brève mélopée indéfiniment répétée : et quelques vieilles, buvant de leur côté, s'élançaient par moments sur le terre-plein avec des gesticulations et discouraient de façon apparemment peu cohérente, au milieu des rires et des lazzis. Ici encore, on aurait eu tort de considérer leur conduite comme une simple manifestation de laisser-aller : abandon de vieilles ivrognesses; car les anciens auteurs attestent que les fêtes, principalement celles qui célèbrent les plus importants moments de la croissance d'une enfant noble, étaient marquées par des exhibitions féminines dans des rôles de travesti : défilés guerriers, danses et tournois. Ces paysans loqueteux, perdus au fond de leur marécage, offraient un spectacle bien misérable; mais leur déchéance même n'en rendait que plus saisissante la ténacité avec laquelle ils avaient préservé certains traits du passé.

XX

UNE SOCIÉTÉ INDIGÈNE ET SON STYLE

L'ensemble des coutumes d'un peuple est toujours marqué par un style; elles forment des systèmes. Je suis persuadé que ces systèmes n'existent pas en nombre illimité, et que les sociétés humaines comme les individus – dans leurs jeux, leurs rêves ou leurs délires – ne créent jamais de façon absolue, mais se bornent à choisir certaines combinaisons dans un répertoire idéal qu'il serait possible de reconstituer. En faisant l'inventaire de toutes les coutumes observées, de toutes celles imaginées dans les mythes, celles aussi évoquées dans les jeux des enfants et des adultes, les rêves des individus sains ou malades et les conduites psycho-pathologiques, on parviendrait à dresser une sorte de tableau périodique comme celui des éléments chimiques, où toutes les coutumes réelles ou simplement possibles apparaîtraient groupées en familles, et où nous n'aurions plus qu'à reconnaître celles que les sociétés ont effectivement adoptées.

Ces réflexions sont particulièrement appropriées au cas des Mbaya-Guaicuru dont, avec les Toba et les Pilaga du Paraguay, les Caduveo du Brésil sont aujourd'hui les derniers représentants. Leur civilisation évoque irrésistiblement celle que notre société s'est amusée à rêver dans un de ses jeux traditionnels et dont la fantaisie de Lewis Carroll a si bien réussi à dégager le modèle : ces Indiens chevaliers ressemblaient à des *figures de cartes*. Ce trait ressortait déjà de leur costume : tuniques et manteaux de cuir élargissant la carrure et tombant en plis raides, décorés en noir et rouge de dessins que les anciens auteurs comparaient aux tapis de Turquie, et où revenaient des motifs en forme de pique, de cœur, de carreau et de trèfle.

Ils avaient des rois et des reines; et comme celle d'Alice, ces dernières n'aimaient rien tant que jouer avec les têtes coupées que leur rapportaient les guerriers. Nobles hommes et nobles dames se divertissaient aux tournois; ils étaient déchargés des travaux subalternes par une population plus anciennement installée, différente par la langue et la culture, les Guana. Les Tereno, qui sont leurs derniers représentants, vivent dans une réserve gouvernementale, non loin de la petite ville de Miranda où je suis allé les visiter. Ces Guana cultivaient la terre et payaient un tribut de produits agricoles aux seigneurs mbaya en échange de leur protection, entendez pour se préserver du pillage et des déprédations exercés par les bandes de cavaliers armés. Un Allemand du XVIe siècle, qui s'était aventuré dans ces régions, comparait ces relations à celles existant de son temps en Europe centrale entre les féodaux et leurs serfs.

Les Mbaya étaient organisés en castes : au sommet de l'échelle sociale, les nobles divisés en deux ordres, grands nobles héréditaires et anoblis individuels, généralement pour sanctionner la coïncidence de leur naissance avec celle d'un enfant de haut rang. Les grands nobles se distinguaient au surplus entre branches aînées et branches cadettes. Ensuite venaient les guerriers, parmi lesquels les meilleurs étaient admis, après initiation, dans une confrérie qui donnait droit au port de noms spéciaux et à l'emploi d'une langue artificielle formée par l'adjonction d'un suffixe à chaque mot, comme dans certains argots. Les esclaves chamacoco ou d'autre extraction et les serfs guana constituaient la plèbe, bien que ces derniers aient adopté, pour leurs besoins propres, une division en trois castes imitée de leurs maîtres.

Les nobles faisaient étalage de leur rang par des peintures corporelles au pochoir ou des tatouages, qui étaient l'équivalent d'un blason. Ils s'épilaient complètement le visage, y compris les sourcils et les cils, et traitaient avec dégoût de « frères d'autruche » les Européens aux yeux embroussaillés. Hommes et femmes paraissaient en public accompagnés d'une suite d'esclaves et de clients qui s'empressaient autour d'eux, leur

Fig. 5-6. – Décors caduveo.

épargnant tout effort. En 1935 encore, les vieux monstres fardés et chargés de pendeloques, qui étaient les meilleures dessinatrices, s'excusaient d'avoir dû délaisser les arts d'agrément, étant privées des *cativas* – esclaves – autrefois affectées à leur service. Il y avait toujours à Nalike quelques anciens esclaves chamacoco, maintenant intégrés au groupe, mais traités avec condescendance.

La morgue de ces seigneurs avait intimidé jusqu'aux conquérants espagnols et portugais, qui leur accordaient les titres de Don et Dona. On racontait alors qu'une femme blanche n'avait rien à craindre de sa capture par les Mbaya, nul guerrier ne pouvant songer à ternir son sang par une telle union. Certaines dames mbaya refusèrent de rencontrer l'épouse du vice-roi pour la raison que seule la reine du Portugal eût été digne de leur commerce; une autre, fillette encore et connue sous le nom de Dona Catarina, déclina une invitation à Cuiaba du gouverneur du Mato Grosso; comme elle était déjà nubile, ce seigneur, pensait-elle, l'aurait demandée en mariage et elle ne pouvait se mésallier ni l'offenser par son refus.

Nos Indiens étaient monogames; mais les adolescentes préféraient parfois suivre les guerriers dans leurs aventures; elles leur servaient d'écuyers, de pages et de maîtresses. Quant aux dames nobles, elles entretenaient des sigisbées qui, souvent, étaient aussi leurs amants sans que les maris daignassent manifester une jalousie qui leur eût fait perdre la face. Cette société se montrait fort adverse aux sentiments que nous considérons naturels; ainsi, elle éprouvait un vif dégoût pour la procréation. L'avortement et l'infanticide étaient pratiqués de façon presque normale, si bien que la perpétuation du groupe s'effectuait par adoption bien plus que par génération, un des buts principaux des expéditions guerrières étant de se procurer des enfants. Ainsi calculait-on, au début du XIXᵉ siècle, que 10% à peine des membres d'un groupe guaicuru lui appartenaient par le sang.

Quand les enfants parvenaient à naître, ils n'étaient pas élevés par leurs parents mais confiés à une autre famille où ceux-ci ne les visitaient qu'à de rares intervalles; on les gardait, rituellement enduits de la tête aux pieds de peinture noire – et désignés d'un terme que les indigènes

Fig. 7-8. — *Motifs de peintures corporelles.*

appliquèrent aux nègres quand ils les connurent – jusqu'à leur quatorzième année où ils étaient initiés, lavés et rasés de l'une des deux couronnes concentriques de cheveux dont on les avait jusqu'alors coiffés.

Pourtant, la naissance des enfants de haut rang était l'occasion de fêtes qui se répétaient à chaque étape de sa croissance : le sevrage, les premiers pas, la participation aux jeux, etc. Les hérauts proclamaient les titres de la famille et prophétisaient au nouveau-né un avenir glorieux; on désignait un autre bébé, né au même moment, pour devenir son frère d'armes; des beuveries s'organisaient, au cours desquelles l'hydromel était servi dans des vases formés de cornes ou de crânes; les femmes, empruntant l'équipement des guerriers, s'affrontaient dans des combats simulés. Les nobles assis selon leur rang étaient servis par des esclaves qui n'avaient pas le droit de boire, afin de rester capables d'aider leurs maîtres à vomir en cas de besoin, et de prendre soin d'eux jusqu'à ce qu'ils s'endormissent dans l'attente des visions délicieuses que leur procurait l'ivresse.

Tous ces David, Alexandre, César, Charlemagne; ces Rachel, Judith, Pallas et Argine; ces Hector, Ogier, Lancelot et Lahire fondaient leur superbe sur la certitude qu'ils étaient prédestinés à commander l'humanité. Un mythe le leur assurait, que nous ne connaissons plus que par fragments mais qui, épuré par les siècles, resplendit d'une admirable simplicité : forme la plus concise de cette évidence dont mon voyage en Orient devait me pénétrer plus tard, à savoir que le degré de servitude est fonction du caractère fini de la société. Voici ce mythe : quand l'Etre suprême, Gonoenhodi, décida de créer les hommes, il tira d'abord de la terre les Guana, puis les autres tribus; aux premiers, il donna l'agriculture en partage et la chasse aux secondes. Le Trompeur, qui est l'autre divinité du panthéon indigène, s'aperçut alors que les Mbaya avaient été oubliés au fond du trou et les en fit sortir; mais comme il ne restait rien pour eux, ils eurent droit à la seule fonction encore disponible, celle d'opprimer et d'exploiter les autres. Y eut-il jamais plus profond contrat social que celui-là?

Ces personnages de romans de chevalerie, absorbés

Fig. 9-12. — *Autres motifs de peintures corporelles.*

dans leur jeu cruel de prestiges et de dominations au sein d'une société qui mérite doublement d'être appelée « à l'emporte-pièce », ont créé un art graphique dont le style est incomparable à presque tout ce que l'Amérique précolombienne nous a laissé et qui ne ressemble à rien, sinon peut-être au décor de nos cartes à jouer. J'y ai déjà fait allusion tout à l'heure, mais je veux maintenant décrire ce trait extraordinaire de la culture caduveo.

Dans notre tribu, les hommes sont sculpteurs et les femmes sont peintres. Les hommes façonnent dans le bois dur et bleuté du gaïac les santons dont j'ai parlé plus haut : ils décorent aussi en relief les cornes de zébu qui leur servent de tasse, avec des figures d'hommes, d'autruches et de chevaux; et ils dessinent parfois, mais toujours pour représenter des feuillages, des humains ou des animaux. Aux femmes sont réservés le décor de la céramique et des peaux, et les peintures corporelles dont certaines sont les virtuoses incontestées.

Fig. 13. − *Dessins faits par un garçonnet caduveo.*

Leur visage, parfois aussi leur corps entier, sont couverts d'un lacis d'arabesques asymétriques alternant avec des motifs d'une géométrie subtile. Le premier à les décrire fut le missionnaire jésuite Sanchez Labrador qui vécut parmi eux de 1760 à 1770; mais pour en voir des reproductions exactes, il faut attendre un siècle et Boggiani. En 1935, j'ai moi-même recueilli plusieurs centaines de motifs en procédant de la façon suivante : je m'étais d'abord proposé de photographier les visages, mais les exigences financières des belles de la tribu auraient vite épuisé mes ressources. J'essayai ensuite de tracer des visages sur des feuilles de papier en suggérant aux femmes de les peindre comme elles eussent fait sur leur propre face; le succès fut tel que je renonçai à mes croquis maladroits. Les dessinatrices n'étaient nullement déconcertées par des feuilles blanches, ce qui montre bien l'indifférence de leur art à l'architecture naturelle du visage humain.

Seules quelques très vieilles femmes semblaient conserver la virtuosité ancienne; et je suis resté longtemps persuadé que ma collection avait été réunie à la dernière heure. Quelle ne fut pas ma surprise de recevoir, voici deux ans, une publication illustrée d'une collection faite, quinze ans plus tard, par un collègue brésilien! Non seulement ses documents semblaient d'une exécution aussi sûre que les miens, mais bien souvent les motifs étaient identiques. Pendant tout ce temps, le style, la

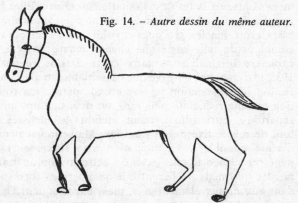

Fig. 14. – *Autre dessin du même auteur.*

technique et l'inspiration étaient restés inchangés,
comme cela avait été le cas durant les quarante ans
écoulés entre la visite de Boggiani et la mienne. Ce
conservatisme est d'autant plus remarquable qu'il ne
s'étend pas à la poterie, laquelle, d'après les derniers
spécimens recueillis et publiés, paraît en complète dégé-
nérescence. On peut voir là une preuve de l'importance
exceptionnelle que les peintures corporelles, et surtout
celles du visage, possèdent dans la culture indigène.

Jadis les motifs étaient tatoués, ou peints; seule la
dernière méthode subsiste. La femme peintre travaille
sur le visage ou le corps d'une compagne, parfois aussi
d'un garçonnet. Les hommes abandonnent plus rapidement la coutume. Avec une fine spatule de bambou
trempée dans le suc du *genipapo* – incolore au début mais
qui devient bleu-noir par oxydation – l'artiste improvise
sur le vivant, sans modèle, esquisse ni point de repère.
Elle orne la lèvre supérieure d'un motif en forme d'arc
terminé aux deux bouts en spirales; puis elle partage le
visage au moyen d'un trait vertical, coupé parfois horizontalement. La face, écartelée, tranchée – ou bien même
taillée en oblique – est alors décorée librement d'arabesques qui ne tiennent pas compte de l'emplacement des
yeux, du nez, des joues, du front et du menton, se
développant comme sur un champ continu. Ces compositions savantes, asymétriques tout en restant équilibrées,
sont commencées en partant d'un coin quelconque et
menées jusqu'à la fin sans hésitation ni rature. Elles font
appel à des motifs relativement simples tels que spirales,
esses, croix, macles, grecques et volutes, mais ceux-ci sont
combinés de telle sorte que chaque œuvre possède un
caractère original; sur quatre cents dessins réunis en
1935, je n'en ai pas observé deux semblables, mais comme
j'ai fait la constatation inverse en comparant ma collection et celle recueillie plus tard, on peut déduire que le
répertoire extraordinairement étendu des artistes est
tout de même fixé par la tradition. Malheureusement, il
n'a été possible, ni à moi, ni à mes successeurs, de
pénétrer la théorie sous-jacente à cette stylistique indigène : les informateurs livrent quelques termes correspondant aux motifs élémentaires, mais ils invoquent l'igno-

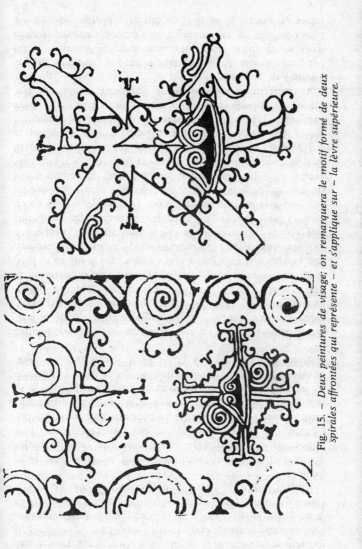

Fig. 15. – *Deux peintures de visage; on remarquera le motif formé de deux spirales affrontées qui représente — et s'applique sur — la lèvre supérieure.*

rance ou l'oubli pour tout ce qui se rapporte aux décors plus complexes. Soit, en effet, qu'ils procèdent sur la base d'un savoir-faire empirique transmis de génération en génération; soit qu'ils tiennent à garder le secret sur les arcanes de leur art.

Aujourd'hui, les Caduveo se peignent seulement par plaisir; mais jadis la coutume offrait une signification plus profonde. D'après le témoignage de Sanchez Labrador, les castes nobles ne portaient peint que le front, et le vulgaire seul s'ornait tout le visage; à cette époque aussi, seules les jeunes femmes suivaient la mode : « Il est rare, écrit-il, que les vieilles femmes perdent du temps à ces dessins : elles se contentent de ceux que les ans ont gravés sur leur visage. » Le missionnaire se montre alarmé de ce mépris pour l'œuvre du Créateur; pourquoi les indigènes altèrent-ils l'apparence du visage humain? Il cherche des explications : est-ce pour tromper la faim qu'ils passent des heures à tracer leurs arabesques? Ou pour se rendre méconnaissables aux ennemis? Quoi qu'il imagine, il s'agit toujours de tromper. Pourquoi? Quelque répugnance qu'il en éprouve, même le missionnaire est conscient que ces peintures offrent aux indigènes une importance primordiale et qu'elles sont, en un sens, leur propre fin.

Aussi dénonce-t-il ces hommes qui perdent des journées entières à se faire peindre, oublieux de la chasse, de la pêche et de leurs familles. « Pourquoi êtes-vous si stupides? » demandaient-ils aux missionnaires. « Et pourquoi sommes-nous stupides? » répondaient ces derniers. « Parce que vous ne vous peignez pas comme les Eyi-guayeguis ». Il fallait être peint pour être homme : celui qui restait à l'état de nature ne se distinguait pas de la brute.

Il n'est guère douteux qu'à l'heure actuelle, la persistance de la coutume chez les femmes s'explique par des considérations érotiques. La réputation des femmes caduveo est solidement établie sur les deux rives du Rio Paraguay. Beaucoup de métis et d'Indiens d'autres tribus sont venus s'installer et se marier à Nalike. Les peintures faciales et corporelles expliquent peut-être cet attrait; en tout cas, elles le renforcent et le symbolisent. Ces contours délicats et subtils, aussi sensibles que les lignes du visage et qui tantôt les soulignent et tantôt les trahissent, donnent à la femme quelque chose de délicieusement provocant. Cet chirurgie picturale greffe l'art sur le corps humain. Et quand Sanchez Labrador proteste anxieusement que c'est là « opposer aux grâces de la Nature une laideur artificieuse », il se contredit puisque, quelques lignes plus loin, il affirme que les plus belles tapisseries ne sauraient rivaliser avec ces peintures. Jamais, sans doute, l'effet érotique des fards n'a été aussi systématiquement et consciemment exploité.

Par leurs peintures faciales, comme par leur usage de l'avortement et de l'infanticide, les Mbaya exprimaient une même horreur de la nature. L'art indigène proclame un souverain mépris pour l'argile dont nous

Fig. 16. – *Décor de cuir peint.*

sommes pétris; en ce sens il confine au péché. De son point de vue de jésuite et de missionnaire, Sanchez Labrador se montrait singulièrement perspicace en y devinant le démon. Lui-même souligne l'aspect prométhéen de cet art sauvage, quand il décrit la technique

selon laquelle les indigènes se couvraient le corps de
motifs en forme d'étoiles : « Ainsi chaque Eyiguayegui se
regarde comme un autre Atlante qui, non plus seulement
sur les épaules et dans ses mains, mais par toute la
surface de son corps, devient le support d'un univers
maladroitement figuré. » Serait-ce l'explication du caractère exceptionnel de l'art caduveo, que par son intermédiaire l'homme refuse d'être un reflet de l'image divine ?

En considérant les motifs en forme de barres, de
spirales et de vrilles pour lesquels cet art semble avoir
une prédilection, on pense inévitablement au baroque
espagnol, à ses fers forgés et à ses stucs. Ne serions-nous
pas en présence d'un style naïf emprunté aux conquérants ? Il est certain que les indigènes se sont approprié
des thèmes, et nous connaissons des exemples de ce
procédé. Lorsqu'ils visitèrent leur premier navire de
guerre occidental, qui naviguait en 1857 sur le Paraguay,
les marins du *Maracanha* les virent le lendemain, le corps
couvert de motifs en forme d'ancres ; un Indien s'était
même fait représenter sur tout le buste un uniforme
d'officier parfaitement reconstitué, avec les boutons, les
galons, le ceinturon et les basques passant par-dessous.
Tout ce que cela prouve, c'est que les Mbaya avaient déjà
la coutume de se peindre et qu'ils avaient acquis dans cet
art une grande virtuosité. Au surplus, pour rare qu'il soit
dans l'Amérique précolombienne, leur style curvilinéaire
offre des analogies avec des documents archéologiques
exhumés en divers points du continent, certains antérieurs de plusieurs siècles à la découverte : Hopewell,
dans la vallée de l'Ohio, et la poterie caddo récente dans
celle du Mississippi ; Santarem et Marajo, à l'embouchure
de l'Amazone et Chavin au Pérou. Cette dispersion même
est un signe d'ancienneté.

Le véritable problème est ailleurs. Quand on étudie les
dessins caduveo, une constatation s'impose : leur originalité ne tient pas aux motifs élémentaires, qui sont assez
simples pour avoir été inventés indépendamment plutôt
qu'empruntés (et probablement les deux procédés ont-ils
existé côte à côte) : elle résulte de la façon dont ces motifs
sont combinés entre eux, elle se place au niveau du
résultat, de l'œuvre achevée. Or, les procédés de compo-

sition sont si raffinés et systématiques qu'ils dépassent de loin les suggestions correspondantes que l'art européen du temps de la Renaissance aurait pu fournir aux Indiens. Quel que soit le point de départ, ce développement exceptionnel ne peut donc s'expliquer que par des raisons qui lui sont propres.

J'ai jadis essayé de dégager certaines de ces raisons en comparant l'art caduveo à d'autres, qui offrent avec lui des analogies : Chine archaïque, côte ouest du Canada et Alaska, Nouvelle-Zélande (1). L'hypothèse que je présente ici est assez différente, mais elle ne contredit pas l'interprétation antérieure : elle la complète.

Comme je le notais alors, l'art caduveo est marqué par un dualisme : celui des hommes et des femmes, les uns sculpteurs, les autres peintres; les premiers attachés à un style représentatif et naturaliste, malgré les stylisations; tandis que les secondes se consacrent à un art non représentatif. Me bornant maintenant à la considération de cet art féminin, je voudrais souligner que le dualisme s'y prolonge sur plusieurs plans.

Les femmes pratiquent deux styles, également inspirés par l'esprit décoratif et l'abstraction. L'un est angulaire et géométrique, l'autre curviligne et libre. Le plus souvent, les compositions sont fondées sur une combinaison régulière des deux styles. Par exemple, l'un est employé pour la bordure ou l'encadrement, l'autre pour le décor principal; plus frappant encore est le cas de la poterie, où l'on trouve généralement un décor géométrique sur le col, et un décor curviligne sur la panse, ou inversement. Le style curvilinéaire est plus volontiers adopté pour les peintures de visage, et le style géométrique pour celles du corps; à moins que, par une division supplémentaire, chaque région ne porte un décor qui procède lui-même d'une combinaison des deux.

Dans tous les cas, le travail achevé traduit un souci d'équilibre entre d'autres principes allant aussi par couples : un décor primitivement linéaire est repris en fin d'exécution pour être partiellement transformé en surfa-

(1) « Le Dédoublement de la représentation dans les arts de l'Asie et de l'Amérique », *Renaissance*, vol. II et III, New York, 1945, pp. 168-186, 20 figures. Reproduit dans *Anthropologie structurale*, Plon, 1958, ch. XIII.

ces (par remplissage de certains secteurs, comme nous
faisons quand nous dessinons machinalement); la plupart
des œuvres sont fondées sur l'alternance de deux thèmes;
et presque toujours, la figure et le fond occupent approximativement une égale superficie, de sorte qu'il est possible de lire la composition de deux manières, en inversant
les groupes invités à jouer l'un ou l'autre rôle : chaque
motif peut être perçu en positif ou en négatif. Enfin, le
décor respecte souvent un double principe de symétrie et
d'asymétrie simultanément appliquées, ce qui se traduit
sous la forme de registres opposés entre eux, rarement
partis ou coupés, plus souvent tranchés ou taillés, ou
encore écartelés ou gironnés. C'est à dessein que j'emploie des termes héraldiques; car toutes ces règles évoquent irrésistiblement les principes du blason.

Poursuivons l'analyse au moyen d'un exemple : voici
une peinture de corps qui paraît simple (fig.17-18.). Elle
consiste en pals ondulés et accostés déterminant des
champs fuselés et réguliers dont le fond est occupé par
un semis de petits meubles à raison d'un par champ.
Cette description est trompeuse : regardons de plus près.
Elle rend peut-être compte de l'apparence générale, une
fois le dessin terminé. Mais la dessinatrice n'a pas commencé par tracer ses rubans ondulés pour orner ensuite
chaque interstice d'un meuble. Sa méthode a été différente, et plus compliquée. Elle a travaillé comme un paveur,
construisant des rangées successives au moyen d'éléments identiques. Chaque élément est ainsi composé : un
secteur de ruban, lui-même formé par la partie concave
d'une bande et la partie convexe de la bande adjacente;
un champ fuselé; un meuble au centre de ce champ. Ces
éléments s'imbriquent par décrochement les uns sur les
autres et c'est seulement à la fin que la figure trouve une
stabilité qui confirme et dément tout ensemble le procédé dynamique selon lequel elle a été exécutée.

Le style caduveo nous confronte donc à toute une série
de complexités. Il y a d'abord un dualisme qui se projette
sur des plans successifs comme dans un salon de miroirs :
hommes et femmes, peinture et sculpture, représentation
et abstraction, angle et courbe, géométrie et arabesque,
col et panse, symétrie et asymétrie, ligne et surface,

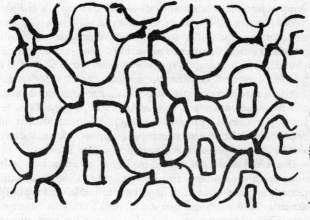

Fig. 17-18. — *Peinture corporelle : à gauche, recueillie par Boggiani (1895); à droite, par l'auteur (1935).*

bordure et motif, pièce et champ, figure et fond. Mais ces
oppositions sont perçues après coup; elles ont un caractère statique; la dynamique de l'art, c'est-à-dire la façon
dont les motifs sont imaginés et exécutés, recoupe cette
dualité fondamentale sur tous les plans : car les thèmes
primaires sont d'abord désarticulés, ensuite recomposés
en thèmes secondaires qui font intervenir dans une unité
provisoire des fragments empruntés aux précédents, et
ceux-là sont juxtaposés de telle manière que l'unité primitive réapparaît comme par un tour de prestidigitation.
Enfin, les décors complexes obtenus par ce procédé sont
eux-mêmes redécoupés et confrontés au moyen d'écarte-
lures pareilles à celles des blasons où deux décors se
répartissent entre quatre cantons opposés deux à deux,
simplement répétés ou colorés de l'un en l'autre.

Il devient alors possible d'expliquer pourquoi ce style
évoque en plus subtil celui de nos cartes à jouer. Chaque
figure de carte obéit à deux nécessités. Elle doit d'abord
assumer une fonction, qui est double : être un objet, et
servir au dialogue – ou au duel – entre deux partenaires
qui se font face; et elle doit aussi jouer un rôle, dévolu à
chaque carte en tant qu'objet d'une collection : le jeu. De
cette vocation complexe découlent plusieurs exigences :
celle de symétrie qui tient à la fonction, et d'asymétrie qui
répond au rôle. Le problème est résolu par l'adoption
d'une composition symétrique, mais selon un axe oblique,
échappant ainsi à la formule complètement asymétrique,
qui eût satisfait au rôle mais eût contredit la fonction; et à
la formule inverse, complètement symétrique, entraînant
un effet contraire. Ici aussi, il s'agit d'une situation
complexe correspondant à deux formes contradictoires
de dualité, et qui aboutit à un compromis, réalisé par une
opposition secondaire entre l'axe idéal de l'objet et celui
de la figure qu'il représente. Mais, pour parvenir à cette
conclusion, nous avons été obligé de dépasser le plan de
l'analyse stylistique. Il ne suffit pas, pour comprendre le
style des cartes à jouer, de considérer leur dessin, il faut
aussi se demander à quoi elles servent. A quoi donc sert
l'art caduveo?

Nous avons partiellement répondu à la question, ou
plutôt les indigènes l'ont fait pour nous. Les peintures de

Fig. 19-20. – Deux motifs de peintures faciale et corporelle.

visage confèrent d'abord à l'individu sa dignité d'être humain; elles opèrent le passage de la nature à la culture, de l'animal « stupide » à l'homme civilisé. Ensuite, différentes quant au style et à la composition selon les castes, elles expriment dans une société complexe la hiérarchie des statuts. Elles possèdent ainsi une fonction sociologique.

Si importante que soit cette constatation, elle ne suffit pas à rendre compte des propriétés originales de l'art indigène; tout au plus explique-t-elle son existence. Poursuivons donc l'analyse de la structure sociale. Les Mbaya étaient divisés en trois castes; chacune était dominée par des préoccupations d'étiquette. Pour les nobles et jusqu'à à un certain degré pour les guerriers, le problème essentiel était celui du prestige. Les descriptions anciennes nous les montrent paralysés par le souci de garder la face, de ne pas déroger, et surtout de ne pas se mésallier. Une telle société se trouvait donc menacée par la ségrégation. Soit par volonté, soit par nécessité, chaque caste tendait à se replier sur elle-même aux dépens de la cohésion du corps social tout entier. En particulier, l'endogamie des castes et la multiplication des nuances de la hiérarchie devaient compromettre les possibilités d'unions conformes aux nécessités concrètes de la vie collective. Ainsi seulement s'explique le paradoxe d'une société rétive à la procréation, qui, pour se protéger des risques de la mésalliance interne, en vient à pratiquer ce racisme à l'envers que constitue l'adoption systématique d'ennemis ou d'étrangers.

Dans ces conditions, il est significatif de rencontrer sur les frontières extrêmes du vaste territoire contrôlé par les Mbaya, au nord-est et au sud-ouest respectivement, des formes d'organisation sociale presque identiques entre elles, en dépit de la distance géographique. Les Guana du Paraguay et les Bororo du Mato Grosso central possédaient (et possèdent toujours dans le dernier cas) une structure hiérarchisée, voisine de celle des Mbaya : ils étaient ou sont divisés en trois classes dont il semble bien qu'au moins dans le passé elles impliquaient des statuts différents. Ces classes étaient héréditaires et endogames. Toutefois, le danger plus haut signalé chez les Mbaya

Fig. 21. – *Peinture faciale.*

était partiellement compensé, aussi bien chez les Guana que chez les Bororo, par une division en deux moitiés dont nous savons, pour le dernier exemple, qu'elles recoupaient les classes. S'il était interdit aux membres de classes différentes de se marier entre eux, l'obligation inverse s'imposait aux moitiés : un homme d'une moitié devait obligatoirement épouser une femme de l'autre et réciproquement. Il est donc juste de dire que l'asymétrie des classes se trouve, en un sens, équilibrée par la symétrie des moitiés.

Faut-il envisager comme un système solidaire cette structure complexe, constituée de trois classes hiérarchi-

sées et de deux moitiés équilibrées? C'est possible. Il est
aussi tentant de distinguer les deux aspects et de traiter
l'un comme s'il était plus ancien que l'autre. Dans ce cas,
les arguments ne manqueraient pas en faveur de la
priorité soit des classes, soit des moitiés.

La question qui nous intéresse ici est d'une autre
nature. Si brève qu'ait été ma description du système des
Guana et des Bororo (qui sera reprise plus loin, quand
j'évoquerai mon séjour parmi ces derniers), il est clair
qu'il offre sur le plan sociologique une structure analogue
à celle que j'ai dégagée sur le plan stylistique, à propos de
l'art caduveo. Nous avons toujours affaire à une double
opposition. Dans le premier cas, elle consiste d'abord
dans l'opposition d'une organisation ternaire à une autre
binaire, l'une asymétrique et l'autre symétrique; et, en
second lieu, dans l'opposition de mécanismes sociaux
fondés les uns sur la réciprocité et les autres sur la
hiérarchie. L'effort pour rester fidèle à ces principes
contradictoires entraîne des divisions et des subdivisions
du groupe social en sous-groupes alliés et opposés.
Comme un blason réunissant dans son champ des préro-
gatives reçues de plusieurs lignes, la société se trouve
taillée, coupée, partie et tranchée. Il suffit de considérer
le plan d'un village bororo (je le ferai plus loin) pour
s'apercevoir qu'il est organisé à la façon d'un dessin
caduveo.

Tout se passe donc comme si, placés en face d'une
contradiction de leur structure sociale, les Guana et les
Bororo étaient parvenus à la résoudre (ou à la dissimuler) par des méthodes proprement sociologiques. Peut-
être possédaient-ils les moitiés avant de tomber dans la
sphère d'influence des Mbaya, et le moyen se trouvait
ainsi déjà à leur disposition; peut-être ont-ils postérieure-
ment inventé – ou emprunté à d'autres – les moitiés,
parce que la morgue aristocratique était moins assurée
chez les provinciaux; on pourrait aussi concevoir d'autres
hypothèses. Cette solution a fait défaut aux Mbaya, soit
qu'ils l'aient ignorée (ce qui est improbable), soit plutôt
qu'elle eût été incompatible avec leur fanatisme. Ils n'ont
donc pas eu la chance de résoudre leurs contradictions,
ou tout au moins de se les dissimuler grâce à des

institutions artificieuses. Mais ce remède qui leur a manqué sur le plan social, ou qu'ils se sont interdit d'envisager, ne pouvait quand même leur échapper complètement. De façon insidieuse, il a continué à les troubler. Et
puisqu'ils ne pouvaient pas en prendre conscience et le
vivre, ils se sont mis à le rêver. Non pas sous une forme
directe qui se fût heurtée à leurs préjugés; sous une
forme transposée et en apparence inoffensive : dans leur
art. Car si cette analyse est exacte, il faudra en définitive
interpréter l'art graphique des femmes caduveo, expliquer sa mystérieuse séduction et sa complication au
premier abord gratuite, comme le phantasme d'une
société qui cherche, avec une passion inassouvie, le
moyen d'exprimer symboliquement les institutions
qu'elle pourrait avoir, si ses intérêts et ses superstitions
ne l'en empêchaient. Adorable civilisation, de qui les
reines cernent le songe avec leur fard : hiéroglyphes
décrivant un inaccessible âge d'or qu'à défaut de code
elles célèbrent dans leur parure, et dont elles dévoilent
les mystères en même temps que leur nudité.

SIXIÈME PARTIE

BORORO

XXI

L'OR ET LES DIAMANTS

En face de Porto Esperança, sur la rive du Rio Paraguay, Corumba, porte de la Bolivie, semble avoir été conçue pour Jules Verne. La ville est campée au sommet d'une falaise calcaire qui domine le fleuve. Entourés de pirogues, un ou deux petits vapeurs à aubes avec deux étages de cabines posés sur une coque basse et surmontés d'une cheminée grêle, sont amarrés au quai d'où part un chemin montant. Au début s'élèvent quelques bâtiments d'une importance disproportionnée avec le reste : douane, arsenal, qui évoquent le temps où le Rio Paraguay formait une frontière précaire entre des Etats récemment parvenus à l'indépendance et bouillonnant de jeunes ambitions, et où la voie fluviale servait à un trafic intense entre le Rio de la Plata et l'intérieur.

Parvenu en haut de la falaise, le chemin la suit en corniche pendant deux cents mètres environ; puis il tourne à angle droit et pénètre dans la ville : longue rue aux maisons basses avec des toits plats, badigeonnés en blanc ou en beige. La rue aboutit à une place carrée où l'herbe pousse entre les flamboyants aux couleurs acides, orange et vert; au-delà, c'est la campagne pierreuse jusqu'aux collines qui ferment l'horizon.

Un seul hôtel, et toujours plein; quelques chambres chez l'habitant, dans des rez-de-chaussée où s'accumule la moiteur des marécages, et où des cauchemars fidèles à la réalité transforment le dormeur en martyr chrétien d'un nouveau genre, jeté dans une fosse étouffante pour servir de pâture aux punaises; quant à la nourriture, elle est exécrable tant la campagne, pauvre ou inexploitée, échoue à subvenir aux besoins de deux à trois mille habitants, sédentaires et voyageurs, qui forment la population de Corumba. Tout est hors de prix et l'agitation apparente, le contraste qu'elle fait avec le paysage plat et désertique – brune éponge qui s'étend au-delà du fleuve – donne une impression de vie et de gaieté, comme pouvaient la procurer, il y a un siècle, les villes pionnières de la Californie ou du Far West. Le soir, toute la population se rassemble sur la corniche. Devant les garçons muets, assis les jambes pendantes sur la balustrade, les filles déambulent par groupes de trois ou quatre en chuchotant. On croirait observer une cérémonie; rien de plus étrange que cette grave parade prénuptiale qui se déroule à la lueur d'une électricité fluctuante, en bordure de cinq cents kilomètres de marécage où, jusqu'aux portes de la ville, errent les autruches et les boas.

Corumba est à quatre cents kilomètres à peine à vol d'oiseau de Cuiaba; j'ai assisté au développement de l'aviation entre les deux villes, depuis les petits appareils à quatre places qui parcouraient la distance en deux ou trois heures violemment agitées, jusqu'aux Junker à douze places des années 1938-39. En 1935 pourtant, on pouvait gagner Cuiaba seulement par eau, et les quatre cents kilomètres étaient doublés par les méandres du fleuve. Pendant la saison des pluies, il fallait huit jours pour atteindre la capitale de l'Etat, et trois semaines parfois en saison sèche quand le bateau s'échouait sur les bancs malgré son faible tirant d'eau; on perdait des jours à le remettre à flot, à l'aide d'un câble attaché à quelque tronc robuste de la rive sur quoi le moteur tirait rageusement. Dans le bureau de la compagnie, une affiche s'étalait, pleine de séduction. Je la traduis littéralement ci-contre en respectant le style et la disposition typographique. Inutile de dire que la réalité correspondait peu à la description.

Pourtant, quel exquis voyage! Peu de passagers : familles d'éleveurs allant rejoindre leurs troupeaux; commerçants ambulants libanais; militaires en garnison ou fonctionnaires provinciaux. A peine monté à bord, tout ce monde arborait la tenue de plage de l'intérieur, c'est-à-dire un pyjama rayé, de soie pour les élégants, dissimu-

lant mal des corps velus, et des savates; deux fois par
jour, on s'attablait autour d'un menu immuable consistant en une platée de riz, une autre de haricots noirs, une
troisième de farine sèche de manioc, le tout accompagnant une viande de bœuf fraîche ou de conserve. C'est ce
qu'on appelle la *feijoada*, de *feijão* : haricot. La voracité de
mes compagnons de voyage n'avait d'égal que le discer-
nement qu'ils mettaient à juger l'ordinaire. Selon les
repas, la *feijoada* était proclamée *muito boa* ou *muito
ruim*, c'est-à-dire « fameuse » ou « infecte »; de même, ils
ne possédaient qu'un terme pour qualifier le dessert,
composé de fromage gras et de pâte de fruit, qu'on mange
ensemble à la pointe du couteau : celui-ci était ou non
bem doce, « bien – ou pas assez – sucré ».

Tous les trente kilomètres environ, le bateau s'arrêtait
pour faire du bois à un dépôt; et, quand c'était nécessaire,
on attendait deux ou trois heures, le temps que le
préposé soit allé dans la prairie capturer une vache au
lasso, l'ait égorgée et dépouillée avec l'aide de l'équipage
qui hissait ensuite la carcasse à bord, nous approvision-
nant en viande fraîche pour quelques jours.

Le reste du temps, le vapeur se glissait doucement le
long des bras étroits; cela s'appelle « négocier » les *estirões*, c'est-à-dire parcourir, les uns après les autres, ces
unités de navigation que constituent les tronçons de
fleuve compris entre deux courbes suffisamment marquées pour qu'on ne puisse voir au-delà. Ces *estirões* se
rapprochent parfois à la faveur d'un méandre : si bien
que le soir on se trouve à quelques mètres à peine de
l'endroit où l'on était le matin. Souvent, le bateau frôle les
branches de la forêt inondée qui domine la berge; le bruit
du moteur éveille un monde innombrable d'oiseaux :
araras au vol émaillé de bleu, de rouge et d'or; cormorans
plongeurs dont le cou sinueux évoque un serpent ailé;
perruches et perroquets qui remplissent l'air de cris
suffisamment pareils à la voix pour qu'on puisse les
qualifier d'inhumains. Par sa proximité et sa monotonie,
le spectacle captive l'attention et provoque une sorte de
torpeur. De temps à autre, une occasion plus rare émeut
les passagers : couple de cervidés ou tapirs traversant à la
nage; *cascavel* – serpent à sonnette – ou *giboya* – python

– se tortillant à la surface de l'eau, léger comme un fétu;
ou troupe grouillante de *jacarés*, crocodiles inoffensifs
qu'on se lasse vite d'abattre à la carabine d'une balle
placée dans l'œil. La pêche aux *piranhas* est plus mouve-
mentée. Quelque part sur le fleuve se trouve un grand
saladeiro, sècherie de viande à allure de gibet : parmi les
ossements qui jonchent le sol, des barrières parallèles
supportent des lambeaux violacés au-dessus desquels
tournoie le vol obscur des charognards. Sur des centaines
de mètres, le fleuve est rouge du sang de l'abattoir. Il
suffit de jeter une ligne pour que, sans même attendre
l'immersion de l'hameçon nu, plusieurs *piranhas* s'élan-
cent ivres de sang et que l'une y suspende son losange
d'or. Au pêcheur d'être prudent pour détacher sa proie :
un coup de dent lui emporterait le doigt.

Après avoir passé le confluent du São Lourenço – sur le
cours supérieur duquel nous irons, par terre, à la rencontre des Bororo – le pantanal disparaît; de part et d'autre
du fleuve domine un paysage de *campo*, savanes herbeu-
ses où les habitations se font plus fréquentes et où errent
les troupeaux.

Bien peu de choses signalent Cuiaba au navigateur :
une rampe pavée baignée par le fleuve et en haut de
laquelle on devine la silhouette du vieil arsenal. De là,
une rue longue de deux kilomètres et bordée de maisons
rustiques conduit jusqu'à la place de la cathédrale, blanche et rose, qui se dresse entre deux allées de palmiers
impériaux. A gauche, l'évêché; à droite, le palais du
gouverneur et, au coin de la rue principale, l'auberge –
unique à l'époque – tenue par un gros Libanais.

J'ai décrit Goyaz et je me répéterais si je m'appesantis-
sais sur Cuiaba. Le site est moins beau, mais la ville
possède le même charme, avec ses maisons austères,
conçues à mi-chemin entre le palais et la chaumière.
Comme le lieu est vallonné, de l'étage supérieur des
habitations on découvre toujours une partie de la ville :
maisons blanches à toits de tuiles orangées, couleur du
sol enserrant les frondaisons des jardins, les *quintaes*.
Autour de la place centrale en forme de L, un réseau de
venelles rappelle la cité coloniale du XVIIIe siècle; elles
aboutissent à des terrains vagues servant de caravansé-

rails, à des allées imprécises bordées de manguiers et de
bananiers abritant des cabanes en torchis; et puis, c'est
très vite la campagne où paissent des troupes de bœufs
en partance ou à peine arrivées du *sertão*.

La fondation de Cuiaba remonte au milieu du
XVIIIᵉ siècle. Vers 1720, les explorateurs paulistes, appelés
bandeirantes, parvenaient pour la première fois dans la
région; à quelques kilomètres du site actuel, ils établissaient un petit poste et des colons. Le pays était habité
par les Indiens Cuxipo dont certains acceptèrent de
servir dans les défrichements. Un jour, un colon – Miguel
Sutil le bien nommé – envoya quelques indigènes à la
recherche de miel sauvage. Ils revinrent le soir même, les
mains remplies de pépites d'or ramassées en surface.
Sans plus attendre, Sutil et un compagnon appelé Bar-
budo – le Barbu – suivirent les indigènes au lieu de leur
collecte : l'or était là, partout. En un mois ils ramassèrent
cinq tonnes de pépites.

Il ne faut donc pas s'étonner que la campagne entourant Cuiaba ressemble par endroits à un champ de
bataille; des tertres couverts d'herbes et de broussailles
attestent la fièvre ancienne. Aujourd'hui encore, il arrive
qu'un Cuiabano trouve une pépite en cultivant ses légumes. Et sous forme de paillettes, l'or est toujours présent.
A Cuiaba, les mendiants sont chercheurs d'or : on les voit
à l'œuvre dans le lit du ruisseau qui traverse la ville basse.
Une journée d'efforts procure assez pour manger, et
plusieurs commerçants emploient encore la petite
balance qui permet l'échange d'une pincée de poudre
contre la viande ou le riz. Immédiatement après une
grande pluie, quand l'eau ruisselle dans les ravines, les
enfants se précipitent, munis chacun d'une boule de cire
vierge qu'ils plongent dans le courant, attendant que de
menues parcelles brillantes viennent s'y coller. Les Cuiabanos prétendent d'ailleurs qu'un filon passe sous leur
ville à plusieurs mètres de profondeur; il gît, dit-on, sous
le modeste bureau de la Banque du Brésil, plus riche de
ce trésor que des sommes en réserve dans son coffre-fort
démodé.

De sa gloire ancienne, Cuiaba conserve un style de vie
lent et cérémonieux. Pour l'étranger, la première journée

se passe en allers et retours sur la place qui sépare l'auberge du palais du gouverneur: dépôt d'une carte de visite à l'arrivée; une heure plus tard, l'aide de camp, gendarme moustachu, retourne la politesse; après la sieste qui fige la ville entière dans une mort quotidienne, de midi à 4 heures, on présente ses devoirs au gouverneur (alors « interventeur ») qui réserve à l'ethnographe un accueil poli et ennuyé; les Indiens, il préférerait certes qu'il n'y en ait pas; que sont-ils pour lui, sinon le rappel irritant de sa disgrâce politique, le témoignage de son éloignement dans une circonscription arriérée? Chez l'évêque, c'est la même chose: les Indiens, entreprend-il de m'expliquer, ne sont pas aussi féroces et stupides qu'on pourrait le croire; pourrais-je imaginer qu'une Indienne Bororo est entrée en religion? Que les Frères de Diamantino ont réussi – au prix de quels efforts! – à faire de trois Paressi des menuisiers acceptables? Et sur le plan scientifique, les missionnaires ont vraiment recueilli tout ce qui valait la peine d'être préservé. Me doutais-je seulement que l'inculte Service de Protection écrit Bororo avec l'accent tonique sur la voyelle terminale alors que le Père Un Tel a établi, il y a déjà vingt ans, qu'il se trouve sur l'intermédiaire? Quant aux légendes, ils connaissent celle du déluge, preuve que le Seigneur n'a pas voulu qu'ils demeurassent des damnés. Je vais aller parmi eux, soit. Mais surtout que je m'abstienne de compromettre l'œuvre des Pères: pas de cadeaux futiles, miroirs ou colliers. Rien que des haches; ces paresseux doivent être rappelés à la sainteté du travail.

Une fois débarrassé de ces formalités, on peut passer aux choses sérieuses. Des journées s'écoulent dans l'arrière-boutique de commerçants libanais appelés *turcos*: mi-grossistes, mi-usuriers, qui alimentent en quincaillerie, tissus et médicaments des douzaines de parents, clients ou protégés dont chacun, muni d'une cargaison achetée à crédit, s'en ira, avec quelques bœufs ou une pirogue, extorquer les derniers milreis égarés au fond de la brousse ou le long des rivières (après vingt ou trente ans d'une existence aussi cruelle pour lui que pour ceux qu'il exploite, il s'installera grâce à ses millions); chez le boulanger qui préparera les sacs de *bolachas*, pains

arrondis de farine sans levain, agglomérée avec de la
graisse : durs comme pierre, mais rendus moelleux par le
feu jusqu'à ce qu'émiettés par les secousses et imprégnés
de la sueur des bœufs ils deviennent un aliment indéfinissable, aussi rance que la viande séchée commandée au
boucher. Celui de Cuiaba était un personnage nostalgique; il avait une seule ambition, et peu de chances qu'elle
soit jamais satisfaite : un cirque viendrait-il un jour à
Cuiaba? Pourtant, il aurait tant aimé contempler un
éléphant : « Toute cette viande!... ».

Il y avait enfin les frères B...; c'étaient des Français,
Corses d'origine, installés depuis longtemps à Cuiaba,
pour quelle raison ils ne me l'ont pas dit. Ils parlaient
leur langue maternelle d'une voix lointaine, chantante et
avec hésitation. Avant de se faire garagistes, ils avaient
été chasseurs d'aigrettes et décrivaient leur technique,
qui consistait à disposer sur le sol des cornets de papier
blanc où les grands oiseaux, fascinés par cette couleur
immaculée qui est aussi la leur, venaient piquer du bec et,
aveuglés par ce capuchon, se laissaient capturer sans
résistance. Car on recueille les belles plumes à la saison
des amours, sur l'oiseau vivant. Il y avait à Cuiaba des
armoires remplies d'aigrettes, invendables depuis que la
mode les a dédaignées. Les frères B... étaient ensuite
devenus chercheurs de diamants. Maintenant ils se spé-
cialisaient dans l'armement de camions qu'ils lançaient,
comme les bateaux de jadis à travers des océans inconnus, sur des pistes où la cargaison et le véhicule couraient
le risque de tomber au fond d'un ravin ou d'une rivière.
Mais s'ils parvenaient à bon port, un bénéfice de 400 %
compensait les pertes antérieures.

Bien souvent, j'ai parcouru en camion le pays de
Cuiaba. La veille du départ, on procédait au chargement
des bidons d'essence, en quantité d'autant plus grande
qu'il fallait prévoir la consommation de l'aller et du
retour et qu'on avancerait presque tout le temps en
première et en seconde; on disposait les provisions et le
matériel de campement de manière à donner aux passagers la possibilité de s'asseoir et de s'abriter en cas de
pluie. Il fallait aussi accrocher sur les côtés les crics et les
outils, ainsi qu'une provision de cordages et de planches

destinés à remplacer les ponts détruits. A l'aube du jour
suivant, nous nous hissions au sommet de la cargaison,
comme sur un chameau; et le camion commençait sa
progression oscillante; dès la mi-journée, les difficultés
survenaient : terres inondées ou marécageuses, qu'il fallait boiser; j'ai perdu trois jours à déplacer ainsi, de
l'arrière à l'avant, un tapis de rondins, long deux fois
comme le camion, jusqu'à ce que le passage difficile ait
été franchi; ou bien c'était le sable, et nous creusions sous
les roues, comblant les vides avec du feuillage. Quand les
ponts étaient intacts, on devait néanmoins décharger
entièrement pour alléger, et recharger une fois franchies
les planches branlantes; si nous les trouvions incendiées
par un feu de brousse, nous campions pour les recons-
truire et les démanteler ensuite, les planches pouvant
être indispensables une autre fois; enfin, il y avait les
rivières majeures, passables seulement sur des bacs formés de trois pirogues assemblées par des traverses et qui,
sous le poids du camion, même déchargé, enfonçaient
jusqu'au bord, peut-être seulement pour amener le véhicule vers une rive trop abrupte ou trop boueuse pour la
gravir; et c'étaient alors des pistes à improviser sur
plusieurs centaines de mètres, jusqu'à un meilleur accos-
tage ou un gué.

Les hommes qui faisaient profession de conduire ces
camions étaient habitués à rester en voyage pendant des
semaines, parfois des mois. A deux, ils formaient équipe :
le chauffeur et son « adjudant », l'un au volant, l'autre
perché sur le marchepied, guettant les obstacles, surveil-
lant la progression, comme le marin qui se place à la
proue pour aider le pilote à franchir une passe. Ils
avaient toujours la carabine à portée de la main, car il
n'était pas rare qu'en travers du camion un chevreuil ou
un tapir s'arrête, curieux plutôt qu'effrayé. On tirait à vue
et le succès décidait de l'étape : il fallait dépouiller, vider
l'animal, débiter les quartiers en feuillets de viande,
comme une pomme de terre qu'on éplucherait en spirale
jusqu'au centre. Les feuillets étaient aussitôt frictionnés
avec un mélange toujours prêt de sel, de poivre et d'ail
pilé. On les étalait au soleil pendant quelques heures, ce
qui permettait d'attendre le lendemain pour renouveler

l'opération qui devait être répétée aussi les jours suivants.
On obtient ainsi la *carne de sol*, moins délectable que la
carne de vento que l'on fait sécher en haut d'une perche,
en plein vent à défaut de soleil, mais qui se garde aussi
moins longtemps.

Etrange existence que celle de ces conducteurs virtuoses, toujours prêts aux plus délicates réparations, impro-
visant et effaçant la voirie sur leur passage, exposés à
rester plusieurs semaines en pleine brousse à l'endroit où
le camion s'est brisé, jusqu'à ce qu'un camion concurrent
passe pour donner l'alerte à Cuiaba, d'où l'on demandera
à São Paulo ou Rio d'expédier la pièce cassée. Pendant ce
temps on campe, on chasse, on fait la lessive, on dort et
on patiente. Mon meilleur chauffeur avait fui la justice
après un crime auquel il ne faisait jamais allusion; on le
savait à Cuiaba; personne ne disait rien : pour accomplir
un parcours impossible, nul n'aurait pu le remplacer. Aux
yeux de tous, sa vie chaque jour risquée payait largement
pour celle qu'il avait prise.

Quand nous quittions Cuiaba vers 4 heures du matin, il
faisait encore nuit. L'œil devinait quelques églises décorées en stuc de la base au clocher; les dernières rues
bordées de manguiers taillés en boules et pavées de
pierres de rivière faisaient tressauter le camion. L'aspect
caractéristique de verger qu'offre la savane – en raison de
l'espacement naturel des arbres – donne encore l'illusion
d'un paysage aménagé alors qu'on est déjà dans la brousse; la piste devient vite assez difficile pour en persuader :
elle s'élève au-dessus du fleuve en courbes pierreuses
interrompues par des ravines et des gués boueux, envahis
par la *capoeira*. Dès qu'on a gagné un peu d'altitude, on
découvre une ligne ténue et rosée, trop fixe pour qu'on la
confonde avec les lueurs de l'aurore. Pendant longtemps,
pourtant, on doute de sa nature et de sa réalité. Mais
après trois ou quatre heures de route, en haut d'une
pente rocailleuse, l'œil embrasse un horizon plus vaste et
qui contraint à l'évidence : du nord au sud, une paroi
rouge se dresse à deux ou trois cents mètres au-dessus
des collines verdoyantes. Vers le nord elle s'incline lentement jusqu'à se confondre avec le plateau. Mais du côté
du sud, où se fait notre approche, on commence à

distinguer des détails. Ce mur qui paraissait tout à l'heure
sans défaut recèle des cheminées étroites, des pitons
détachés en avant-garde, des balcons et des plates-formes.
Dans cet ouvrage de pierre, il y a des redoutes et des
défilés. Le camion mettra plusieurs heures à gravir la
rampe, à peine corrigée par l'homme, qui nous conduira
au rebord supérieur de la *chapada* du Mato Grosso, nous
donnant accès à mille kilomètres de plateau s'inclinant
doucement en direction du nord, jusqu'au bassin amazonien : le *chapadão*.

C'est un autre monde qui s'ouvre. L'herbe rude, d'un
vert laiteux, dissimule mal le sable, blanc, rose ou ocré,
produit par la décomposition superficielle du socle gré-
seux. La végétation se réduit à des arbres espacés, aux
formes noueuses, protégés contre la sécheresse qui règne
pendant sept mois de l'année par une écorce épaisse, des
feuilles vernissées et des épines. Il suffit pourtant que la
pluie tombe pendant quelques jours pour que cette
savane désertique se transforme en jardin : l'herbe ver-
doie, les arbres se couvrent de fleurs blanches et mauves.
Mais toujours domine une impression d'immensité. Le sol
est si uni, les pentes si faibles, que l'horizon s'étend sans
obstacle jusqu'à des dizaines de kilomètres : une demi-
journée se passe à parcourir un paysage contemplé
depuis le matin, répétant exactement celui traversé la
veille, de sorte que perception et souvenir se confondent
dans une obsession d'immobilité. Si lointaine que soit la
terre, elle est tellement uniforme, à tel point dépourvue
d'accidents que, très haut dans le ciel, on prend l'horizon
éloigné pour des nuages. Le paysage est trop fantastique
pour paraître monotone. De temps à autre, le camion
passe à gué des cours d'eau sans berge qui inondent le
plateau plutôt qu'ils ne le traversent, comme si ce terrain
– un des plus anciens du monde et fragment encore intact
du continent de Gondwana qui, au secondaire, unissait le
Brésil et l'Afrique – était resté trop jeune pour que les
rivières aient eu le temps de s'y creuser un lit.

L'Europe offre des formes précises sous une lumière
diffuse. Ici, le rôle, pour nous traditionnel, du ciel et de la
terre s'inverse. Au-dessus de la traînée laiteuse du *campo*,
les nuages bâtissent les plus extravagantes constructions.

Le ciel est la région des formes et des volumes; la terre garde la mollesse des premiers âges.

Un soir, nous nous sommes arrêtés non loin d'un *garimpo*, colonie de chercheurs de diamants. Des ombres apparurent bientôt autour de notre feu : quelques *garimpeiros* qui tiraient de leur besace ou des poches de leurs vêtements en loques des petits tubes de bambou dont ils vidaient le contenu dans nos mains; ce sont des diamants bruts, qu'ils espèrent nous vendre. Mais j'ai été suffisamment informé par les frères B... des mœurs du *garimpo* pour savoir que rien de tout cela ne peut être vraiment intéressant. Car le *garimpo* a ses lois non écrites, qui n'en sont pas moins strictement suivies.

Ces hommes se divisent en deux catégories : aventuriers et fugitifs; le dernier groupe est le plus nombreux, ce qui explique qu'une fois entré dans le *garimpo* on en sort difficilement. Le cours des petites rivières, dans le sable desquelles on ramasse le diamant, est contrôlé par les premiers occupants. Leurs ressources seraient insuffisantes pour leur permettre d'attendre la grande occasion, qui ne se produit pas si souvent. Ils sont donc organisés en bandes, chacune commanditée par un chef se parant du titre de « capitaine » ou d'« ingénieur »; celui-ci doit disposer de capitaux pour armer ses hommes, les équiper du matériel indispensable – seau en fer étamé pour remonter le gravier, tamis, batée, parfois aussi casque de scaphandre permettant de descendre dans les gouffres, et pompe à air – enfin et surtout, pour les ravitailler régulièrement. En échange, l'homme s'engage à ne vendre ses trouvailles qu'aux acheteurs accrédités (eux-mêmes en liaison avec les grandes tailleries hollandaises ou anglaises) et à partager le bénéfice avec son chef.

L'armement ne s'explique pas seulement par les rivalités fréquentes entre bandes. Jusqu'à une époque toute récente, et même encore aujourd'hui, il permettait d'interdire à la police l'accès du *garimpo*. Ainsi la zone diamantifère formait-elle un Etat dans l'Etat, le premier parfois en guerre ouverte avec le second. En 1935, on parlait toujours de la petite guerre menée pendant plusieurs années par l'*engenheiro* Morbeck et ses braves, les *valentões*, contre la police de l'Etat de Mato Grosso et qui s'était terminée par un compromis. Il faut dire à la décharge des insoumis que le malheureux qui se laissait capturer par la police aux abords d'un *garimpo* parvenait rarement jusqu'à Cuiaba. Un fameux chef de bande, le *capitão* Arnaldo, fut pris avec son lieutenant. On les lia par le cou, les pieds reposant sur une planchette, jusqu'à ce que la fatigue leur fît perdre l'équilibre et qu'ils tombassent pendus du haut de l'arbre où on les avait oubliés.

La loi de la bande est si bien observée qu'il n'est pas rare de voir à Lageado ou à Poxoreu, qui sont les centres du *garimpo*, une table d'auberge couverte de diamants, momentanément abandonnée par ses occupants. Chaque pierre, à peine trouvée, est identifiée par sa forme, sa taille, sa couleur. Ces détails restent si précis et si chargés de valeur émotionnelle qu'après des années, l'inventeur évoque encore l'aspect de chaque pierre : « Quand je la contemplais, me raconte un de mes visiteurs, c'était comme si la Sainte Vierge avait laissé tomber une larme dans le creux de ma main... ». Mais les pierres ne sont pas toujours aussi pures : souvent on les recueille dans leur gangue et il est impossible de connaître d'emblée leur valeur. L'acheteur accrédité annonce son prix (cela s'appelle « peser » le diamant) et, de même qu'on est obligé de lui vendre, on est tenu d'accepter son offre. A l'assistant de donner le coup de meule qui fixera tout le monde sur l'issue de la spéculation.

J'ai demandé s'il n'arrivait pas que l'on fraude; sans doute, mais vainement. Un diamant proposé à un autre acheteur, ou à l'insu du chef de bande, serait immédiatement « brûlé », *queimado :* c'est-à-dire que l'acheteur en offrira un prix dérisoire, qui sera systématiquement abaissé à chaque tentative ultérieure. Il y eut ainsi des *garimpeiros* de mauvaise foi qui moururent de faim la main pleine.

Après, c'est une autre affaire. Le Syrien Fozzi s'est, paraît-il, enrichi en acquérant à bas prix des diamants impurs qu'il chauffait sur un réchaud Primus avant de les tremper dans un colorant; ce procédé donne au diamant jaune une teinte superficielle plus agréable et lui vaut le nom de *pintado*, diamant peint :

Une autre fraude se pratique aussi, mais à un niveau plus élevé : à l'exportation, pour éviter le paiement des droits à l'Etat brésilien; j'ai connu à Cuiaba et à Campo Grande des passeurs professionnels, appelés *capangueiros*, ce qui signifie « hommes de main ». Eux aussi étaient pleins d'histoires : faux paquets de cigarettes dissimulant des diamants que, pris par la police, ils jetaient négligemment dans un buisson comme s'ils étaient vides, pour aller les rechercher une fois libérés, on imagine avec quelle anxiété.

Mais ce soir-là, autour de notre feu de campement, la conversation portait sur les incidents quotidiens auxquels étaient exposés nos visiteurs. J'apprenais ainsi la langue pittoresque du *sertão*, qui, pour rendre notre pronom *on*, fait usage d'une collection extraordinairement variée de termes : *o homem*, l'homme; *o camarada*, le camarade, ou *o collega*, le collègue; *o negro*, le nègre, *o tal*, un tel, *o fulano*, le type, etc. On avait donc eu la malchance de recueillir de l'or dans les batées : fâcheux présage pour un chercheur de diamants; la seule ressource est de le rejeter aussitôt dans le courant; celui qui garderait l'or se ménagerait des semaines infructueuses; tel autre, ramassant le gravier à pleines mains, avait reçu un coup de la queue à crochets d'une raie venimeuse. Ces blessures sont difficiles à guérir. Il faut trouver une femme qui consente à se dénuder et à uriner dans la plaie. Comme il n'y a guère autre chose dans le *garimpo* que des prostituées paysannes, ce traitement naïf entraîne le plus souvent une syphilis particulièrement virulente.

Ces femmes sont attirées par les récits de coups de chance légendaires. Riche du jour au lendemain, le chercheur, prisonnier de son casier judiciaire, est obligé de tout dépenser sur place. Ainsi s'explique le trafic des camions chargés de biens superflus. Pour peu qu'ils parviennent au *garimpo* avec leur cargaison, celle-ci se vendra à n'importe quel prix, et moins par besoin que par ostentation. Au petit jour, avant de repartir, je suis allé jusqu'à la hutte d'un *camarada*, au bord de la rivière infestée de moustiques et d'autres insectes. Son casque de scaphandre démodé sur la tête, il était déjà en train de gratter le fond. L'intérieur de la hutte était aussi misérable et déprimant que le site; mais, dans un coin, la compagne me fit voir avec orgueil les douze complets de son homme, et ses robes de soie que dévoraient les termites.

La nuit s'était passée à chanter et à deviser. Chaque convive est invité à « faire un numéro », emprunté à quelque soirée de café-concert, souvenir d'un temps révolu. J'ai retrouvé ce décalage sur les marches frontières de l'Inde, à l'occasion de banquets entre petits fonctionnaires. Ici comme là, on présentait des monologues, ou encore ce que l'on appelle dans l'Inde des « caricatures », c'est-à-dire des imitations : cliquetis d'une machine à écrire, pétarade d'une motocyclette en difficulté, suivie – extraordinaire contraste – du bruit évocateur d'une « danse de fées » précédant l'image sonore d'un cheval au galop. Et pour terminer, aussi nommées comme en français, des « grimaces ».

De ma soirée avec les *garimpeiros*, j'ai conservé dans mes carnets de notes un fragment de complainte sur un modèle traditionnel. Il s'agit d'un soldat mécontent de l'ordinaire, qui écrit une réclamation à son caporal; celui-ci transmet au sergent et l'opération se répète à chaque échelon : lieutenant, capitaine, major, colonel, général, empereur. Ce dernier n'a plus comme ressource que de s'adresser à Jésus-Christ, lequel, au lieu de faire suivre la doléance au Père éternel, « met la main à la plume et envoie tout le monde en enfer ». Voici ce petit échantillon de poésie du *sertão* :

> *O Soldado...*
> *O Oferece...*
> *O Sargento que era um homem pertinente*
> *Pegô na penna, escreveu pro seu Tenente*
> *O Tenente que era homem muito bão*
> *Pegô na penna, escreveu pro Capitão*
> *O Capitão que era homem dos melhor'*
> *Pegô na penna, escreveu pro Major*
> *O Major que era Homem como é*
> *Pegô na penna, escreveu pro Coroné*
> *O Coroné que era homem sem igual*
> *Pegô na penna, escreveu pro General*

> *O General que era homem superior*
> *Pegô na penna, escreveu pro Imperador*
> *O Imperador...*
> *Pegô na penna, escreveu pro Jesu' Christo*
> *Jesu' Christo que é filho do Padre Eterno*
> *Pegô na penna e mandô tudos pelo inferno.*

Il n'y avait pourtant pas de gaieté véritable. Depuis longtemps déjà les sables diamantifères s'épuisaient; la région était infestée de malaria, de leshmaniose et d'ankylostomiase. Il y a quelques années, la fièvre jaune sylvestre avait fait son apparition. Deux ou trois camions à peine prenaient maintenant la piste chaque mois, contre quatre par semaine autrefois.

La piste sur laquelle nous allions nous engager était abandonnée depuis que les feux de brousse avaient détruit les ponts. Aucun camion n'y était passé depuis trois ans. On ne pouvait rien nous dire sur son état; mais si nous arrivions jusqu'au São Lourenço nous serions tirés d'affaire. Il y avait un grand *garimpo* au bord du fleuve; nous y trouverions tout ce qu'il fallait : du ravitaillement, des hommes et des pirogues pour aller jusqu'aux villages bororo du Rio Vermelho, qui est un affluent du São Lourenço.

Comment nous avons passé, je ne sais; le voyage reste dans mon souvenir comme un cauchemar confus : campements interminables pour vaincre quelques mètres d'obstacle, chargements et déchargements, étapes où nous étions si épuisés par le déplacement des rondins devant le camion, chaque fois qu'il avait réussi à progresser d'une longueur, que nous nous endormions à même le sol pour être, en pleine nuit, réveillés par un grondement venu des profondeurs de la terre : c'étaient les termites qui montaient à l'assaut de nos vêtements, et qui déjà couvraient d'une nappe grouillante l'extérieur des capes caoutchoutées qui nous servaient d'imperméables et de tapis de sol. Enfin, un matin, notre camion s'est laissé descendre vers le São Lourenço signalé par le brouillard épais de la vallée. Avec le sentiment d'avoir accompli une prouesse, nous nous annoncions à grands coups d'avertisseur. Pourtant, nul enfant ne venait à notre rencontre.

Nous débouchons sur la rive, entre quatre ou cinq huttes silencieuses. Personne; tout était inhabité, et une rapide inspection nous convainquit que le hameau était abandonné.

A bout de nerfs après les efforts des jours précédents, nous nous sentions désespérés. Fallait-il renoncer? Avant de prendre le chemin du retour, nous ferions une dernière tentative. Chacun partirait dans une direction et explorerait les alentours. Vers le soir, nous étions tous rentrés bredouilles, sauf le chauffeur qui avait découvert une famille de pêcheurs dont il ramenait l'homme. Celui-ci, barbu et la peau d'une blancheur malsaine comme si elle avait trop longtemps séjourné dans le fleuve, expliqua que la fièvre jaune avait frappé six mois auparavant; les survivants s'étaient dispersés. Mais en amont, on trouverait encore quelques personnes et une pirogue supplémentaire. Viendrait-il? Certes; depuis des mois, sa famille et lui-même vivaient entièrement du poisson de la rivière. Chez les Indiens, il se procurerait du manioc, des plants de tabac et nous lui payerions un peu d'argent. Sur ces bases, il garantissait l'acceptation de l'autre piroguier que nous prendrions au passage.

J'aurai l'occasion de décrire d'autres voyages en pirogue, qui sont restés mieux présents à ma pensée que celui-là. Je passe donc vite sur ces huit jours consacrés à remonter un courant grossi par les pluies quotidiennes. Nous déjeunions une fois sur une petite grève quand nous entendîmes un froissement : c'était un boa long de sept mètres que notre conversation avait réveillé. Il fallut plusieurs balles pour en venir à bout, car ces animaux sont indifférents aux blessures dans le corps : il faut frapper la tête; en le dépouillant – ce qui prit une demi-journée – nous lui trouvâmes dans les entrailles une douzaine de petits près de naître et déjà vivants, que le soleil fit périr. Et puis un jour, juste après avoir tiré avec succès une *irara*, qui est une sorte de blaireau, nous aperçûmes deux formes nues qui s'agitaient sur la berge : nos premiers Bororo. On accoste, on essaie de parler : ils ne savent guère qu'un mot portugais : *fumo* – tabac – qu'ils prononcent *sumo* (les anciens missionnaires ne disaient-ils pas que les Indiens ètaient « sans foi, sans loi,

sans roi », parce qu'ils ne reconnaissaient dans leur
phonétique ni *f*, ni *l*, ni *r*?). Cultivateurs eux-mêmes, leur
produit n'a pas la concentration du tabac fermenté et
roulé en corde dont nous les approvisionnons libéralement. Par gestes, nous leur expliquons que nous allons
vers leur village; ils nous font comprendre que nous y
arriverons le soir même; ils nous devanceront pour nous
annoncer; et ils disparaissent dans la forêt.

Quelques heures plus tard, nous accostons une berge
argileuse en haut de laquelle nous apercevons les huttes.
Une demi-douzaine d'hommes nus, rougis à l'urucu
depuis les orteils jusqu'à la pointe des cheveux, nous
accueillent avec des éclats de rire, nous aident à débar-
quer, transportent les bagages. Et nous voici dans une
grande hutte logeant plusieurs familles; le chef du village
a libéré un coin à notre intention; lui-même résidera
pendant notre séjour de l'autre côté du fleuve.

XXII

BONS SAUVAGES

Dans quel ordre décrire ces impressions profondes et confuses qui assaillent le nouvel arrivé dans un village indigène dont la civilisation est restée relativement intacte? Chez les Kaingang comme chez les Caduveo, dont les hameaux semblables à ceux des paysans voisins retiennent surtout l'attention par un excès de misère, la réaction initiale est celle de la lassitude et du découragement. Devant une société encore vivante et fidèle à sa tradition, le choc est si fort qu'il déconcerte : dans cet écheveau aux mille couleurs, quel fil faut-il suivre d'abord et tenter de débrouiller? En évoquant les Bororo qui furent ma première expérience de ce type, je retrouve les sentiments qui m'envahirent au moment où j'entamai la plus récente, parvenant au sommet d'une haute colline dans un village kuki de la frontière birmane, après des heures passées sur les pieds et les mains à me hisser le long des pentes, transformées en boue glissante par les pluies de la mousson qui tombaient sans arrêt : épuisement physique, faim, soif et trouble mental, certes; mais ce vertige d'origine organique est tout illuminé par des perceptions de formes et de couleurs; habitations que leur taille rend majestueuses en dépit de leur fragilité, mettant en œuvre des matériaux et des techniques connues de nous par des expressions naines : car ces demeures, plutôt que bâties, sont nouées, tressées, tissées, brodées et patinées par l'usage; au lieu d'écraser l'habitant sous la masse indifférente des pierres, elles réagissent avec souplesse à sa présence et à ses mouvements; à l'inverse de ce qui se passe chez nous, elles restent toujours assujetties à l'homme. Autour de ses occupants, le village se dresse comme une légère et élastique armure; proche des chapeaux de nos femmes plutôt que de nos villes : parure monumentale, qui préserve un peu de la vie des arceaux et des feuillages dont l'habileté des constructeurs a su concilier la naturelle aisance avec leur plan exigeant.

La nudité des habitants semble protégée par le velours herbu des parois et la frange des palmes : ils se glissent hors de leurs demeures comme ils se dévêtiraient de géants peignoirs d'autruche. Joyaux de ces écrins duveteux, les corps possèdent des modelés affinés et des tonalités rehaussées par l'éclat des fards et des peintures, supports – dirait-on – destinés à mettre en valeur des ornements plus splendides : touches grasses et brillantes des dents et crocs d'animaux sauvages, associées aux plumes et aux fleurs. Comme si une civilisation entière conspirait dans une même tendresse passionnée pour les formes, les substances et les couleurs de la vie; et, pour retenir autour du corps humain sa plus riche essence, s'adressait – entre toutes ses productions – à celles qui sont au plus haut point durables ou bien fugitives, mais qui, par une curieuse rencontre, en sont les dépositaires privilégiées.

Tout en procédant à notre installation dans l'angle d'une vaste hutte, je me laissais imprégner de ces images plutôt que je ne les appréhendais. Quelques détails se mettaient en place. Si les habitations conservaient toujours la disposition et les dimensions traditionnelles, leur architecture avait déjà subi l'influence néo-brésilienne : leur plan était rectangulaire et non plus ovale, et bien que les matériaux de la toiture et des parois fussent identiques : branchages supportant une couverture de palmes, les deux parties étaient distinctes et la toiture elle-même était à double pente au lieu d'arrondie et descendant presque jusqu'au sol. Pourtant, le village de Kejara où nous venions d'arriver restait avec les deux autres qui composent le groupe du Rio Vermelho : Pobori et Jarudori, un des derniers où l'action des Salésiens ne s'était pas trop exercée. Car ces missionnaires qui, avec le service de Protection, sont parvenus à mettre un terme aux conflits entre Indiens et colons, ont mené simultanément d'excellentes enquêtes ethnographiques (nos meilleures sources sur les Bororo, après les études plus anciennes de Karl von den Steinen) et une entreprise d'extermination méthodique de la culture indigène. Deux faits montraient bien dans Kejara un des derniers bastions de l'indépendance : c'était d'abord la résidence du soi-disant chef de tous les villages du Rio Vermelho : personnage hautain et énigmatique, ignorant le portugais ou faisant étalage d'ignorance; attentif à nos besoins et spéculant sur notre présence; mais, pour des raisons de prestige autant que linguistiques, évitant de communiquer avec moi sinon par l'intermédiaire des membres de son conseil dans la compagnie desquels il prenait toutes ses décisions.

En second lieu, à Kejara habitait un indigène qui devait être mon interprète et mon principal informateur. Cet homme, âgé de trente-cinq ans environ, parlait assez bien portugais. A l'en croire, il avait su le lire et l'écrire (bien qu'il en fût devenu incapable), fruit d'une éducation à la mission. Fiers de leur succès, les Pères l'avaient envoyé à Rome où il avait été reçu par le Saint-Père. A son retour, on voulut, paraît-il, le marier chrétiennement et sans tenir compte des règles traditionnelles. Cette tentative détermina chez lui une crise spirituelle dont il sortit reconquis au vieil idéal bororo : il alla s'installer à Kejara où il menait depuis dix ou quinze ans une vie exemplaire de sauvage. Tout nu, peint de rouge, le nez et la lèvre inférieure transpercés de la barrette et du labret, emplumé, l'Indien du pape se révéla merveilleux professeur en sociologie bororo.

Pour le moment, nous étions entourés de quelques dizaines d'indigènes qui discutaient entre eux à grand renfort d'éclats de rire et de bourrades. Les Bororo sont les plus grands et les mieux bâtis des Indiens du Brésil. Leur tête ronde, leur face allongée aux traits réguliers et vigoureux, leur carrure d'athlète évoquent certains types patagons auxquels il faut peut-être les rattacher au point de vue racial. Ce type harmonieux se retrouve rarement chez les femmes, en général plus petites, malingres avec des traits irréguliers. Dès l'abord, la jovialité masculine faisait un singulier contraste avec l'attitude rébarbative de l'autre sexe. Malgré les épidémies qui ravageaient la région, la population frappait par son apparence de santé. Il y avait pourtant un lépreux dans le village.

Les hommes étaient complètement nus, hors le petit cornet de paille coiffant l'extrémité de la verge et maintenu en place par le prépuce, étiré à travers l'ouverture et formant bourrelet au-dehors. La plupart s'étaient vermillonnés de la tête aux pieds à l'aide de grains d'urucu pilés dans la graisse. Même les cheveux, pendant sur les épaules ou taillés en rond au niveau des oreilles, étaient couverts de cette pâte, offrant ainsi l'aspect d'un casque. Ce fond de teint s'agrémentait d'autres peintures : fer à cheval en résine noire brillante, couvrant le front et se terminant sur les deux joues à la hauteur de la bouche; barrettes de duvet blanc collé sur les épaules et les bras; ou poudrage micacé des épaules et du buste avec de la nacre pilée. Les femmes portaient un pagne de coton imprégné d'urucu autour d'une ceinture rigide d'écorce, maintenant un ruban d'écorce blanche battue, plus souple, qui passait entre les cuisses. Leur poitrine était traversée par un double écheveau de bandoulières en coton finement tressé. Cette tenue se complétait par des bandelettes de coton, serrées autour des chevilles, des biceps et des poignets.

Peu à peu tout ce monde s'en alla; nous partagions la hutte, qui mesurait approximativement douze mètres sur cinq mètres, avec le ménage silencieux et hostile d'un sorcier, et une vieille veuve nourrie par la charité de quelques parents habitant des huttes voisines, mais qui, souvent négligée, chantait pendant des heures le deuil de ses cinq maris successifs et l'heureux temps où elle ne manquait jamais de manioc, de maïs, de gibier et de poisson.

Déjà des chants se modulaient au-dehors dans une langue basse, sonore et gutturale, aux articulations bien frappées. Seuls les hommes chantent; et leur unisson, les mélodies simples et cent fois répétées, l'opposition entre des solos et des ensembles, le style mâle et tragique, évoquent les chœurs guerriers de quelque *Männerbund* germanique. Pourquoi ces chants? A cause de l'*irara*, m'expliquait-on. Nous avions apporté notre gibier et il était nécessaire d'accomplir sur lui, avant de pouvoir le consommer, un rituel compliqué d'apaisement de son esprit et de consécration de la chasse. Trop épuisé pour être bon ethnographe, je m'endormis dès la chute du jour d'un sommeil agité par la fatigue et les chants, qui durèrent jusqu'à l'aube. Ce serait d'ailleurs la même chose jusqu'à la fin de notre visite : les nuits étaient dédiées à la vie religieuse, les indigènes dormaient du lever du soleil à la mi-journée.

A part quelques instruments à vent qui firent leur apparition à des moments prescrits du rituel, le seul accompagnement des voix se réduisait aux hochets de calebasse remplis de gravier agités par les coryphées. C'était un émerveillement de les entendre : tantôt déchaînant ou arrêtant les voix d'un coup sec; tantôt meublant les silences du crépitement de leur instrument, modulé en crescendos et decrescendos prolongés; tantôt enfin dirigeant les danseurs par des alternances de silences et de bruits dont la durée, l'intensité et la qualité étaient si variées qu'un chef d'orchestre de nos grands concerts n'aurait pas mieux su indiquer sa volonté. Rien d'étonnant à ce qu'autrefois, les indigènes et les missionnaires eux-mêmes aient cru, dans d'autres tribus, entendre les démons parler par l'intermédiaire des hochets! On sait d'ailleurs que si des illusions anciennes ont été dissipées au sujet de ces prétendus « langages tambourinés » il paraît probable que, chez certains peuples au moins, ils sont fondés sur un véritable codage de la langue, réduite à quelques contours significatifs symboliquement exprimés.

Avec le jour, je me lève pour une visite au village; je trébuche à la porte sur de lamentables volatiles : ce sont les araras domestiques que les Indiens encouragent à vivre dans le village pour les plumer vivants et se procurer ainsi la matière première de leurs coiffures. Dénudés et incapables de voler, les oiseaux ressemblent à des poulets prêts pour la broche et affublés d'un bec d'autant plus énorme que le volume de leur corps a diminué de moitié. Sur les toits, d'autres araras ayant déjà récupéré leur parure se tiennent gravement perchés, emblèmes héraldiques émaillés de gueules et d'azur.

Je me trouve au milieu d'une clairière bordée d'un côté par le fleuve et de tous les autres, par des lambeaux de forêt dissimulant les jardins, et laissant apercevoir entre les arbres un fond de collines aux pans escarpés de grès rouge. Le pourtour est occupé par des huttes – vingt-six exactement – semblables à la mienne et disposées en cercle, sur un seul rang. Au centre, une hutte, longue de vingt mètres environ et large de huit mètres, beaucoup plus grande que les autres par conséquent. C'est le *baitemannageo*, maison des hommes où dorment les célibataires et où la population masculine passe la journée quand elle n'est pas occupée à la pêche et à la chasse, ou encore par quelque cérémonie publique sur le terrain de danse : emplacement ovale délimité par des pieux sur le flanc ouest de la maison des hommes. L'accès de cette dernière est rigoureusement interdit aux femmes; celles-ci possèdent les maisons périphériques, et leurs maris

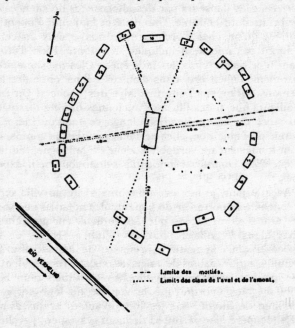

- - - Limite des moitiés.
...... Limite des clans de l'aval et de l'amont.

Fig. 22. – *Plan du village de Kejara.*

font, plusieurs fois par jour, l'aller et retour entre leur club et le domicile conjugal, suivant le sentier qui les relie l'un à l'autre à travers la broussaille de la clairière. Vu du haut d'un arbre ou d'un toit, le village bororo est semblable à une roue de charrette dont les maisons familiales dessineraient le cercle, les sentiers, les rayons, et au centre de laquelle la maison des hommes figurerait le moyeu.

Ce plan remarquable était jadis celui de tous les villages, sauf que leur population excédait de beaucoup la moyenne actuelle (cent cinquante personnes environ à Kejara); on disposait alors les maisons familiales en plusieurs cercles concentriques au lieu d'un. Les Bororo ne sont d'ailleurs pas seuls à posséder ces villages circulaires; avec des variations de détail, ils semblent typiques de toutes les tribus du groupe linguistique gé qui occupent le plateau brésilien central, entre les rivières Araguaya et São Francisco, et dont les Bororo sont probablement les représentants les plus méridionaux. Mais nous savons que leurs voisins les plus proches vers le nord, les Cayapo, qui habitent sur la rive droite du Rio das Mortes et chez lesquels on a pénétré depuis une dizaine d'années seulement, construisent leurs villages de façon similaire, comme font aussi les Apinayé, les Sherenté et les Canella.

La distribution circulaire des huttes autour de la maison des hommes est d'une telle importance, en ce qui concerne la vie sociale et la pratique du culte, que les missionnaires salésiens de la région du Rio das Garças ont vite appris que le plus sûr moyen de convertir les Bororo consiste à leur faire abandonner leur village pour un autre où les maisons sont disposées en rangées parallèles. Désorientés par rapport aux points cardinaux, privés du plan qui fournit un argument à leur savoir, les indigènes perdent rapidement le sens des traditions, comme si leurs systèmes social et religieux (nous allons voir qu'ils sont indissociables) étaient trop compliqués pour se passer du schéma rendu patent par le plan du village et dont leurs gestes quotidiens rafraîchissent perpétuellement les contours.

Disons à la décharge des Salésiens qu'ils ont pris une

peine extrême pour comprendre cette structure difficile
et en préserver le souvenir. Allant chez les Bororo, il faut
d'abord s'être nourri de leurs travaux. Mais en même
temps, c'était une tâche urgente que de confronter leurs
conclusions à d'autres, obtenues dans une région où ils
n'avaient pas encore pénétré et où le système gardait sa
vitalité. Guidé par les documents déjà publiés, je m'employai donc à obtenir de mes informateurs une analyse
de la structure de leur village. Nous passions nos journées à circuler de maison en maison, recensant les
habitants, établissant leur état civil, et traçant avec des
baguettes sur le sol de la clairière les lignes idéales
délimitant les secteurs auxquels s'attachent des réseaux
compliqués de privilèges, de traditions, de grades hiérar-
chiques, de droits et d'obligations. Pour simplifier mon
exposé, je redresserai – si j'ose dire – les orientations; car
les directions de l'espace, telles que les indigènes les
pensent, ne correspondent jamais exactement aux lectures sur la boussole.

Le village circulaire de Kejara est tangent à la rive
gauche du Rio Vermelho. Celui-ci coule dans une direction approximative est-ouest. Un diamètre du village,
théoriquement parallèle au fleuve, partage la population
en deux groupes : au nord, les Cera (prononcer *tchéra*; je
trancris tous les termes au singulier), au sud, les Tugaré.
Il semble – mais le point n'est pas absolument certain –
que le premier terme signifie : faible, et le second : fort.
Quoi qu'il en soit, la division est essentielle pour deux
raisons : d'abord, un individu appartient toujours à la
même moitié que sa mère, ensuite, il ne peut épouser
qu'un membre de l'autre moitié. Si ma mère est cera, je le
suis aussi et ma femme sera tugaré.

Les femmes habitent et héritent les maisons où elles
sont nées. Au moment de son mariage, un indigène
masculin traverse donc la clairière, franchit le diamètre
idéal qui sépare les moitiés et s'en va résider de l'autre
côté. La maison des hommes tempère ce déracinement
puisque sa position centrale empiète sur le territoire des
deux moitiés. Mais les règles de résidence expliquent que
la porte qui donne en territoire cera s'appelle porte
tugaré, et celle en territoire tugaré porte cera. En effet,

leur usage est réservé aux hommes, et tous ceux qui résident dans un secteur sont originaires de l'autre et inversement.

Dans les maisons de famille, un homme marié ne se sent donc jamais chez lui : sa maison où il est né et où s'attachent ses impressions d'enfance est située de l'autre côté : c'est la maison de sa mère et de ses sœurs, maintenant habitée par leurs maris. Néanmoins, il y retourne quand il veut : sûr d'être toujours bien accueilli. Et quand l'atmosphère du domicile conjugal lui paraît trop lourde (par exemple si ses beaux-frères y sont en visite) il peut aller dormir dans la maison des hommes où il retrouve ses souvenirs d'adolescent, la camaraderie masculine et une ambiance religieuse nullement exclusive de la poursuite d'intrigues avec des filles non mariées.

Les moitiés ne règlent pas seulement les mariages, mais d'autres aspects de la vie sociale. Chaque fois qu'un membre d'une moitié se découvre sujet de droit ou de devoir, c'est au profit ou avec l'aide de l'autre moitié. Ainsi les funérailles d'un Cera sont conduites par les Tugaré et réciproquement. Les deux moitiés du village sont donc des partenaires, et tout acte social ou religieux implique l'assistance du vis-à-vis qui joue le rôle complémentaire de celui qui vous est dévolu. Cette collaboration n'exclut pas la rivalité : il y a un orgueil de moitié et des jalousies réciproques. Imaginons donc une vie sociale à l'exemple de deux équipes de football qui, au lieu de chercher à contrarier leurs stratégies respectives, s'appliqueraient à se servir l'une l'autre et mesureraient l'avantage au degré de perfection et de générosité qu'elles réussiraient chacune à atteindre.

Passons maintenant à un nouvel aspect : un second diamètre, perpendiculaire au précédent, recoupe les moitiés selon un axe nord-sud. Toute la population née à l'est de cet axe est dite : de l'amont, et celle née à l'ouest : de l'aval. Au lieu de deux moitiés, nous avons donc quatre sections, les Cera et les Tugaré étant au même titre pour partie d'un côté et pour partie de l'autre. Malheureusement, aucun observateur n'est encore parvenu à comprendre le rôle exact de cette seconde division dont on discute même la réalité.

En outre, la population est distribuée en clans. Ce sont des groupes de familles qui se considèrent parentes par les femmes à partir d'un ancêtre commun. Celui-ci est de nature mythologique, parfois même oublié. Disons donc que les membres du clan se reconnaissent au port du même nom. Il est probable que, dans le passé, les clans étaient au nombre de huit : quatre pour les Cera et quatre pour les Tugaré. Mais dans le cours du temps, certains se sont éteints; d'autres se sont subdivisés. La situation empirique est donc confuse. Quoi qu'il en soit, il reste vrai que les membres d'un clan – à l'exception des hommes mariés – habitent tous la même hutte ou des huttes adjacentes. Chaque clan a donc sa position sur le cercle des maisons : il est cera ou tugaré, de l'amont ou de l'aval, ou encore réparti en deux sous-groupes par cette dernière division qui, aussi bien d'un côté que de l'autre, passe au travers des habitations d'un clan déterminé.

Comme si les choses n'étaient pas encore assez compliquées, chaque clan comprend des sous-groupes héréditaires, en ligne féminine également. Ainsi, il y a dans chaque clan des familles « rouges » et d'autres « noires ». De plus, il semble qu'autrefois chaque clan était divisé en trois grades : les supérieurs, les moyens et les inférieurs; peut-être y a-t-il un reflet, ou une transposition, des castes hiérarchisées des Mbaya-Caduveo; j'y reviendrai. Cette hypothèse est rendue probable du fait que ces grades paraissent avoir été endogames : un supérieur ne pou-

Fig. 23. – *Arcs ornés d'anneaux d'écorce disposés de manière caractéristique selon le clan du propriétaire.*

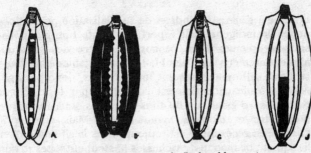

Fig. 24. – *Empennes de flèches blasonnées.*

vant épouser qu'un supérieur (de l'autre moitié); un moyen, un moyen et un inférieur, un inférieur. Nous sommes réduits aux suppositions en raison de l'effondrement démographique des villages bororo. Maintenant qu'ils comptent cent à deux cents habitants au lieu d'un millier ou plus, il ne reste plus assez de familles pour meubler toutes les catégories. Seule, la règle des moitiés est strictement respectée (bien que certains clans seigneuriaux en soient peut-être exemptés); pour le reste, les indigènes improvisent des solutions boiteuses en fonction des possibilités.

La distribution de la population en clans constitue sans doute la plus importante de ces « donnes » à quoi la société bororo semble se complaire. Dans le cadre du système général des mariages entre moitiés, les clans ont jadis été unis par des affinités spéciales : un clan cera s'alliant de préférence avec un, deux ou trois clans tugaré et réciproquement. De plus, les clans ne jouissent pas tous du même statut. Le chef du village est choisi obligatoirement dans un clan déterminé de la moitié cera, avec transmission héréditaire du titre en ligne féminine, de l'oncle maternel au fils de sa sœur. Il y a des clans « riches » et des clans « pauvres ». En quoi consistent ces différences de richesses? Arrêtons-nous un instant sur ce point.

Notre conception de la richesse est principalement économique; si modeste que soit le niveau de vie des Bororo, chez eux comme chez nous, il n'est pas identique pour tous. Certains sont meilleurs chasseurs ou pêcheurs, plus chanceux ou plus industrieux que les autres. On observe à Kejara des indices de spécialisation professionnelle. Un indigène était expert à la confection des polissoirs de pierre; il les échangeait contre des produits alimentaires et vivait, semble-t-il, confortablement. Pourtant ces différences restent individuelles, donc passagères. La seule exception est constituée par le chef, qui reçoit des prestations de tous les clans sous forme de nourriture et d'objets manufacturés. Mais comme il s'oblige en recevant, il est toujours dans la situation d'un banquier : beaucoup de richesses passent entre ses mains mais il ne les possède jamais. Mes collections d'objets religieux ont été faites en contrepartie de cadeaux immédiatement redistribués par le chef entre les clans, et qui lui ont servi à assainir sa balance commerciale.

La richesse statutaire des clans est d'une autre nature. Chacun possède un capital de mythes, de traditions, de danses, de fonctions sociales et religieuses. A leur tour, les mythes fondent des privilèges techniques qui sont un des traits les plus curieux de la culture bororo. Presque tous les objets sont blasonnés, d'une façon permettant d'identifier le clan et le sous-clan du propriétaire. Ces privilèges consistent dans l'utilisation de certaines plumes, ou couleurs de plumes; dans la façon de les tailler ou de les échancrer; dans la disposition de plumes d'espèces et de couleurs différentes; dans l'exécution de certains travaux décoratifs : tressages de fibres ou mosaïques de plumes; dans l'emploi de thèmes spéciaux, etc. Ainsi les arcs cérémoniels sont-ils ornés de plumes ou d'anneaux d'écorce selon des canons prescrits pour chaque clan; la tige des flèches porte à la base, entre les plumes d'empenne, une ornementation spécifique; les éléments en nacre des labrets articulés sont découpés en figures : ovale, pisciforme, rectangulaire, diverses selon les clans; la couleur des franges varie; les diadèmes de plumes portés dans les danses sont munis d'un insigne (généralement une plaquette de bois couverte d'une mosaïque de fragments de plumes collés) se rapportant au clan du propriétaire. Les jours de fête, les étuis péniens eux-mêmes sont surmontés d'un ruban de paille rigide, décoré ou ciselé aux couleurs et aux formes du clan, étendard bizarrement porté!

Tous ces privilèges (qui sont d'ailleurs négociables) font l'objet d'une surveillance jalouse et querelleuse. Il est inconcevable, dit-on, qu'un clan s'empare des prérogatives d'un autre : une lutte fratricide s'ouvrirait. Or, de ce point de vue, les différences entre clans sont énormes : certains sont luxueux, d'autres minables ; il suffit d'inventorier le mobilier des huttes pour s'en convaincre. Plutôt que riches et pauvres, nous les distinguerions en rustiques et en raffinés.

L'équipement matériel des Bororo se caractérise par sa simplicité alliée à une rare perfection d'exécution. L'outillage est resté archaïque, en dépit des haches et des couteaux distribués jadis par le Service de Protection. S'ils ont recours aux instruments de métal pour les gros travaux, les indigènes continuent à finir les massues pour assommer le poisson, les arcs et les flèches de bois dur délicatement barbelé, avec un outil qui tient de l'herminette et du burin, et qu'ils utilisent en toute occasion comme nous faisons d'un couteau de poche : il consiste en une incisive recourbée du *capivara*, rongeur des berges fluviales, fixée latéralement par une ligature à l'extrémité d'un manche. A part les nattes et paniers de vanne-

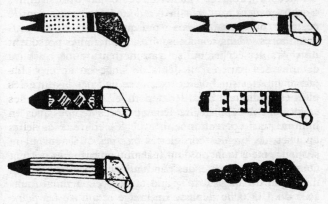

Fig. 25. – *Etuis péniens blasonnés.*

rie, les armes et l'outillage – d'os ou de bois – des hommes, le bâton à fouir des femmes qui sont responsables des travaux agricoles, l'équipement d'une hutte se réduit à fort peu de choses : des récipients en calebasse; d'autres en poterie noire : bassins hémisphériques et écuelles prolongées sur le côté par un manche à la façon d'une louche. Ces objets offrent des formes très pures soulignées par l'austérité de la matière. Chose curieuse : il semble que, jadis, la poterie bororo ait été décorée et qu'une prohibition religieuse relativement récente ait éliminé cette technique. Peut-être faut-il expliquer de la même façon que les indigènes n'exécutent plus de peintures rupestres comme on en trouve encore dans les abris sous roche de la *chapada* : on y reconnaît pourtant de nombreux thèmes de leur culture. Pour plus de certitude, j'ai demandé une fois que l'on décorât à mon intention une grande feuille de papier. Un indigène se mit à l'œuvre, avec de la pâte d'urucu et de la résine; et bien que les Bororo aient perdu le souvenir de l'époque où ils peignaient les parois rocheuses et qu'ils ne fréquentent plus guère les escarpements où elles se trouvent, le tableau qui me fut remis semblait une peinture rupestre en réduction.

Par contraste avec l'austérité des objets utilitaires, les Bororo placent tout leur luxe et leur imagination dans le costume, ou tout au moins – puisque celui-ci est des plus sommaires – dans ses accessoires. Les femmes possèdent de véritables écrins, qui se transmettent de mère à fille : ce sont des parures en dents de singe ou en crocs de jaguar montés sur bois et fixés avec de fines ligatures. Si elles revendiquent ainsi les dépouilles de la chasse, elles se prêtent à l'épilage de leurs propres tempes par les hommes qui confectionnent, avec les cheveux de leurs épouses, de longues cordelettes tressées qu'ils enroulent sur leur tête à la façon d'un turban. Les hommes portent aussi, les jours de fête, des pendentifs en croissant formés d'une paire d'ongles du grand tatou – cet animal fouisseur dont la taille dépasse un mètre et qui s'est à peine transformé depuis l'ère tertiaire – agrémentés d'incrustations de nacre, de franges de plumes ou de coton. Les becs de toucans fixés sur des tiges emplumées, les gerbes

d'aigrettes, les longues plumes de la queue des araras
jaillissant de fuseaux en bambou ajourés et couverts de
blanc duvet collé, hérissent leurs chignons – naturels ou
artificiels – comme des épingles à cheveux équilibrant
par-derrière les diadèmes de plumes cerclant le front.
Parfois, ces ornements sont combinés en une coiffure
composite qui demande plusieurs heures pour être mise
en place sur la tête du danseur. J'en ai acquis une pour le
Musée de l'Homme en échange d'un fusil, et après des
négociations qui se prolongèrent pendant huit jours. Elle
était indispensable au rituel, et les indigènes ne pouvaient s'en défaire qu'après avoir reconstitué à la chasse
l'assortiment de plumes prescrites, pour en confectionner
une autre. Elle se compose d'un diadème en forme
d'éventail; d'une visière de plumes couvrant la partie
supérieure du visage; d'une haute couronne cylindrique
entourant la tête, en baguettes surmontées de plumes de
l'aigle-harpie; et d'un disque de vannerie servant à piquer
un buisson de tiges encollées de plumes et de duvet.
L'ensemble atteint presque deux mètres de hauteur.

Même s'ils ne sont pas en tenue cérémonielle, le goût
de l'ornement est si vif que les hommes improvisent
constamment des parures. Beaucoup portent des couronnes : bandeaux de fourrures ornés de plumes, anneaux de
vannerie également emplumés, tortils d'ongles de jaguar
montés sur un cercle de bois. Mais beaucoup moins suffit
à les ravir : un ruban de paille séchée, ramassé par terre,
rapidement arrondi et peint, fait une coiffure fragile sous
laquelle le porteur paradera jusqu'à ce qu'il lui préfère
une fantaisie inspirée par une autre trouvaille; parfois,
dans le même but, un arbre sera dépouillé de ses fleurs.
Un morceau d'écorce, quelques plumes fournissent aux
inlassables modistes prétexte à une sensationnelle création de pendants d'oreilles. Il faut pénétrer dans la
maison des hommes pour mesurer l'activité dépensée par
ces robustes gaillards à se faire beaux : dans tous les
coins, on découpe, on façonne, on cisèle, on colle; les
coquillages du fleuve sont débités en fragments et vigoureusement polis sur des meules pour faire les colliers et
les labrets; de fantastiques constructions de bambou et
de plumes s'échafaudent. Avec une application d'habil-

leuse, des hommes à carrure de portefaix se transforment mutuellement en poussins, au moyen de duvet collé à même la peau.

Si la maison des hommes est un atelier, elle est aussi autre chose. Les adolescents y dorment; aux heures oisives, les hommes mariés y font la sieste, bavardent et fument leurs grosses cigarettes enroulées dans une feuille sèche de maïs. Ils y prennent aussi certains repas, car un minutieux système de corvées oblige les clans, à tour de rôle, au service du *baitemannageo*. Toutes les deux heures environ, un homme va chercher dans sa hutte familiale une bassine pleine de la bouillie de maïs appelée *mingáo*, préparée par les femmes. Son arrivée est saluée par de grands cris joyeux, *au, au*, qui rompent le silence de la journée. Avec un cérémonial fixe, le prestataire invite six ou huit hommes et les conduit devant la nourriture où ils puisent avec une écuelle de poterie ou de coquillage. J'ai déjà dit que l'accès de la maison est interdit aux femmes. C'est vrai pour les femmes mariées, car les adolescentes célibataires évitent spontanément de s'en approcher, sachant bien quel serait leur sort. Si, par inadvertance ou provocation, elles traînent trop près, il pourra arriver qu'on les capture pour abuser d'elles. Elles devront d'ailleurs y pénétrer volontairement, une fois dans leur vie, pour présenter leur demande à leur futur mari.

XXIII

LES VIVANTS ET LES MORTS

Atelier, club, dortoir et maison de passe, le *baitemanna-geo* est enfin un temple. Les danseurs religieux s'y prépa-rent, certaines cérémonies s'y déroulent hors de la pré-sence des femmes; ainsi la fabrication et la giration des rhombes. Ce sont des instruments de musique en bois, richement peints, dont la forme évoque celle d'un poisson aplati, leur taille variant entre trente centimètres environ et un mètre et demi. En les faisant tournoyer au bout d'une cordelette, on produit un grondement sourd attri-bué aux esprits visitant le village, dont les femmes sont censées avoir peur. Malheur à celle qui verrait un rhombe : aujourd'hui encore, il y a de fortes chances pour qu'elle soit assommée. Quand, pour la première fois, j'assistai à leur confection, on essaya de me persuader qu'il s'agissait d'instruments culinaires. L'extrême répu-gnance qu'on montra à m'en céder un lot s'expliquait moins par le travail à recommencer que par la crainte que je ne trahisse le secret. Il fallut qu'en pleine nuit je me rendisse à la maison des hommes avec une cantine. Les rhombes empaquetés y furent déposés et la cantine verrouillée; et on me fit promettre de ne rien ouvrir avant Cuiaba.

Pour l'observateur européen, les travaux à nos yeux difficilement compatibles de la maison des hommes s'har-monisent de façon presque scandaleuse. Peu de peuples sont aussi profondément religieux que les Bororo, peu ont un système métaphysique aussi élaboré. Mais les croyances spirituelles et les habitudes quotidiennes se

Fig. 26. – *Un rhombe.*

mêlent étroitement et il ne semble pas que les indigènes aient le sentiment de passer d'un système à un autre. J'ai retrouvé cette religiosité bon enfant dans les temples bouddhistes de la frontière birmane où les bonzes vivent et dorment dans la salle affectée au culte, rangeant au pied de l'autel leurs pots de pommade et leur pharmacie personnelle et ne dédaignant pas de caresser leurs pupilles entre deux leçons d'alphabet.

Ce sans-gêne vis-à-vis du surnaturel m'étonnait d'autant plus que mon seul contact avec la religion remonte à une enfance déjà incroyante, alors que j'habitais pendant la Première Guerre mondiale chez mon grand-père, qui était rabbin de Versailles. La maison, adjacente à la synagogue, lui était reliée par un long corridor intérieur où l'on ne se risquait pas sans angoisse, et qui formait à lui seul une frontière impassable entre le monde profane, et celui auquel manquait précisément cette chaleur humaine qui eût été une condition préalable à sa perception comme sacré. En dehors des heures de culte, la synagogue restait vide et son occupation temporaire n'était jamais assez prolongée ni fervente pour meubler l'état de désolation qui paraissait lui être naturel, et que les offices dérangeaient de façon incongrue. Le culte familial souffrait de la même sécheresse. A part la prière muette de mon grand-père au début de chaque repas, rien d'autre ne signalait aux enfants qu'ils vivaient soumis à la reconnaissance d'un ordre supérieur, sinon une banderole de papier imprimé fixée au mur de la salle à manger et qui disait : « Mastiquez bien vos aliments, la digestion en dépend. »

Ce n'est pas que la religion eût plus de prestige chez les Bororo : bien au contraire, elle allait de soi. Dans la maison des hommes, les gestes du culte s'accomplissaient avec la même désinvolture que tous les autres, comme s'il s'agissait d'actes utilitaires exécutés pour leur résultat, sans réclamer cette attitude respectueuse qui s'impose même à l'incroyant quand il pénètre dans un sanctuaire. Cet après-midi, on chante dans la maison des hommes comme préparation au rituel public de la soirée. Dans un coin, des garçons ronflent ou bavardent, deux ou trois hommes chantonnent en agitant les hochets, mais si l'un d'eux a envie d'allumer une cigarette ou si c'est son tour de puiser dans la bouillie de maïs, il passe l'instrument à un voisin qui enchaîne, ou même il continue d'une main en se grattant de l'autre. Qu'un danseur se pavane pour faire admirer sa dernière création, tout le monde s'arrête et commente, l'office paraît oublié jusqu'à ce que, dans un autre coin, l'incantation reparte au point où elle avait été interrompue.

Et pourtant, la signification de la maison des hommes dépasse encore celle qui s'attache au centre de la vie sociale et religieuse que j'ai essayé de décrire. La structure du village ne permet pas seulement le jeu raffiné des institutions : elle résume et assure les rapports entre l'homme et l'univers, entre la société et le monde surnaturel, entre les vivants et les morts.

Avant d'aborder ce nouvel aspect de la culture bororo, il faut que j'ouvre une parenthèse à propos des rapports entre morts et vivants. Sans quoi il serait difficile de comprendre la solution particulière que la pensée bororo donne à un problème universel et qui est remarquablement similaire à celle qu'on rencontre à l'autre bout de l'hémisphère occidental, chez les populations des forêts et prairies du nord-est de l'Amérique septentrionale, comme les Ojibwa, les Menomini et les Winnebago.

Il n'existe probablement aucune société qui ne traite

ses morts avec égards. Aux frontières mêmes de l'espèce, l'homme de Neanderthal enterrait aussi ses défunts dans des tombes sommairement aménagées. Sans doute les pratiques funéraires varient selon les groupes. Dira-t-on que cette diversité est négligeable, compte tenu du sentiment unanime qu'elle recouvre? Même quand on s'efforce de simplifier à l'extrême les attitudes envers les morts observées dans les sociétés humaines, on est obligé de respecter une grande division entre les pôles de laquelle le passage s'opère par tout une série d'intermédiaires.

Certaines sociétés laissent reposer leurs morts; moyennant des hommages périodiques, ceux-ci s'abstiendront de troubler les vivants; s'ils reviennent les voir, ce sera par intervalles et dans des occasions prévues. Et leur visite sera bienfaisante, les morts garantissant par leur protection le retour régulier des saisons, la fécondité des jardins et des femmes. Tout se passe comme si un contrat avait été conclu entre les morts et les vivants : en échange du culte raisonnable qui leur est voué, les morts resteront chez eux, et les rencontres temporaires entre les deux groupes seront toujours dominées par le souci des intérêts des vivants. Un thème folklorique universel exprime bien cette formule; c'est celui du *mort reconnaissant*. Un riche héros rachète un cadavre à des créanciers qui s'opposent à l'enterrement. Il donne au mort une sépulture. Celui-ci apparaît en songe à son bienfaiteur et lui promet le succès, à condition que les avantages conquis fassent l'objet d'un partage équitable entre eux deux. En effet, le héros gagne vite l'amour d'une princesse qu'il parvient à sauver de nombreux périls avec l'aide de son protecteur surnaturel. Faudra-t-il en jouir de concert avec le mort? Mais la princesse est enchantée : moitié femme, moitié dragon ou serpent. Le mort revendique son droit, le héros s'incline et le mort, satisfait de cette loyauté, se contente de la portion maligne qu'il prélève, livrant au héros une épouse humanisée.

A cette conception s'en oppose une autre, également illustrée par un thème folklorique que j'appellerai : *le chevalier entreprenant*. Le héros est pauvre au lieu d'être riche. Pour tout bien, il possède un grain de blé qu'il parvient, à force d'astuce, à échanger contre un coq, puis un porc, puis un bœuf, puis un cadavre, lequel enfin il troque contre une princesse vivante. On voit qu'ici le mort est objet, et non plus sujet. Au lieu de partenaire avec qui l'on traite, c'est un instrument dont on joue pour une spéculation où le mensonge et la supercherie ont leur place. Certaines sociétés observent vis-à-vis de leurs morts une attitude de ce type. Elles leur refusent le repos, elles les mobilisent : littéralement parfois, comme c'est le cas du cannibalisme et de la nécrophagie quand ils sont fondés sur l'ambition de s'incorporer les vertus et les puissances du défunt; symboliquement aussi, dans les sociétés engagées dans des rivalités de prestige et où les participants doivent, si j'ose dire, appeler constamment les morts *à la rescousse*, cherchant à justifier leurs préro-gatives au moyen d'évocations des ancêtres et de triche-ries généalogiques. Plus que d'autres, ces sociétés se sentent troublées par les morts dont elles abusent. Elles pensent que ceux-ci leur rendent la monnaie de leur persécution : d'autant plus exigeants et querelleurs vis-à-vis des vivants que ces derniers cherchent à profiter d'eux. Mais qu'il s'agisse de partage équitable, comme dans le premier cas, ou de spéculation effrénée comme dans le second, l'idée dominante est que, dans les rap-ports entre morts et vivants, on ne saurait éviter de faire *part à deux*.

Entre ces positions extrêmes, il y a des conduites de transition : les Indiens de la côte ouest du Canada et les Mélanésiens font comparaître tous leurs ancêtres dans les cérémonies, les contraignant à témoigner en faveur de leurs descendants; dans certains cultes d'ancêtres, en Chine ou en Afrique, les morts gardent leur identité personnelle mais seulement pendant la durée de quel-ques générations : chez les Pueblo du sud-ouest des Etats-Unis, ils cessent tout de suite d'être personnalisés comme défunts mais se partagent un certain nombre de fonctions spéciales. Même en Europe, où les morts sont devenus apathiques et anonymes, le folklore conserve des vestiges de l'autre éventualité avec la croyance qu'il existe deux types de morts : ceux qui ont succombé à des causes naturelles et qui forment une cohorte d'ancêtres protecteurs; tandis que les suicidés, assassinés ou ensorcelés se changent en esprit malfaisants et jaloux.

Si nous nous bornons à considérer l'évolution de la civilisation occidentale, il n'est pas douteux que l'attitude spéculatrice s'est progressivement effacée au profit de la conception contractuelle des rapports entre morts et vivants, celle-ci faisant place à une indifférence annoncée peut-être par la formule de l'Evangile : laissez les morts ensevelir les morts. Mais il n'y a aucune raison de supposer que cette évolution corresponde à un modèle universel. Plutôt, il semble que toutes les cultures aient eu obscurément conscience des deux formules, mettant l'accent sur l'une d'elles tout en cherchant par des conduites superstitieuses à se garantir de l'autre côté (comme d'ailleurs nous continuons nous-mêmes à le faire, en dépit des croyances ou de l'incroyance avouées). L'originalité des Bororo, et des autres peuples que j'ai cités en exemple, provient de ce qu'ils se sont clairement formulé les deux possibilités, qu'ils ont construit un système de croyances et de rites correspondant à chacune; enfin, des mécanismes permettant de passer de l'une à l'autre, avec l'espoir de les concilier toutes deux.

Je m'exprimerais d'une façon imparfaite si je disais qu'il n'y a pas pour les Bororo de mort naturelle : un homme n'est pas pour eux un individu, mais une personne. Il fait partie d'un univers sociologique : le village qui existe de toute éternité, côte à côte avec l'univers physique, lui-même composé d'autres êtres animés : corps célestes et phénomènes météorologiques. Cela, en dépit du caractère temporaire des villages concrets, lesquels (en raison de l'épuisement des terrains de culture) restent rarement plus de trente ans au même endroit. Ce qui fait le village n'est donc ni son terroir ni ses huttes, mais une certaine structure qui a été décrite plus haut et que tout village reproduit. On comprend ainsi pourquoi, en contrariant la disposition traditionnelle des villages, les missionnaires détruisent tout.

Quant aux animaux, ils appartiennent pour partie au monde des hommes, surtout en ce qui concerne les poissons et les oiseaux, tandis que certains animaux terrestres relèvent de l'univers physique. Ainsi les Bororo considèrent-ils que leur forme humaine est transitoire : entre celle d'un poisson (par le nom duquel ils se désignent) et celle de l'arara (sous l'apparence duquel ils finiront leur cycle de transmigrations).

Si la pensée des Bororo (pareils en cela aux ethnographes) est dominée par une opposition fondamentale entre nature et culture, il s'ensuit que, plus sociologues encore que Durkheim et Comte, la vie humaine relève selon eux de l'ordre de la culture. Dire que la mort est naturelle ou antinaturelle perd son sens. En fait et en droit, la mort est à la fois *naturelle et anticulturelle*. C'est-à-dire que chaque fois qu'un indigène meurt, non seulement ses proches mais la société tout entière sont lésés. Le dommage dont la nature s'est rendue coupable envers la société entraîne au détriment de la première une *dette*, terme qui traduit assez bien une notion essentielle chez les Bororo, celle de *mori*. Quand un indigène meurt, le village organise une chasse collective, confiée à la moitié alterne de celle du défunt : expédition contre la nature qui a pour objet d'abattre un gros gibier, de préférence un jaguar, dont la peau, les ongles, les crocs constitueront le *mori* du défunt.

Au moment de mon arrivée à Kejara, un décès venait de se produire ; malheureusement, il s'agissait d'un indigène mort au loin, dans un autre village. Je ne verrais donc pas la double inhumation qui consiste à déposer d'abord le cadavre dans une fosse couverte de branchages au centre du village, jusqu'à ce que les chairs se soient putréfiées, puis à laver les ossements dans le fleuve, les peindre et les orner de mosaïques de plumes collées, avant de les immerger dans un panier au fond d'un lac ou d'un cours d'eau. Toutes les autres cérémonies auxquelles j'ai assisté se sont déroulées conformément à la tradition, y compris les scarifications rituelles des parents à l'endroit où le tombeau provisoire eût dû être creusé. Par une autre malchance, la chasse collective avait eu lieu la veille ou dans l'après-midi de mon arrivée, je ne sais ; ce qui est certain, c'est qu'on n'avait rien tué. Une vieille peau de jaguar fut utilisée pour les danses funèbres. Je soupçonne même que notre *irara* a été prestement appropriée pour remplacer le gibier manquant. On n'a jamais

consenti à me le dire, et c'est dommage : si tel était
vraiment le cas, j'aurais pu revendiquer la qualité de
uiaddo, chef de chasse représentant l'âme du défunt. De
sa famille, j'aurais reçu le brassard de cheveux humains
et le *poari*, clarinette mystique formée d'une petite calebasse emplumée servant de pavillon à une anche de
bambou, pour la faire résonner au-dessus de la prise
avant de l'attacher à sa dépouille. J'aurais partagé comme
il est prescrit la viande, le cuir, les dents, les ongles entre
les parents du défunt, qui m'auraient donné en échange
un arc et des flèches de cérémonie, une autre clarinette
commémorative de mes fonctions, et un collier de disques en coquillage. Il aurait aussi fallu, sans doute, que je
me peigne en noir pour éviter d'être reconnu par l'âme
malfaisante, responsable du décès et tenue par la règle du
mori à s'incarner dans le gibier, s'offrant ainsi en compensation du dommage, mais pleine de haine vindicative
envers son exécuteur. Car en un sens, cette nature
meurtrière est humaine. Elle opère par l'intermédiaire
d'une catégorie spéciale d'âmes qui relèvent directement
d'elle et non de la société.

J'ai mentionné plus haut que je partageais la hutte d'un
sorcier. Les *bari* forment une catégorie spéciale d'êtres
humains qui n'appartiennent complètement ni à l'univers
physique, ni au monde social, mais dont le rôle est
d'établir une médiation entre les deux règnes. Il est
possible, mais non certain, que tous soient nés dans la
moitié tugaré ; c'était le cas du mien puisque notre hutte
était cera et qu'il habitait, comme il se doit, chez sa
femme. On devient *bari* par vocation, et souvent à la suite
d'une révélation dont le motif central est un pacte conclu
avec certains membres d'une collectivité très complexe
faite d'esprits malfaisants ou simplement redoutables,
pour partie célestes (et contrôlant alors les phénomènes
astronomiques et météorologiques), pour partie animaux
et pour partie souterrains. Ces êtres, dont l'effectif se
grossit régulièrement des âmes des sorciers défunts, sont
responsables de la marche des astres, du vent, de la pluie,
de la maladie et de la mort. On les décrit sous des
apparences diverses et terrifiantes : velus avec des têtes
trouées qui laissent échapper la vapeur du tabac quand

ils fument; monstres aériens qui émettent la pluie par les
yeux, narines, ou cheveux et ongles démesurément longs;
unijambistes à gros ventre et à corps duveteux de
chauves-souris.

Le *bari* est un personnage asocial. Le lien personnel qui
l'unit à un ou plusieurs esprits lui confère des privilèges :
aide surnaturelle quand il part pour une expédition de
chasse solitaire, pouvoir de se transformer en bête, et la
connaissance des maladies ainsi que des dons prophéti-
ques. Le gibier tué à la chasse, les premières récoltes des
jardins sont impropres à la consommation tant qu'il n'en
a pas reçu sa part. Celle-ci constitue le *mori* dû par les
vivants aux esprits des morts; elle joue donc, dans le
système, un rôle symétrique et inverse de celui de la
chasse funéraire dont j'ai parlé.

Mais le *bari* est aussi dominé par son ou ses esprits
gardiens. Ils l'utilisent pour s'incarner, et le *bari*, monture
de l'esprit, est alors en proie aux transes et aux convul-
sions. En échange de sa protection, l'esprit exerce sur le
bari une surveillance de tous les instants, c'est lui le vrai
propriétaire, non seulement des biens mais du corps
même du sorcier. Celui-ci est comptable envers l'esprit de
ses flèches cassées, du bris de sa vaisselle, de ses rognu-
res d'ongles et de cheveux. Rien de tout cela ne peut être
détruit ou jeté, le *bari* traîne derrière soi les détritus de sa
vie passée. Le viel adage juridique : le mort saisit le vif,
trouve ici un sens terrible et imprévu. Entre le sorcier et
l'esprit, le lien est d'une nature si jalouse que, des deux
partenaires au contrat, on ne sait jamais lequel, en fin de
compte, est le maître ou le serviteur.

On voit donc que, pour les Bororo, l'univers physique
consiste dans une hiérarchie complexe de pouvoirs indi-
vidualisés. Si leur nature personnelle est clairement affir-
mée, il n'en est pas de même pour les autres attributs :
car ces pouvoirs sont à la fois des choses et des êtres, des
vivants et des morts. Dans la société, les sorciers forment
l'articulation qui relie les hommes à cet univers équivoque des âmes malfaisantes, à la fois personnes et objets.

A côté de l'univers physique, l'univers sociologique
offre des caractères tout différents. Les âmes des hommes
ordinaires (je veux dire ceux qui ne sont pas des sorciers),

au lieu de s'identifier aux forces naturelles, subsistent comme une société; mais inversement, elles perdent leur identité personnelle pour se confondre dans cet être collectif, l'*aroe*, terme qui, comme l'*anaon* des anciens Bretons, doit sans doute se traduire par : la société des âmes. En fait celle-ci est double, puisque les âmes se répartissent après les funérailles en deux villages dont l'un se trouve à l'orient et l'autre à l'occident et sur lesquels veillent respectivement les deux grands héros divinisés du panthéon bororo : à l'ouest, l'aîné Bakororo, et, à l'est, le cadet Ituboré. On remarquera que l'axe est-ouest correspond au cours du Rio Vermelho. Il est donc vraisemblable qu'il existe une relation encore obscure entre la dualité des villages des morts et la division secondaire du village en moitié de l'aval et moitié de l'amont.

Fig. 27. – *Peinture bororo représentant des objets du culte.*

Comme le *bari* est l'intermédiaire entre la société humaine et les âmes malfaisantes, individuelles et cosmologiques (on a vu que les âmes des *bari* morts sont tout cela à la fois), il existe un autre médiateur qui préside aux relations entre la société des vivants et la société des morts, celle-ci bienfaisante, collective et anthropomorphique. C'est le « Maître du chemin des âmes » ou *aroettowaraare*. Il se distingue du *bari* par des caractères antithétiques. D'ailleurs ils se craignent et se haïssent mutuellement. Le Maître du chemin n'a pas droit à des offrandes, mais il est tenu à une stricte observance des règles : certaines prohibitions alimentaires, et une grande sobriété dans sa mise. Les parures, les couleurs vives lui sont interdites. D'autre part, il n'y a pas de pacte entre lui et les âmes : celles-ci lui sont toujours présentes et en quelque sorte immanentes. Au lieu de s'emparer de lui dans des transes, elles apparaissent dans ses rêves; s'il les invoque parfois, c'est seulement au bénéfice d'autrui.

Si le *bari* prévoit la maladie et la mort, le Maître du chemin soigne et guérit. On dit d'ailleurs que le *bari*, expression de la nécessité physique, se charge volontiers de confirmer ses pronostics en achevant les malades qui seraient trop longs à accomplir ses funestes prédictions. Mais il faut bien noter que les Bororo n'ont pas exactement la

Fig. 28. – *Peinture bororo représentant un officiant, des trompettes, un hochet et divers ornements.*

même conception que nous des rapports entre la mort et la vie. D'une femme brûlante de fièvre dans un coin de sa hutte, on me dit un jour qu'elle était morte, entendant sans doute par là qu'on la considérait comme perdue. Après tout, cette façon de voir ressemble assez à celle de

nos militaires confondant sous le même vocable de
« pertes », à la fois les morts et les blessés. Du point de
vue de l'efficacité immédiate cela revient au même, bien
que, du point de vue du blessé, ce soit un avantage
certain de n'être pas au nombre des défunts.

Enfin, si le Maître peut, à la manière du *bari*, se
transformer en bête, ce n'est jamais sous forme de jaguar
mangeur d'hommes, donc exacteur – avant qu'on ne le
tue – du *mori* des morts sur les vivants. Il se consacre aux
animaux nourriciers : arara cueilleur de fruits, aigle-
harpie pêcheur de poissons, ou tapir dont la viande
régalera la tribu. Le bari est possédé par les esprits,
l'*aroettowaraare* se sacrifie pour le salut des hommes.
Même la révélation qui l'appelle à sa mission est pénible :
l'élu se connaît d'abord lui-même à la puanteur qui le
poursuit ; évoquant sans doute celle qui envahit le village
pendant les semaines de l'inhumation provisoire du cadavre à fleur de terre, au milieu de la place de danse, mais
qui est alors associée à un être mythique, l'*aije*. Celui-ci
est un monstre des profondeurs aquatiques, repoussant,
malodorant et affectueux, qui apparaît à l'initié et dont il
subit les caresses. La scène est mimée pendant les funérailles par des jeunes gens couverts de boue qui étreignent le personnage costumé incarnant la jeune âme. Les
indigènes conçoivent l'*aije* sous une forme suffisamment
précise pour le représenter en peinture; et ils désignent
du même nom les rhombes, dont les vrombissements
annoncent l'émergence de l'animal et imitent son cri.

Après cela, il n'est pas surprenant que les cérémonies
funéraires s'étendent sur plusieurs semaines : car leurs
fonctions sont très diverses. Elles se situent d'abord sur
les deux plans que nous venons de distinguer. Considérée
d'un point de vue individuel, chaque mort est l'occasion
d'un arbitrage entre l'univers physique et la société. Les
forces hostiles qui constituent le premier ont causé un
dommage à la seconde et ce dommage doit être réparé :
c'est le rôle de la chasse funèbre. Après avoir été vengé et
rédimé par la collectivité des chasseurs, le mort doit être
incorporé à la société des âmes. Telle est la fonction du
roiakuriluo, grand chant funèbre auquel j'allais avoir la
chance d'assister.

Dans le village bororo, il est un moment de la journée qui revêt une importance particulière : c'est l'appel du soir. Dès que la nuit tombe, on allume un grand feu sur la place de danse où les chefs des clans viennent s'assembler : d'une voix forte, un héraut appelle chaque groupe : *Badedjeba*, « les chefs » : *O Cera*, « ceux de l'ibis »; *Ki*, « ceux du tapir »; *Bokodori*, « ceux du grand tatou »; *Bakoro* (du nom du héros Bakororo); *Boro*, « ceux du labret »; *Ewaguddu*, « ceux du palmier buriti »; *Arore*, « ceux de la chenille »; *Paiwe*, « ceux du porc-épic »; *Apibore* (sens douteux) (1)... Au fur et à mesure de leur comparution, les ordres du lendemain sont communiqués aux intéressés, toujours sur ce ton élevé qui porte les paroles jusqu'aux huttes les plus éloignées. A cette heure, celles-ci sont d'ailleurs vides, ou presque. Avec la chute du jour qui éloigne les moustiques, tous les hommes sont sortis de leurs demeures familiales qu'ils avaient rejointes aux environs de 6 heures. Chacun porte sous son bras la natte qu'il va étendre sur la terre battue de la grand-place ronde située sur le côté ouest de la maison masculine. On se couche, entouré d'une couverture de coton teinte en orangé par un contact durable avec les corps enduits d'urucu et où le Service de Protection reconnaîtrait difficilement un de ses présents. Sur les nattes plus grandes, on s'installe à cinq ou six et l'on échange peu de paroles. Quelques-uns sont seuls; on circule entre tous ces corps allongés. A mesure que se poursuit l'appel, les chefs de famille nommés se lèvent l'un après l'autre, reçoivent leur consigne et retournent s'étendre, le visage aux étoiles. Les femmes aussi ont quitté les huttes. Elles forment des groupes sur le pas de leur porte. Les conversations se font de plus en plus rares, et progressivement, conduits d'abord par deux ou trois officiants et s'amplifiant au fur et à mesure des arrivées, on commence à entendre, au fond de la maison des hommes, puis sur la place elle-même, les chants, les récitatifs et les chœurs qui dureront toute la nuit.

(1) Les spécialistes de la langue bororo contesteraient ou préciseraient utilement certaines de ces traductions; je m'en tiens ici aux informations indigènes.

Le mort appartenait à la moitié cera; c'étaient donc les Tugaré qui officiaient. Au centre de la place, une jonchée de feuillages figurait la tombe absente, flanquée à droite et à gauche par des faisceaux de flèches devant lesquels des bols de nourriture avaient été disposés. Les prêtres et chanteurs étaient une douzaine, la plupart coiffés du large diadème de plumes aux couleurs éclatantes que d'autres portaient pendant sur les fesses, au-dessus de l'éventail rectangulaire en vannerie couvrant les épaules et retenu par une cordelette passée autour du cou. Les uns étaient complètement nus et peints soit en rouge uniforme ou annelé, soit en noir, ou bien recouverts de bandes de duvet blanc; d'autres portaient une longue jupe de paille. Le personnage principal, incarnant la jeune âme, paraissait dans deux tenues différentes selon les moments : tantôt vêtu de feuillage vert et la tête surmontée de l'énorme coiffure que j'ai déjà décrite, portant à la façon d'une traîne de cour la peau de jaguar qu'un page soutenait derrière lui; tantôt nu et peint en noir avec pour seul ornement un objet de paille semblable à de grosses lunettes vides lui entourant les yeux. Ce détail est particulièrement intéressant en raison du motif analogue auquel on reconnaît Tlaloc, divinité de la pluie de l'ancien Mexique. Les Pueblo de l'Arizona et du Nouveau-Mexique détiennent peut-être la clé de l'énigme; chez eux, les âmes des morts se transforment en dieux de la pluie; et par ailleurs ils possèdent diverses croyances relatives à des objets magiques protégeant les yeux et permettant à leur possesseur de se rendre invisible. J'ai souvent remarqué que les lunettes exerçaient un vif attrait sur les Indiens sud-américains; à tel point que, partant pour ma dernière expédition, j'emportai toute une provision de montures sans verre qui eut un grand succès auprès des Nambikwara, comme si des croyances traditionnelles prédisposaient les indigènes à accueillir un accessoire aussi inusité. Les lunettes de paille n'avaient jamais été signalées chez les Bororo, mais comme la peinture noire sert à rendre invisible celui qui s'en est enduit, il est vraisemblable que les lunettes remplissent la même fonction, qui est aussi la leur dans les mythes pueblo (1). Enfin, les *butarico*, esprits responsables de la pluie chez les Bororo, sont décrits avec l'apparence redoutable – crocs et mains crochues – qui caractérise la déesse de l'eau des Maya.

Pendant les premières nuits, nous avons assisté aux danses de divers clans tugaré : *ewoddo*, danse de ceux du palmier; *paiwe*, danse de ceux du porc-épic. Dans les deux cas, les danseurs étaient couverts de feuillage de la tête aux pieds et comme on ne voyait pas leur visage, celui-ci était imaginé plus haut, au niveau du diadème de plumes qui dominait le costume, si bien qu'on prêtait involontairement aux personnages une taille démesurée. Dans leurs mains, ils tenaient des hampes de palmes ou des bâtons ornés de feuilles. Il y avait deux sortes de danses. D'abord les danseurs se produisaient seuls, répartis en deux quadrilles se faisant face aux extrémités du terrain, courant l'un vers l'autre en criant « ho! ho! » et tourbillonnant sur eux-mêmes jusqu'à ce qu'ils aient échangé leurs positions initiales. Plus tard, des femmes s'intercalaient entre les danseurs masculins et c'était alors une interminable farandole qui se formait, avançant ou piétinant, conduite par des coryphées nus, marchant à reculons et agitant leurs hochets tandis que d'autres hommes chantaient accroupis.

Trois jours après, les cérémonies s'interrompirent pour permettre la préparation du second acte : la danse du *mariddo*. Des équipes d'hommes allèrent dans la forêt chercher des brassées de palmes vertes qui furent d'abord effeuillées puis sectionnées en tronçons de trente centimètres environ. A l'aide de liens grossiers faits de fanes, les indigènes unirent ces tronçons, groupés par deux ou trois, à la façon des barreaux d'une échelle souple, longue de plusieurs mètres. On fabriqua ainsi deux échelles inégales, qui furent ensuite enroulées sur elles-mêmes formant deux disques pleins, posés de chant et hauts de 1,50 m environ pour le plus grand, et de 1,30 m pour l'autre. On décora les flancs de feuillage

---

(1) Après la publication de ce livre, les Salésiens ont contesté cette interprétation. Selon leurs informateurs, les cercles de paille évoqueraient les yeux d'un rapace nocturne.

maintenu par un réseau de cordelettes de cheveux tressés. Ces deux objets furent alors solennellement transportés au milieu de la place, l'un à côté de l'autre. Ce sont les *mariddo*, respectivement mâle et femelle, dont la confection incombe au clan *ewaguddu*.

Vers le soir, deux groupes comprenant chacun cinq ou six hommes partirent, l'un vers l'ouest, l'autre vers l'est. Je suivis les premiers et j'assistai, à une cinquantaine de mètres du village, à leurs préparatifs dissimulés au public par un rideau d'arbres. Ils se couvraient de feuillage à la manière des danseurs et fixaient les diadèmes. Mais cette fois, la préparation secrète s'expliquait par leur rôle : comme l'autre groupe, ils représentaient les âmes des morts venues de leurs villages d'orient et d'occident pour accueillir le nouveau défunt. Quand tout fut prêt, ils se dirigèrent en sifflant vers la place où le groupe de l'est les avait précédés (en effet, les uns remontent symboliquement le fleuve tandis que les autres le descendent, allant ainsi plus rapidement).

Par une démarche craintive et hésitante, ils exprimaient admirablement leur nature d'ombres; je pensais à Homère, à Ulysse retenant avec peine les fantômes conjurés par le sang. Mais tout de suite, la cérémonie s'anima : des hommes empoignaient l'un ou l'autre *mariddo* (d'autant plus lourds qu'ils sont faits de feuillage vert), le hissaient à bout de bras et dansaient sous ce fardeau jusqu'à ce qu'épuisés ils laissassent un concurrent le leur arracher. La scène n'avait plus le caractère mystique du début : c'était une foire où la jeunesse faisait valoir ses muscles dans une ambiance de sueur, de bourrades et de quolibets. Et pourtant, ce jeu, dont on connaît des variantes profanes chez des populations parentes – telles les courses à la bûche des Gé du plateau brésilien – possède ici son sens religieux le plus plein : dans un désordre joyeux, les indigènes ont le sentiment de jouer avec les morts et de gagner sur eux le droit de rester en vie.

Cette grande opposition entre les morts et les vivants s'exprime d'abord par la répartition des villageois, pendant les cérémonies, en acteurs et en spectateurs. Mais les acteurs par excellence sont les hommes, protégés par le secret de la maison commune. Il faut alors reconnaître au plan du village une signification plus profonde encore que celle que nous lui avons prêtée sur le plan sociologique. A l'occasion des décès, chaque moitié joue alternativement le rôle des vivants ou des morts l'une par rapport à l'autre, mais ce jeu de bascule en reflète un autre dont les rôles sont attribués une fois pour toutes : car les hommes formés en confrérie dans le *baitemannageo* sont le symbole de la société des âmes, tandis que les huttes du pourtour, propriété des femmes exclues des rites les plus sacrés et, si l'on peut dire, spectatrices par destination, constituent l'audience des vivants et le séjour qui leur est réservé.

Nous avons vu que le monde surnaturel est lui-même double, puisqu'il comprend le domaine du prêtre et celui du sorcier. Ce dernier est le maître des puissances célestes et telluriques, depuis le dixième ciel (les Bororo croient dans une pluralité de cieux superposés) jusqu'aux profondeurs de la terre; les forces qu'il contrôle – et dont il dépend – sont donc disposées selon un axe vertical tandis que le prêtre, maître du chemin des âmes, préside à l'axe horizontal qui unit l'orient à l'occident, où les deux villages des morts sont situés. Or, les nombreuses indications qui plaident en faveur de l'origine immuablement tugaré du *bari*, cera de l'*aroettowaraare*, suggèrent que la division en moitiés exprime aussi cette dualité. Il est frappant que tous les mythes bororo présentent les héros tugaré comme des créateurs et des démiurges, les héros cera comme des pacificateurs et des ordonnateurs. Les premiers sont responsables de l'existence des choses : eau, rivières, poissons, végétation et objets manufacturés; les seconds ont organisé la création; ils ont délivré l'humanité des monstres et assigné à chaque animal sa nourriture spécifique. Il y a même un mythe qui raconte que le pouvoir suprême appartenait jadis aux Tugaré qui s'en sont dessaisis au profit des Cera, comme si la pensée indigène, par l'opposition des moitiés, voulait aussi traduire le passage de la nature déchaînée à la société policée.

Nous comprenons alors le paradoxe apparent qui permet d'appeler « faibles » les Cera détenteurs du pouvoir

politique et religieux, et « forts » les Tugaré. Ceux-ci sont
plus proches de l'univers physique, ceux-là de l'univers
humain qui n'est tout de même pas le plus puissant des
deux. L'ordre social ne peut pas complètement tricher
avec la hiérarchie cosmique. Même chez les Bororo, on
ne vainc la nature qu'en reconnaissant son empire et en
faisant à ses fatalités leur part. Dans un système sociologique comme le leur, il n'y a d'ailleurs pas le choix : un
homme ne saurait appartenir à la même moitié que son
père et que son fils (puisqu'il relève de celle de sa mère) :
il se retrouve parent de moitié avec son grand-père et son
petit-fils seulement. Si les Cera veulent justifier leur
pouvoir par une affinité exclusive avec les héros fondateurs, ils acceptent du même coup de s'éloigner d'eux par
l'écart supplémentaire d'une génération. Par rapport aux
grands ancêtres, ils deviennent des « petits-fils », tandis
que les Tugaré sont des « fils ».

Mystifiés par la logique de leur système, les indigènes
ne le sont-ils pas aussi autrement ? Après tout, je ne puis
écarter le sentiment que l'éblouissant cotillon métaphysique auquel je viens d'assister se ramène à une farce assez
lugubre. La confrérie des hommes prétend représenter

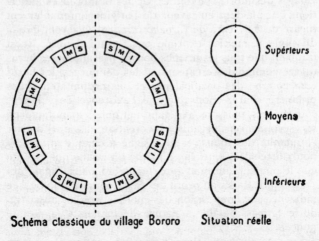

Schéma classique du village Bororo   Situation réelle

Fig. 29. – *Schéma illustrant la structure sociale apparente et réelle
du village bororo.*

les morts pour donner aux vivants l'illusion de la visite des âmes; les femmes sont exclues des rites et trompées sur leur nature véritable, sans doute pour sanctionner le partage qui leur accorde la priorité en matière d'état civil et de résidence, réservant aux seuls hommes les mystères de la religion. Mais leur crédulité réelle ou supposée possède aussi une fonction psychologique : donner, au bénéfice des deux sexes, un contenu affectif et intellectuel à ces fantoches dont autrement les hommes tireraient peut-être les ficelles avec moins d'application. Ce n'est pas seulement pour duper nos enfants que nous les entretenons dans la croyance au Père Noël : leur ferveur nous réchauffe, nous aide à nous tromper nous-mêmes et à croire, puisqu'ils y croient, qu'un monde de générosité sans contrepartie n'est pas absolument incompatible avec la réalité. Et pourtant, les hommes meurent, ils ne reviennent jamais; et tout ordre social se rapproche de la mort, en ce sens qu'il prélève quelque chose contre quoi il ne donne pas d'équivalent.

Au moraliste, la société bororo administre une leçon : qu'il écoute ses informateurs indigènes : ils lui décriront, comme ils l'ont fait pour moi, ce ballet où deux moitiés de village s'astreignent à vivre et à respirer l'une par l'autre; échangeant les femmes, les biens et les services dans un fervent souci de réciprocité; mariant leurs enfants entre eux, enterrant mutuellement leurs morts, se garantissant l'une à l'autre que la vie est éternelle, le monde secourable et la société juste. Pour attester ces vérités et s'entretenir dans ces convictions, leurs sages ont élaboré une cosmologie grandiose; ils l'ont inscrite dans le plan de leurs villages et dans la distribution des habitations. Les contradictions auxquelles ils se heurtaient, ils les ont prises et reprises, n'acceptant jamais une opposition que pour la nier au profit d'une autre, coupant et tranchant les groupes, les associant et les affrontant, faisant de toute leur vie sociale et spirituelle un blason où la symétrie et l'asymétrie se font équilibre, comme les savants dessins dont une belle Caduveo, plus obscurément torturée par le même souci, balafre son visage. Mais que reste-t-il de tout cela, que subsiste-t-il des moitiés, des contre-moitiés, des clans, des sous-clans, devant cette

constatation que semblent nous imposer les observations
récentes? Dans une société compliquée comme à plaisir,
chaque clan est réparti en trois groupes : supérieur,
moyen et inférieur, et par-dessus toutes les réglementa-
tions plane celle qui oblige un supérieur d'une moitié à
épouser un supérieur de l'autre, un moyen, un moyen et
un inférieur, un inférieur; c'est-à-dire que, sous le dégui-
sement des institutions fraternelles, le village bororo
revient en dernière analyse à trois groupes, qui se
marient toujours entre eux. Trois sociétés qui, sans le
savoir, resteront à jamais distinctes et isolées, emprison-
née chacune dans une superbe dissimulée même à ses
yeux par des institutions mensongères, de sorte que
chacune est la victime inconsciente d'artifices auxquels
elle ne peut plus découvrir un objet. Les Bororo ont eu
beau épanouir leur système dans une prosopopée falla-
cieuse, pas plus que d'autres ils ne sont parvenus à
démentir cette vérité : la représentation qu'une société se
fait du rapport entre les vivants et les morts se réduit à
un effort pour cacher, embellir ou justifier, sur le plan de
la pensée religieuse, les relations réelles qui prévalent
entre les vivants.

SEPTIÈME PARTIE

NAMBIKWARA

XXIV

LE MONDE PERDU

Une expédition ethnographique dans le Brésil central se prépare au carrefour Réaumur-Sébastopol. On y trouve réunis les grossistes en articles de couture et de mode; c'est là qu'on peut espérer découvrir les produits propres à satisfaire le goût difficile des Indiens.

Un an après la visite aux Bororo, toutes les conditions requises pour faire de moi un ethnographe avaient été remplies : bénédiction de Lévy-Bruhl, Mauss et Rivet, rétroactivement accordée; exposition de mes collections dans une galerie du faubourg Saint-Honoré; conférences et articles. Grâce à Henri Laugier qui présidait à la jeune destinée du Service de la Recherche scientifique, j'obtins des fonds suffisants pour une plus vaste entreprise. Il fallait d'abord m'équiper; trois mois d'intimité avec les indigènes m'avaient renseigné sur leurs exigences, étonnamment semblables d'un bout à l'autre du continent sud-américain.

Dans un quartier de Paris qui m'était resté aussi inconnu que l'Amazone, je me livrais donc à d'étranges exercices sous l'œil d'importateurs tchécoslovaques. Ignorant tout de leur commerce, je manquais de termes techniques pour préciser mes besoins. Je pouvais seulement appliquer les critères indigènes. Je m'employais à sélectionner les plus petites parmi les perles à broder dites « rocaille » dont les lourds écheveaux remplissaient les casiers. J'essayais de les croquer pour contrôler leur résistance; je les suçais afin de vérifier si elles étaient colorées dans la masse et ne risquaient pas de déteindre au premier bain de rivière; je variais l'importance de mes lots en dosant les couleurs selon le canon indien : d'abord le blanc et le noir, à égalité; ensuite le rouge; loin derrière, le jaune; et, par acquit de conscience, un peu de bleu et de vert, qui seraient probablement dédaignés.

Les raisons de toutes ces prédilections sont faciles à comprendre. Fabriquant à la main leurs propres perles, les Indiens leur prêtent une valeur d'autant plus élevée qu'elles sont plus petites, c'est-à-dire réclament plus de travail et d'habileté; pour matière première ils utilisent la coque noire des noix de palmier, la nacre laiteuse des coquillages de rivière, et recherchent l'effet dans une alternance des deux teintes. Comme tous les hommes, ils apprécient surtout ce qu'ils connaissent; j'aurais donc du succès avec le blanc et le noir. Le jaune et le rouge forment souvent pour eux une seule catégorie linguistique en raison des variations de la teinture d'urucu qui, selon la qualité de graines et leur état de maturité, oscille entre le vermillon et le jaune-orangé; le rouge garde pourtant l'avantage, par son chromatisme intense que certaines graines et plumes ont rendu familier. Quant au bleu et au vert, ces couleurs froides se trouvent surtout illustrées à l'état naturel par des végétaux périssables; double raison qui explique l'indifférence indigène et l'imprécision de leur vocabulaire correspondant à ces nuances : selon les langues, le bleu est assimilé au noir ou au vert.

Les aiguilles devaient être assez grosses pour admettre un fil robuste et pas trop non plus, en raison de la petitesse des perles qu'elles serviraient à enfiler. Quant au fil, je le voulais grand teint, rouge de préférence (les Indiens colorant le leur à l'urucu) et fortement retordu pour conserver un aspect artisanal. D'une façon générale, j'avais appris à me méfier de la pacotille : l'exemple des Bororo m'avait pénétré d'un profond respect pour les techniques indigènes. La vie sauvage soumet les objets à de rudes épreuves; pour n'être pas discrédité auprès des primitifs – si paradoxal que cela paraisse – il me fallait les aciers les mieux trempés, la verroterie colorée dans la masse, et du fil que n'eût pas désavoué le sellier de la cour d'Angleterre.

Parfois, je tombais sur des commerçants qu'enthousias-

mait cet exotisme adapté à leur savoir. Du côté du canal
Saint-Martin, un fabricant d'hameçons me céda à bas prix
toutes ses fins de série. Pendant un an, j'ai promené à
travers la brousse plusieurs kilos d'hameçons dont personne ne voulait, car ils étaient trop petits pour les
poissons dignes du pêcheur amazonien. Je les ai finalement liquidés à la frontière bolivienne. Toutes ces marchandises doivent servir à une double fonction : cadeaux
et matériel d'échange pour les Indiens, et moyen de
s'assurer des vivres et des services dans des régions
reculées où pénètrent rarement les commerçants. Ayant
épuisé mes ressources en fin d'expédition, j'arrivai à
gagner quelques semaines de séjour en ouvrant boutique
dans un hameau de chercheurs de caoutchouc. Les prostituées de l'endroit m'achetaient un collier contre deux
œufs, et non sans marchander.

Je me proposais de passer une année entière dans la
brousse et j'avais longuement hésité sur l'objectif. Sans
pouvoir soupçonner que le résultat contrarierait mon
dessein, plus soucieux de comprendre l'Amérique que
d'approfondir la nature humaine en me fondant sur un
cas particulier, j'avais décidé d'opérer une sorte de coupe
à travers l'ethnographie – et la géographie – brésilienne,
en traversant la partie occidentale du plateau, de Cuiaba
au Rio Madeira. Jusqu'à une époque récente, cette région
était restée la moins connue du Brésil. Les explorateurs
paulistes du XVIIIe siècle n'avaient guère dépassé Cuiaba,
rebutés par la désolation du paysage et la sauvagerie des
Indiens. Au début du XXe siècle, les 1 500 kilomètres qui
séparent Cuiaba de l'Amazone étaient encore une terre
interdite, à tel point que, pour aller de Cuiaba à Manaus
ou à Belem sur l'Amazone, le plus simple était de passer
par Rio de Janeiro et de continuer vers le nord par la mer
et le fleuve pris à son estuaire. En 1907 seulement, le
général (alors colonel) Candido Mariano da Silva Rondon
commença la pénétration; celle-ci devait lui demander
huit années, occupées à l'exploration et à la pose d'un fil
télégraphique d'intérêt stratégique reliant pour la première fois, par Cuiaba, la capitale fédérale aux postes
frontières du nord-ouest.

Les rapports de la Commission Rondon (qui ne sont

pas encore intégralement publiés), quelques conférences du général, les souvenirs de voyage de Théodore Roosevelt qui l'accompagna au cours d'une de ses expéditions, enfin un charmant livre du regretté Roquette-Pinto (alors directeur du Musée national) intitulé *Rondonia* (1912) donnaient des indications sommaires sur les populations primitives découvertes dans cette zone. Mais depuis lors, la vieille malédiction semblait être retombée sur le plateau. Aucun ethnographe professionnel ne s'y était enfoncé. En suivant la ligne télégraphique, ou ce qui en restait, il était tentant de chercher à savoir qui étaient exactement les Nambikwara et, plus loin vers le nord, ces populations énigmatiques que personne n'avait vues depuis que Rondon s'était borné à les signaler.

En 1939, l'intérêt, jusqu'alors restreint aux tribus de la côte et des grandes vallées fluviales, voies traditionnelles de pénétration à l'intérieur du Brésil, commençait à se déplacer vers les Indiens du plateau. Chez les Bororo, je m'étais convaincu de l'exceptionnel degré de raffinement, sur le plan sociologique et religieux, de tribus considérées jadis comme dotées d'une culture très grossière. On apprenait les premiers résultats des recherches d'un Allemand aujourd'hui disparu : Kurt Unkel, qui avait adopté le nom indigène de Nimuendaju et qui, après des années passées dans les villages gé du Brésil central, confirmait que les Bororo ne représentent pas un phénomène à part, mais plutôt une variation sur un thème fondamental qui leur est commun avec d'autres populations. Les savanes du Brésil central se trouvaient donc occupées, sur presque 2 000 kilomètres de profondeur, par les survivants d'une culture remarquablement homogène, caractérisée par une langue diversifiée en dialectes de même famille, un niveau de vie matérielle relativement bas faisant contraste avec une organisation sociale et une pensée religieuse très développées. Ne fallait-il pas reconnaître en eux les premiers habitants du Brésil, qui auraient été soit oubliés au fond de leur brousse, soit refoulés, peu de temps avant la découverte, dans les terres les plus pauvres par des populations belliqueuses parties on ne sait d'où, à la conquête de la côte et des vallées fluviales ?

Sur la côte, les voyageurs du XVIᵉ siècle avaient rencontré un peu partout des représentants de la grande culture tupi-guarani qui occupaient aussi la presque totalité du Paraguay et le cours de l'Amazone, traçant un anneau brisé de 3 000 kilomètres de diamètre, à peine interrompu à la frontière paraguayo-bolivienne. Ces Tupi, qui offrent d'obscures affinités avec les Aztèques, c'est-à-dire des peuples tardivement installés dans la vallée de Mexico, étaient eux-mêmes des nouveaux venus; dans les vallées de l'intérieur du Brésil, leur mise en place s'est poursuivie jusqu'au XIXᵉ siècle. Peut-être s'étaient-ils ébranlés quelques centaines d'années avant la découverte, poussés par la croyance qu'il existait quelque part une terre sans mort et sans mal. Telle était encore leur conviction au terme de leurs migrations, quand de petits groupes débouchèrent à la fin du XIXᵉ siècle sur le littoral pauliste; avançant sous la conduite de leurs sorciers, dansant et chantant les louanges du pays où l'on ne meurt pas, et jeûnant pendant de longues périodes pour le mériter. Au XVIᵉ siècle en tout cas, ils disputaient âprement la côte à des occupants antérieurs sur lesquels nous possédons peu d'indications, mais qui sont peut-être nos Gé.

Au nord-ouest du Brésil, les Tupi voisinaient avec d'autres peuples : les Caraïbes ou Carib qui leur ressemblaient beaucoup par la culture tout en différant par la langue et qui s'employaient à conquérir les Antilles. Il y avait aussi les Arawak; ce dernier groupe est assez mystérieux : plus ancien et plus raffiné que les deux autres, il formait le gros de la population antillaise et s'était avancé jusqu'en Floride; distingué des Gé par une très haute culture matérielle, surtout la céramique et le bois sculpté, il s'en rapprochait par l'organisation sociale qui paraissait être du même type que la leur. Carib et Arawak semblent avoir précédé les Tupi dans la pénétration du continent : ils se trouvaient massés au XVIᵉ siècle dans les Guyanes, l'estuaire de l'Amazone et les Antilles. Mais de petites colonies subsistent toujours à l'intérieur, sur certains affluents de la rive droite de l'Amazone : Xingu et Guaporé. Les Arawak ont même des descendants en haute Bolivie. Ce sont probablement eux qui ont apporté l'art céramique aux Mbaya-Caduveo puisque les

Guana, réduits on s'en souvient au servage par ces derniers, parlent un dialecte arawak.

En traversant la partie la moins connue du plateau, j'espérais trouver dans la savane les représentants les plus occidentaux du groupe gé; et parvenu dans le bassin du Madeira, pouvoir étudier les vestiges inédits des trois autres familles linguistiques sur la frange de leur grande voie de pénétration : l'Amazonie.

Mon espérance ne s'est réalisée qu'en partie, en raison du simplisme avec lequel nous envisagions l'histoire précolombienne de l'Amérique. Aujourd'hui, après des découvertes récentes et grâce, en ce qui me concerne, aux années consacrées à l'étude de l'ethnographie nord-américaine, je comprends mieux que l'hémisphère occidental doit être considéré comme un tout. L'organisation sociale, les croyances religieuses des Gé répètent celles des tribus des forêts et des prairies d'Amérique du Nord; voilà d'ailleurs bien longtemps qu'on a noté – sans en déduire les conséquences – des analogies entre les tribus du Chaco (comme les Guaicuru) et celles des plaines des Etats-Unis et du Canada. Par le cabotage au long des côtes du Pacifique, les civilisations du Mexique et du Pérou ont certainement communiqué à plusieurs moments de leur histoire. Tout cela a été un peu négligé, parce que les études américaines sont restées pendant longtemps dominées par une conviction : celle que la pénétration du continent était toute récente, datant à peine de 5 000 ou 6 000 ans avant notre ère et entièrement attribuée à des populations asiatiques arrivées par le détroit de Béring.

On disposait donc seulement de quelques milliers d'années pour expliquer comment ces nomades s'étaient mis en place d'un bout à l'autre de l'hémisphère occidental en s'adaptant à des climats différents; comment ils avaient découvert, puis domestiqué et diffusé sur d'énormes territoires, les espèces sauvages qui sont devenues, entre leurs mains, le tabac, le haricot, le manioc, la patate douce, la pomme de terre, l'arachide, le coton et surtout le maïs; comment enfin étaient nées et s'étaient développées des civilisations successives, au Mexique, en Amérique centrale et dans les Andes, dont les Aztèques, les

Maya et les Inca sont les lointains héritiers. Pour y
parvenir, il fallait amenuiser chaque développement pour
qu'il tienne dans l'intervalle de quelques siècles : l'histoire
précolombienne de l'Amérique devenait une succession
d'images kaléidoscopiques où le caprice du théoricien
faisait à chaque instant apparaître des spectacles nouveaux. Tout se passait comme si les spécialistes d'outre-
Atlantique cherchaient à imposer à l'Amérique indigène
cette absence de profondeur qui caractérise l'histoire
contemporaine du Nouveau Monde.

Ces perspectives ont été bouleversées par des découvertes qui reculent considérablement la date où l'homme
a pénétré sur le continent. Nous savons qu'il y a connu, et
chassé, une faune aujourd'hui disparue : paresseux terrestre, mammouth, chameau, cheval, bison archaïque, anti-
lope, avec les ossements desquels on a retrouvé ses armes
et outils de pierre. La présence de certains de ces
animaux dans des endroits comme la vallée de Mexico
implique des conditions climatiques très différentes de
celles qui prévalent actuellement, et qui ont requis plusieurs millénaires pour se modifier. L'emploi de la
radioactivité pour déterminer la date des restes archéologiques a donné des indications dans le même sens. Il
faut donc admettre que l'homme était déjà présent en
Amérique voici au moins 20 000 ans; en certains points, il
cultivait le maïs il y a plus de 3 000 ans. En Amérique du
Nord, un peu partout, on retrouve des vestiges vieux de
10 000 à 12 000 années. Simultanément, les dates des
principaux gisements archéologiques du continent, obtenues par mesure de la radioactivité résiduelle du carbo-
ne, s'établissent 500 à 1 500 ans plus tôt qu'on ne le
supposait auparavant. Comme ces fleurs japonaises en
papier comprimé qui s'ouvrent quand on les met dans
l'eau, l'histoire précolombienne de l'Amérique acquiert
tout à coup le volume qui lui manquait.

Seulement, nous nous trouvons de ce fait devant une
difficulté inverse de celle rencontrée par nos anciens :
comment meubler ces immenses périodes? Nous comprenons que les mouvements de population que j'essayais de
retracer tout à l'heure se situent en surface, et que les
grandes civilisations du Mexique ou des Andes ont été

précédées par autre chose. Déjà au Pérou et dans diverses régions d'Amérique du Nord, on a mis au jour les vestiges des premiers occupants : tribus sans agriculture suivies de sociétés villageoises et jardinières, mais ne connaissant encore ni le maïs, ni la poterie ; puis surgissent des groupements pratiquant la sculpture sur pierre et le travail des métaux précieux, dans un style plus libre et plus inspiré que tout ce qui leur succéda. Les Inca du Pérou, les Aztèques du Mexique, en qui nous étions portés à croire que toute l'histoire américaine venait s'épanouir et se résumer, sont aussi éloignés de ces sources vives que notre style Empire l'est de l'Egypte et de Rome à quoi il a tant emprunté : arts totalitaires dans les trois cas, avides d'une énormité obtenue dans la rudesse et dans l'indigence, expression d'un Etat soucieux

Fig. 30-31. – *Anciens Mexicains.* A gauche : *Mexique du sud-est* (American Museum of natural History) ; à droite ; *côte du Golfe* (Exposition d'Art Mexicain, *Paris*, 1952).

d'affirmer sa puissance en concentrant ses ressources sur autre chose (guerre ou administration) que son propre raffinement. Même les monuments des Maya apparaissent comme une flamboyante décadence d'un art qui atteignit son apogée un millénaire avant eux.

D'où venaient les fondateurs ? Après les certitudes d'autrefois, nous sommes obligés de confesser que nous n'en savons rien. Les mouvements de population dans la région du détroit de Béring ont été fort complexes : les Eskimo y participent à une date récente ; pendant mille ans, environ, ils ont été précédés par des paléo-Eskimo dont la culture évoque la Chine archaïque et les Scythes; et au cours d'une très longue période, peut-être du huitième millénaire jusqu'à la veille de l'ère chrétienne, il y eut là-bas des populations différentes. Par des sculptures remontant au 1er millénaire avant notre ère, nous savons que les anciens habitants du Mexique offraient des types physiques très éloignés de ceux des Indiens actuels : gras Orientaux au visage glabre faiblement modelé et personnages barbus à traits aquilins qui évoquent les profils de la Renaissance. Travaillant avec des matériaux d'un autre ordre, les généticiens affirment que quarante espèces végétales au moins, cueillies sauvages ou domestiquées par l'Amérique précolombienne, ont la même composition chromosomique que les espèces correspondantes d'Asie, ou une composition dérivée de la leur. Faut-il en conclure que le maïs, qui figure sur cette liste, est venu de l'Asie du Sud-Est? Mais comment cela serait-il possible, si les Américains le cultivaient déjà il y a quatre mille ans, à une époque où l'art de la navigation était certainement rudimentaire?

Sans suivre Heyerdahl dans ses audacieuses hypothèses d'un peuplement de la Polynésie par des indigènes américains, on doit admettre après le voyage du *Kon-Tiki* que des contacts transpacifiques ont pu se produire, et souvent. Mais à l'époque où des hautes civilisations florissaient déjà en Amérique, vers le début du 1er millénaire avant notre ère, les îles du Pacifique étaient vides; du moins n'y a-t-on rien trouvé qui remonte aussi loin. Par-delà la Polynésie, on devrait donc regarder vers la Mélanésie, déjà peuplée peut-être, et vers la côte asiatique prise dans sa totalité. Nous sommes aujourd'hui certains que les communications entre l'Alaska et les Aléoutiennes d'une part, la Sibérie de l'autre, ne se sont jamais interrompues. Sans connaître la métallurgie, on employait des outils de fer en Alaska vers le début de l'ère chrétienne; la même céramique se retrouve depuis la région des grands lacs américains jusqu'à la Sibérie centrale, comme aussi les mêmes légendes, les mêmes rites et les mêmes mythes. Pendant que l'Occident vivait replié sur lui-même, il semble que toutes les populations

septentrionales, depuis la Scandinavie jusqu'au Labrador
en passant par la Sibérie et le Canada, entretenaient les
contacts les plus étroits. Si les Celtes ont emprunté
certains de leurs mythes à cette civilisation sub-arctique
dont nous ne connaissons presque rien, on comprendrait
comment il se fait que le cycle du Graal présente avec les
mythes des Indiens des forêts de l'Amérique du Nord une
parenté plus grande qu'avec n'importe quel autre système mythologique. Et ce n'est probablement pas non
plus un hasard si les Lapons dressent toujours des tentes
coniques identiques à celles de ces derniers.

Au sud du continent asiatique, les civilisations américaines éveillent d'autres échos. Les populations des frontières méridionales de la Chine, que celle-ci qualifiait de
barbares, et plus encore les tribus primitives d'Indonésie,

Fig. 32-33. – A gauche : *Chavin, nord du Pérou (d'après Tello)*; à
droite : *Monte Alban, sud du Mexique (bas-relief dit « les
danseurs »).*

offrent d'extraordinaires affinités avec les Américains. On a recueilli dans l'intérieur de Bornéo des mythes indiscernables de certains autres qui sont les plus répandus en Amérique du Nord. Or, les spécialistes ont depuis longtemps attiré l'attention sur les ressemblances entre les documents archéologiques provenant de l'Asie du Sud-Est et ceux qui appartiennent à la protohistoire de la Scandinavie. Il y a donc trois régions : Indonésie, nord-est américain et pays scandinaves qui forment, en quelque sorte, les points trigonométriques de l'histoire précolombienne du Nouveau Monde.

Ne pourrait-on concevoir que cet événement majeur dans la vie de l'humanité, je veux dire l'apparition de la civilisation néolithique – avec la généralisation de la poterie et du tissage, le début de l'agriculture et de l'élevage, les premières tentatives sur la voie de la métallurgie – circonscrite au début dans l'Ancien Monde entre le Danube et l'Indus, ait déclenché une sorte d'excitation chez les peuples moins évolués de l'Asie et de l'Amérique? Il est difficile de comprendre l'origine des civilisations américaines sans admettre l'hypothèse d'une activité intense, sur toutes les côtes du Pacifique – asiatique ou américaine – et se propageant de place en place grâce à la navigation côtière; tout cela pendant plusieurs millénaires. Nous refusions jadis la dimension historique à l'Amérique précolombienne parce que l'Amérique post-colombienne en a été privée. Il nous reste peut-être à corriger une seconde erreur, qui consiste à penser que l'Amérique est restée pendant vingt mille ans coupée du monde entier, sous prétexte qu'elle l'a été de l'Europe occidentale. Tout suggère plutôt qu'au grand silence atlantique répondait, sur tout le pourtour du Pacifique, un bourdonnement d'essaim.

Quoi qu'il en soit, au cours du premier millénaire avant notre ère, un hybride américain semble avoir déjà engendré trois greffons solidement entés sur les variétés problématiques résultant d'une évolution plus ancienne : dans le genre rustique, la culture de Hopewell qui a occupé ou contaminé toute la partie des Etats-Unis à l'est des plaines, donne la réplique à la culture de Chavin du nord du Pérou (à laquelle Paracas fait écho dans le sud);

Fig. 34. – *Chavin, nord du Pérou (d'après Tello).*

tandis que Chavin ressemble de son côté aux premières manifestations de la civilisation dite olmèque et préfigure le développement maya. Dans les trois cas, nous sommes en présence d'un art cursif, dont la souplesse et la liberté, le goût intellectuel pour le double sens (à Hopewell comme à Chavin, certains motifs se lisent de façon différente selon qu'on les regarde à l'envers ou à l'endroit) commencent à peine à pencher vers la raideur anguleuse et l'immobilisme, que nous sommes habitués à prêter à l'art précolombien. J'essaie parfois de me persuader que les dessins caduveo perpétuent à leur manière cette lointaine tradition. Est-ce à cette époque que les civilisations américaines ont commencé à diverger, le Mexique et le Pérou assumant l'initiative et marchant à pas de géant, tandis que le reste se maintenait dans une position intermédiaire ou même traînait en route pour tomber dans une demi-sauvagerie ? Ce qui s'est passé en Amérique tropicale, nous ne le saurons jamais exactement en raison des condi-

Fig. 35. – *Hopewell, est des Etats-Unis (d'après Ch. C. Willoughby,* The Turner Group of Earthworks, *Papers of the Peabody Museum, Harvard University, vol. VIII, n° 3, 1922).*

tions climatiques défavorables à la préservation des vestiges archéologiques; mais il est troublant que l'organisation sociale des Gé et jusqu'au plan des villages bororo ressemblent à ce que l'étude de certains gisements préincaïques, comme celui de Tiahuanaco en haute Bolivie, permet de reconstituer de ces civilisations disparues.

Ce qui précède m'a bien éloigné de la description des préparatifs d'une expédition dans le Mato Grosso occidental; il le fallait pourtant, si je voulais faire respirer au lecteur cette atmosphère passionnée qui imprègne toute recherche américaniste, que ce soit sur le plan archéologique ou ethnographique. La dimension des problèmes est telle, les pistes dont nous disposons si fragiles et ténues, le passé – par pans immenses – si irrévocablement anéanti, l'assise de nos spéculations si précaire, que la moindre reconnaissance sur le terrain place l'enquêteur dans un état instable où la résignation la plus humble le dispute à de folles ambitions : il sait que l'essentiel est perdu et que tous ses efforts se réduiront à gratter la surface; et pourtant ne rencontrera-t-il pas un indice, miraculeusement préservé, et d'où la lumière jaillira? Rien n'est sûr, tout est possible donc. La nuit où nous tâtonnons est trop obscure pour que nous osions rien affirmer à son sujet : pas même qu'elle est destinée à durer.

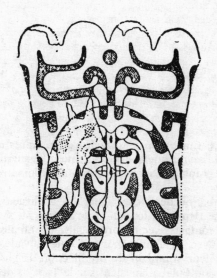

Fig. 36. – *Hopewell, est des Etats-Unis (d'après W. K. Moorehead, the Hopewell mound... Field Museum, Chicago, Anthropol. Series, Vol. VI, nº 5, 1922).*

XXV

AU SERTÃO

Dans ce Cuiaba où je suis de retour après deux ans, j'essaie de savoir quelle est exactement la situation sur la ligne télégraphique, à cinq ou six cents kilomètres vers le nord.

A Cuiaba, on déteste la ligne; il y a plusieurs raisons pour cela. Depuis la fondation de la ville au XVIIIe siècle, les rares contacts avec le nord se faisaient en direction du cours moyen de l'Amazone, par voie fluviale. Pour se procurer leur stimulant de prédilection, la *guaraná*, les habitants de Cuiaba lançaient sur le Tapajoz des expéditions en pirogue qui duraient plus de six mois. La *guaraná* est une pâte dure de couleur marron, préparée presque exclusivement par les Indiens Maué à base des fruits broyés d'une liane : la *Paullinia sorbilis*. Un saucisson compact de cette pâte est râpé sur la langue osseuse du poisson *pirarucu*, extraite d'une trousse en cuir de cervidé. Ces détails ont leur importance, car l'emploi d'une râpe métallique ou d'un autre cuir ferait perdre ses vertus à la précieuse substance. Dans le même esprit, les Cuiabanos expliquent que le tabac en corde doit être déchiré et émietté à la main, et non coupé au couteau, de peur qu'il ne s'évente. La poudre de *guaraná* est versée dans de l'eau sucrée où elle reste en suspension sans se dissoudre : on boit ce mélange à saveur faiblement chocolatée. Personnellement, je n'en ai jamais ressenti le moindre effet, mais, chez les gens du Mato Grosso central et septentrional, la *guaraná* occupe une place comparable à celle du maté dans le sud.

Cependant les vertus de la *guaraná* justifiaient beaucoup de peine et d'efforts. Avant d'aborder les rapides, on laissait quelques hommes sur la rive où ils défrichaient un coin de forêt pour y cultiver le maïs et le manioc. L'expédition trouvait ainsi des vivres frais sur la route du retour. Mais, depuis le développement de la navigation à vapeur, la *guaraná* parvenait à Cuiaba plus vite, et en plus grande quantité, de Rio de Janeiro où les caboteurs l'apportaient par mer depuis Manaus et Belem. Si bien que les expéditions le long du Tapajoz appartenaient à un passé héroïque, à demi oublié.

Pourtant, quand Rondon annonça qu'il allait ouvrir à la civilisation la région du nord-ouest, ces souvenirs se ranimèrent. On connaissait un peu les abords du plateau où deux bourgades anciennes, Rosario et Diamantino, situées respectivement à cent et cent soixante-dix kilomètres au nord de Cuiaba, poursuivent une vie somnolente depuis que leurs filons et leurs graviers sont épuisés. Au-delà, il aurait fallu traverser par terre, en coupant les uns après les autres les formateurs des affluents de l'Amazone au lieu de les descendre en pirogue : entreprise redoutable sur un si long trajet. Vers 1900, le plateau septentrional était resté une région mythique, où l'on affirmait même que se trouvait une chaîne de montagnes, la Serra do Norte, que la plupart des cartes continuent de mentionner.

Cette ignorance, combinée avec les récits de la pénétration, récente encore, du Far West américain et de la ruée vers l'or, inspira de folles espérances à la population du Mato Grosso et même à celle de la côte. A la suite des hommes de Rondon posant leur fil télégraphique, un flot d'émigrants allaient envahir des territoires aux ressources insoupçonnées, y bâtir quelque Chicago brésilienne. Il fallut déchanter : à l'image du nord-est où sont les terres maudites du Brésil dépeintes par Euclides da Cunha dans *Os Sertões*, la Serra do Norte allait se révéler savane semi-désertique et l'une des zones les plus ingrates du continent. Au surplus, la naissance de la radiotélégraphie, qui coïncidait vers 1922 avec l'achèvement de la ligne, faisait perdre tout son intérêt à cette dernière, promue au rang de vestige archéologique d'un âge scientifique révolu au moment même où elle venait d'être terminée.

Elle connut une heure de gloire, en 1924, quand l'insurrection de São Paulo contre le gouvernement fédéral coupa celui-ci de l'intérieur. Par le télégraphe, Rio continua de rester en communication avec Cuiaba, *via* Belem et Manaus. Puis ce fut le déclin : la poignée d'enthousiastes qui avaient brigué un emploi refluèrent ou se laissèrent oublier. Quand j'arrivai là-bas, ils n'avaient reçu aucun ravitaillement depuis plusieurs années. On n'osait pas fermer la ligne; mais déjà personne ne s'intéressait à elle. Les poteaux pouvaient s'abattre, le fil rouiller; quant aux derniers survivants des postes, sans courage pour partir et sans moyens de le faire, ils s'éteignaient lentement, rongés par la maladie, la famine et la solitude.

Cette situation pesait d'autant plus sur la conscience des Cuiabanos que les espoirs déçus avaient tout de même entraîné un résultat modeste mais tangible, lequel consistait dans l'exploitation du personnel de la ligne. Avant de partir là-bas, les employés devaient se choisir à Cuiaba un *procurador*, c'est-à-dire un représentant qui toucherait les salaires, quitte à les utiliser selon les instructions des bénéficiaires. Ces instructions se bornaient généralement à des commandes de balles de fusil, de pétrole, de sel, d'aiguilles à coudre et de tissu. Toutes ces marchandises étaient débitées au prix fort, grâce à des combinaisons entre les *procuradores*, les marchands libanais et les organisateurs de caravanes. De sorte que les malheureux perdus dans leur brousse pouvaient d'autant moins penser au retour qu'au bout de quelques années, ils se trouvaient endettés au-delà de leurs ressources. Décidément, il valait mieux oublier la ligne, et mon projet de l'utiliser comme base m'attira peu d'encouragements. Je travaillais à retrouver des sous-officiers en retraite qui avaient été les compagnons de Rondon, sans pouvoir en tirer autre chose qu'une sombre litanie : *um pais ruim, muito ruim, mais ruim que qualquer outro...* « un pays infect, absolument infect, plus infect que n'importe quel autre. » Surtout, que je n'aille pas m'y fourrer.

Et puis, il y avait la question des Indiens. En 1931, le poste télégraphique de Paressi, situé dans une région relativement fréquentée à trois cents kilomètres au nord de Cuiaba et à quatre-vingts kilomètres de Diamantino seulement, avait été attaqué et détruit par des Indiens inconnus, sortis de la vallée du Rio do Sangue qu'on croyait inhabitée. Ces sauvages avaient été baptisés *beiços de pau*, museaux de bois, en raison des disques qu'ils portaient enchâssés dans la lèvre inférieure et les lobes des oreilles. Depuis lors, leurs sorties s'étaient répétées à intervalles irréguliers, de sorte qu'il avait fallu déplacer la piste d'environ quatre-vingts kilomètres vers le sud. Quant aux Nambikwara, nomades qui fréquentent par intermittence les postes depuis 1909, leurs relations avec les blancs avaient été marquées par des fortunes diverses. Assez bonnes au début, elles empirèrent progressivement jusqu'en 1925, date à laquelle sept travailleurs furent conviés par les indigènes à visiter leurs villages où ils disparurent. A partir de ce moment, les Nambikwara et les gens de la ligne s'évitèrent. En 1933, une mission protestante vint s'installer non loin du poste de Juruena; il semble que les rapports s'aigrirent vite, les indigènes ayant été mécontents des présents – insuffisants, dit-on – par lesquels les missionnaires reconnurent leur aide pour la construction de la maison et la plantation du jardin. Quelques mois plus tard, un Indien fiévreux se présenta à la mission et reçut publiquement deux comprimés d'aspirine qu'il absorba; après quoi il s'en alla prendre un bain de rivière, eut une congestion et mourut. Comme les Nambikwara sont des empoisonneurs experts, ils conclurent que leur compagnon avait été assassiné : une attaque de représailles eut lieu, au cours de laquelle les six membres de la mission furent massacrés y compris un bébé de deux ans. Seule une femme fut retrouvée vivante par une expédition de secours partie de Cuiaba. Son récit, tel qu'on me l'a répété, coïncide exactement avec celui que me firent les auteurs de l'attaque, qui jouèrent auprès de moi pendant plusieurs semaines le rôle de compagnons et d'informateurs.

Depuis cet incident et quelques autres qui suivirent, l'atmosphère qui régnait tout au long de la ligne était restée tendue. Dès qu'il me fut possible, à la direction des Postes de Cuiaba, d'entrer en communication avec les principales stations (ce qui demandait chaque fois plusieurs jours), nous reçûmes les nouvelles les plus dépri-

mantes : ici, les Indiens avaient fait une sortie menaçante;
là, on ne les avait pas vus depuis trois mois, ce qui était
aussi mauvais signe; en tel autre endroit, où ils travaillaient jadis, ils étaient redevenus *bravos*, sauvages, etc.
Seule indication, encourageante ou qui me fut donnée
pour telle : depuis quelques semaines, trois Pères jésuites
essayaient de s'installer à Juruena, en lisière du pays
nambikwara, à 600 kilomètres au nord de Cuiaba. Je
pouvais toujours y aller, me renseigner auprès d'eux et
faire mes plans définitifs après.

Je passai donc un mois à Cuiaba pour organiser l'expédition; puisqu'on me laissait partir, j'avais résolu d'aller
jusqu'au bout : six mois de voyage en saison sèche à
travers un plateau qu'on me décrivait désertique, sans
pâturage et sans gibier; il fallait donc se munir de toute la
nourriture, non seulement pour les hommes, mais pour
les mulets qui nous serviraient de monture avant que
nous n'atteignions le bassin du Madeira où nous pourrions continuer en pirogue : car un mulet qui ne mange
pas de maïs n'est pas assez fort pour voyager. Pour
transporter les vivres, il faudrait des bœufs qui sont plus
résistants, et se contentent de ce qu'ils trouvent : herbes
rêches et feuillage. Toutefois, je devais m'attendre à ce
qu'une fraction de mes bœufs meurent de faim et de
fatigue, donc m'en procurer un nombre suffisant. Et
comme il faut des bouviers pour les conduire, les charger
et les décharger à chaque étape, ma troupe en serait
augmentée d'autant et, du même coup, la quantité de
mulets et de vivres, laquelle réclamerait des bœufs supplémentaires... C'était un cercle vicieux. Finalement, après
des palabres avec les experts : anciens employés de la
ligne et caravaniers, je m'arrêtai aux chiffres d'une quinzaine d'hommes, autant de mulets et une trentaine de
bœufs. Pour les mulets, je n'avais pas le choix : dans un
rayon de 50 kilomètres autour de Cuiaba, il n'y avait
guère plus de quinze mulets à vendre et je les achetai
tous, à des prix variant entre 150 et 1 000 francs pièce, au
cours de 1938, selon leur beauté. Comme chef d'expédition, je me réservai la bête la plus majestueuse : un grand
mulet blanc, acquis du boucher nostalgique et amateur
d'éléphant, dont j'ai parlé.

Le vrai problème commençait avec le choix des hommes : l'expédition comprenait au départ quatre personnes, formant le personnel scientifique, et nous savions
bien que notre succès, notre sécurité et même notre vie
dépendraient de la fidélité et de la compétence de
l'équipe que j'allais engager. Pendant des journées entières, je dus éconduire la lie de Cuiaba : mauvais garçons et
aventuriers. Finalement un vieux « colonel » des environs
me signala un de ses anciens bouviers, retiré dans un
hameau perdu et qu'il me dépeignit comme pauvre, sage
et vertueux. J'allai lui rendre visite, il me conquit par une
noblesse naturelle, fréquente chez les paysans de l'intérieur. Au lieu de me supplier comme les autres de lui
accorder ce privilège inouï d'un an de salaire, il me posa
des conditions : être seul maître du choix des hommes et
des bœufs, et l'autoriser à emmener quelques chevaux
qu'il comptait vendre à bon prix dans le nord. J'avais déjà
acheté une troupe de dix bœufs d'un caravanier de
Cuiaba, séduit par leur haute taille et plus encore par
leurs bâts et harnais en cuir de tapir d'un style déjà
ancien. De plus, l'évêque de Cuiaba m'avait imposé un de
ses protégés comme cuisinier : au bout de quelques
étapes on découvrit que c'était un *veado branco*, chevreuil
blanc, c'est-à-dire un pédéraste, affligé d'hémorroïdes au
point de ne pouvoir se tenir à cheval. Il fut trop heureux
de nous lâcher. Mais les superbes bœufs (qui venaient, à
mon insu, de voyager 500 kilomètres) ne possédaient plus
un pouce de graisse sur le corps. L'un après l'autre, ils se
mirent à souffrir du bât dont le frottement usait leur
peau. Malgré l'habileté des *arrieiros*, ils commencèrent à
perdre leur cuir à la hauteur de l'échine : de larges
fenêtres sanguinolentes s'y ouvraient, grouillantes de vers
et laissant apercevoir la colonne vertébrale. Ces squelet-
tes purulents furent les premiers perdus.

Heureusement, mon chef d'équipe Fulgencio – on pro-
nonçait Frugencio – sut compléter la troupe par des bêtes
sans apparence, mais dont la plupart arrivèrent jusqu'au
bout. Quant aux hommes, il choisit dans son village ou
aux environs des adolescents qu'il avait vus naître et qui
respectaient sa science. Pour la plupart ils provenaient de
vieilles familles portugaises installées au Mato Grosso

depuis un ou deux siècles et chez qui se perpétuaient d'austères traditions.

Si pauvres qu'ils fussent, chacun possédait une serviette brodée et ornée de dentelle – cadeau d'une mère, d'une sœur ou d'une fiancée – et jusqu'à la fin du voyage, ils n'auraient pas consenti à s'essuyer le visage avec autre chose. Mais quand je leur proposai pour la première fois une ration de sucre à mettre dans leur café, ils me répondirent fièrement qu'ils n'étaient pas *viciados*, pervertis. J'éprouvai quelques difficultés avec eux, parce qu'ils avaient sur tous les problèmes des idées aussi arrêtées que les miennes. Ainsi, j'évitai tout juste une insurrection à propos de la composition des vivres du voyage, les hommes étant persuadés qu'ils allaient mourir de faim si je ne consacrais pas l'intégralité de la charge utile au riz et aux haricots. A la rigueur, ils voulaient bien tolérer la viande séchée, malgré leur conviction que le gibier ne ferait jamais défaut. Mais le sucre, les fruits secs, les conserves les scandalisaient. Ils se seraient fait tuer pour nous, mais nous tutoyaient avec rudesse et n'auraient pas accepté de laver un mouchoir qui ne leur appartînt pas, la lessive étant une tâche bonne pour les femmes. Les bases de notre contrat étaient les suivantes : pendant la durée de l'expédition, chacun recevrait en prêt une monture et un fusil; et, en plus de la nourriture, il serait payé l'équivalent de 5 francs par jour au cours de 1938. Pour chacun d'eux, les 1 500 ou 2 000 francs épargnés à la fin de l'expédition (car ils ne voulaient rien recevoir pendant) représentaient un capital permettant à l'un de se marier, à tel autre de commencer un élevage... Il était entendu que Fulgencio embaucherait aussi quelques jeunes Indiens Paressi à demi civilisés, au moment où nous traverserions l'ancien territoire de cette tribu qui fournit aujourd'hui la plus grande partie du personnel d'entretien de la ligne télégraphique, sur la lisière du pays nambikwara.

Ainsi s'organisait lentement l'expédition, par groupes de deux ou trois hommes et quelques bêtes, disséminés dans les hameaux des alentours de Cuiaba. Le rassemblement devait se faire un jour de juin 1938, aux portes de la ville, d'où bœufs et cavaliers se mettraient en route sous

la direction de Fulgencio, avec une partie des bagages. Un
bœuf de charge porte de 60 à 120 kilos selon sa force,
répartis à droite et à gauche en deux fardeaux de poids
égal au moyen d'un bât de bois capitonné de paille,
l'ensemble étant recouvert d'un cuir séché. La distance
quotidienne parcourue est d'environ 25 kilomètres, mais,
après chaque semaine de marche, les bêtes ont besoin de
quelques jours de repos. Nous avions donc décidé de
laisser les animaux partir en avance, aussi peu chargés
que possible; je ferais moi-même route avec un gros
camion tant que la piste le permettrait, c'est-à-dire jusqu'à
Utiarity, à 500 kilomètres au nord de Cuiaba : poste de la
ligne télégraphique déjà en territoire nambikwara, au
bord du Rio Papagaio où un bac trop frêle empêcherait le
passage du camion. Ensuite commencerait l'aventure.

Huit jours après le départ de la troupe – une caravane
de bœufs s'appelle une *tropa* – notre camion s'ébranla
avec sa cargaison. Nous n'avions pas fait 50 kilomètres
que nous rencontrions nos hommes et nos bêtes, paisiblement campés dans la savane alors que je les croyais
déjà à Utiarity ou presque. Je pris là ma première colère,
qui ne devait pas être la seule. Mais il me faudrait
d'autres déceptions pour comprendre que la notion du
temps n'avait plus de place dans l'univers où je pénétrais.
Ce n'était pas moi qui dirigeais l'expédition; ce n'était pas
Fulgencio : c'étaient les bœufs. Ces bêtes pesantes se
transformaient en autant de duchesses dont il fallait
surveiller les vapeurs, les sautes d'humeur et les mouvements de lassitude. Un bœuf ne prévient pas s'il est
fatigué ou si sa charge est trop lourde : il continue
d'avancer puis tout à coup il s'effondre, mort ou exténué
au point qu'il lui faudrait six mois de repos pour se
refaire; auquel cas la seule solution est de l'abandonner.
Les bouviers sont donc aux ordres de leurs bêtes. Chacune a son nom, correspondant à sa couleur, à son port
ou à son tempérament. Ainsi mes bêtes s'appelaient :
Piano (l'instrument de musique); *Massa-Barro* (écrase-
boue); *Salino* (goûte-sel); *Chicolate* (mes hommes, qui
n'avaient jamais mangé de chocolat, appelaient ainsi un
mélange de lait chaud sucré et de jaune d'œuf); *Taruma*
(un palmier); *Galão* (grand coq); *Lavrado* (ocre rouge);

Ramalhete (bouquet); *Rochedo* (rougeâtre); *Lambari* (un poisson); *Açanhaço* (un oiseau bleu); *Carbonate* (diamant impur); *Galalá* (?); *Mourinho* (métis); *Mansinho* (petit-doux); *Correto* (correct); *Duque* (duc); *Motor* (moteur, parce que, expliquait son conducteur, « il marche très bien »); *Paulista*, *Navegante* (navigateur); *Moreno* (brun); *Figurino* (modèle); *Brioso* (vif); *Barroso* (terreux); *Pai de Mel* (abeille); *Araça* (un fruit sauvage); *Bonito* (joli); *Brin-quedo* (joujou); *Pretinho* (noiraud).

Aussitôt que les bouviers le jugent nécessaire, toute la troupe s'arrête. On décharge les bêtes une par une, on dresse le campement. Si le pays est sûr, on laisse les bœufs se disperser dans la campagne; au cas contraire, il faut les *pastorear*, c'est-à-dire les mener paître tout en continuant à les surveiller. Chaque matin quelques hommes parcourent le pays à plusieurs kilomètres à la ronde, jusqu'à ce que la position de chaque animal ait été repérée. Cela s'appelle *campear*. Les *vaqueiros* prêtent à leurs bêtes des intentions perverses : elles se sauvent souvent par malice, se cachent, restent introuvables pendant des jours. N'ai-je pas été immobilisé pendant une semaine parce qu'un de nos mulets, m'affirmait-on, était parti dans le *campo* en marchant d'abord de côté, puis à reculons, de telle façon que ses *rastos*, ses traces, soient indéchiffrables à ses poursuivants?

Quand les animaux ont été rassemblés, on doit inspecter leurs plaies, les couvrir d'onguents; modifier les bâts pour que la charge ne porte pas sur les parties blessées. Il faut enfin harnacher et charger les bêtes. Alors débute un nouveau drame : quatre ou cinq jours de repos suffisent pour que les bœufs se déshabituent du service; à peine sentent-ils le bât que certains ruent et se cabrent, envoyant promener la charge laborieusement équilibrée; tout est à recommencer. Encore s'estime-t-on heureux quand un bœuf, s'étant libéré, ne part pas au trot à travers la campagne. Car il faudra alors camper à nouveau, décharger, *pastorear, campear*, etc., avant que toute la troupe ait été rassemblée en vue d'un chargement parfois cinq ou six fois répété jusqu'à ce que – pourquoi? – une docilité unanime ait été obtenue.

Moins patient encore que les bœufs, j'ai pris des

semaines pour me résigner à cette marche capricieuse. Laissant la troupe derrière nous, nous arrivions à Rosario Oeste, bourgade d'un millier d'habitants, pour la plupart noirs, nains et goitreux, logés dans des *casebres*, bicoques de torchis d'un rouge fulgurant sous les toits en palmes claires, bordant des avenues droites où pousse une herbe folle.

Je me rappelle le jardinet de mon hôte : on eût dit une pièce d'habitation tant il était méticuleusement arrangé. La terre avait été battue et balayée et les plantes étaient disposées avec le même soin que les meubles dans un salon : deux orangers, un citronnier, un plant de piment, dix pieds de manioc, deux ou trois *chiabos* (nos gombos, un hibiscus comestible), autant de pieds de soie végétale, deux rosiers, un bosquet de bananiers et un autre de canne à sucre. Il y avait enfin une perruche dans une cage et trois poulets attachés par la patte à un arbre.

A Rosario Oeste, la cuisine d'apparat est « mi-partie »; on nous servit la moitié d'un poulet rôtie, l'autre froide à la sauce piquante; la moitié d'un poisson frite et l'autre bouillie. Pour terminer, la *cachaça*, alcool de canne, qui s'accepte avec la formule rituelle : *cemitério, cadeia, cachaça não é feito para uma só pessoa*, c'est-à-dire « le cimetière, la prison et l'eau-de-vie [les trois C], ça n'est pas fait pour la même personne ». Rosario est déjà en pleine brousse; la population se compose d'anciens chercheurs de caoutchouc, d'or et de diamants, qui pouvaient me donner des indications utiles sur mon itinéraire. Dans l'espoir de pêcher çà et là quelques informations, j'écoutai donc mes visiteurs évoquant leurs aventures, où la légende et l'expérience se mêlaient inextricablement.

Qu'il existât dans le Nord des *gatos valentes*, chats vaillants, issus du croisement de chats domestiques et de jaguars, je n'arrivai pas à m'en persuader. Mais de cette autre histoire que me conte un interlocuteur, il y a peut-être quelque chose à retenir, même si ce n'est rien, en fin de compte, que le style, l'esprit du *sertão* :

A Barra dos Bugres, bourgade du Mato Grosso occidental, sur le haut Paraguay, vivait un *curandeiro*, rebouteux qui guérissait les morsures de serpent; il commençait par piquer l'avant-bras du malade avec des dents de *sucuri*, boa. Ensuite il traçait sur le sol une croix avec de la poudre à fusil, qu'il enflammait pour que le malade étendît le bras dans la fumée. Il prenait enfin du coton calciné d'un *artificio* (briquet à pierre dont l'amadou est fait de charpie tassée dans un réceptacle en corne), l'imbibait de *cachaça* que buvait le malade. C'était fini.

Un jour, le chef d'une *turma de poaieros* (troupe de cueilleurs d'ipecacuanha, plante médicinale), assistant à cette cure, demande au rebouteux d'attendre jusqu'au dimanche suivant l'arrivée de ses hommes qui, certainement, voudront tous se faire vacciner (à cinq milreis chacun, soit cinq francs de 1938). Le rebouteux accepte. Le samedi matin, on entend un chien hurler en dehors du *barracão* (cabane collective). Le chef de *turma* envoie un *camarada* en reconnaissance : c'est un *cascavel*, serpent à sonnettes, en colère. Il ordonne au rebouteux de capturer le reptile; l'autre refuse. Le chef se fâche, déclare qu'à défaut de capture il n'y aura pas de vaccination. Le rebouteux s'exécute, tend la main vers le serpent, est piqué, et meurt.

Celui qui me raconte cette histoire explique qu'il avait été vacciné par le *curandeiro* et s'était fait mordre ensuite par un serpent pour contrôler l'efficacité du traitement, avec un plein succès. Il est vrai, ajoute-t-il, que le serpent choisi n'était pas venimeux.

Je transcris ce récit, parce qu'il illustre bien ce mélange de malice et de naïveté – à propos d'incidents tragiques traités comme de menus événements de la vie quotidienne – qui caractérise la pensée populaire de l'intérieur du Brésil. Il ne faut pas se méprendre sur la conclusion, absurde seulement en apparence. Le narrateur raisonne comme je devais l'entendre plus tard du chef de la secte néo-musulmane des Ahmadi, au cours d'un dîner auquel il m'avait convié à Lahore. Les Ahmadi s'écartent de l'orthodoxie, notamment par l'affirmation que tous ceux qui se sont proclamés messies au cours de l'histoire (au nombre desquels ils comptent Socrate et le Bouddha) le furent effectivement : sinon Dieu aurait châtié leur impudence. De même, pensait sans doute mon interlocuteur de Rosario, les puissances surnaturelles provoquées par le rebouteux, si sa magie n'avait été réelle, auraient tenu à le démentir en rendant venimeux un serpent qui ne l'était pas habituellement. Puisque la cure était considérée comme magique, sur un plan également magique il l'avait tout de même contrôlée de façon expérimentale.

On m'avait garanti que la piste conduisant à Utiarity ne nous ménagerait pas de surprise : rien de comparable, en tout cas, aux aventures rencontrées deux ans auparavant sur la piste du São Lourenço. Pourtant, en parvenant au sommet de la Serra do Tombador au lieu dit Caixa Furada, caisse percée, un pignon de l'arbre de transmission se rompit. Nous nous trouvions à trente kilomètres environ de Diamantino; nos chauffeurs s'y rendirent à pied pour télégraphier à Cuiaba, d'où l'on commanderait à Rio d'envoyer la pièce par avion; un camion nous l'apporterait quand on l'aurait reçue. Si tout allait bien, l'opération prendrait huit jours; les bœufs auraient le temps de nous dépasser.

Nous voici donc campant en haut du Tombador; cet éperon rocheux termine la *chapada* au-dessus du bassin du Paraguay qu'il domine de trois cents mètres; de l'autre côté, les ruisseaux alimentent déjà les affluents de l'Amazone. Que faire dans cette savane épineuse, après avoir trouvé les quelques arbres entre lesquels pendre nos hamacs et nos moustiquaires, sinon dormir, rêver et chasser? La saison sèche avait commencé depuis un mois; nous étions en juin; à part quelques faibles précipitations en août, les *chuvas de caju* (qui firent défaut cette année-là) il ne tomberait pas une goutte avant septembre. La savane avait déjà pris son visage d'hiver : plantes fanées et desséchées, parfois consumées par les feux de brousse et laissant paraître le sable en larges plaques sous les brindilles calcinées. C'est l'époque où le rare gibier qui vague à travers le plateau se concentre dans les impénétrables bosquets arrondis, les *capões* dont le dôme marque l'emplacement des sources et où il trouve de petits pâturages encore verts.

Pendant la saison des pluies, d'octobre à mars, où les précipitations sont presque quotidiennes, la température s'élève : 42° à 44° pendant la journée, plus frais la nuit avec même une chute soudaine et brève à l'aube. Au contraire, les fortes variations de température caractérisent la saison sèche. Il n'est pas rare, à ce moment, de passer d'un maximum diurne de 40° à un minimum nocturne de 8° à 10°.

En buvant le maté autour de notre feu de camp, nous écoutons les deux frères attachés à notre service et les chauffeurs évoquer les aventures du *sertão*. Ils expliquent comment il se fait que le grand fourmilier, tamandua, soit inoffensif dans le *campo* où il ne peut, dressé, maintenir son équilibre. Dans la forêt, il prend appui contre un arbre avec sa queue, et étouffe avec ses pattes avant quiconque s'approche de lui. Le fourmilier ne craint pas non plus les attaques de nuit, « car il dort en repliant sa tête le long du corps, et le jaguar lui-même n'arrive pas à savoir où est sa tête ». A la saison des pluies, il faut toujours prêter l'oreille aux porcs sauvages qui circulent par bandes de cinquante et plus et dont le crissement des mâchoires s'entend à plusieurs kilomètres (d'où le nom qu'on donne aussi à ces animaux : *queixada*, de *queixo*, « menton »). A ce son, le chasseur n'a plus qu'à s'enfuir car si une bête est tuée ou blessée, toutes les autres attaquent. Il lui faut monter sur un arbre ou sur un *cupim*, termitière.

Un homme raconte que, voyageant une nuit avec son frère, il entendit des appels. Il hésite à porter secours par crainte des Indiens. Tous deux attendent donc le jour pendant que les cris continuent. A l'aube, ils trouvent un chasseur perché depuis la veille sur un arbre, son fusil à terre, cerné par les porcs.

Ce sort est moins tragique que celui d'un autre chasseur, qui entendit au loin *a queixada* et se réfugia sur un *cupim*. Les porcs le cernèrent. Il tira jusqu'à épuisement de ses munitions, puis se défendit au sabre d'abatis, le *facão*. Le lendemain on partit à sa recherche, et on le repéra vite d'après les urubus (charognards) qui volaient au-dessus. Il n'y avait plus, par terre, que son crâne et les porcs étripés.

On passe aux histoires cocasses : celle du *seringueiro*, chercheur de caoutchouc, qui rencontra un jaguar affamé; ils tournèrent l'un derrière l'autre autour d'un massif de forêt jusqu'à ce que, par une fausse manœuvre de l'homme, ils se trouvent brusquement nez à nez. Aucun des deux n'ose faire un mouvement, l'homme ne se risque même pas à crier : « Et ce n'est qu'au bout d'une demi-heure que, pris d'une crampe, il fait un mouvement involontaire, heurte la crosse de son fusil et s'aperçoit qu'il est armé. »

Le lieu était malheureusement infesté des insectes habituels : guêpes *maribondo*, moustiques, *piums* et *borrachudos* qui sont d'infimes moucherons suceurs de sang, volant en nuées; il y avait aussi les *pais-de-mel*, pères de miel, c'est-à-dire les abeilles. Les espèces sud-américaines ne sont pas venimeuses, mais elles persécutent d'une autre façon; avides de sueur, elles se disputent les emplacements les plus favorables, commissures des lèvres, yeux et narines où, comme enivrées par les sécrétions de leur victime, elles se laissent détruire sur place plutôt que de s'envoler, leurs corps écrasés à même la peau attirant sans cesse des consommateurs nouveaux. D'où leur surnom de *lambe-olhos*, lèche-yeux. C'est le vrai supplice de la brousse tropicale, pire que l'infection due aux moustiques et aux moucherons, à quoi l'organisme parvient en quelques semaines à s'accoutumer.

Mais qui dit abeille dit miel, à la récolte duquel il est loisible de se livrer sans danger, en éventrant les abris des espèces terrestres ou en découvrant dans un arbre creux des rayons aux cellules sphériques, grosses comme des œufs. Toutes les espèces produisent des miels de saveurs différentes – j'en ai recensé treize – mais toujours si fortes qu'à l'exemple des Nambikwara, nous apprîmes vite à les délayer dans l'eau. Ces parfums profonds s'analysent en plusieurs temps, à la façon des vins de Bourgogne, et leur étrangeté déconcerte. J'ai retrouvé leur équivalent dans un condiment de l'Asie du Sud-Est, extrait des glandes du cafard et valant son pesant d'or. Une trace suffit à embaumer un plat. Très voisine aussi est l'odeur exhalée par un coléoptère français de couleur sombre appelé procruste chagriné.

Enfin, le camion de secours arrive avec la pièce neuve et un mécanicien pour la poser. Nous repartons, traversons Diamantino à demi ruinée dans sa vallée ouverte en direction du Rio Paraguay, remontons sur le plateau – cette fois sans incident – frôlons le Rio Ariños qui envoie

ses eaux au Tapajoz puis à l'Amazone, obliquons à l'ouest,
vers les vallées accidentées du Sacre et du Papagaio qui
sont aussi des formateurs du Tapajoz où ils se précipitent
par des chutes de soixante mètres. A Paressi, nous nous
arrêtons pour inspecter les armes abandonnées par les
Beiços de Pau qu'on signale à nouveau dans les environs.
Un peu plus loin, nous passons une nuit blanche dans un
terrain marécageux, inquiets des feux de camp indigènes
dont nous apercevons, à quelques kilomètres, les fumées
verticales dans le ciel limpide de la saison sèche. Un jour
encore pour voir les chutes et recueillir quelques informations, dans un village d'Indiens Paressi. Et voici le Rio
Papagaio, large d'une centaine de mètres, roulant à fleur
de terre des eaux si claires que le lit rocheux est visible
malgré sa profondeur. De l'autre côté, une douzaine de
huttes de paille et de bicoques en torchis : le poste
télégraphique d'Utiarity. On décharge le camion, on passe
les provisions et les bagages sur le bac. Nous prenons
congé des chauffeurs. Déjà sur l'autre rive nous apperce-
vons deux corps nus : des Nambikwara.

XXVI

SUR LA LIGNE

Qui vit sur la ligne Rondon se croirait volontiers dans la lune. Imaginez un territoire grand comme la France et aux trois quarts inexploré; parcouru seulement par des petites bandes d'indigènes nomades, qui sont parmi les plus primitifs qu'on puisse rencontrer dans le monde; et traversé de bout en bout par une ligne télégraphique. La piste sommairement défrichée qui l'accompagne – la *picada* – fournit l'unique point de repère pendant sept cents kilomètres, car si l'on excepte quelques reconnaissances entreprises par la Commission Rondon au nord et au sud, l'inconnu commence aux deux bords de la *picada*, à supposer que son tracé ne soit pas lui-même indiscernable de la brousse. Il est vrai qu'il y a le fil; mais celui-ci, devenu inutile aussitôt posé, se détend sur des poteaux qu'on ne remplace pas quand ils tombent en pourriture, victimes des termites ou des Indiens qui prennent le bourdonnement caractéristique d'une ligne télégraphique pour celui d'une ruche d'abeilles sauvages en travail. Par endroits, le fil traîne à terre; ou bien il a été négligemment accroché aux arbrisseaux voisins. Si surprenant que cela puisse paraître, la ligne ajoute à la désolation ambiante plutôt qu'elle ne la dément.

Les paysages complètement vierges offrent une monotonie qui prive leur sauvagerie de valeur significative. Ils se refusent à l'homme, s'abolissent sous son regard au lieu de lui lancer un défi. Tandis que, dans cette brousse indéfiniment recommencée, la tranchée de la *picada*, les silhouettes contorsionnées des poteaux, les arceaux inversés du fil qui les unit, semblent autant d'objets incongrus

flottant dans la solitude comme on en voit dans les
tableaux d'Yves Tanguy. En attestant le passage de
l'homme et la vanité de son effort, ils marquent, plus
clairement que s'ils n'avaient pas été là, l'extrême limite
qu'il a essayé de franchir. Le caractère velléitaire de
l'entreprise, l'échec qui l'a sanctionnée donnent une
valeur probante aux déserts environnants.

La population de la ligne comprend une centaine de
personnes : d'une part les Indiens Paressi, jadis recrutés
sur place par la commission télégraphique et instruits par
l'armée à l'entretien du fil et au maniement des appareils
(sans qu'ils aient pour autant cessé de chasser à l'arc et
aux flèches); de l'autre, des Brésiliens, jadis attirés dans
ces régions neuves par l'espoir d'y trouver soit un Eldo-
rado, soit un nouveau Far West. Espoir déçu : au fur et à
mesure qu'on s'avance sur le plateau, les « formes » du
diamant se font de plus en plus rares.

On appelle « formes » des petites pierres à couleur ou à
structure singulière qui annoncent la présence du diamant à la façon des traces d'un animal : « Quand on les
trouve, c'est que le diamant a passé par là. » Ce sont les
emburradas, « galets bourrus »; *pretinhas*, « petites négres-
ses »; *amarelinhas*, « jaunettes »; *figados-de-gallinha*, « foies
de poule »; *sangues-de-boi*, « sangs de bœuf »; *feijões-
reluzentes*, « haricots brillants »; *dentes-de-cão*, « dents de
chien »; *ferragens*, « outils »; et les *carbonates*, *lacres*, *fris-
cas de ouro*, *faceiras*, *chiconas*, etc.

A défaut de diamant, sur ces terres sablonneuses,
ravagées par les pluies pendant une moitié de l'année et
privées de toute précipitation pendant l'autre, rien ne
pousse que des arbustes épineux et torturés, et le gibier
manque. Aujourd'hui abandonnés par une de ces vagues
de peuplement si fréquentes dans l'histoire du Brésil
central, qui lancent vers l'intérieur en un grand mouvement d'enthousiasme une poignée de chercheurs d'aventures, d'inquiets et de miséreux et les y oublient aussitôt
après, coupés de tout contact avec les centres civilisés,
ces malheureux s'adaptent par autant de folies particulières à leur isolement dans des petits postes formés chacun
de quelques huttes de paille, et distants de quatre-vingts
ou cent kilomètres qu'ils ne peuvent parcourir qu'à pied.

Chaque matin, le télégraphe connaît une vie éphémère :
on échange les nouvelles, tel poste a aperçu les feux de
camp d'une bande d'Indiens hostiles qui s'apprêtent à
l'exterminer; dans tel autre, deux Paressi ont disparu
depuis plusieurs jours, victimes, eux aussi, des Nambikwara dont la réputation sur la ligne est solidement
établie, et qui les ont envoyés, sans nul doute, *na inver-
nada do ceu,* « dans les célestes hivernages... ». On évoque
avec un humour macabre les missionnaires assassinés en
1933, ou ce télégraphiste retrouvé enterré à mi-corps, la
poitrine criblée de flèches et son manipulateur sur la tête.
Car les Indiens exercent sur les gens de la ligne une sorte
de fascination morbide : ils représentent un péril quotidien, exagéré par l'imagination locale; et, en même temps,
les visites de leurs petites bandes nomades constituent
l'unique distraction, plus encore l'unique occasion d'un
rapport humain. Quand elles se produisent, une ou deux
fois par an, les plaisanteries vont leur train entre massa-
creurs potentiels et candidats massacrés, dans l'invrai-
semblable jargon de la ligne composé en tout de quarante
mots mi-nambikwara, mi-portugais.

En dehors de ces réjouissances qui font passer de part
et d'autre un petit frisson, chaque chef de poste développe un style qui lui est propre. Il y a l'exalté, dont la
femme et les enfants meurent de faim parce qu'il ne peut
résister, chaque fois qu'il se déshabille pour prendre un
bain de rivière, à tirer cinq coups de Winchester destinés
à intimider les embuscades indigènes qu'il devine sur les
deux berges, toutes prêtes à l'égorger, et qui épuise ainsi
des munitions irremplaçables : cela s'appelle *quebrar bala,*
« casser la balle »; le boulevardier qui, ayant quitté Rio
étudiant en pharmacie, continue par la pensée à persifler
sur le Largo do Ouvidor; mais comme il n'a plus rien à
dire, sa conversation se réduit à des mimiques, des
claquements de langue et de doigts, des regards pleins de
sous-entendus : au cinéma muet, on le croirait encore
carioque. Il faudrait ajouter le sage : celui-là est parvenu
à maintenir sa famille en équilibre biologique avec une
harde de cervidés qui fréquentent une source voisine :
chaque semaine il va tuer une bête, jamais plus; le gibier
subsiste, le poste aussi, mais depuis huit ans (date à partir

de laquelle le ravitaillement annuel des postes par des
caravanes de bœufs s'est progressivement interrompu) ils
n'ont mangé que du cerf.

Les Pères jésuites qui nous avaient devancés de quelques semaines et qui achevaient de s'installer près du
poste de Juruena, à cinquante kilomètres environ d'Utiarity, ajoutaient au tableau un pittoresque d'un autre
genre. Ils étaient trois : un Hollandais qui priait Dieu, un
Brésilien qui se disposait à civiliser les Indiens, et un
Hongrois, ancien gentilhomme et grand chasseur, dont le
rôle était d'approvisionner la mission en gibier. Peu après
leur arrivée, ils reçurent la visite du provincial, un vieux
Français à l'accent grasseyé qui paraissait échappé au
règne de Louis XIV; au sérieux avec lequel il parlait des
« sauvages » – il ne désignait jamais les Indiens autrement
– on l'eût cru débarqué en quelque Canada, aux côtés de
Cartier ou de Champlain.

A peine était-il là que le Hongrois – conduit à l'aposto-
lat, semble-t-il, par le repentir consécutif aux égarements
d'une jeunesse orageuse – fut pris d'une crise du genre de
celle que nos coloniaux appellent « coup de bambou ». A
travers les parois de la mission on l'entendait insulter son
supérieur qui, plus que jamais fidèle à son personnage,
l'exorcisait à grand renfort de signes de croix et de : *Vade
retro, Satanas!* Le Hongrois, enfin délivré du démon, fut
mis pour quinze jours au pain et à l'eau; symboliquement
au moins, car à Juruena, il n'y avait pas de pain.

Les Caduveo et les Bororo constituent, à des titres
divers, ce que, sans jeu de mots, on aimerait appeler des
sociétés savantes; les Nambikwara ramènent l'observateur à ce qu'il prendrait volontiers – mais à tort – pour
une enfance de l'humanité. Nous nous étions fixés à la
lisière du hameau, sous un hangar de paille en partie
démantelé qui avait servi à abriter du matériel à l'époque
de la construction de la ligne. Nous nous trouvions ainsi à
quelques mètres du campement indigène, qui réunissait
une vingtaine de personnes réparties en six familles. La
petite bande était arrivée là quelques jours avant nous, au
cours d'une de ses excursions de la période nomade.

L'année nambikwara se divise en deux périodes distinctes. Pendant la saison pluvieuse, d'octobre à mars, chaque

groupe séjourne sur une petite éminence surplombant le
cours d'un ruisseau; les indigènes y construisent des
huttes grossières avec des branchages ou des palmes. Ils
ouvrent des brûlis dans la forêt-galerie qui occupe le fond
humide des vallées, et ils plantent et cultivent des jardins
où figurent surtout le manioc (doux et amer), diverses
espèces de maïs, du tabac, parfois des haricots, du coton,
des arachides et des calebasses. Les femmes râpent le
manioc sur des planches incrustées d'épines de certains
palmiers, et, s'il s'agit des variétés vénéneuses, expriment
le jus en pressant la pulpe fraîche dans un lambeau
d'écorce tordu. Le jardinage fournit des ressources alimentaires suffisantes pendant une partie de la vie sédentaire. Les Nambikwara conservent même les tourteaux de
manioc en les enfouissant dans le sol, d'où ils les retirent.
à demi pourris, après quelques semaines ou quelques
mois.

Au début de la saison sèche, le village est abandonné et
chaque groupe éclate en plusieurs bandes nomades. Pendant sept mois, ces bandes vont errer à travers la savane,
à la recherche du gibier : petits animaux surtout, tels que
larves, araignées, sauterelles, rongeurs, serpents, lézards;
et de fruits, graines, racines ou miel sauvage, bref de tout
ce qui peut les empêcher de mourir de faim. Leurs
campements installés pour un ou plusieurs jours, quelques semaines parfois, consistent en autant d'abris sommaires que de familles, faits de palmes ou de branchages
piqués en demi-cercle dans le sable et liés au sommet. Au
fur et à mesure que le jour s'avance, les palmes sont
retirées d'un côté et plantées de l'autre, pour que l'écran
protecteur se trouve toujours placé du côté du soleil ou,
le cas échéant, du vent ou de la pluie. C'est l'époque où la
quête alimentaire absorbe tous les soins. Les femmes
s'arment du bâton à fouir qui leur sert à extraire les
racines et à assommer les petits animaux; les hommes
chassent avec de grands arcs en bois de palmier et des
flèches dont il existe plusieurs types : celles destinées aux
oiseaux, à pointe émoussée pour qu'elles ne se fichent pas
dans les branches; les flèches de pêche, plus longues, sans
empenne et terminées par trois ou cinq pointes divergentes; les flèches empoisonnées dont la pointe enduite de

curare est protégée par un étui de bambou et qui sont
réservées au moyen gibier, tandis que celles pour le gros
gibier – jaguar ou tapir – ont une pointe lancéolée faite
d'un gros éclat de bambou afin de provoquer l'hémorra-
gie, car la dose de poison véhiculée par une flèche serait
insuffisante.

Après la splendeur des palais bororo, le dénuement où
vivent les Nambikwara paraît à peine croyable. Ni l'un ni
l'autre sexe ne porte aucun vêtement et leur type physique, autant que la pauvreté de leur culture, les distingue
des tribus avoisinantes. La stature des Nambikwara est
petite : 1,60 m environ pour les hommes, 1,50 m pour les
femmes, et bien que ces dernières, comme tant d'autres
Indiennes sud-américaines, n'aient pas la taille très marquée, leurs membres sont plus graciles, leurs extrémités
plus menues et leurs attaches plus minces que ce n'est
généralement le cas. Leur peau est aussi plus foncée;
beaucoup de sujets sont atteints de maladies épidermi-
ques couvrant leur corps d'auréoles violacées, mais chez
les individus sains, le sable dans lequel ils aiment à se
rouler poudre la peau et lui prête un velouté beige qui,
surtout chez les jeunes femmes, est extrêmement séduisant. La tête est allongée, les traits souvent fins et bien
dessinés, le regard vif, le système pileux plus développé
que chez la plupart des populations de souche mongolique, les cheveux rarement d'un noir franc, et légèrement
ondulés. Ce type physique avait frappé les premiers
visiteurs au point de leur suggérer l'hypothèse d'un
croisement avec des noirs évadés des plantations pour se
réfugier dans des *quilombos*, colonies d'esclaves rebelles.
Mais si les Nambikwara avaient reçu du sang noir à une
époque récente, il serait incompréhensible que, comme
nous l'avons vérifié, ils appartinssent tous au groupe
sanguin O, ce qui implique, sinon une origine purement
indienne, en tout cas un isolement démographique prolongé pendant des siècles. Aujourd'hui, le type physique
des Nambikwara nous apparaît moins problématique; il
évoque celui d'une ancienne race dont on connaît les
ossements, retrouvés au Brésil dans les grottes de Lagoa
Santa qui sont un site de l'Etat de Minas Gerais. Pour
moi, je retrouvais avec stupeur les visages presque cau-

casiens qu'on voit à certaines statues et bas-reliefs de la région de Vera Cruz et qu'on attribue maintenant aux plus anciennes civilisations du Mexique.

Ce rapprochement était rendu plus troublant encore par l'indigence de la culture matérielle, qui portait fort peu à rattacher les Nambikwara aux plus hautes cultures de l'Amérique centrale ou septentrionale, mais plutôt à les traiter en survivants de l'âge de pierre. Le costume des femmes se réduisait à un mince rang de perles de coquilles, noué autour de la taille et quelques autres en guise de colliers ou de bandoulières; des pendants d'oreilles en nacre ou en plumes, des bracelets taillés dans la carapace du grand tatou et parfois d'étroites bandelettes en coton (tissé par les hommes) ou en paille, serrées autour des biceps et des chevilles. La tenue masculine était encore plus sommaire, sauf un pompon de paille accroché quelquefois à la ceinture au-dessus des parties sexuelles.

En plus de l'arc et des flèches, l'armement comprend une sorte d'épieu aplati dont l'usage semble magique autant que guerrier : je ne l'ai vu utilisé que pour des manipulations destinées à mettre en fuite l'ouragan ou à tuer, en le projetant dans la direction convenable, les *atasu* qui sont des esprits malfaisants de la brousse. Les indigènes appellent du même nom les étoiles et les bœufs, dont ils ont grand-peur (tandis qu'ils tuent et mangent volontiers les mulets, qu'ils ont pourtant appris à connaître en même temps). Mon bracelet-montre était aussi un *atasu*.

Tous les biens des Nambikwara tiennent aisément dans la hotte portée par les femmes au cours de la vie nomade. Ces hottes sont en bambou refendu, tressé à claire-voie avec six brins (deux paires perpendiculaires entre elles et une paire oblique) formant un réseau de larges mailles étoilées; légèrement évasées à l'orifice supérieur, elles se terminent en doigt de gant par le bas. Leur dimension peut atteindre 1,50 m, c'est-à-dire qu'elles sont parfois aussi hautes que la porteuse. On met au fond quelques tourteaux de manioc couverts de feuilles; et par-dessus, le mobilier et l'outillage : récipients en calebasse; couteaux faits d'un éclat coupant de bambou, de pierres grossière-

ment taillées ou de morceaux de fer – obtenus par
échange – et fixés, à l'aide de cire et de cordelettes, entre
deux lattes de bois formant manche; drilles composées
d'un perçoir en pierre ou en fer, monté à l'extrémité
d'une tige qu'on fait tourner entre les paumes. Les
indigènes possèdent des haches et des cognées de métal
reçues de la Commission Rondon, et leurs hachés de
pierre ne servent plus guère que d'enclumes pour le
façonnage des objets en coquille ou en os; ils utilisent
toujours des meules et polissoirs en pierre. La poterie est
inconnue des groupes orientaux (chez qui je commençai
mon enquête); elle reste grossière partout ailleurs. Les
Nambikwara n'ont pas de pirogue et traversent les cours
d'eau à la nage, s'aidant parfois de fagots comme
bouées.

Ces ustensiles rustiques méritent à peine le nom d'objets manufacturés. La hotte nambikwara contient surtout
des matières premières avec lesquelles on fabrique les
objets au fur et à mesure des besoins : bois variés,
notamment ceux servant à faire le feu par giration, blocs
de cire ou de résine, écheveaux de fibres végétales, os,
dents et ongles d'animaux, lambeaux de fourrure, plumes, piquants de porc-épic, coques de noix et coquillages
fluviaux, pierres, coton et graines. Tout cela offre un
aspect si informe que le collectionneur se sent découragé
par un étalage qui paraît être le résultat, moins de
l'industrie humaine que de l'activité, observée à la loupe,
d'une race géante de fourmis. En vérité, c'est bien à une
colonne de fourmis que font penser les Nambikwara
marchant en file à travers les hautes herbes, chaque
femme encombrée par sa hotte en vannerie claire,
comme les fourmis le sont parfois de leurs œufs.

Parmi les Indiens d'Amérique tropicale à qui on doit
l'invention du hamac, la pauvreté est symbolisée par
l'ignorance de cet ustensile et de tout autre servant au
repos ou au sommeil. Les Nambikwara dorment par terre
et nus. Comme les nuits de la saison sèche sont froides,
ils se réchauffent en se serrant les uns contre les autres,
ou se rapprochent des feux de camp qui s'éteignent, de
sorte que les indigènes se réveillent à l'aube vautrés dans
les cendres encore tièdes du foyer. Pour cette raison les

Paressi les désignent d'un sobriquet : *uaikoakoré*, « ceux qui dorment à même le sol ».

Comme je l'ai dit, la bande avec qui nous voisinions à Utiarity, puis à Juruena, se composait de six familles : celle du chef, qui comprenait ses trois femmes et sa fille adolescente; et cinq autres, chacune formée d'un couple marié et d'un ou deux enfants. Tous étaient parents entre eux, les Nambikwara épousant de préférence une nièce, fille de sœur, ou une cousine de l'espèce dite *croisée* par les ethnologues : filles de la sœur du père ou du frère de la mère. Les cousins répondant à cette définition s'appellent, dès la naissance, d'un mot qui signifie époux ou épouse, tandis que les autres cousins (respectivement issus de deux frères ou de deux sœurs et que les ethnologues nomment pour cette raison *parallèles*) se traitent mutuellement de frère et sœur, et ne peuvent pas se marier entre eux. Tous les indigènes paraissaient en termes très cordiaux; pourtant, même un si petit groupe – vingt-trois personnes en comptant les enfants – connaissait des difficultés : un jeune veuf venait de se remarier avec une fille assez vaine qui refusait de s'intéresser aux enfants du premier lit : deux fillettes, l'une de six ans environ, l'autre de deux ou trois. Malgré la gentillesse de l'aînée qui servait de mère à sa petite sœur, le bébé était très négligé. On se le passait de famille en famille, non sans irritation. Les adultes auraient bien voulu que je l'adopte, mais les enfants favorisaient une autre solution qui leur semblait prodigieusement comique : ils m'amenaient la fillette, qui commençait à peine à marcher, et par des gestes non équivoques, m'invitaient à la prendre pour femme.

Une autre famille se composait de parents déjà âgés que leur fille enceinte était venue rejoindre après que son mari (absent à ce moment) l'eut abandonnée. Enfin, un jeune ménage, dont la femme allaitait, se trouvait sous le coup des interdits habituels en pareilles circonstances. Fort sales parce que les bains de rivière leur sont défendus, amaigris à cause de la prohibition frappant la plupart des aliments, réduits à l'oisiveté, les parents d'un enfant non encore sevré ne peuvent participer à la vie collective. L'homme allait parfois chasser ou ramasser des produits sauvages, en solitaire; la femme recevait sa nourriture de son mari ou de ses parents.

Si faciles que fussent les Nambikwara – indifférents à la présence de l'ethnographe, à son carnet de notes et à son appareil photographique – le travail se trouvait compliqué pour des raisons linguistiques. D'abord, l'emploi des noms propres est chez eux interdit; pour identifier les personnes, il fallait suivre l'usage des gens de la ligne, c'est-à-dire convenir avec les indigènes des noms d'emprunt par lesquels on les désignerait. Soit des noms portugais, comme Julio, José-Maria, Luiza; soit des sobriquets : *Lebre* (lièvre), *Assucar* (sucre). J'en ai même connu un que Rondon, ou l'un de ses compagnons, avait baptisé Cavaignac à cause de sa barbiche, rare chez les Indiens qui sont généralement glabres.

Un jour que je jouais avec un groupe d'enfants, une des fillettes fut frappée par une camarade; elle vint se réfugier auprès de moi, et se mit, en grand mystère, à me murmurer quelque chose à l'oreille, que je ne compris pas et que je fus obligé de lui faire répéter à plusieurs reprises, si bien que l'adversaire découvrit le manège, et, manifestement furieuse, arriva à son tour pour livrer ce qui parut être un secret solennel : après quelques hésitations et questions, l'interprétation de l'incident ne laissa pas de doute. La première fillette était venue, par vengeance, me donner le nom de son ennemie, et quand celle-ci s'en aperçut, elle communiqua le nom de l'autre en guise de représailles. A partir de ce moment, il fut très facile, bien que peu scrupuleux, d'exciter les enfants les uns contre les autres, et d'obtenir tous leurs noms. Après quoi, une petite complicité ainsi créée, ils me donnèrent, sans trop de difficulté, les noms des adultes. Lorsque ceux-ci comprirent nos conciliabules, les enfants furent réprimandés, et la source de mes informations tarie.

En second lieu, le nambikwara groupe plusieurs dialectes qui sont tous inconnus. Ils se distinguent par la désinence des substantifs et par certaines formes verbales. On se sert sur la ligne d'une sorte de *pidgin*, qui pouvait être utile au début seulement. Aidé par la bonne volonté et la vivacité d'esprit des indigènes, j'apprenais donc un nambikwara rudimentaire. Heureusement, la lan-

gue inclut des mots magiques – *kititu* dans le dialecte oriental, *dige*, *dage* ou *tchore* ailleurs – qu'il suffit d'ajouter aux
substantifs pour les transformer en verbes complétés le cas
échéant d'une particule négative. Par cette méthode, on
parvient à tout dire, même si ce nambikwara « de base »
ne permet pas d'exprimer les pensées les plus subtiles.
Les indigènes le savent bien, car ils retournent ce procédé quand ils essaient de parler portugais; ainsi « oreille »
et « œil » signifient respectivement entendre – ou comprendre – et voir, et ils traduisent les notions contraires en
disant : *orelha acabô* ou *ôlho acabô*, oreille, ou œil je finis... »

La consonance du nambikwara est un peu sourde,
comme si la langue était aspirée ou chuchotée. Les
femmes se plaisent à souligner ce caractère et déforment
certains mots (ainsi, *kititu* devient dans leur bouche
kediutsu); articulant du bout des lèvres, elles affectent une
sorte de bredouillement qui évoque la prononciation
enfantine. Leur émission témoigne d'un maniérisme et
d'une préciosité dont elles ont parfaitement conscience :
quand je ne les comprends pas et les prie de répéter, elles
exagèrent malicieusement le style qui leur est propre.
Découragé, je renonce; elles éclatent de rire et les plaisanteries fusent : elles ont réussi.

Je devais rapidement m'apercevoir qu'en plus du suffixe verbal le nambikwara en utilise une dizaine d'autres
qui répartissent les êtres et les choses en autant de
catégories : cheveux, poils et plumes; objets pointus et
orifices; corps allongés : soit rigides, soit souples; fruits,
graines, objets arrondis; choses qui pendent ou trem-
blent; corps gonflés, ou pleins de liquide; écorces, cuirs et
autres revêtements, etc. Cette observation m'a suggéré
une comparaison avec une famille linguistique d'Amérique centrale et du nord-ouest de l'Amérique du Sud : le
chibcha, qui fut la langue d'une grande civilisation de
l'actuelle Colombie, intermédiaire entre celles du Mexique et du Pérou, et dont le nambikwara serait peut-être
un rejeton méridional (1). Raison supplémentaire pour se

(1) Mais, à vrai dire, ce genre de découpage des êtres et des choses
existe dans de nombreuses autres langues américaines, et le rapprochement avec le chibcha ne m'apparaît plus aussi convaincant que par le
passé.

défier des apparences. Malgré leur dénuement, des indigènes, qui rappellent les plus anciens Mexicains par le type physique et le royaume chibcha par la structure de leur langue, ont peu de chances d'être de vrais primitifs. Un passé dont nous ne savons encore rien et l'âpreté de leur milieu géographique actuel expliqueront peut-être un jour cette destinée d'enfants prodigues auxquels l'histoire a refusé le veau gras.

XXVII

EN FAMILLE

Les Nambikwara se réveillent avec le jour, raniment le feu, se réchauffent tant bien que mal du froid de la nuit, puis se nourrissent légèrement des reliefs de la veille. Un peu plus tard, les hommes partent, en groupe ou séparément, pour une expédition de chasse. Les femmes restent au campement où elles vaquent aux soins de la cuisine. Le premier bain est pris quand le soleil commence à monter. Les femmes et les enfants se baignent souvent ensemble par jeu, et parfois un feu est allumé, devant lequel on s'accroupit pour se réconforter au sortir de l'eau, en exagérant plaisamment un grelottement naturel. D'autres baignades auront lieu pendant la journée. Les occupations quotidiennes varient peu. La préparation de la nourriture est celle qui prend le plus de temps et de soins : il faut râper et presser le manioc, faire sécher la pulpe et la cuire; ou bien, écaler et bouillir les noix de *cumaru* qui ajoutent un parfum d'amande amère à la plupart des mets. Quand le besoin s'en fait sentir, les femmes et les enfants partent en expédition de cueillette ou de ramassage. Si les provisions sont suffisantes, les femmes filent, accroupies au sol ou à genoux : fesses soutenues par les talons. Ou bien, elles taillent, polissent et enfilent des perles en coquilles de noix ou en coquillage, des pendants d'oreilles ou d'autres ornements. Et si le travail les ennuie, elles s'épouillent l'une l'autre, flânent ou dorment.

Aux heures les plus chaudes, le campement est muet; les habitants, silencieux ou endormis, jouissent de l'ombre précaire des abris. Le reste du temps, les tâches se déroulent au milieu des conversations. Presque toujours gais et rieurs, les indigènes lancent des plaisanteries, et parfois aussi des propos obscènes ou scatologiques salués par de grands éclats de rire. Le labeur est souvent interrompu par des visites ou des questions; que deux chiens ou oiseaux familiers copulent, tout le monde s'arrête et contemple l'opération avec une attention fascinée; puis le travail reprend après un échange de commentaires sur cet important événement.

Les enfants paressent pendant une grande partie du jour, les fillettes se livrant, par moments, aux mêmes besognes que leurs aînées, les garçonnets oisifs ou pêchant au bord des cours d'eau. Les hommes restés au campement se consacrent à des travaux de vannerie, fabriquent des flèches et des instruments de musique, et rendent parfois de petits services domestiques. L'accord règne généralement au sein des ménages. Vers 3 ou 4 heures, les autres hommes reviennent de la chasse, le campement s'anime, les propos deviennent plus vifs, des groupes se forment, différents des agglomérations familiales. On se nourrit de galettes de manioc et de tout ce qui a été trouvé pendant la journée. Quand la nuit tombe, quelques femmes, journellement désignées, vont ramasser ou abattre dans la brousse voisine la provision de bois pour la nuit. On devine leur retour dans le crépuscule, trébuchant sous le faix qui tend le bandeau de portage. Pour se décharger, elles s'accroupissent et se penchent un peu en arrière, laissant poser leur hotte de bambou sur le sol afin de dégager le front du bandeau.

Dans un coin du campement, les branches sont amassées et chacun s'y fournit au fur et à mesure des besoins. Les groupes familiaux se reconstituent autour de leurs feux respectifs qui commencent à briller. La soirée se passe en conversations, ou bien en chants et danses. Parfois, ces distractions se prolongent très avant dans la nuit, mais en général, après quelques parties de caresses et de luttes amicales, les couples s'unissent plus étroitement, les mères serrent contre elle leur enfant endormi, tout devient silencieux, et la froide nuit n'est plus animée que par le craquement d'une bûche, le pas léger d'un pourvoyeur, les aboiements des chiens ou les pleurs d'un enfant.

Les Nambikwara ont peu d'enfants : comme je devais le noter par la suite, les couples sans enfants ne sont pas rares, un ou deux enfants paraît un chiffre normal, et il est exceptionnel d'en trouver plus de trois dans un ménage. Les relations sexuelles entre les parents sont interdites tant que le dernier-né n'est pas sevré, c'est-à-dire souvent jusqu'à sa troisième année. La mère tient son enfant à califourchon sur la cuisse, soutenu par une large bandoulière d'écorce ou de coton; en plus de sa hotte, il lui serait impossible d'en porter un second. Les exigences de la vie nomade, la pauvreté du milieu imposent aux indigènes une grande prudence; quand il le faut, les femmes n'hésitent pas à recourir à des moyens mécaniques ou à des plantes médicinales pour provoquer l'avortement.

Pourtant, les indigènes éprouvent pour leurs enfants et manifestent à leur égard une très vive affection, et ils sont payés de retour. Mais ces sentiments sont parfois masqués par la nervosité et l'instabilité dont ils témoignent aussi. Un petit garçon souffre d'indigestion; il a mal à la tête, vomit, passe la moitié du temps à geindre et l'autre à dormir. Personne ne lui prête la moindre attention et on le laisse seul un jour entier. Quand vient le soir, sa mère s'approche de lui, l'épouille doucement pendant qu'il dort, fait signe aux autres de ne pas s'avancer et lui ménage entre ses bras une sorte de berceau.

Ou bien c'est une jeune mère qui joue avec son bébé en lui donnant de petites claques dans le dos; le bébé se met à rire, et elle se prend tellement au jeu qu'elle frappe de plus en plus fort, jusqu'à le faire pleurer. Alors elle s'arrête et le console.

J'ai vu la petite orpheline, dont j'ai déjà parlé, littéralement piétinée pendant une danse; dans l'excitation générale, elle était tombée sans que personne y prêtât attention.

Quand ils sont contrariés, les enfants frappent volontiers leur mère et celle-ci ne s'y oppose pas. Les enfants ne sont pas punis, et je n'ai jamais vu battre l'un d'eux, ni même esquisser le geste sauf par plaisanterie. Quelquefois, un enfant pleure parce qu'il s'est fait mal, s'est disputé ou a faim, ou parce qu'il ne veut pas se laisser épouiller. Mais ce dernier cas est rare : l'épouillage sem-

ble charmer le patient autant qu'il amuse l'auteur; on le
tient aussi pour une marque d'intérêt et d'affection.
Quand il veut se faire épouiller, l'enfant – ou le mari –
pose sa tête sur les genoux de la femme, en présentant
successivement les deux côtés de la tête. L'opératrice
procède en divisant la chevelure par raies ou en regar-
dant les mèches par transparence. Le pou attrapé est
aussitôt croqué. L'enfant qui pleure est consolé par un
membre de sa famille ou par un enfant plus âgé.

Aussi le spectacle d'une mère avec son enfant est-il
plein de gaieté et de fraîcheur. La mère tend un objet à
l'enfant à travers la paille de l'abri et le retire au moment
où il croit l'attraper : « Prends par-devant! prends par-
derrière! » Ou bien elle saisit l'enfant et, avec de grands
éclats de rire, fait mine de le précipiter à terre : *amdam
nom tebu*, je vais te jeter! *nihui*, répond le bébé d'une voix
suraiguë : je ne veux pas!

Réciproquement, les enfants entourent leur mère d'une
tendresse inquiète et exigeante; ils veillent à ce qu'elle
reçoive sa part des produits de la chasse. L'enfant a
d'abord vécu près de sa mère. En voyage, elle le porte
jusqu'à ce qu'il puisse marcher; plus tard, il marche à ses
côtés. Il reste avec elle au campement ou au village
pendant que le père va chasser. Au bout de quelques
années pourtant, il faut distinguer entre les sexes. Un
père manifeste plus d'intérêt vis-à-vis de son fils que de sa
fille, puisqu'il doit lui enseigner les techniques masculines; et la même chose est vraie des rapports entre une
mère et sa fille. Mais les relations du père avec ses
enfants témoignent de la même tendresse et de la même
sollicitude que j'ai déjà soulignées. Le père promène son
enfant en le portant sur l'épaule; il confectionne des
armes à la mesure du petit bras.

C'est également le père qui raconte aux enfants les
mythes traditionnels, en les transposant dans un style
plus compréhensible pour les petits : « Tout le monde
était mort! Il n'y avait plus personne! Plus d'homme! Plus
rien! » Ainsi commence la version enfantine de la légende
sud-américaine du déluge auquel remonte la destruction
de la première humanité.

En cas de mariage polygame, des relations particulières

existent entre les enfants du premier lit et leurs jeunes
belles-mères. Celles-ci vivent avec eux dans une camaraderie qui s'étend à toutes les gamines du groupe. Si
restreint que soit ce dernier, on peut tout de même y
distinguer une société de fillettes et de jeunes femmes qui
prennent des bains de rivière collectifs, vont par troupe
dans les buissons pour satisfaire leurs besoins naturels,
fument ensemble, plaisantent et se livrent à des jeux d'un
goût douteux, tels que se cracher de grands jets de salive,
à tour de rôle, à la figure. Ces relations sont étroites,
appréciées, mais sans courtoisie, comme celles que peuvent avoir de jeunes garçons dans notre société. Elles
impliquent rarement des services ou des attentions; mais
elles entraînent une conséquence assez curieuse : c'est
que les fillettes deviennent plus rapidement indépendan-
tes que les garçons. Elles suivent les jeunes femmes,
participent à leur activité, tandis que les garçons abandonnés à eux-mêmes tentent timidement de former des
bandes du même type, mais sans grand succès, et restent
plus volontiers, au moins dans la première enfance, à côté
de leur mère.

Les petits Nambikwara ignorent les jeux. Parfois ils
confectionnent des objets de paille enroulée ou tressée,
mais ils ne connaissent d'autre distraction que les luttes
ou les tours qu'ils se font mutuellement, et mènent une
existence calquée sur celle des adultes. Les fillettes
apprennent à filer, traînent, rient et dorment; les garçonnets commencent plus tard à tirer avec de petits arcs et à
s'initier aux travaux masculins (à huit ou dix ans). Mais
les uns et les autres prennent très rapidement conscience
du problème fondamental et parfois tragique de la vie
nambikwara, celui de la nourriture, et du rôle actif qu'on
attend d'eux. Ils collaborent aux expéditions de cueillette
et de ramassage avec beaucoup d'enthousiasme. En
période de disette il n'est pas rare de les voir chercher
leur nourriture autour du campement, s'exerçant à déter-
rer des racines, ou marchant dans l'herbe sur la pointe
des pieds, un grand rameau effeuillé à la main, pour
assommer des sauterelles. Les fillettes savent quelle part
est dévolue aux femmes dans la vie économique de la
tribu, et sont impatientes de s'en rendre dignes.

Ainsi, je rencontre une fillette qui promène tendrement un chiot dans le bandeau de portage que sa mère utilise pour sa petite sœur, et je remarque : « Tu caresses ton bébé-chien ? » Elle me répond gravement : « Quand je serai grande, j'assommerai les porcs sauvages, les singes; tous je les assommerai quand il aboiera ! »

Elle fait d'ailleurs une faute de grammaire que le père souligne en riant : il aurait fallu dire *tilondage*, « quand je serai grande », au lieu du masculin *ihondage* qu'elle a employé. L'erreur est intéressante, parce qu'elle illustre un désir féminin d'élever les occupations économiques spéciales à ce sexe au niveau de celles qui sont le privilège des hommes. Comme le sens exact du terme employé par la fillette est « tuer en assommant avec une massue ou un bâton » (ici, le bâton à fouir), il semble qu'elle tente inconsciemment d'identifier la collecte et le ramassage féminins (limités à la capture des petits animaux) avec la chasse masculine servie par l'arc et les flèches.

Il faut faire un sort particulier aux relations entre ces enfants qui sont dans le rapport de cousinage prescrit pour s'appeler mutuellement « époux » et « épouse ». Parfois, ils se conduisent comme des conjoints véritables, quittant le soir le foyer familial et transportant des tisons dans un coin du campement où ils allument leur feu. Après quoi, ils s'installent et se livrent, dans la mesure de leurs moyens, aux mêmes épanchements que leurs aînés; les adultes jettent sur la scène un regard amusé.

Je ne peux quitter les enfants sans dire un mot des animaux domestiques, qui vivent en relations très intimes avec eux et sont eux-mêmes traités comme des enfants; ils participent aux repas, reçoivent les mêmes témoignages de tendresse ou d'intérêt – épouillage, jeux, conversation, caresses – que les humains. Les Nambikwara ont de nombreux animaux domestiques : des chiens d'abord, et des coqs et poules, qui descendent de ceux qu'a introduits dans leur région la commission Rondon; des singes, des perroquets, des oiseaux de diverses espèces, et, à l'occasion, des porcs et chats sauvages ou des coatis. Seul le chien semble avoir acquis un rôle utilitaire auprès des femmes, pour la chasse au bâton; les hommes ne s'en servent jamais pour la chasse à l'arc. Les autres animaux sont élevés dans un but d'agrément. On ne les mange pas, et on ne consomme pas les œufs des poules qui les pondent, d'ailleurs, dans la brousse. Mais on n'hésitera pas à dévorer un jeune oiseau, s'il meurt après une tentative d'acclimatation.

En voyage, et sauf les animaux capables de marcher, toute la ménagerie est embarquée avec les autres bagages. Les singes, cramponnés à la chevelure des femmes, les coiffent d'un gracieux casque vivant, prolongé par la queue enroulée autour du cou de la porteuse. Les perroquets, les poules perchent au sommet des hottes, d'autres animaux sont tenus dans les bras. Aucun ne reçoit une abondante nourriture; mais, même les jours de disette, ils ont leur part. En échange, ils sont, pour le groupe, un motif de distraction et d'amusement.

Considérons maintenant les adultes. L'attitude nambikwara envers les choses de l'amour peut se résumer dans leur formule : *tamindige mondage*, traduite littéralement, sinon élégamment : « Faire l'amour, c'est bon. » J'ai déjà noté l'atmosphère érotique qui imprègne la vie quotidienne. Les affaires amoureuses retiennent au plus haut point l'intérêt et la curiosité indigènes; on est avide de conversations sur ces sujets, et les remarques échangées au campement sont remplies d'allusions et de sous-entendus. Les rapports sexuels ont habituellement lieu la nuit. parfois près des feux du campement; plus souvent, les partenaires s'éloignent à une centaine de mètres dans la brousse avoisinante. Ce départ est tout de suite remarqué, et porte l'assistance à la jubilation; on échange des commentaires, on lance des plaisanteries, et même les jeunes enfants partagent une excitation dont ils connaissent fort bien la cause. Parfois un petit groupe d'hommes, de jeunes femmes et d'enfants se lancent à la poursuite du couple et guettent à travers les branchages les détails de l'action, chuchotant entre eux et étouffant leurs rires. Les protagonistes n'apprécient nullement ce manège dont il vaut mieux, cependant, qu'ils prennent leur parti, comme aussi supporter les taquineries et les moqueries qui salueront le retour au campement. Il arrive qu'un deuxième couple suive l'exemple du premier et recherche l'isolement de la brousse.

Pourtant, ces occasions sont rares, et les prohibitions qui les limitent n'expliquent cet état de choses que partiellement. Le véritable responsable semble être plutôt le tempérament indigène. Au cours des jeux amoureux auxquels les couples se livrent si volontiers et si publiquement, et qui sont souvent audacieux, je n'ai jamais noté un début d'érection. Le plaisir recherché paraît moins d'ordre physique que ludique et sentimental. C'est peut-être pour cette raison que les Nambikwara ont abandonné l'étui pénien dont l'usage est presque universel chez les populations du Brésil central. En effet, il est probable que cet accessoire a pour fonction, sinon de prévenir l'érection, au moins de mettre en évidence les dispositions paisibles du porteur. Des peuples qui vivent complètement nus n'ignorent pas ce que nous nommons pudeur : ils en reportent la limite. Chez les Indiens du Brésil comme en certaines régions de la Mélanésie, celle-ci paraît placée, non pas entre deux degrés d'exposition du corps, mais plutôt entre la tranquillité et l'agitation.

Toutefois, ces nuances pouvaient entraîner des malentendus entre les Indiens et nous, dont nous n'étions responsables ni les uns ni les autres. Ainsi, il était difficile de demeurer indifférent au spectacle offert par une ou deux jolies filles, vautrées dans le sable, nues comme des vers et se tortillant de même à mes pieds en ricanant. Quand j'allais à la rivière pour me baigner, j'étais souvent embarrassé par l'assaut que me donnaient une demi-douzaine de personnes – jeunes ou vieilles – uniquement préoccupées de m'arracher mon savon, dont elles raffolaient. Ces libertés s'étendaient à toutes les circonstances de la vie quotidienne; il n'était pas rare que je dusse m'accommoder d'un hamac rougi par une indigène venue y faire la sieste après s'être peinte d'urucu; et quand je travaillais assis par terre au milieu d'un cercle d'informateurs, je sentais parfois une main tirant un pan de ma chemise : c'était une femme qui trouvait plus simple de s'y moucher au lieu d'aller ramasser la petite branche pliée en deux à la façon d'une pince, qui sert normalement à cet usage.

Pour bien comprendre l'attitude des deux sexes l'un

envers l'autre, il est indispensable d'avoir présent à
l'esprit le caractère fondamental du *couple* chez les Nambikwara; c'est l'unité économique et psychologique par
excellence. Parmi ces bandes nomades, qui se font et
défont sans cesse, le couple apparaît comme la réalité
stable (au moins théoriquement); c'est lui seul, aussi, qui
permet d'assurer la subsistance de ses membres. Les
Nambikwara vivent sous une double économie : de chasseurs et jardiniers d'une part, de collecteurs et ramasseurs
de l'autre. La première est assurée par l'homme, la
seconde par la femme. Tandis que le groupe masculin
part pour une journée entière à la chasse, armé d'arcs et
de flèches, ou travaillant dans les jardins pendant la
saison des pluies, les femmes, munies du bâton à fouir,
errent avec les enfants à travers la savane, et ramassent,
arrachent, assomment, capturent, saisissent tout ce qui,
sur leur route, peut servir à l'alimentation : graines, fruits,
baies, racines, tubercules, petits animaux de toutes sortes.
A la fin de la journée, le couple se reconstitue autour du
feu. Quand le manioc est mûr et tant qu'il en reste,
l'homme rapporte un fardeau de racines que la femme
râpe et presse pour en faire des galettes, et si la chasse a
été fructueuse, on cuit rapidement les morceaux de gibier
en les ensevelissant sous la cendre brûlante du feu
familial. Mais pendant sept mois de l'année, le manioc est
rare; quant à la chasse, elle est soumise à la chance, dans
ces sables stériles où un maigre gibier ne quitte guère
l'ombre et les pâturages des sources, éloignées les unes
des autres par des espaces considérables de brousse
semi-désertique. Aussi, c'est à la collecte féminine que la
famille devra de subsister.

Souvent j'ai partagé ces dînettes de poupée diaboliques
qui, pendant la moitié de l'année, sont, pour les Nambikwara, le seul espoir de ne pas mourir de faim. Quand
l'homme, silencieux et fatigué, rentre au campement et
jette à ses côtés un arc et des flèches qui sont restés
inutilisés, on extrait de la hotte de la femme un attendris-
sant assemblage : quelques fruits orangés du palmier
buriti, deux grosses mygales venimeuses, de minuscules
œufs de lézard et quelques-uns de ces animaux; une
chauve-souris, des petites noix de palmier *bacaiuva* ou

uaguassu, une poignée de sauterelles. Les fruits à pulpe
sont écrasés avec les mains dans une calebasse remplie
d'eau, les noix brisées à coups de pierre, les animaux et
larves enfouis pêle-mêle dans la cendre; et l'on dévore
gaiement ce repas, qui ne suffirait pas à calmer la faim
d'un blanc, mais qui, ici, nourrit une famille.

Les Nambikwara n'ont qu'un mot pour dire *joli* et
jeune, et un autre pour dire *laid* et *vieux*. Leurs jugements
esthétiques sont donc essentiellement fondés sur des
valeurs humaines, et surtout sexuelles. Mais l'intérêt qui
se manifeste entre les sexes est d'une nature complexe.
Les hommes jugent les femmes globalement, un peu
différentes d'eux-mêmes; ils les traitent, selon les cas,
avec convoitise, admiration ou tendresse; la confusion
des termes signalée plus haut constitue en elle-même un
hommage. Pourtant, et bien que la division sexuelle du
travail attribue aux femmes un rôle capital (puisque la
subsistance familiale repose dans une large mesure sur la
collecte et le ramassage féminins), celui-ci représente un
type inférieur d'activité; la vie idéale est conçue sur le
modèle de la production agricole ou de la chasse : avoir
beaucoup de manioc, et de grosses pièces de gibier, est
un rêve constamment caressé bien que rarement réalisé.
Tandis que la provende aventureusement collectée est
considérée comme la misère quotidienne – et l'est réellement. Dans le folklore nambikwara, l'expression « manger
des sauterelles », récolte infantile et féminine, équivaut
au français « manger de la vache enragée ». Parallèlement, la femme est regardée comme un bien tendre et
précieux, mais de second ordre. Il est convenable, entre
hommes, de parler des femmes avec une bienveillance
apitoyée, de s'adresser à elles avec une indulgence un peu
railleuse. Certains propos reviennent souvent dans la
bouche des hommes : « Les enfants ne savent pas, moi je
sais, les femmes ne savent pas », et l'on évoque le groupe
des *doçu*, des femmes, leurs plaisanteries, leurs conversations, sur un ton de tendresse et de moquerie. Mais ce
n'est là qu'une attitude sociale. Quand l'homme se retrou-
vera seul avec sa femme auprès du feu de campement, il
écoutera ses plaintes, retiendra ses demandes, réclamera
son concours pour cent besognes; la hâblerie masculine

disparaît devant la collaboration de deux partenaires
conscients de la valeur essentielle qu'ils présentent l'un
pour l'autre.

Cette ambiguïté de l'attitude masculine à l'égard des
femmes a son exacte correspondance dans le comporte-
ment, lui aussi ambivalent, du groupe féminin. Les femmes se pensent comme collectivité, et le manifestent de
plusieurs manières; on a vu qu'elles ne parlent pas de la
même façon que les hommes. Cela est surtout vrai des
femmes jeunes, qui n'ont pas encore d'enfant, et des
concubines. Les mères et les femmes âgées soulignent
beaucoup moins ces différences, bien qu'on les retrouve
aussi chez elles à l'occasion. En outre, les jeunes femmes
aiment la société des enfants et des adolescents, jouent et
plaisantent avec eux; et ce sont les femmes qui prennent
soin des animaux de cette façon humaine propre à
certains Indiens sud-américains. Tout cela contribue à
créer autour des femmes, à l'intérieur du groupe, une
atmosphère spéciale, à la fois puérile, joyeuse, maniérée
et provocante, à laquelle les hommes s'associent quand ils
rentrent de la chasse ou des jardins.

Mais une tout autre attitude se manifeste chez les
femmes lorsqu'elles ont à faire face à l'une des formes
d'activité qui leur sont spécialement dévolues. Elles
accomplissent leurs tâches artisanales avec habileté et
patience, dans le campement silencieux, rangées en cercle et se tournant le dos; pendant les voyages, elles
portent vaillamment la lourde hotte, qui contient les
provisions et les richesses de toute la famille et le
faisceau de flèches, pendant que l'époux marche en tête
avec l'arc et une ou deux flèches, l'épieu de bois ou le
bâton à fouir, guettant la fuite d'un animal ou la rencontre d'un arbre à fruits. On voit alors ces femmes, le front
ceint du bandeau de portage, le dos recouvert par
l'étroite hotte en forme de cloche renversée, marcher
pendant des kilomètres de leur pas caractéristique : les
cuisses serrées, les genoux joints, les chevilles écartées,
les pieds en dedans, prenant appui sur le bord externe du
pied et trémoussant les hanches; courageuses, énergiques
et gaies.

Ce contraste entre les attitudes psychologiques et les

fonctions économiques est transposé sur le plan philosophique et religieux. Pour les Nambikwara, les rapports
entre hommes et femmes renvoient aux deux pôles
autour desquels s'organise leur existence : d'une part la
vie sédentaire, agricole, fondée sur la double activité
masculine de la construction des huttes et du jardinage,
de l'autre, la période nomade, pendant laquelle la subsistance est principalement assurée par la collecte et le
ramassage féminins; l'une représentant la sécurité et
l'euphorie alimentaire, l'autre l'aventure et la disette. A
ces deux formes d'existence, l'estivale et l'hivernale, les
Nambikwara réagissent de façons très différentes. Ils
parlent de la première avec la mélancolie qui s'attache à
l'acceptation consciente et résignée de la condition
humaine, à la morne répétition d'actes identiques, tandis
qu'ils décrivent l'autre avec excitation, et sur le ton exalté
de la découverte.

Pourtant, leurs conceptions métaphysiques inversent
ces rapports. Après la mort, les âmes des hommes s'in-
carnent dans les jaguars; mais celles des femmes et des
enfants sont emportées dans l'atmosphère où elles se
dissipent à jamais. Cette distinction explique que les
femmes soient bannies des cérémonies les plus sacrées,
qui consistent, au début de la période agricole, dans la
confection de flageolets de bambou « nourris » d'offrandes et joués par les hommes, suffisamment loin des abris
pour que les femmes ne puissent les apercevoir.

Bien que la saison ne s'y prêtât pas, je désirais beaucoup entendre les flûtes et en acquérir quelques exemplaires. Cédant à mon insistance, un groupe d'hommes
partit en expédition : les gros bambous poussent seulement dans la forêt lointaine. Trois ou quatre jours plus
tard, je fus réveillé en pleine nuit; les voyageurs avaient
attendu que les femmes fussent endormies. Ils m'entraînèrent à une centaine de mètres où, dissimulés par les
buissons, ils se mirent à fabriquer les flageolets, puis à en
jouer. Quatre exécutants soufflaient à l'unisson; mais
comme les instruments ne sonnent pas exactement
pareil, on avait l'impression d'une trouble harmonie. La
mélodie était différente des chants nambikwara auxquels
j'étais habitué et qui, par leur carrure et leurs intervalles,

évoquaient nos rondes campagnardes; différente aussi
des appels stridents qu'on sonne sur des ocarinas nasaux
à trois trous, faits de deux morceaux de calebasse unis
avec de la cire. Tandis que les airs joués sur les flageolets,
limités à quelques notes, se signalaient par un chromatisme et des variations de rythme qui me semblaient
offrir une parenté saisissante avec certains passages du
Sacre, surtout les modulations des bois dans la partie
intitulée « Action rituelle des ancêtres ». Il n'aurait pas
fallu qu'une femme s'aventurât parmi nous. L'indiscrète
ou l'imprudente eût été assommée. Comme chez les
Bororo, une véritable malédiction métaphysique plane
sur l'élément féminin; mais, à l'inverse des premières, les
femmes nambikwara ne jouissent pas d'un statut juridique privilégié (bien qu'il semble, chez les Nambikwara
aussi, que la filiation se transmette en ligne maternelle).
Dans une société aussi peu organisée, ces tendances
restent sous-entendues, et la synthèse s'opère plutôt à
partir de conduites diffuses et nuancées.

Avec autant de tendresse que s'ils caressaient leurs
épouses, les hommes évoquent le type de vie défini par
l'abri temporaire et le panier permanent, où les moyens
de subsistance les plus incongrus sont avidement extraits,
ramassés, capturés chaque jour, où l'on vit exposé au
vent, au froid et à la pluie, et qui ne laisse pas plus de
trace que les âmes, dispersées par le vent et les orages,
des femmes sur l'activité desquelles il repose essentiellement. Et ils conçoivent sous un tout autre aspect la vie
sédentaire (dont le caractère spécifique et ancien est
pourtant attesté par les espèces originales qu'ils cultivent), mais à laquelle l'immuable enchaînement des opérations agricoles confère la même perpétuité que les
âmes masculines réincarnées, la durable maison d'été, et
le terrain de culture qui recommencera à vivre et à
produire « quand la mort de son précédent exploitant
aura été oubliée... ».

Faut-il interpréter de la même façon l'extraordinaire
instabilité dont témoignent les Nambikwara, qui passent
rapidement de la cordialité à l'hostilité? Les rares observateurs qui les ont approchés en ont été déconcertés. La
bande d'Utiarity était celle qui, cinq ans auparavant, avait

assassiné les missionnaires. Mes informateurs masculins décrivaient cette attaque avec complaisance et se disputaient la gloire d'avoir porté les meilleurs coups. En vérité, je ne pouvais leur en vouloir. J'ai connu beaucoup de missionnaires et j'ai apprécié la valeur humaine et scientifique de plusieurs. Mais les missions protestantes américaines qui cherchaient à pénétrer dans le Mato Grosso central autour de 1930 appartenaient à une espèce particulière : leurs membres provenaient de familles paysannes du Nebraska ou des Dakota, où les adolescents étaient élevés dans une croyance littérale à l'Enfer et aux chaudrons d'huile bouillante. Certains se faisaient missionnaires comme on contracte une assurance. Ainsi tranquillisés sur leur salut, ils pensaient n'avoir rien d'autre à faire pour le mériter; dans l'exercice de leur profession, ils témoignaient d'une dureté et d'une inhumanité révoltantes.

Comment l'incident responsable du massacre avait-il pu se produire? Je m'en rendis compte moi-même à l'occasion d'une maladresse qui faillit me coûter cher. Les Nambikwara ont des connaissances toxicologiques. Ils fabriquent du curare pour leurs flèches à partir d'une infusion de la pellicule rouge revêtant la racine de certains *strychnos*, qu'ils font évaporer au feu jusqu'à ce que le mélange ait acquis une consistance pâteuse; et ils emploient d'autres poisons végétaux que chacun transporte avec soi sous forme de poudres enfermées dans des tubes de plume ou de bambou, entourés de fils de coton ou d'écorce.

Ces poisons servent aux vengeances commerciales ou amoureuses; j'y reviendrai.

Outre ces poisons de caractère scientifique, que les indigènes préparent ouvertement sans aucune de ces précautions et complications magiques qui accompagnent, plus au nord, la fabrication du curare, les Nambikwara en ont d'autres dont la nature est mystérieuse. Dans des tubes identiques à ceux contenant les poisons vrais, ils recueillent des particules de résine exsudée par un arbre du genre *bombax*, au tronc renflé dans sa partie moyenne; ils croient qu'en projetant une particule sur un adversaire, ils provoqueront une condition physique semblable à celle de l'arbre : la victime enflera et mourra. Qu'il s'agisse de poisons véritables ou de substances magiques, les Nambikwara les désignent tous du même terme : *nandé*. Ce mot dépasse donc la signification étroite que nous attachons à celui de poison. Il connote toute espèce d'actions menaçantes ainsi que les produits ou objets susceptibles de servir à de telles actions.

Ces explications étaient nécessaires pour comprendre ce qui suit. J'avais emporté dans mes bagages quelques-uns de ces grands ballons multicolores en papier de soie qu'on emplit d'air chaud en suspendant à leur base une petite torche, et qu'on lance par centaines, au Brésil, à l'occasion de la fête de la Saint-Jean; l'idée malencontreuse me vint un soir d'en offrir le spectacle aux indigènes. Un premier ballon qui prit feu au sol suscita une vive hilarité, comme si le public avait eu la moindre notion de ce qui aurait dû se produire. Au contraire, le second réussit trop bien : il s'éleva rapidement, monta si haut que sa flamme se confondit avec les étoiles, erra longtemps au-dessus de nous et disparut. Mais la gaieté du début avait fait place à d'autres sentiments; les hommes regardaient avec attention et hostilité, et les femmes, tête enfouie entre les bras et blotties l'une contre l'autre, étaient terrifiées. Le mot de *nandé* revenait avec insistance. Le lendemain matin, une délégation d'hommes se rendit auprès de moi, exigeant d'inspecter la provision de ballons afin de voir « s'il ne s'y trouvait pas du *nandé* ». Cet examen fut fait de façon minutieuse; par ailleurs, grâce à l'esprit remarquablement positif (malgré ce qui vient d'être dit) des Nambikwara, une démonstration du pouvoir ascensionnel de l'air chaud à l'aide de petits fragments de papier lâchés au-dessus d'un feu, fut, sinon comprise, en tout cas acceptée. Comme à l'habitude quand il s'agit d'excuser un incident, on mit tout sur le dos des femmes « qui ne comprennent rien », « ont eu peur », et redoutaient mille calamités.

Je ne me faisais pas d'illusion : les choses auraient pu fort mal se terminer. Pourtant, cet incident, et d'autres que je conterai par la suite, n'ont rien enlevé à l'amitié que seule pouvait inspirer une intimité prolongée avec les Nambikwara. Aussi ai-je été bouleversé en lisant récemment, dans une publication d'un collègue étranger, la relation de sa rencontre avec la même bande indigène dont, dix ans avant qu'il ne la visitât, j'avais partagé l'existence à Utiarity. Quand il s'y rendit en 1949, deux missions étaient installées : les jésuites dont j'ai parlé, et des missionnaires américains protestants. La bande indigène ne comptait plus que dix-huit membres, au sujet desquels notre auteur s'exprime comme suit :

« De tous les Indiens que j'ai vus au Mato Grosso, cette bande rassemblait les plus misérables. Sur les huit hommes, un était syphilitique, un autre avait un flanc infecté, un autre une blessure au pied, un autre encore était couvert du haut en bas d'une maladie de peau squameuse, et il y avait aussi un sourd-muet. Pourtant, les femmes et les enfants paraissaient en bonne santé. Comme ils n'utilisent pas le hamac et dorment à même le sol, ils sont toujours couverts de terre. Quand les nuits sont froides, ils dispersent le feu et dorment dans les cendres chaudes... (Ils) portent des vêtements seulement quand les missionnaires leur en donnent et exigent qu'ils les mettent. Leur dégoût du bain ne permet pas seulement la formation d'un enduit de poussière et de cendre sur leur peau et leur chevelure; ils sont aussi couverts de parcelles pourries de viande et de poisson qui ajoutent leur odeur à celle de la sueur aigre, rendant leur voisinage repoussant. Ils semblent infectés par des parasites intestinaux car ils ont l'estomac distendu et ne cessent pas d'avoir des vents. A plusieurs reprises, travaillant avec des indigènes entassés dans une pièce étroite, j'étais obligé de m'interrompre pour aérer.

. . . .

« Les Nambikwara... sont hargneux et impolis jusqu'à la grossièreté. Quand je rendais visite à Julio à son campement, il arrivait souvent que je le trouve couché près du feu; mais en me voyant approcher il me tournait le dos en déclarant qu'il ne désirait pas me parler. Les missionnaires m'ont raconté qu'un Nambikwara demandera plusieurs fois qu'on lui donne un objet, mais qu'en cas de refus il essayera de s'en emparer. Pour empêcher les Indiens d'entrer, ils rabattaient parfois le paravent de feuillage utilisé comme porte, mais si un Nambikwara voulait pénétrer, il défonçait cette cloison pour s'ouvrir un passage...

« Il n'est pas nécessaire de rester longtemps chez les Nambikwara pour prendre conscience de leurs sentiments profonds de haine, de méfiance et de désespoir qui suscitent chez l'observateur un état de dépression dont la sympathie n'est pas complètement exclue (1). »

Pour moi, qui les ai connus à une époque où les maladies introduites par l'homme blanc les avaient déjà décimés, mais où – depuis les tentatives toujours humaines de Rondon – nul n'avait entrepris de les soumettre, je voudrais oublier cette description navrante et ne rien conserver dans la mémoire, que ce tableau repris de mes carnets de notes où je le griffonnai une nuit à la lueur de ma lampe de poche :

« Dans la savane obscure, les feux de campement brillent. Autour du foyer, seule protection contre le froid qui descend, derrière le frêle paravent de palmes et de branchages hâtivement planté dans le sol du côté d'où on redoute le vent ou la pluie; auprès des hottes emplies des pauvres objets qui constituent toute une richesse terrestre; couchés à même la terre qui s'étend alentour, hantée par d'autres bandes également hostiles et craintives, les époux, étroitement enlacés, se perçoivent comme étant l'un pour l'autre le soutien, le réconfort, l'unique secours contre les difficultés quotidiennes et la mélancolie rêveuse qui, de temps à autre, envahit l'âme nambikwara. Le visiteur qui, pour la première fois, campe dans la brousse avec les Indiens, se sent pris d'angoisse et de pitié devant le spectacle de cette humanité si totalement démunie; écrasée, semble-t-il, contre le sol d'une terre hostile par quelque implacable cataclysme; nue, grelottante auprès des feux vacillants. Il circule à tâtons parmi les broussailles, évitant de heurter une main, un bras, un torse, dont on devine les chauds reflets à la lueur des feux. Mais cette misère est animée de chuchotements et de rires. Les couples s'étreignent comme dans la nostalgie

(1) K. OBERG, « Indian Tribes of Northern Mato Grosso, Brazil », Smithsonian Institution, Institute of Social Anthropology, Publ. n° 15, Washington, 1953, pp. 84-85.

d'une unité perdue; les caresses ne s'interrompent pas au passage de l'étranger. On devine chez tous une immense gentillesse, une profonde insouciance, une naïve et charmante satisfaction animale, et, rassemblant ces sentiments divers, quelque chose comme l'expression la plus émouvante et la plus véridique de la tendresse humaine. »

XXVIII

LEÇON D'ÉCRITURE

Au moins indirectement, je souhaitais me rendre compte du chiffre approximatif de la population nambikwara. En 1915, Rondon l'avait estimé à vingt mille, ce qui était probablement exagéré; mais à cette époque, les bandes atteignaient plusieurs centaines de membres et toutes les indications recueillies sur la ligne suggéraient un déclin rapide : il y a trente ans, la fraction connue du groupe Sabané comprenait plus de mille individus; quand le groupe visita la station télégraphique de Campos Novos en 1928, on recensa cent vingt-sept hommes, plus les femmes et les enfants. En novembre 1929 cependant, une épidémie de grippe se déclara alors que le groupe campait au lieudit *Espirro*. La maladie évolua vers une forme d'œdème pulmonaire, et trois cents indigènes moururent en quarante-huit heures. Tout le groupe se débanda, laissant en arrière les malades et les mourants. Des mille Sabané jadis connus, dix-neuf hommes subsistaient seuls en 1938 avec leurs femmes et leurs enfants. A l'épidémie, il faut peut-être ajouter, pour expliquer ces chiffres, que les Sabané se mirent en guerre il y a quelques années contre certains voisins orientaux. Mais un large groupe installé non loin de Tres Buritis fut liquidé par la grippe en 1927, sauf six ou sept personnes dont trois seulement étaient encore vivantes en 1938. Le groupe Tarundé, jadis l'un des plus importants, comptait douze hommes (plus les femmes et les enfants) en 1936; de ces douze hommes, quatre survivaient en 1939.

Qu'en était-il à présent? Guère plus de deux mille indigènes, sans doute, dispersés à travers le territoire. Je ne pouvais songer à un recensement systématique en raison de l'hostilité permanente de certains groupes et de la mobilité de toutes les bandes pendant la période nomade. Mais j'essayai de convaincre mes amis d'Utiarity de m'emmener vers leur village après y avoir organisé une sorte de rendez-vous avec d'autres bandes, parentes ou alliées; ainsi pourrais-je estimer les dimensions actuelles d'un rassemblement et les comparer en valeur relative avec ceux précédemment observés. Le chef de la bande hésitait : il n'était pas sûr de ses invités et si mes compagnons et moi-même venions à disparaître dans cette région où aucun blanc n'avait pénétré depuis le meurtre des sept ouvriers de la ligne télégraphique en 1925, la paix précaire qui y régnait risquait d'être compromise pour longtemps.

Finalement, il accepta sous la condition que nous réduirions notre équipage : on prendrait seulement quatre bœufs pour porter les cadeaux. Même ainsi, il faudrait renoncer à emprunter les pistes habituelles, dans des fonds de vallée encombrés de végétation où les animaux ne passeraient pas. Nous irions par le plateau, en suivant un itinéraire improvisé pour la circonstance.

Ce voyage, qui était fort risqué, m'apparaît aujourd'hui comme un épisode grotesque. A peine venions-nous de quitter Juruena que mon camarade brésilien remarqua l'absence des femmes et des enfants : seuls les hommes nous accompagnaient, armés de l'arc et des flèches. Dans la littérature de voyage, de telles circonstances annoncent une attaque imminente. Nous avancions donc en proie à des sentiments mélangés, vérifiant de temps à autre la position de nos revolvers Smith et Wesson (nos hommes prononçaient Cemite Vechetone) et de nos carabines. Vaines craintes : vers la mi-journée, nous retrouvions le reste de la bande que le chef prévoyant avait fait partir la veille, sachant que nos mulets marcheraient plus vite que les femmes chargées de leur hotte et ralenties par la marmaille.

Peu après cependant, les Indiens se perdirent : le nouvel itinéraire était moins simple qu'ils ne l'avaient imaginé. Vers le soir il fallut s'arrêter dans la brousse; on nous avait promis du gibier, les indigènes comptaient sur nos carabines et n'avaient rien emporté, nous ne possédions que des provisions de secours qu'il était impossible de partager entre tous. Une troupe de cervidés qui paissaient aux bords d'une source s'enfuit à notre approche. Le lendemain matin régnait un mécontentement général, visant ostensiblement le chef tenu responsable d'une affaire que lui et moi nous avions combinée. Au lieu d'entreprendre une expédition de chasse ou de cueillette, chacun décida de se coucher à l'ombre des abris, et on laissa le chef découvrir seul la solution du problème. Il disparut, accompagné par l'une de ses femmes; vers le soir, on les vit tous deux revenir, leurs lourdes hottes remplies de sauterelles qu'ils avaient passé la journée entière à récolter. Bien que le pâté de sauterelles ne soit pas un plat très apprécié, tout le monde mangea avec appétit et retrouva sa belle humeur. On se remit en route le lendemain.

Enfin, nous atteignîmes le lieu du rendez-vous. C'était une terrasse sableuse surplombant un cours d'eau bordé d'arbres entre lesquels se nichaient les jardins indigènes. Des groupes arrivaient par intermittence. Vers le soir, il y eut soixante-quinze personnes représentant dix-sept familles et groupées sous treize abris à peine plus solides que ceux des campements. On m'expliqua qu'au moment des pluies, tout ce monde se répartirait entre cinq huttes rondes construites pour durer quelques mois. Plusieurs indigènes semblaient n'avoir jamais vu de blanc et leur accueil rébarbatif, la nervosité manifeste du chef suggéraient qu'il leur avait un peu forcé la main. Nous n'étions pas rassurés, les Indiens non plus; la nuit s'annonçait froide; comme il n'y avait pas d'arbres où accrocher nos hamacs, nous fûmes réduits à coucher par terre à la manière nambikwara. Personne ne dormit : on passa la nuit à se surveiller poliment.

Il eût été peu sage de prolonger l'aventure. J'insistai auprès du chef pour qu'on procédât aux échanges sans tarder. Alors se place un incident extraordinaire qui m'oblige à remonter un peu en arrière. On se doute que les Nambikwara ne savent pas écrire; mais ils ne dessinent pas davantage, à l'exception de quelques pointillés ou zigzags sur leurs calebasses. Comme chez les Caduveo,

je distribuai pourtant des feuilles de papier et des
crayons dont ils ne firent rien au début; puis un jour je les
vis tous occupés à tracer sur le papier des lignes horizontales ondulées. Que voulaient-ils donc faire? Je dus me
rendre à l'évidence : ils écrivaient ou, plus exactement
cherchaient à faire de leur crayon le même usage que
moi, le seul qu'ils pussent alors concevoir, car je n'avais
pas encore essayé de les distraire par mes dessins. Pour
la plupart, l'effort s'arrêtait là; mais le chef de bande
voyait plus loin. Seul, sans doute, il avait compris la
fonction de l'écriture. Aussi m'a-t-il réclamé un bloc-notes
et nous sommes pareillement équipés quand nous travail-
lons ensemble. Il ne me communique pas verbalement les
informations que je lui demande, mais trace sur son
papier des lignes sinueuses et me les présente, comme si
je devais lire sa réponse. Lui-même est à moitié dupe de
sa comédie; chaque fois que sa main achève une ligne, il
l'examine anxieusement comme si la signification devait
en jaillir, et la même désillusion se peint sur son visage.
Mais il n'en convient pas; et il est tacitement entendu
entre nous que son grimoire possède un sens que je feins
de déchiffrer; le commentaire verbal suit presque aussitôt
et me dispense de réclamer les éclaircissements nécessaires.

Or, à peine avait-il rassemblé tout son monde qu'il tira
d'une hotte un papier couvert de lignes tortillées qu'il fit
semblant de lire et où il cherchait, avec une hésitation
affectée, la liste des objets que je devais donner en retour
des cadeaux offerts : à celui-ci, contre un arc et des
flèches, un sabre d'abatis! à tel autre, des perles! pour ses
colliers... Cette comédie se prolongea pendant deux heures. Qu'espérait-il? Se tromper lui-même, peut-être; mais
plutôt étonner ses compagnons, les persuader que les
marchandises passaient par son intermédiaire, qu'il avait
obtenu l'alliance du blanc et qu'il participait à ses secrets.
Nous étions en hâte de partir, le moment le plus redoutable étant évidemment celui où toutes les merveilles que
j'avais apportées seraient réunies dans d'autres mains.
Aussi je ne cherchai pas à approfondir l'incident et nous
nous mîmes en route, toujours guidés par les Indiens.

Le séjour avorté, la mystification dont je venais à mon

insu d'être l'instrument avaient créé un climat irritant; au
surplus, mon mulet avait de l'aphte et souffrait de la
bouche. Il avançait avec impatience ou s'arrêtait brusquement; nous nous querellâmes. Sans que je m'en aper-
çusse, je me trouvai soudain seul dans la brousse, ayant
perdu ma direction.

Que faire? Comme on le raconte dans les livres, alerter
le gros de la troupe par un coup de fusil. Je descends de
ma monture, je tire. Rien. Au deuxième coup, il me
semble qu'on réplique. J'en tire un troisième, qui a le don
d'effrayer le mulet; il part au trot et s'arrête à quelque
distance.

Méthodiquement, je me débarrasse de mes armes et de
mon matériel photographique, et je dépose le tout au
pied d'un arbre dont je repère l'emplacement. Je cours
alors à la conquête du mulet que j'entrevois, dans de
paisibles dispositions. Il me laisse approcher et fuit au
moment où je crois saisir les rênes, recommence ce
manège à plusieurs reprises et m'entraîne. Désespéré, je
fais un bond et me pends des deux mains à sa queue.
Surpris par ce procédé inhabituel, il renonce à m'échapper. Je remonte en selle et vais récupérer mon matériel.
Nous avions tellement tournillé que je ne pus le trouver.

Démoralisé par cette perte, j'entrepris alors de rejoindre ma troupe. Ni le mulet ni moi ne savions où elle avait
passé. Tantôt je me décidais pour une direction que le
mulet prenait en renâclant; tantôt je lui laissais la bride
sur le cou et il se mettait à tourner en rond. Le soleil
descendait sur l'horizon, je n'avais plus d'arme et je
m'attendais tout le temps à recevoir une volée de flèches.
Peut-être n'étais-je pas le premier à pénétrer dans cette
zone hostile, mais mes prédécesseurs n'en étaient pas
revenus, et même en me laissant de côté, mon mulet
offrait une proie très désirable à des gens qui n'ont pas
grand-chose à se mettre sous la dent. Tout en agitant ces
sombres pensées, je guettais le moment où le soleil serait
couché, projetant d'incendier la brousse, car j'avais au
moins des allumettes. Peu avant de m'y résoudre, j'entendis des voix : deux Nambikwara étaient revenus sur leurs
pas dès qu'on eut remarqué mon absence et me suivaient

à la trace depuis la mi-journée; retrouver mon matériel
fut pour eux jeu d'enfant. A la nuit, ils me conduisirent au
campement où la troupe attendait.

Encore tourmenté par cet incident ridicule, je dormis
mal et trompai l'insomnie en me remémorant la scène
des échanges. L'écriture avait donc fait son apparition
chez les Nambikwara; mais non point, comme on aurait
pu l'imaginer, au terme d'un apprentissage laborieux. Son
symbole avait été emprunté tandis que sa réalité demeu-
rait étrangère. Et cela, en vue d'une fin sociologique
plutôt qu'intellectuelle. Il ne s'agissait pas de connaître,
de retenir ou de comprendre, mais d'accroître le prestige
et l'autorité d'un individu – ou d'une fonction – aux
dépens d'autrui. Un indigène encore à l'âge de pierre
avait deviné que le grand moyen de comprendre, à défaut
de le comprendre, pouvait au moins servir à d'autres fins.
Après tout, pendant des millénaires et même aujourd'hui
dans une grande partie du monde, l'écriture existe
comme institution dans des sociétés dont les membres,
en immense majorité, n'en possèdent pas le maniement.
Les villages où j'ai séjourné dans les collines de Chittagong au Pakistan oriental sont peuplés d'illettrés; chacun a
cependant son scribe qui remplit sa fonction auprès des
individus et de la collectivité. Tous connaissent l'écriture
et l'utilisent au besoin, mais du dehors et comme un
médiateur étranger avec lequel ils communiquent par des
méthodes orales. Or, le scribe est rarement un fonctionnaire ou un employé du groupe : sa science s'accompagne
de puissance, tant et si bien que le même individu réunit
souvent les fonctions de scribe et d'usurier, non point
seulement qu'il ait besoin de lire et d'écrire pour exercer
son industrie; mais parce qu'il se trouve aussi, à double
titre, être celui qui *a prise* sur les autres.

C'est une étrange chose que l'écriture. Il semblerait que
son apparition n'eût pu manquer de déterminer des
changements profonds dans les conditions d'existence de
l'humanité; et que ces transformations dussent être surtout de nature intellectuelle. La possession de l'écriture
multiplie prodigieusement l'aptitude des hommes à préserver les connaissances. On la concevrait volontiers
comme une mémoire artificielle, dont le développement

devrait s'accompagner d'une meilleure conscience du passé, donc d'une plus grande capacité à organiser le présent et l'avenir. Après avoir éliminé tous les critères proposés pour distinguer la barbarie de la civilisation, on aimerait au moins retenir celui-là : peuples avec ou sans écriture, les uns capables de cumuler les acquisitions anciennes et progressant de plus en plus vite vers le but qu'ils se sont assigné, tandis que les autres, impuissants à retenir le passé au-delà de cette frange que la mémoire individuelle suffit à fixer, resteraient prisonniers d'une histoire fluctuante à laquelle manqueraient toujours une origine et la conscience durable du projet.

Pourtant, rien de ce que nous savons de l'écriture et de son rôle dans l'évolution ne justifie une telle conception. Une des phases les plus créatrices de l'histoire de l'humanité se place pendant l'avènement du néolithique : responsable de l'agriculture, de la domestication des animaux et d'autres arts. Pour y parvenir, il a fallu que, pendant des millénaires, de petites collectivités humaines observent, expérimentent et transmettent le fruit de leurs réflexions. Cette immense entreprise s'est déroulée avec une rigueur et une continuité attestées par le succès, alors que l'écriture était encore inconnue. Si celle-ci est apparue entre le 4e et le 3e millénaire avant notre ère, on doit voir en elle un résultat déjà lointain (et sans doute indirect) de la révolution néolithique, mais nullement sa condition. A quelle grande innovation est-elle liée ? Sur le plan de la technique, on ne peut guère citer que l'architecture. Mais celle des Egyptiens ou des Sumériens n'était pas supérieure aux ouvrages de certains Américains qui ignoraient l'écriture au moment de la découverte. Inversement, depuis l'invention de l'écriture jusqu'à la naissance de la science moderne, le monde occidental a vécu quelque cinq mille années pendant lesquelles ses connaissances ont fluctué plus qu'elles ne se sont accrues. On a souvent remarqué qu'entre le genre de vie d'un citoyen grec ou romain et celui d'un bourgeois européen du XVIIIe siècle il n'y avait pas grande différence. Au néolithique, l'humanité a accompli des pas de géant sans le secours de l'écriture ; avec elle, les civilisations historiques de l'Occident ont longtemps stagné. Sans doute concevrait-on mal l'épanouissement scientifique du XIXᵉ et du XXᵉ siècle sans écriture. Mais cette condition nécessaire n'est certainement pas suffisante pour l'expliquer.

Si l'on veut mettre en corrélation l'apparition de l'écriture avec certains traits caractéristiques de la civilisation, il faut chercher dans une autre direction. Le seul phénomène qui l'ait fidèlement accompagnée est la formation des cités et des empires, c'est-à-dire l'intégration dans un système politique d'un nombre considérable d'individus et leur hiérarchisation en castes et en classes. Telle est, en tout cas, l'évolution typique à laquelle on assiste, depuis l'Egypte jusqu'à la Chine, au moment où l'écriture fait son début : elle paraît favoriser l'exploitation des hommes avant leur illumination. Cette exploitation, qui permettait de rassembler des milliers de travailleurs pour les astreindre à des tâches exténuantes, rend mieux compte de la naissance de l'architecture que la relation directe envisagée tout à l'heure. Si mon hypothèse est exacte, il faut admettre que la fonction primaire de la communication écrite est de faciliter l'asservissement. L'emploi de l'écriture à des fins désintéressées, en vue de tirer des satisfactions intellectuelles et esthétiques, est un résultat secondaire, si même il ne se réduit pas le plus souvent à un moyen pour renforcer, justifier ou dissimuler l'autre.

Il existe cependant des exceptions à la règle : l'Afrique indigène a possédé des empires groupant plusieurs centaines de milliers de sujets; dans l'Amérique précolombienne, celui des Inca en réunissait des millions. Mais, dans les deux continents, ces tentatives se sont montrées également précaires. On sait que l'empire des Inca s'est établi aux environs du XIIᵉ siècle; les soldats de Pizarre n'en auraient certainement pas triomphé aisément s'ils ne l'avaient trouvé, trois siècles plus tard, en pleine décomposition. Si mal connue que nous soit l'histoire ancienne de l'Afrique, nous devinons une situation analogue : de grandes formations politiques naissaient et disparaissaient dans l'intervalle de quelques dizaines d'années. Il se pourrait donc que ces exemples vérifiassent l'hypothèse au lieu de la contredire. Si l'écriture n'a pas suffi à consolider les connaissances, elle était peut-être indispen-

sable pour affirmer les dominations. Regardons plus près
de nous : l'action systématique des États européens en
faveur de l'instruction obligatoire, qui se développe au
cours du XIXᵉ siècle, va de pair avec l'extension du service
militaire et la prolétarisation. La lutte contre l'analphabé-
tisme se confond ainsi avec le renforcement du contrôle
des citoyens par le Pouvoir. Car il faut que tous sachent
lire pour que ce dernier puisse dire : nul n'est censé
ignorer la loi.

Du plan national, l'entreprise est passée sur le plan
international, grâce à cette complicité qui s'est nouée,
entre de jeunes États – confrontés à des problèmes qui
furent les nôtres il y a un ou deux siècles – et une société
internationale de nantis, inquiète de la menace que
représentent pour sa stabilité les réactions de peuples
mal entraînés par la parole écrite à penser en formules
modifiables à volonté, et à donner prise aux efforts
d'édification. En accédant au savoir entassé dans les
bibliothèques, ces peuples se rendent vulnérables aux
mensonges que les documents imprimés propagent en
proportion encore plus grande. Sans doute les dés sont-ils
jetés. Mais, dans mon village nambikwara, les fortes têtes
étaient tout de même les plus sages. Ceux qui se désoli-
darisèrent de leur chef après qu'il eut essayé de jouer la
carte de la civilisation (à la suite de ma visite il fut
abandonné de la plupart des siens) comprenaient confusément que l'écriture et la perfidie pénétraient chez eux
de concert. Réfugiés dans une brousse plus lointaine, ils
se sont ménagé un répit. Le génie de leur chef, percevant
d'un seul coup le secours que l'écriture pouvait apporter
à son pouvoir, et atteignant ainsi le fondement de l'institution sans en posséder l'usage, inspirait cependant l'admiration. En même temps, l'épisode attirait mon attention sur un nouvel aspect de la vie nambikwara : je veux
dire les relations politiques entre les personnes et les
groupes. J'allais bientôt pouvoir les observer de façon
plus directe.

Alors que nous nous trouvions encore à Utiarity, une
épidémie d'ophtalmie purulente s'était déclenchée parmi
les indigènes. Cette infection d'origine gonococcique les
gagnait tous, provoquant des douleurs abominables et

une cécité qui risquait d'être définitive. Pendant plusieurs jours, la bande fut complètement paralysée. Les indigènes se soignaient avec une eau où ils avaient laissé macérer une certaine écorce, instillée dans l'œil au moyen d'une feuille roulée en cornet. La maladie s'étendit à notre groupe : d'abord ma femme qui avait participé à toutes les expéditions antérieures avec en partage l'étude de la culture matérielle; elle se trouva si gravement atteinte qu'il fallut l'évacuer définitivement; puis la plupart des hommes de troupe et mon compagnon brésilien. Bientôt il n'y eut plus moyen d'avancer; je mis le gros de l'effectif au repos avec notre médecin pour donner les soins nécessaires, et je gagnai, avec deux hommes et quelques bêtes, la station de Campos Novos au voisinage de laquelle plusieurs bandes indigènes étaient signalées. Je passai là quinze jours dans une demi-oisiveté employée à cueillir à peine mûrs les fruits d'un verger redevenu sauvage : goyaves dont l'âpre saveur et la texture pierreuse sont toujours en retrait sur le parfum; et cajus aussi vivement colorés que des perroquets, dont la pulpe rêche recèle dans ses cellules spongieuses un suc astringent et de haut goût; pour les repas, il suffisait de se rendre à l'aube dans un bosquet distant de quelques centaines de mètres du campement, où les palombes fidèles au rendez-vous se laissaient facilement abattre. C'est à Campos Novos que je rencontrai deux bandes venues du nord et qu'avait attirées l'espoir de mes cadeaux.

Ces bandes étaient aussi mal disposées l'une envers l'autre qu'elles l'étaient toutes deux à mon égard. Dès le début, mes présents furent moins sollicités qu'exigés. Pendant les premiers jours une seule bande se trouvait sur les lieux, en même temps qu'un indigène d'Utiarity qui m'avait devancé. Témoignait-il trop d'intérêt à une jeune femme appartenant au groupe de ses hôtes? Je le crois. Les rapports se gâtèrent presque tout de suite entre les étrangers et leur visiteur, et celui-ci prit l'habitude de venir à mon campement chercher une atmosphère plus cordiale : il partageait aussi mes repas. Le fait fut remarqué, et un jour qu'il était à la chasse, je reçus la visite de quatre indigènes formant une sorte de délégation. Sur un ton menaçant, ils m'invitèrent à mêler du poison à la nourriture de mon convive; ils m'apportaient d'ailleurs ce qu'il fallait; quatre petits tubes liés ensemble avec du fil de coton et remplis d'une poudre grise. J'étais fort ennuyé : en refusant nettement, je m'exposais à l'hostilité de la bande dont les intentions maléfiques m'incitaient à la prudence. Je préférai donc exagérer mon ignorance de la langue et feignis une incompréhension totale. Après plusieurs tentatives au cours desquelles on me répéta inlassablement que mon protégé était *kakoré*, très méchant, et qu'il fallait s'en débarrasser au plus vite, la délégation se retira en manifestant son mécontentement. Je prévins l'intéressé qui disparut aussitôt; je ne devais le revoir que plusieurs mois plus tard, à mon retour dans la région.

Heureusement, la seconde bande arriva le lendemain, et les indigènes découvrirent en elle un autre objet vers quoi tourner leur hostilité. La rencontre eut lieu à mon campement qui était à la fois un terrain neutre et le but de tous ces déplacements. Je me trouvai donc aux premières loges. Les hommes étaient venus seuls; très vite, une longue conversation s'engagea entre leurs chefs respectifs, consistant plutôt en une succession de monologues alternés, sur un ton plaintif et nasillard que je n'avais jamais entendu auparavant. « Nous sommes très irrités! Vous êtes nos ennemis! » geignaient les uns; à quoi les autres répondaient à peu près : « Nous ne sommes pas irrités! Nous sommes vos frères! Nous sommes amis! Des amis! Nous pouvons nous entendre! etc. » Une fois terminé cet échange de provocations et de protestations, un campement commun s'organisa à côté du mien. Après quelques chants et danses au cours desquels chaque groupe dépréciait sa propre exhibition en la comparant à celle de l'adversaire – « Les Tamaindé chantent bien! Nous, nous chantons mal! » – la querelle reprit et le ton ne tarda pas à s'élever. La nuit n'était pas encore très avancée que les discussions mélangées aux chants faisaient un extraordinaire vacarme, dont la signification m'échappait. Des gestes de menace s'esquissaient, parfois même des rixes se produisaient, tandis que d'autres indigènes s'interposaient en médiateurs. Toutes les menaces se ramènent à des gestes mettant en cause les parties sexuelles.

Un Nambikwara témoigne son antipathie en saisissant sa
verge à deux mains et en la pointant vers l'adversaire. Ce
geste prélude à une agression sur la personne visée,
comme pour lui arracher la touffe en paille de *buriti*
attachée sur le devant de la ceinture, au-dessus des
parties sexuelles. Celles-ci « sont cachées par la paille », et
« on se bat pour arracher la paille ». Cette action est
purement symbolique car le cache-sexe masculin est fait
d'une matière si fragile, et se réduit à si peu de chose qu'il
n'assure ni protection ni même dissimulation des orga-
nes. On cherche aussi à s'emparer de l'arc et des flèches
de l'adversaire et à les déposer à l'écart. Dans toutes ces
conduites, l'attitude des indigènes est extrêmement tendue, comme dans un état de colère violente et contenue.
Ces bagarres dégénèrent éventuellement en conflits géné-
ralisés; cette fois pourtant, elles se calmèrent à l'aube.
Toujours dans le même état d'irritation apparente, et
avec des gestes sans douceur, les adversaires se mirent
alors à s'examiner les uns les autres, palpant les pendants
d'oreilles, les bracelets de coton, les petits ornements de
plumes, et marmonnant des paroles rapides : « Donne...
donne... vois... cela... c'est joli ! » tandis que le propriétaire
protestait : « C'est laid... vieux... abîmé!... ».

Cette *inspection de réconciliation* marque la conclusion
du conflit. En effet, elle introduit un autre genre de
relations entre les groupes : les échanges commerciaux. Si
sommaire que soit la culture matérielle des Nambikwara,
les produits de l'industrie de chaque bande sont hautement prisés au-dehors. Les orientaux ont besoin de
poteries et de semences; les septentrionaux considèrent
que leurs voisins plus au sud font des colliers particulièrement précieux. Aussi la rencontre de deux groupes,
quand elle peut se dérouler de façon pacifique, a-t-elle
pour conséquence une série de cadeaux réciproques; le
conflit fait place au marché.

A vrai dire, on a du mal à admettre que des échanges
sont en cours; le matin qui suivit la querelle, chacun
vaquait à ses occupations habituelles, et les objets ou
produits passaient de l'un à l'autre, sans que celui qui
donnait fît remarquer le geste par lequel il déposait son
présent, et sans que celui qui recevait prêtât attention à

son nouveau bien. Ainsi s'échangeaient du coton décortiqué et des pelotes de fil; des blocs de cire ou de résine; de la pâte d'urucu; des coquillages, des pendants d'oreilles, des bracelets et des colliers; du tabac et des semences; des plumes et des lattes de bambou destinées à faire les pointes de flèches; des écheveaux de fibres de palmes, des piquants de porc-épic; des pots entiers ou des débris de céramique; des calebasses. Cette mystérieuse circulation de marchandises se prolongea pendant une demi-journée, après quoi les groupes se séparèrent, et chacun repartit dans sa direction.

Ainsi les Nambikwara s'en remettent-ils à la générosité du partenaire. L'idée qu'on puisse estimer, discuter ou marchander, exiger ou recouvrer leur est totalement étrangère. J'avais offert à un indigène un sabre d'abatis comme prix de transport d'un message à un groupe voisin. Au retour du voyageur, je négligeai de lui donner immédiatement la récompense convenue, pensant qu'il viendrait lui-même la chercher. Il n'en fut rien; le lendemain, je ne pus le trouver; il était parti, très irrité me dirent ses compagnons, et je ne l'ai plus revu. Il fallut confier le présent à un autre indigène. Dans ces conditions, il n'est pas surprenant que, les échanges terminés, l'un des groupes se retire mécontent de son lot et accumule pendant des semaines ou des mois (faisant l'inventaire de ses acquisitions et se rappelant ses propres présents) une amertume qui deviendra de plus en plus agressive. Bien souvent, les guerres n'ont pas d'autre origine; il existe naturellement d'autres causes telles qu'un assassinat, ou un rapt de femme à entreprendre ou à venger; mais il ne semble pas qu'une bande se sente collectivement tenue à des représailles pour un dommage fait à l'un de ses membres. Toutefois, en raison de l'animosité qui règne entre les groupes, ces prétextes sont volontiers accueillis, surtout si l'on se sent en force. Le projet est présenté par un guerrier qui expose ses griefs sur le même ton et dans le même style où se feront les discours de rencontre : « Holà! Venez ici! Allons! Je suis irrité! très irrité! des flèches! des grandes flèches! ».

Revêtus de parures spéciales : touffes de paille du *buriti* bariolées de rouge, casques de peau de jaguar, les hommes se réunissent sous la conduite du chef et dansent. Un rite divinatoire doit être accompli; le chef, ou le sorcier dans les groupes où il existe, cache une flèche dans un coin de brousse. La flèche est recherchée le lendemain. Quand elle est maculée de sang, la guerre est décidée, sinon on y renonce. Beaucoup d'expéditions ainsi commencées se terminent après quelques kilomètres de marche. L'excitation et l'enthousiasme tombent, et la troupe rentre au logis. Mais certaines sont poussées jusqu'à l'exécution et peuvent être sanglantes. Les Nambikwara attaquent à l'aube et tendent leur embuscade en se dispersant à travers la brousse. Le signal d'attaque est donné de proche en proche, grâce au sifflet que les indigènes portent pendu au cou. Cet instrument, composé de deux tubes de bambous liés avec du fil de coton, reproduit approximativement le cri du grillon, et pour cette raison sans doute, porte le même nom que cet insecte. Les flèches de guerre sont identiques à celles qu'on utilise normalement pour la chasse aux grands animaux; mais on découpe en dents de scie leur pointe lancéolée. Les flèches empoisonnées au curare, qui sont d'un usage courant pour la chasse, ne sont jamais employées. Le blessé s'en débarrasserait avant que le poison n'ait eu le temps de se diffuser.

XXIX

HOMMES, FEMMES, CHEFS

Au-delà de Campos Novos, le poste de Vilhena – au point culminant du plateau – se composait en 1938 de quelques huttes au milieu d'une friche longue et large de quelques centaines de mètres, marquant l'emplacement où (dans l'esprit des constructeurs de la ligne) devait s'élever la Chicago du Mato Grosso. Il paraît qu'on y trouve maintenant un champ d'aviation militaire; de mon temps, la population se réduisait à deux familles privées de tout ravitaillement depuis huit ans et qui, comme je l'ai conté, étaient parvenues à se maintenir en équilibre biologique avec une harde de petits cervidés dont elles vivaient parcimonieusement.

Je rencontrai là deux nouvelles bandes, dont l'une comprenait dix-huit personnes parlant un dialecte proche de ceux que je commençais à connaître, tandis que l'autre, forte de trente-quatre membres, faisait usage d'une langue inconnue; par la suite, il ne m'a pas été possible de l'identifier. Chacune était conduite par un chef, aux attributions purement profanes, semblait-il, dans le premier cas; mais le chef de la bande la plus importante allait bientôt se révéler comme une sorte de sorcier. Son groupe se désignait du nom de Sabané; les autres s'appelaient Tarundé.

A part la langue rien ne les distinguait : les indigènes avaient même apparence et même culture. C'était déjà le cas à Campos Novos; mais au lieu de se témoigner une hostilité réciproque les deux bandes de Vilhena vivaient en bonne intelligence. Bien que leurs feux de camp restassent séparés, elles voyageaient ensemble, campaient

l'une à côté de l'autre et semblaient avoir uni leurs
destins. Surprenante association, si l'on considère que les
indigènes ne parlaient pas la même langue et que les
chefs ne pouvaient pas communiquer, sinon par le tru-
chement d'une ou deux personnes de chaque groupe qui
jouaient le rôle d'interprètes.

Leur réunion devait être récente. J'ai expliqué qu'entre
1907 et 1930 les épidémies provoquées par l'arrivée des
blancs ont décimé les Indiens. En conséquence, plusieurs
bandes ont dû se trouver réduites à si peu de chose qu'il
leur devenait impossible de poursuivre une existence
indépendante. A Campos Novos, j'avais observé les antagonismes internes de la société nambikwara, j'avais vu à
l'œuvre les forces de désorganisation. A Vilhena, au
contraire, j'assistai à une tentative de reconstruction. Car
il n'y avait pas de doute que les indigènes avec lesquels je
campais n'eussent élaboré un plan. Tous les hommes
adultes d'une bande appelaient « sœurs » les femmes de
l'autre, et celles-ci nommaient « frères » les hommes
occupant la position symétrique. Quant aux hommes des
deux bandes, ils se désignaient les uns les autres du
terme qui, dans leurs langues respectives, signifie cousin
du type croisé et correspond à la relation d'alliance que
nous traduirions par « beau-frère ». Etant donné les
règles du mariage nambikwara, cette nomenclature a
pour résultat de placer tous les enfants d'une bande dans
la situation d'« époux potentiels » des enfants de l'autre
bande et réciproquement. Si bien que, par le jeu des
intermariages, les deux bandes auraient fusionné dès la
prochaine génération.

Des obstacles se dressaient encore sur la voie de ce
grand dessein. Une troisième bande ennemie des
Tarundé circulait dans les environs; certains jours on
apercevait ses feux de camp, et on se tenait prêt à toute
éventualité. Comme je comprenais un peu le dialecte
tarundé mais pas le sabané, je me trouvais plus proche du
premier groupe; l'autre, avec lequel je ne pouvais communiquer, me témoignait aussi moins de confiance. Il ne
m'appartient donc pas de présenter son point de vue. En
tout cas les Tarundé n'étaient pas très sûrs que leurs amis
se fussent ralliés à la formule d'union sans arrière-pensée.

Ils redoutaient le troisième groupe, et plus encore que les Sabané ne se décidassent brusquement à changer de camp.

A quel point leurs craintes étaient fondées, un curieux incident devait vite le montrer. Un jour que les hommes étaient partis à la chasse, le chef sabané ne revint pas à l'heure habituelle. Personne ne l'avait vu de la journée. La nuit tomba, et vers 9 ou 10 heures du soir la consternation régnait au campement, particulièrement au foyer du disparu dont les deux femmes et l'enfant se tenaient enlacés, en pleurant par avance la mort de leur époux et père. A ce moment, je décidai, accompagné par quelques indigènes, de faire une ronde alentour. Il ne nous fallut pas marcher deux cents mètres pour découvrir notre homme, accroupi sur le sol et grelottant dans l'obscurité; il était entièrement nu, c'est-à-dire privé de ses colliers, bracelets, pendants d'oreilles et de sa ceinture; à la lumière de ma lampe électrique, nous pouvions deviner son expression tragique et son teint décomposé. Il se laissa sans difficulté soutenir jusqu'au campement, où il s'assit muet et dans une attitude d'accablement tout à fait impressionnante.

Son histoire lui fut arrachée par un auditoire anxieux. Il expliqua qu'il avait été emporté par le tonnerre que les Nambikwara appellent *amon* (un orage – avant-coureur de la saison des pluies – avait eu lieu la même journée); celui-ci l'avait enlevé dans les airs jusqu'à un point qu'il désigna, éloigné de vingt-cinq kilomètres du campement (Rio Ananaz), l'avait dépouillé de tous ses ornements, puis ramené par la même voie et déposé à l'endroit où nous l'avions découvert. Tout le monde s'endormit en commentant l'événement, et le lendemain matin le chef sabané avait retrouvé non seulement sa bonne humeur habituelle, mais aussi toutes ses parures, ce dont personne ne s'étonna, et dont il ne fournit aucune explication. Les jours suivants, une version très différente de l'événement commença d'être colportée par les Tarundé. Ils disaient que, sous le couvert de relations avec l'autre monde, le chef avait engagé des tractations avec la bande d'Indiens qui campaient dans le voisinage. Ces insinuations ne furent d'ailleurs jamais développées, et la version officielle de l'affaire resta admise ostensiblement. Néanmoins, en conversations privées, le chef tarundé laissait transparaître ses préoccupations. Comme les deux groupes nous quittèrent peu après, je ne sus jamais la fin de l'histoire.

Cet incident, joint aux observations précédentes, m'incitait à réfléchir sur la nature des bandes nambikwara et sur l'influence politique que leurs chefs pouvaient exercer dans leur sein. Il n'existe pas de structure sociale plus frêle et éphémère que la bande nambikwara. Si le chef paraît trop exigeant, s'il revendique pour lui-même trop de femmes ou s'il est incapable de donner une solution satisfaisante au problème du ravitaillement en période de disette, le mécontentement surgira. Des individus ou des familles entières se sépareront du groupe et iront rejoindre une autre bande jouissant d'une réputation meilleure. Il se peut que cette bande ait une alimentation plus abondante, grâce à la découverte de nouveaux terrains de chasse ou de ramassage; ou qu'elle se soit enrichie en ornements et en instruments par des échanges commerciaux avec des groupes voisins, ou même qu'elle soit devenue plus puissante à la suite d'une expédition victorieuse. Un jour viendra où le chef se trouvera à la tête d'un groupe trop réduit pour faire face aux difficultés quotidiennes et pour protéger ses femmes contre la convoitise des étrangers. Dans ce cas, il n'aura pas d'autre recours que d'abandonner son commandement et de se rallier, avec ses derniers compagnons, à une faction plus heureuse. On voit donc que la structure sociale nambikwara est dans un état fluide. La bande se forme et se désorganise, elle s'accroît et disparaît. Dans l'intervalle de quelques mois, sa composition, ses effectifs et sa distribution deviennent parfois méconnaissables. Des intrigues politiques à l'intérieur de la même bande et des conflits entre bandes voisines imposent leur rythme à ces variations, et la grandeur, la décadence des individus et des groupes se succèdent de façon souvent surprenante.

Sur quelles bases s'opère alors la répartition en bandes? D'un point de vue économique, la pauvreté en ressources naturelles et la grande superficie nécessaire pour nourrir un individu pendant la période nomade rendent presque obligatoire la dispersion en petits groupes. Le problème n'est pas de savoir pourquoi cette dispersion se produit, mais comment. Dans le groupe initial, il y a des hommes qui sont reconnus comme des chefs : ce sont eux qui constituent les noyaux autour desquels les bandes s'agrègent. L'importance de la bande, son caractère plus ou moins permanent pendant une période donnée sont fonction du talent de chacun de ces chefs pour conserver son rang et améliorer sa position. Le pouvoir politique n'apparaît pas comme un résultat des besoins de la collectivité : c'est le groupe lui-même qui reçoit ses caractères : forme, volume, origine même, du chef potentiel qui lui pré-existe.

J'ai bien connu deux de ces chefs : celui d'Utiarity dont la bande s'appelait Wakletoçu; et le chef tarundé. Le premier était remarquablement intelligent, conscient de ses responsabilités, actif et ingénieux. Il anticipait les conséquences d'une situation nouvelle, dressait un itinéraire spécialement adapté à mes besoins; le décrivait, le cas échéant, en traçant sur le sable une carte géographique. Quand nous sommes arrivés à son village, nous avons trouvé les piquets destinés à attacher les bêtes, qu'il avait fait planter par une corvée envoyée à l'avance, sans que je l'eusse demandé.

C'est un précieux informateur, qui comprend les problèmes, perçoit les difficultés et s'intéresse au travail; mais ses fonctions l'absorbent, il disparaît pendant des journées entières à la chasse, en reconnaissance ou pour vérifier l'état d'arbres à graines ou à fruits mûrs. D'autre part, ses femmes l'appellent souvent à des jeux amoureux auxquels il se laisse volontiers entraîner.

D'une façon générale, son attitude traduit une logique, une continuité dans les desseins, très exceptionnelle chez les Nambikwara, souvent instables et fantasques. En dépit de conditions de vie précaires et avec des moyens dérisoires, c'est un organisateur de valeur, seul responsable des destinées de son groupe qu'il conduit avec compétence, bien que dans un esprit un peu spéculateur.

Le chef tarundé, âgé comme son collègue d'une tren-

taine d'années, était aussi intelligent que lui, mais de
façon différente. Le chef wakletoçu m'était apparu
comme un personnage avisé et plein de ressources,
toujours méditant quelque combinaison politique. Le
Tarundé n'était pas un homme d'action : plutôt un con-
templatif doué d'un esprit séduisant et poétique et d'une
vive sensibilité. Il avait conscience de la décadence de
son peuple, et cette conviction imprégnait ses propos de
mélancolie : « Je faisais autrefois la même chose; maintenant, c'est fini... », dit-il en évoquant des jours plus heureux, quand son groupe loin d'être réduit à une poignée
d'individus incapables de maintenir les coutumes, comprenait plusieurs centaines de participants fidèles à toutes les traditions de la culture nambikwara. Sa curiosité
envers nos mœurs, et envers celles que j'ai pu observer
dans d'autres tribus, ne le cède en rien à la mienne. Avec
lui, le travail ethnographique n'est jamais unilatéral : il le
conçoit comme un échange d'informations, et celles que
je lui apporte sont toujours bienvenues. Souvent même, il
me demande – et conserve soigneusement – des dessins
représentant des ornements de plumes, des coiffures, des
armes, tels que je les ai vus chez des peuplades voisines
ou éloignées. Entretenait-il l'espoir de perfectionner,
grâce à ces informations, l'équipement matériel et intellectuel de son groupe? C'est possible, bien que son
tempérament rêveur ne le poussât guère aux réalisations.
Pourtant, un jour que je l'interrogeais sur les flûtes de
Pan, pour vérifier l'aire de diffusion de cet instrument, il
répondit qu'il n'en avait jamais vu mais qu'il aimerait
avoir un dessin. Guidé par mon croquis il parvint à
fabriquer un instrument grossier, mais utilisable.

Les qualités exceptionnelles manifestées par ces deux
chefs tenaient aux conditions de leur désignation.

Chez les Nambikwara, le pouvoir politique n'est pas
héréditaire. Quand un chef devient vieux, tombe malade
et se sent incapable d'assumer plus longtemps ses lourdes fonctions, il choisit lui-même son successeur : « Celui-
ci sera le chef... ». Cependant, ce pouvoir autocratique est
plus apparent que réel. Nous verrons plus loin combien
faible est l'autorité du chef, et dans ce cas comme dans
tous les autres, la décision définitive semble être précédée

d'un sondage de l'opinion publique : l'héritier désigné est aussi le plus favorisé par la majorité. Mais ce ne sont pas seulement les vœux et les exclusives du groupe qui limitent le choix du nouveau chef; ce choix doit aussi répondre aux plans de l'intéressé. Il n'est pas rare que l'offre du pouvoir se heurte à un refus véhément : « Je ne veux pas être le chef. » Dans ce cas, il faut procéder à un nouveau choix. En effet, le pouvoir ne semble pas faire l'objet d'une ardente compétition, et les chefs que j'ai connus se plaignaient plus volontiers de leurs lourdes charges et de leurs multiples responsabilités qu'ils n'en tiraient un sujet d'orgueil. Quels sont donc les privilèges du chef et quelles sont ses obligations?

Quand, aux environs de 1560, Montaigne rencontra à Rouen trois Indiens brésiliens ramenés par un navigateur, il demanda à l'un d'eux quels étaient les privilèges du chef (il avait dit « le roi ») dans son pays; et l'indigène, chef lui-même, répondit que c'était marcher le premier à la guerre. Montaigne relata l'histoire dans un célèbre chapitre des *Essais* en s'émerveillant de cette fière définition. Mais ce fut pour moi un plus grand motif d'étonnement et d'admiration que de recevoir quatre siècles plus tard exactement la même réponse. Les pays civilisés ne témoignent pas d'une égale constance dans leur philosophie politique! Si frappante qu'elle soit, la formule est moins significative encore que le nom qui sert à désigner le chef dans la langue nambikwara. *Uilikandé* semble vouloir dire « celui qui unit » ou « celui qui lie ensemble ». Cette étymologie suggère que l'esprit indigène est conscient de ce phénomène que j'ai déjà souligné, c'est-à-dire que le chef apparaît comme la cause du désir du groupe de se constituer comme groupe, et non comme l'effet du besoin d'une autorité centrale ressenti par un groupe déjà constitué.

Le prestige personnel et l'aptitude à inspirer confiance sont le fondement du pouvoir dans la société nambikwara. Tous deux sont indispensables à celui qui deviendra le guide de cette aventureuse expérience : la vie nomade de la saison sèche. Pendant six ou sept mois, le chef sera entièrement responsable de la direction de sa bande. C'est lui qui organise le départ pour la vie errante, choisit les itinéraires, fixe les étapes et la durée des stations. Il décide les expéditions de chasse, de pêche, de collecte et de ramassage, et il arrête la politique de la bande vis-à-vis des groupes voisins. Lorsque le chef de bande est en même temps un chef de village (en donnant au mot village le sens restreint d'installation semi-permanente pour la saison des pluies), ses obligations vont plus loin. C'est lui qui détermine le moment et le lieu de la vie sédentaire; il dirige le jardinage et choisit les cultures; plus généralement, il oriente les occupations en fonction des besoins et des possibilités saisonnières.

Il faut noter immédiatement que le chef ne trouve d'appui, pour ces fonctions multiples, ni dans un pouvoir précisé, ni dans une autorité publiquement reconnue. Le consentement est à l'origine du pouvoir, et c'est aussi le consentement qui entretient sa légitimité. Une conduite répréhensible (du point de vue indigène s'entend), ou des manifestations de mauvaise volonté de la part d'un ou deux mécontents, peuvent compromettre le programme du chef et le bien-être de sa petite communauté. Dans une pareille éventualité cependant, le chef ne dispose d'aucun pouvoir de coercition. Il ne peut se débarrasser des éléments indésirables que dans la mesure où il est capable de faire partager son opinion par tous. Il lui faut donc faire preuve d'une habileté qui relève du politicien cherchant à conserver une majorité indécise, plutôt que d'un souverain tout-puissant. Il ne suffit même pas qu'il maintienne la cohérence de son groupe. Bien que la bande vive pratiquement isolée pendant la période no-made, elle n'oublie pas l'existence des groupes voisins. Le chef ne doit pas seulement bien faire; il doit essayer – et son groupe compte sur lui pour cela – de faire mieux que les autres.

Comment le chef remplit-il ces obligations? Le premier et le principal instrument du pouvoir consiste dans sa générosité. La générosité est un attribut essentiel du pouvoir chez la plupart des peuples primitifs et très particulièrement en Amérique; elle joue un rôle, même dans ces cultures élémentaires où tous les biens se réduisent à des objets grossiers. Bien que le chef ne semble pas jouir d'une situation privilégiée au point de

vue matériel, il doit avoir sous la main des excédents de
nourriture, d'outils, d'armes et d'ornements qui pour être
infimes, n'acquièrent pas moins une valeur considérable
du fait de la pauvreté générale. Lorsqu'un individu, une
famille, ou la bande tout entière ressent un désir ou un
besoin, c'est au chef qu'on fait appel pour le satisfaire.
Ainsi, la générosité est la qualité essentielle qu'on attend
d'un nouveau chef. C'est la corde, constamment frappée,
dont le son harmonieux ou discordant donne au consentement son degré. On ne saurait douter qu'à cet égard, les
capacités du chef ne soient exploitées jusqu'au bout. Les
chefs de bande étaient mes meilleurs informateurs et,
conscient de leur position difficile, j'aimais les récompen-
ser libéralement, mais j'ai rarement vu un de mes présents rester dans leurs mains pour une période supérieure à quelques jours. Chaque fois que je prenais congé
d'une bande après quelques semaines de vie commune,
les indigènes avaient eu le temps de devenir les heureux
propriétaires de haches, de couteaux, de perles, etc. Mais
en règle générale, le chef se trouvait dans le même état de
pauvreté qu'au moment de mon arrivée. Tout ce qu'il
avait reçu (qui était considérablement au-dessus de la
moyenne attribuée à chacun) lui avait déjà été extorqué.
Cette avidité collective accule souvent le chef à une sorte
de désespoir. Le refus de donner tient alors à peu près la
même place, dans cette démocratie primitive, que la
question de confiance dans un parlement moderne.
Quand un chef en vient à dire : « C'est fini de donner!
C'est fini d'être généreux! Qu'un autre soit généreux à ma
place! », il doit vraiment être sûr de son pouvoir, car son
règne est en train de passer par sa crise la plus grave.

L'ingéniosité est la forme intellectuelle de la générosité.
Un bon chef fait preuve d'initiative et d'adresse. C'est lui
qui prépare le poison des flèches. C'est lui aussi qui
fabrique la balle de caoutchouc sauvage employée dans
les jeux auxquels on se livre à l'occasion. Le chef doit être
un bon chanteur et un bon danseur, un joyeux luron
toujours prêt à distraire la bande et à rompre la monotonie de la vie quotidienne. Ces fonctions conduiraient
facilement au chamanisme, et certains chefs sont également des guérisseurs et des sorciers. Cependant les

préoccupations mystiques restent toujours à l'arrière-
plan chez les Nambikwara, et lorsqu'elles se manifestent,
les aptitudes magiques sont réduites au rôle d'attributs
secondaires du commandement. Plus fréquemment, le
pouvoir temporel et le pouvoir spirituel sont partagés
entre deux individus. A cet égard, les Nambikwara diffè-
rent de leurs voisins du nord-ouest, les Tupi-Kawahib,
chez lesquels le chef est aussi un chaman adonné aux
rêves prémonitoires, aux visions, aux transes et aux
dédoublements.

Mais bien qu'orientées dans une direction plus positive,
l'adresse et l'ingéniosité du chef nambikwara n'en sont
pas moins étonnantes. Il doit avoir une connaissance
consommée des territoires fréquentés par son groupe et
par les groupes voisins, être un habitué des terrains de
chasse et des bosquets d'arbres à fruits sauvages, savoir
pour chacun d'eux la période la plus favorable, se faire
une idée approximative des itinéraires des bandes voisines : amicales ou hostiles. Il est constamment parti en
reconnaissance ou en exploration et semble voltiger
autour de sa bande plutôt que la conduire.

A part un ou deux hommes sans autorité réelle, mais
qui sont prêts à collaborer contre récompense, la passi-
vité de la bande fait un singulier contraste avec le
dynamisme de son conducteur. On dirait que la bande,
ayant cédé certains avantages au chef, attend de lui qu'il
veille entièrement sur ses intérêts et sur sa sécurité.

Cette attitude est bien illustrée par l'épisode déjà relaté
du voyage au cours duquel, nous étant égarés avec des
provisions insuffisantes, les indigènes se couchèrent au
lieu de partir en chasse, laissant au chef et à ses femmes
le soin de remédier à la situation.

J'ai fait plusieurs fois allusion aux femmes du chef. La
polygamie, qui est pratiquement son privilège, constitue
la compensation morale et sentimentale de ses lourdes
obligations en même temps qu'elle lui donne un moyen
de les remplir. Sauf de rares exceptions, le chef et le
sorcier seuls (et encore, quand ces fonctions se partagent
entre deux individus) peuvent avoir plusieurs femmes.
Mais il s'agit là d'un type de polygamie assez spéciale. Au
lieu d'un mariage plural au sens propre du terme, on a

plutôt un mariage monogame auquel s'ajoutent des relations de nature différente. La première femme joue le
rôle habituel de la seule épouse dans les mariages ordinaires. Elle se conforme aux usages de la division du
travail entre les sexes, prend soin des enfants, fait la
cuisine et ramasse les produits sauvages. Les unions
postérieures sont reconnues comme des mariages, elles
relèvent cependant d'un autre ordre. Les femmes secondaires appartiennent à une génération plus jeune. La
première femme les appelle « filles » ou « nièces ». De
plus, elles n'obéissent pas aux règles de la division
sexuelle du travail, mais prennent indifféremment part
aux occupations masculines ou féminines. Au camp, elles
dédaignent les travaux domestiques et restent oisives,
tantôt jouant avec les enfants qui sont en fait de leur
génération, tantôt caressant leur mari pendant que la
première femme s'affaire autour du foyer et de la cuisine.
Mais quand le chef part en expédition de chasse ou
d'exploration, ou pour quelque autre entreprise masculine, ses femmes secondaires l'accompagnent et lui prêtent
une assistance physique et morale. Ces filles d'allure
garçonnière, choisies parmi les plus jolies et les plus
saines du groupe, sont pour le chef des maîtresses plutôt
que des épouses. Il vit avec elles sur la base d'une
camaraderie amoureuse qui offre un frappant contraste
avec l'atmosphère conjugale de la première union.

Alors que les hommes et les femmes ne se baignent pas
en même temps, on voit parfois le mari et ses jeunes
femmes prendre ensemble un bain, prétexte à de grandes
batailles dans l'eau, à des tours et à d'innombrables
plaisanteries. Le soir, il joue avec elles, soit amoureuse-
ment – se roulant dans le sable enlacés à deux, trois ou
quatre – soit de façon puérile : par exemple le chef
wakletoçu et ses deux plus jeunes femmes, étendus sur le
dos, de manière à dessiner sur le sol une étoile à trois
branches, lèvent leurs pieds en l'air et les heurtent
mutuellement, plante des pieds contre plante des pieds,
sur un rythme régulier.

L'union polygame se présente ainsi comme une super-
position d'une forme pluraliste de camaraderie amoureuse au mariage monogame, et en même temps comme

un attribut du commandement doté d'une valeur fonctionnelle, tant au point de vue psychologique qu'au point de vue économique. Les femmes vivent habituellement en très bonne intelligence et, bien que le sort de la première femme semble parfois ingrat – travaillant pendant qu'elle entend à ses côtés les éclats de rire de son mari et de ses petites amoureuses et assiste même à de plus tendres ébats – elle ne manifeste pas d'aigreur. Cette distribution des rôles n'est, en effet, ni immuable ni rigoureuse, et, à l'occasion, bien que plus rarement, le mari et sa première femme joueront aussi; elle n'est en aucune façon exclue de la vie gaie. De plus, sa participation moindre aux relations de camaraderie amoureuse est compensée par une plus grande respectabilité, et une certaine autorité sur ses jeunes compagnes.

Ce système entraîne de graves conséquences pour la vie du groupe. En retirant périodiquement des jeunes femmes du cycle régulier des mariages, le chef provoque un déséquilibre entre le nombre de garçons et de filles d'âge matrimonial. Les jeunes hommes sont les principales victimes de cette situation et se voient condamnés soit à rester célibataires pendant plusieurs années, soit à épouser des veuves ou de vieilles femmes répudiées par leurs maris.

Les Nambikwara résolvent aussi le problème d'autre manière : par les relations homosexuelles qu'ils appellent poétiquement : *tamindige kihandige*, c'est-à-dire « l'amour-mensonge ». Ces relations sont fréquentes entre jeunes gens et se déroulent avec une publicité beaucoup plus grande que les relations normales. Les partenaires ne se retirent pas dans la brousse comme les adultes de sexes opposés. Ils s'installent auprès d'un feu de campement sous l'œil amusé des voisins. L'incident donne lieu à des plaisanteries généralement discrètes; ces relations sont considérées comme infantiles, et l'on n'y prête guère attention. La question reste douteuse de savoir si ces exercices sont conduits jusqu'à la satisfaction complète, ou se limitent à des effusions sentimentales accompagnées de jeux érotiques tels que ceux et celles qui caractérisent, pour la plus large part, les relations entre conjoints.

Les rapports homosexuels sont permis seulement entre adolescents qui se trouvent dans le rapport de cousins croisés, c'est-à-dire dont l'un est normalement destiné à épouser la sœur de l'autre à laquelle, par conséquent, le frère sert provisoirement de substitut. Quand on s'informe auprès d'un indigène sur des rapprochements de ce type, la réponse est toujours la même : « Ce sont des cousins (ou beaux-frères) qui font l'amour. » A l'âge adulte, les beaux-frères continuent à manifester une grande liberté. Il n'est pas rare de voir deux ou trois hommes, mariés et pères de famille, se promener le soir tendrement enlacés.

Quoi qu'il en soit de ces solutions de remplacement, le privilège polygame qui les rend nécessaires représente une concession importante que le groupe fait à son chef. Que signifie-t-il du point de vue de ce dernier ? L'accès à de jeunes et jolies filles lui apporte d'abord une satisfaction, non point tant physique (pour les raisons déjà exposées) que sentimentale. Surtout, le mariage polygame et ses attributs spécifiques constituent le moyen mis par le groupe à la disposition du chef, pour l'aider à remplir ses devoirs. S'il était seul, il pourrait difficilement faire plus que les autres. Ses femmes secondaires, libérées par leur statut particulier des servitudes de leur sexe, lui apportent assistance et réconfort. Elles sont en même temps la récompense du pouvoir et son instrument. Peut-on dire, du point de vue indigène, que le prix en vaut la peine ? Pour répondre à cette question, nous devons envisager le problème sous un angle plus général et nous demander ce que la bande nambikwara, considérée comme une structure sociale élémentaire, apprend sur l'origine et la fonction du pouvoir.

On passera rapidement sur une première remarque. Les faits nambikwara s'ajoutent à d'autres pour récuser la vieille théorie sociologique, temporairement ressuscitée par la psychanalyse, selon laquelle le chef primitif trouverait son prototype dans un père symbolique, les formes élémentaires de l'Etat s'étant progressivement développées, dans cette hypothèse, à partir de la famille. A la base des formes les plus grossières du pouvoir, nous avons discerné une démarche décisive, qui introduit un élément nouveau par rapport aux phénomènes biologiques : cette démarche consiste dans le *consentement*. Le consentement est à la fois l'origine et la limite du pouvoir. Des relations en apparence unilatérales, telles qu'elles s'expriment dans la gérontocratie, l'autocratie ou toute autre forme de gouvernement, peuvent se constituer dans des groupes de structure déjà complexe. Elles sont inconcevables dans des formes simples d'organisation sociale, telles que celle qu'on a essayé de décrire ici. Dans ce cas, au contraire, les relations politiques se ramènent à une sorte d'arbitrage entre, d'une part, les talents et l'autorité du chef, de l'autre, le volume, la cohérence et la bonne volonté du groupe ; tous ces facteurs exercent les uns sur les autres une influence réciproque.

On aimerait pouvoir montrer l'appui considérable que l'ethnologie contemporaine apporte, à cet égard, aux thèses des philosophes du XVIIIᵉ siècle. Sans doute le schéma de Rousseau diffère-t-il des relations quasi contractuelles qui existent entre le chef et ses compagnons. Rousseau avait en vue un phénomène tout différent, à savoir la renonciation, par les individus, à leur autonomie propre au profit de la volonté générale. Il n'en reste pas moins vrai que Rousseau et ses contemporains ont fait preuve d'une intuition sociologique profonde quand ils ont compris que des attitudes et des éléments culturels tels que le « contrat » et le « consentement » ne sont pas des formations secondaires, comme le prétendaient leurs adversaires et particulièrement Hume : ce sont les matières premières de la vie sociale, et il est impossible d'imaginer une forme d'organisation politique dans laquelle ils ne seraient pas présents.

Une seconde remarque découle des considérations précédentes : le *consentement* est le fondement psychologique du pouvoir, mais dans la vie quotidienne il s'exprime par un jeu de prestations et de contre-prestations qui se déroule entre le chef et ses compagnons, et qui fait de la notion de *réciprocité* un autre attribut fondamental du pouvoir. Le chef a le pouvoir, mais il doit être généreux. Il a des devoirs, mais il peut obtenir plusieurs femmes. Entre lui et le groupe s'établit un équilibre perpétuellement renouvelé de prestations et de privilèges, de services et d'obligations.

Mais, dans le cas du mariage, il se passe quelque chose
de plus. En concédant le privilège polygame à son chef, le
groupe échange les *éléments individuels de sécurité* garantis par la règle monogame contre une *sécurité collective*,
attendue de l'autorité. Chaque homme reçoit sa femme
d'un autre homme, mais le chef reçoit plusieurs femmes
du groupe. En revanche, il offre une garantie contre le
besoin et le danger, non pas aux individus dont il épouse
les sœurs ou les filles, non pas même à ceux qui se
trouveront privés de femmes en conséquence du droit
polygame; mais au groupe considéré comme un tout, car
c'est le groupe considéré comme un tout qui a suspendu
le droit commun à son profit. Ces réflexions peuvent
présenter un intérêt pour une étude théorique de la
polygamie; mais surtout, elles rappellent que la conception de l'Etat comme un système de garanties, renouvelée
par les discussions sur un régime national d'assurances
(tel que le plan Beveridge et d'autres), n'est pas un
phénomène purement moderne. C'est un retour à la
nature fondamentale de l'organisation sociale et politique.

Tel est le point de vue du groupe sur le pouvoir. Quelle
est, maintenant, l'attitude du chef lui-même vis-à-vis de sa
fonction? Quels mobiles le poussent à accepter une
charge qui n'est pas toujours réjouissante? Le chef de
bande nambikwara se voit imposer un rôle difficile; il
doit se dépenser pour maintenir son rang. Bien plus, s'il
ne l'améliore pas constamment il court le risque de
perdre ce qu'il a mis des mois ou des années à conquérir.
Ainsi s'explique que beaucoup d'hommes se dérobent au
pouvoir. Mais pourquoi d'autres l'acceptent-ils et même
le recherchent-ils? Il est toujours difficile de juger des
mobiles psychologiques, et la tâche devient presque
impossible en présence d'une culture très différente de la
nôtre. Cependant, on peut dire que le privilège polygame,
quel que soit son attrait du point de vue sexuel, sentimental ou social, serait insuffisant pour inspirer une vocation.
Le mariage polygame est une condition technique du
pouvoir; il ne peut offrir, sous l'angle des satisfactions

intimes, qu'une signification accessoire. Il doit y avoir quelque chose de plus; quand on essaie de se remémorer les traits moraux et psychologiques des divers chefs nambikwara, et quand on tente aussi de saisir ces nuances fugitives de leur personnalité (qui échappent à l'analyse scientifique, mais qui reçoivent une valeur du sentiment intuitif de la communication humaine et de l'expérience de l'amitié), on se sent impérieusement conduit à cette conclusion : il y a des chefs parce qu'il y a, dans tout groupe humain, des hommes qui, à la différence de leurs compagnons, aiment le prestige pour lui-même, se sentent attirés par les responsabilités, et pour qui la charge des affaires publiques apporte avec elle sa récompense. Ces différences individuelles sont certainement développées et mises en œuvre par les diverses cultures, et dans une mesure inégale. Mais leur existence dans une société aussi peu animée par l'esprit de compétition que la société nambikwara, suggère que leur origine n'est pas entièrement sociale. Elles font plutôt partie de ces matériaux psychologiques bruts au moyen desquels toute société s'édifie. Les hommes ne sont pas tous semblables, et même dans les tribus primitives, que les sociologues ont dépeintes comme écrasées par une tradition toute-puissante, ces différences individuelles sont perçues avec autant de finesse, et exploitées avec autant d'application, que dans notre civilisation dite « individualiste ».

Sous une autre forme, c'était bien là le « miracle » évoqué par Leibniz à propos des sauvages américains dont les mœurs, retracées par les anciens voyageurs, lui avaient enseigné à « ne jamais prendre pour des démonstrations les hypothèses de la philosophie politique ». Quant à moi, j'étais allé jusqu'au bout du monde à la recherche de ce que Rousseau appelle « les progrès presque insensibles des commencements ». Derrière le voile des lois trop savantes des Caduveo et des Bororo, j'avais poursuivi ma quête d'un état qui – dit encore Rousseau – « n'existe plus, qui n'a peut-être point existé, qui probablement n'existera jamais et dont il est pourtant nécessaire d'avoir des notions justes pour bien juger de notre état présent ». Plus heureux que lui, je croyais l'avoir découvert dans une société agonisante, mais dont il était inutile de me demander si elle représentait ou non un vestige : traditionnelle ou dégénérée, elle me mettait tout de même en présence d'une des formes d'organisation sociale et politique les plus pauvres qu'il soit possible de concevoir. Je n'avais pas besoin de m'adresser à l'histoire particulière qui l'avait maintenue dans cette condition élémentaire ou qui, plus vraisemblablement, l'y avait ramenée. Il suffisait de considérer l'expérience sociologique qui se déroulait sous mes yeux.

Mais c'était elle qui se dérobait. J'avais cherché une société réduite à sa plus simple expression. Celle des Nambikwara l'était au point que j'y trouvai seulement des hommes.

HUITIÈME PARTIE

TUPI-KAWAHIB

XXX

EN PIROGUE

J'avais quitté Cuiaba en juin; voici septembre. Depuis trois mois, j'erre à travers le plateau, campé avec les Indiens pendant que les bêtes reposent, ou mettant bout à bout les étapes en m'interrogeant sur le sens de mon entreprise, tandis que l'amble saccadé du mulet entretient des meurtrissures devenues si familières qu'elles se sont en quelque sorte incorporées à mon être physique, et me manqueraient si je ne les retrouvais chaque matin. L'aventure s'est délayée dans l'ennui. Voilà des semaines que la même savane austère se déroule sous mes yeux, si aride que les plantes vivantes sont peu discernables des fanes subsistant çà et là d'un campement abandonné. Les traces noircies des feux de brousse paraissent l'aboutissement naturel de cette marche unanime vers la calcination.

Nous sommes allés d'Utiarity à Juruena puis à Juina, Campos Novos et Vilhena; nous progressons maintenant vers les derniers postes du plateau : Tres Buritis, et Barão de Melgaço qui se trouve déjà à son pied. A chaque étape ou presque, nous avons perdu un ou deux bœufs : de soif, de fatigue ou *hervado*, c'est-à-dire empoisonné par des pâturages vénéneux. En traversant une rivière sur une passerelle pourrie, plusieurs sont tombés à l'eau avec les bagages, et nous avons sauvé à grand-peine le trésor de l'expédition. Mais de tels incidents sont rares; chaque jour, on répète les mêmes gestes : installation du campement, accrochage des hamacs et des moustiquaires, disposition des bagages et des bâts à l'abri des termites, surveillance des animaux et préparatifs en ordre inverse le lendemain. Ou bien, quand survient une bande indigène, une autre routine s'établit : recensement, noms des parties du corps, termes de parenté, généalogies, inventaires. Je me sens devenu bureaucrate de l'évasion.

Il n'a pas plu depuis cinq mois et le gibier a fui. Heureux encore quand nous avons réussi à tirer un perroquet étique ou à capturer un gros lézard *tupinambis* pour le faire bouillir dans notre riz, à rôtir dans sa carapace une tortue terrestre ou un tatou à chair huileuse et noire. Le plus souvent il faut se contenter du *xarque* : cette même viande séchée préparée il y a des mois par un boucher de Cuiaba et dont nous déroulons chaque matin au soleil, pour les assainir, les épais feuillets grouillant de vers, quitte à les trouver dans le même état le lendemain. Une fois pourtant, quelqu'un tua un porc sauvage; cette chair saignante nous parut plus enivrante que le vin; chacun en dévora une bonne livre, et je compris alors cette prétendue gloutonnerie des sauvages, citée par tant de voyageurs comme preuve de leur grossièreté. Il suffisait d'avoir partagé leur régime pour connaître de telles fringales, dont l'apaisement procure plus que la réplétion : le bonheur.

Peu à peu le paysage se modifiait. Les vieilles terres cristallines ou sédimentaires qui forment le plateau central faisaient place à des sols argileux. Après la savane, on commença à traverser des zones de forêt sèche à châtaigniers (non pas le nôtre, mais celui du Brésil : *Bertholletia excelsa*) et à copayers, qui sont de grands arbres sécrétant un baume. De limpides, les ruisseaux deviennent bourbeux avec des eaux jaunes et putrides. Partout, on remarque les effondrements : coteaux rongés par l'érosion, au pied desquels se forment des marécages à *sapézals* (hautes herbes) et *buritizals* (palmeraies). Sur leurs berges, les mulets piétinent à travers des champs d'ananas sauvages : petits fruits à couleur jaune tirant sur l'orangé, à pulpe remplie de gros pépins noirs disséminés, et dont la saveur est intermédiaire entre celle de l'espèce cultivée et la plus riche framboise. Du sol monte cette odeur oubliée depuis des mois, de chaude tisane chocolatée, qui n'est autre que l'odeur de la végétation tropicale et de la décomposition organique. Une odeur qui fait comprendre subitement comment ce sol peut être celui qui donne naissance au cacao, ainsi qu'en haute Provence parfois, les relents d'un champ de lavande à demi fanée expliquent que la même terre puisse aussi produire la truffe. Un dernier ressaut conduit au bord d'une prairie qui dévale à pic sur le poste télégraphique de Barão de Melgaço : et c'est, à perte de vue, la vallée du Machado qui s'étire dans la forêt amazonienne; celle-ci ne s'interrompra plus qu'à mille cinq cents kilomètres, sur la frontière vénézuélienne.

A Barão de Melgaço, il y avait des prairies d'herbe verte entourées de forêt humide où résonnaient les vigoureux coups de trompette du *jacu*, l'oiseau-chien. Il suffisait d'y passer deux heures pour rentrer au camp les bras chargés de gibier. Nous fûmes pris d'une frénésie alimentaire; pendant trois jours, on ne fit que la cuisine, et manger. Désormais nous ne manquerions plus de rien. Les réserves précieusement ménagées de sucre et d'alcool fondirent, en même temps que nous tâtions des nourritures amazoniennes : surtout les *tocari* ou noix du Brésil, dont la pulpe râpée épaissit les sauces d'une crème blanche et onctueuse. Voici le détail de ces exercices gastronomiques tel que je le retrouve dans mes notes :

– colibris (que le portugais nomme *beija-flor*, baise-fleur) rôtis sur l'aiguille et flambés au whisky;

– queue de caïman grillée;

– perroquet rôti et flambé au whisky;

– salmis de *jacu* dans une compote de fruits du palmier *assaï*;

– ragoût de *mutum* (sorte de dindon sauvage) et de bourgeons de palmier, à la sauce de tocari et au poivre;

– *jacu* rôti au caramel.

Après ces débauches et les ablutions non moins nécessaires – car nous avions souvent passé plusieurs jours sans pouvoir retirer les combinaisons, qui constituaient notre tenue avec les bottes et le casque – j'entrepris de dresser les plans pour la seconde partie du voyage. Dorénavant, les rivières seront préférables aux *picadas* de la forêt, envahies par la végétation. Au surplus, il ne me reste que dix-sept bœufs sur les trente et un emmenés au départ et leur état est tel qu'ils seraient incapables de poursuivre même sur un terrain facile. Nous nous diviserons en trois groupes. Mon chef de troupe et quelques hommes poursuivront par terre vers les premiers centres de chercheurs de caoutchouc, où nous espérons vendre les chevaux et une partie des mulets. D'autres hommes resteront avec les bœufs à Barão de Melgaço, pour leur laisser le temps de se refaire dans les pâturages de *capim-gordura*, l'herbe-graisse. Tiburcio, leur vieux cuisinier, les commandera d'autant mieux qu'il est aimé de tous; on dit de lui – car il est fortement métissé d'africain – *preto na feição, branco na acção*, « noir par la couleur, blanc par la valeur », ce qui montre, soit dit en passant, que le paysan brésilien n'est pas exempt de préjugés raciaux. En Amazonie, une fille blanche courtisée par un noir s'écrie volontiers : « Suis-je donc une charogne si blanche pour qu'un *urubu* vienne percher sur mes tripes ! » Elle évoque ainsi le spectacle familier d'un crocodile mort dérivant sur le fleuve, tandis qu'un charognard à plumes noires navigue pendant des jours sur le cadavre et s'en nourrit.

Quand les bœufs seront rétablis, la troupe retournera sur ses pas jusqu'à Utiarity, sans difficulté pensons-nous puisque les bêtes seront libérées de leur charge et que les pluies, maintenant imminentes, auront transformé le désert en prairie. Enfin, le personnel scientifique de l'expédition et les derniers hommes se chargeront des bagages qu'ils convoieront en pirogue jusqu'aux régions habitées où nous nous disperserons. Je compte moi-même passer en Bolivie par le Madeira, traverser le pays en avion, rentrer au Brésil par Corumba et de là rejoindre Cuiaba, puis Utiarity, aux environs du mois de décembre où je retrouverai ma *comitiva* – mon équipe et mes bêtes – pour liquider l'expédition.

Le chef de poste de Melgaço nous prête deux *galiotes* – légères barques de planches – et des pagayeurs : adieu mulets ! Il n'y a plus qu'à se laisser descendre au fil du Rio Machado. Rendus insouciants par les mois de sécheresse, nous négligeons le premier soir d'abriter nos hamacs, nous contentant de les suspendre entre les arbres de la berge. L'orage se déclenche en pleine nuit avec le fracas d'un cheval au galop; avant même que nous soyons réveillés, les hamacs se transforment en baignoires; nous déplions à tâtons une bâche pour nous abriter sans qu'il soit possible de la tendre sous ce déluge. Pas question de dormir; accroupis dans l'eau et supportant la toile de nos têtes, il faut surveiller constamment les poches qui se remplissent, et les déverser avant que l'eau ne pénètre. Pour tuer le temps, les hommes racontent des histoires; j'ai retenu celle dite par Emydio.

Histoire d'Emydio.

    Un veuf avait un seul fils, déjà adolescent. Un jour, il l'appelle, lui explique qu'il est grand temps de se marier. « Que faut-il faire pour se marier? » demande le fils. « C'est très simple, lui dit son père, tu n'as qu'à rendre visite aux voisins et tâcher de plaire à la fille. » « Mais je ne sais pas comment on plaît à une fille! » « Eh bien, joue de la guitare, sois gai, ris et chante! » Le fils s'exécute, arrive au moment où le père de la demoiselle vient de mourir; son attitude est jugée indécente, on le chasse à coups de pierres. Il retourne auprès de son père, se plaint; le père lui explique la conduite à suivre en pareil cas. Le fils part à nouveau chez les voisins; justement, on tue un porc. Mais fidèle à sa dernière leçon, il sanglote : « Quelle tristesse! Il était si bon; Nous l'aimions tant! Jamais on n'en trouvera un meilleur! » Exaspérés, les voisins le chassent; il raconte à son père cette nouvelle mésaventure, et reçoit de lui des indications sur la conduite appropriée. A sa troisième visite, les voisins sont occupés à écheniller le jardin. Toujours en retard d'une leçon, le jeune homme s'exclame : « Quelle merveilleuse abondance! Je souhaite que ces animaux se multiplient sur vos terres! Puissent-ils ne jamais vous manquer! » On le chasse. Après ce troisième échec, le père ordonne à son fils de construire une cabane. Il va dans la forêt pour abattre le bois nécessaire. Le loup-garou passe par là pendant la nuit et juge l'endroit à son goût pour y bâtir sa demeure, se met au travail. Le lendemain matin, le garçon retourne au chantier et trouve l'ouvrage bien avancé : « Dieu m'aide! » pense-t-il avec satisfaction. Ainsi bâtissent-ils de concert, le

*garçon pendant le jour et le loup-garou pendant la nuit. La
cabane est finie.*

*Pour l'inaugurer, le garçon décide de s'offrir en repas un
chevreuil, et le loup-garou un mort. L'un apporte le chevreuil durant le jour, l'autre le cadavre à la faveur de la
nuit. Et quand le père vient le lendemain pour participer au
festin, il voit sur la table un mort en guise de rôti :
« Décidément, mon fils, tu ne seras jamais bon à rien... ».*

Un jour après, il pleuvait toujours, et nous arrivâmes au
poste de Pimenta Bueno en écopant les barques. Ce poste
est situé au confluent de la rivière qui lui donne son nom
et du Rio Machado. Il comprenait une vingtaine de
personnes; quelques blancs de l'intérieur, et des Indiens
d'extractions diverses qui travaillaient à l'entretien de la
ligne : Cabishiana de la vallée du Guaporé, et Tupi-
Kawahib du Rio Machado. Ils allaient me fournir des
informations importantes. Les unes concernaient les
Tupi-Kawahib encore sauvages que, sur la foi d'anciens
rapports, on croyait complètement disparus; j'y reviendrai. Les autres étaient relatives à une tribu inconnue qui
vivait, disait-on, à plusieurs jours de pirogue sur le Rio
Pimenta Bueno. Je formai immédiatement le projet de les
reconnaître, mais comment? Une circonstance favorable
se présentait; de passage au poste se trouvait un noir
nommé Bahia, commerçant ambulant un peu aventurier
qui accomplissait chaque année un prodigieux voyage : il
descendait jusqu'au Madeira se procurer des marchandises dans les entrepôts riverains, remontait le Machado en
pirogue et, pendant deux jours, le Pimenta Bueno. Là, une
piste connue de lui permettait de traîner trois jours les
pirogues et les marchandises à travers la forêt, jusqu'à un
petit affluent du Guaporé où il pouvait écouler son stock
à des prix d'autant plus exorbitants que la région où il
aboutissait n'était pas approvisionnée. Bahia se déclara
prêt à remonter le Pimenta Bueno au-delà de son itinéraire habituel, à la condition que je le paye en marchandises plutôt qu'en argent. Bonne spéculation pour lui,
puisque les prix de gros amazoniens sont supérieurs à
ceux auxquels j'avais fait mes achats à São Paulo. Je lui
cédai donc plusieurs pièces de flanelle rouge dont je

m'étais dégoûté depuis qu'à Vilhena, en ayant offert aux Nambikwara, je vis le lendemain ceux-ci couverts de flanelle rouge des pieds à la tête, y compris les chiens, les singes et les sangliers apprivoisés; il est vrai qu'une heure après, le plaisir de la farce étant épuisé, les lambeaux de flanelle traînaient dans la brousse où personne n'y fit plus attention.

Deux pirogues empruntées au poste, quatre pagayeurs et deux de nos hommes constituaient notre équipage. Nous étions prêts à partir pour cette aventure improvisée.

Il n'y a pas de perspective plus exaltante pour l'ethnographe que celle d'être le premier blanc à pénétrer dans une communauté indigène. Déjà, en 1938, cette récompense suprême ne pouvait s'obtenir que dans quelques régions du monde suffisamment rares pour qu'on les compte sur les doigts d'une main. Depuis lors, ces possibilités se sont encore restreintes. Je revivrais donc l'expérience des anciens voyageurs, et à travers elle, ce moment crucial de la pensée moderne où, grâce aux grandes découvertes, une humanité qui se croyait complète et parachevée reçut tout à coup, comme une contre-révélation, l'annonce qu'elle n'était pas seule, qu'elle formait une pièce d'un plus vaste ensemble, et que, pour se connaître, elle devait d'abord contempler sa méconnaissable image en ce miroir dont une parcelle oubliée par les siècles allait, pour moi seul, lancer son premier et dernier reflet.

Cet enthousiasme est-il encore de mise au XXᵉ siècle? Si peu connus que fussent les Indiens du Pimenta-Bueno, je ne pouvais attendre d'eux le choc ressenti par les grands auteurs : Léry, Staden, Thevet, qui, il y a quatre cents ans, mirent le pied sur le territoire brésilien. Ce qu'ils virent alors, nos yeux ne l'apercevront jamais plus. Les civilisations qu'ils furent les premiers à considérer s'étaient développées selon d'autres lignes que les nôtres, elles n'en avaient pas moins atteint toute la plénitude et toute la perfection compatibles avec leur nature, tandis que les sociétés que nous pouvons étudier aujourd'hui – dans des conditions qu'il serait illusoire de comparer à celles prévalant il y a quatre siècles – ne sont plus que des corps débiles et des formes mutilées. Malgré d'énormes distances et toutes sortes d'intermédiaires (d'une bizarrerie souvent déconcertante quand on parvient à en reconstituer la chaîne), elles ont été foudroyées par ce monstrueux et incompréhensible cataclysme que fut, pour une si large et si innocente fraction de l'humanité, le développement de la civilisation occidentale; celle-ci aurait tort d'oublier qu'il lui fait un second visage, pas moins véridique et indélébile que l'autre.

A défaut des hommes, pourtant, les conditions du voyage étaient restées les mêmes. Après la désespérante chevauchée à travers le plateau, je m'offrais au charme de cette navigation sur une rivière riante dont les cartes ignorent le cours, mais dont les moindres détails rappelaient à ma mémoire le souvenir des récits qui me sont chers.

Il fallait d'abord retrouver l'entraînement à la vie fluviale acquis, trois ans auparavant, sur le São Lourenço : connaissance des différents types et mérites respectifs des pirogues – taillées dans un tronc d'arbre ou faites de planches assemblées – qui s'appellent, selon la forme et la taille, *montaria, canoa, ubá* ou *igarité*; l'habitude de passer des heures accroupi dans l'eau qui s'insinue à travers les crevasses du bois et qu'on écope continuellement avec une petite calebasse; une extrême lenteur et beaucoup de prudence, pour chaque mouvement provoqué par l'ankylose et qui risque de faire chavirer l'embarcation : *água não tem cabellos*, « l'eau n'a pas de cheveux », si l'on tombe par-dessus bord, il n'y a rien pour se rattraper; la patience, enfin, à chaque accident du lit de la rivière, de décharger les provisions et le matériel si minutieusement arrimés, de les transporter par la berge rocheuse en même temps que les pirogues, pour recommencer l'opération quelques centaines de mètres plus loin.

Ces accidents sont de divers types : *seccos*, lit sans eau; *cachoeiras*, rapides; *saltos*, chutes. Chacun est vite baptisé par les rameurs d'un nom évocateur : détail du paysage tel que *castanhal, palmas*; un incident de chasse, *veado, queixada, araras*; ou traduisant une relation plus personnelle au voyageur : *criminosa*, « la criminelle »; *encrenca*, substantif intraduisible qui exprime le fait d'être « coincé », *apertada hora*, « l'heure resserrée » (avec le sens étymologique d'angoissante); *vamos a ver*, « on va voir... ».

Aussi, le départ n'a rien d'inédit. Nous laissons les rameurs échelonner les rythmes prescrits : d'abord une série de petits coups : plouf, plouf, plouf... puis la mise en route, où deux battements secs sur le bord de la pirogue sont intercalés entre les coups de rame : tra-plouf, tra; tra-plouf, tra... enfin le rythme de voyage où la rame ne plonge qu'une fois sur deux, retenue la fois prochaine pour une simple caresse de la surface, mais toujours accompagnée d'un battement et séparée du mouvement suivant par un autre : tra-plouf, tra, sh, tra; tra-plouf, tra, sh, tra... Ainsi les rames exposent alternativement la face bleue et la face orange de leur palette, aussi légères sur l'eau que le reflet, auquel on les dirait réduites, des grands vols d'aras qui traversent le fleuve, faisant étinceler tous ensemble, à chaque virage, leur ventre d'or ou leur dos azur. L'air a perdu sa transparence de la saison sèche. A l'aube, tout est confondu dans une épaisse mousse rose, brume matinale qui monte lentement du fleuve. On a déjà chaud, mais peu à peu cette chaleur indirecte se précise. Ce qui n'était qu'une température diffuse devient coup de soleil sur telle partie du visage ou des mains. On commence à savoir pourquoi l'on sue. Le rose s'accroît de nuances. Des îlots bleus apparaissent. Il semble que la brume s'enrichisse encore, alors qu'elle ne fait que se dissoudre.

On remonte durement vers l'amont, et il faut que les rameurs se reposent. La matinée passe à sortir de l'eau, au bout d'une ligne grossière appâtée avec des baies sauvages, la quantité de poissons nécessaire à la *peixada*, qui est la bouillabaisse amazonienne : *pacus* jaunes de graisse qu'on mange en tranches tenues par l'arête, comme un manche de côtelette; *piracanjubas* argentés et à chair rouge; daurades vermeilles; *cascudos* aussi cuirassés qu'un homard, mais de noir; *piaparas* tachetées; *mandi, piava, curimbata, jatuarama, matrinchão*... mais gare aux raies venimeuses et aux poissons électriques – *purake* – qu'on pêche sans appât mais dont la décharge assomme un mulet; et plus encore, prétendent les hommes, à ces poissons minuscules qui, remontant le jet, pénétreraient dans la vessie de l'imprudent qui se soulagerait au fil de l'eau... Ou bien on guette, à travers la géante moisissure verte que forme la forêt sur la berge, l'animation subite d'une bande de singes aux mille noms : *guariba* hurleur, *coatá* aux membres arachnéens, capucin ou singe « à clou », *zog-zog*, qui, une heure avant l'aube, éveille la forêt de ses appels : avec ses grands yeux en amande, son port humain, son manteau soyeux et bouffant, on dirait un prince mongol; et toutes les tribus des petits singes : *saguin*, pour nous ouistiti; *macaco da noite*, « singe de nuit » aux yeux de gélatine sombre; *macaco de cheiro*, « singe à parfum »; *gogó de sol*, « gosier de soleil », etc. Il suffit d'une balle dans leurs troupes bondissantes pour abattre à coup presque sûr une pièce de ce gibier; rôtie, elle devient une momie d'enfant aux mains crispées, et offre en ragoût la saveur de l'oie.

Vers 3 heures de l'après-midi, le tonnerre gronde, le ciel s'obscurcit et la pluie masque d'une large barre verticale la moitié du ciel. Viendra-t-elle? La barre se strie et s'effiloche, et de l'autre côté paraît une lueur, dorée d'abord, puis d'un bleu délavé. Le milieu de l'horizon seul est encore occupé par la pluie. Mais les nuages fondent, la nappe se réduit par la droite et par la gauche, enfin s'évanouit. Il n'y a plus qu'un ciel composite, formé de masses bleu-noir surimposées à un fond bleu et blanc. C'est le moment, avant le prochain orage, d'accoster une berge où la forêt paraît un peu moins dense. On ouvre rapidement une petite clairière à l'aide du sabre d'abattis : *facão* ou *terçado*; on inspecte les arbres ainsi dégagés pour voir s'il se trouve parmi eux le *pau de novato*, l'arbre du novice, ainsi nommé parce que le naïf qui y attacherait son hamac verrait se répandre sur lui une armée de fourmis rouges; le *pau d'alho*, à l'odeur d'ail; ou encore la *cannela merda*, dont le nom suffit. Peut-être aussi, avec de la chance, la *soveira* dont le tronc incisé en cercle déverse en quelques minutes plus de lait qu'une vache, crémeux et mousseux, mais qui, absorbé cru, tapisse insidieusement la bouche d'une pellicule caoutchouteuse; l'*araçá* au fruit violacé, gros comme une cerise, à la saveur de térébenthine accompagnée d'une acidité si légère que l'eau où on l'a écrasé paraît gazeuse; l'*ingá* aux cosses remplies d'un fin duvet sucré; le *bacuri* qui est comme une poire volée aux vergers du Paradis; enfin l'*assaï*, délice suprême dans la forêt, dont la décoction aussitôt absorbée forme un épais sirop framboisé mais qui, après une nuit, caille et devient fromage fruité et aigrelet.

Pendant que les uns se livrent à ces travaux culinaires, les autres installent les hamacs sous des auvents de branchages couverts d'un léger toit de palmes. C'est le moment des histoires autour du feu de camp, toutes pleines d'apparitions et de fantômes : le *lobis-homem*, loup-garou; le cheval-sans-tête ou la vieille femme à tête de squelette. Il y a toujours dans la troupe un ancien *garimpeiro* qui a gardé la nostalgie de cette vie misérable, chaque jour illuminée par l'espoir de la fortune : « J'étais en train d' « écrire » – c'est-à-dire de trier le gravier – et j'ai vu couler dans la batée un petit grain de riz, mais c'était comme une vraie lumière. *Que cousa bounita*! (1) je ne crois pas qu'il puisse exister *cousa mais bounita*, plus jolie chose... A le regarder, c'était comme si l'électricité se déchargeait dans le corps des gens! ». Une discussion s'engage : « Entre Rosario et Laranjal, il y a, sur une colline, une pierre qui étincelle. On l'aperçoit à des kilomètres, mais surtout la nuit. – C'est peut-être du cristal? – Non, le cristal n'éclaire pas la nuit, seulement le diamant. – Et personne ne va le chercher? – Oh, des diamants comme ceux-là, l'heure de leur découverte et le nom de celui qui doit les posséder sont marqués depuis longtemps! ».

Ceux qui ne souhaitent pas le sommeil vont se poster, parfois jusqu'à l'aube, au bord de la rivière où ils ont relevé les traces du sanglier, du *capivara* ou du tapir; ils essayent – vainement – la chasse au *batuque* qui consiste à frapper le sol avec un gros bâton, à intervalles réguliers : poum... poum... poum. Les animaux croient à des fruits qui tombent et ils arrivent, paraît-il, dans un ordre immuable : sanglier d'abord, jaguar ensuite.

Souvent aussi on se borne à alimenter le feu pour la nuit. Il ne reste plus pour chacun, après avoir commenté

(1) En respectant la prononciation rustique de *coisa bonita*.

les incidents du jour et passé le maté à la ronde, qu'à se glisser dans le hamac, isolé par la moustiquaire tendue au moyen d'un jeu compliqué de baguettes et de ficelles, moitié cocon et moitié cerf-volant, dont il a soin, après avoir pris place à l'intérieur, de relever la jupe pour que nulle partie ne frôle le sol, en la formant en une sorte de poche que le lourd revolver tiendra close par son poids, tout en restant à portée de main. Bientôt la pluie commence à tomber.

XXXI

ROBINSON

Pendant quatre jours, nous avons remonté la rivière; les rapides étaient si nombreux qu'il fallut décharger, porter et recharger jusqu'à cinq fois dans la même journée. L'eau coulait entre des formations rocheuses qui la divisaient en plusieurs bras; au milieu, les récifs avaient retenu des arbres à la dérive avec toutes leurs branches, de la terre et des paquets de végétation. Sur ces îlots improvisés, cette végétation retrouvait si rapidement la vie qu'elle n'était même pas affectée par l'état chaotique où la dernière crue l'avait laissée. Les arbres poussaient dans tous les sens, les fleurs s'épanouissaient en travers des cascades; on ne savait plus si la rivière servait à irriguer ce prodigieux jardin ou si elle allait être comblée par la multiplication des plantes et des lianes auxquelles toutes les dimensions de l'espace, et non plus seulement la verticale, semblaient être rendues accessibles par l'abolition des distinctions habituelles entre la terre et l'eau. Il n'y avait plus de rivière, il n'y avait plus de berge, mais un dédale de bosquets rafraîchis par le courant, tandis que le sol croissait à même l'écume. Cette amitié entre les éléments s'étendait jusqu'aux êtres. Les tribus indigènes ont besoin d'énormes surfaces pour subsister; mais ici une surabondance de vie animale attestait que depuis des siècles, l'homme avait été impuissant à troubler l'ordre naturel. Les arbres frémissaient de singes presque plus que de feuilles, on eût dit que des fruits vivants dansaient sur leurs branches. Vers les rochers à fleur d'eau, il suffisait d'étendre la main pour frôler le plumage de jais des grands *mutum* au bec d'ambre ou de corail, et les *jacamin* moirés de bleu comme le labrador. Ces oiseaux ne vous fuyaient pas; vivantes pierreries errant parmi les lianes ruisselantes et les torrents feuillus, ils contribuaient à reconstituer devant mes yeux étonnés ces tableaux de l'atelier des Brueghel où le Paradis, illustré par une intimité tendre entre les plantes, les bêtes et les hommes, ramène à l'âge où l'univers des êtres n'avait pas encore accompli sa scission.

Dans l'après-midi du cinquième jour, une mince pirogue amarrée à la berge signala l'arrivée. Un boqueteau clairsemé s'offrait pour le campement. Le village indien se trouvait à un kilomètre vers l'intérieur : jardin d'une centaine de mètres dans sa plus grande longueur, occupant une friche ovale où s'élevaient trois huttes collectives de forme hémisphérique, au-dessus desquelles le poteau central se prolongeait à la façon d'un mât. Les deux huttes principales se faisaient face dans la partie large de l'œuf, bordant un terrain de danse au sol battu. La troisième se trouvait à la pointe, réunie à la place par un sentier traversant le jardin.

La population comprenait vingt-cinq personnes, plus un garçonnet d'une douzaine d'années qui parlait une autre langue et dont je crus comprendre qu'il était prisonnier de guerre, traité d'ailleurs comme les enfants de la tribu. Le costume des hommes et des femmes était aussi réduit que celui des Nambikwara, sauf que les hommes avaient tous l'étui pénien conique, pareil à celui des Bororo, et que l'usage du pompon en paille au-dessus des parties sexuelles, connu aussi des Nambikwara, était chez eux plus général. Hommes et femmes portaient aux lèvres des labrets de résine durcie offrant l'aspect de l'ambre, et des colliers de disques ou de plaques de nacre brillante, ou encore de coquillages entiers polis. Les poignets, les biceps, les mollets et les chevilles étaient comprimés par des bandelettes de coton. Enfin, les femmes avaient le septum nasal percé pour admettre une barrette composée de disques alternativement blancs et noirs enfilés et serrés sur une fibre rigide.

L'apparence physique était très différente de celle des Nambikwara : corps trapus, jambes courtes et peau très claire. Celle-ci contribuait, avec les traits faiblement mongoliques, à donner à quelques indigènes une apparence caucasienne. Les Indiens s'épilaient de façon très méticuleuse : les cils, à la main; les sourcils, avec de la cire qu'ils laissaient durcir en place pendant plusieurs jours avant de l'arracher. Par-devant, les cheveux étaient coupés (ou, plus exactement, brûlés) en frange arrondie dégageant le front. Les tempes étaient dégarnies par un procédé que je n'ai rencontré nulle part ailleurs, consistant à glisser les cheveux dans la boucle d'une cordelette tordue sur elle-même. Une extrémité est prise dans les dents de l'opérateur, d'une main il tient la boucle ouverte, de l'autre il tire sur le bout libre, de sorte que les deux brins de la cordelette s'enroulent plus étroitement et arrachent les cheveux en se resserrant.

Ces Indiens, qui se désignaient eux-mêmes du nom de Mundé, n'avaient jamais été mentionnés dans la littérature ethnographique. Ils parlent une langue joyeuse où les mots se terminent par des syllabes accentuées : *zip*, *zep*, *pep*, *zet*, *tap*, *kat*, soulignant leurs discours comme des coups de cymbales. Cette langue ressemble à des dialectes du bas Xingu, aujourd'hui disparus, et à d'autres qui ont été recueillis récemment sur les affluents de la rive droite du Guaporé, des sources desquels les Mundé sont très proches. Personne, à ma connaissance, n'a revu les Mundé depuis ma visite, sauf une femme missionnaire qui en a rencontré quelques-uns peu avant 1950 sur le haut Guaporé où trois familles s'étaient réfugiées. J'ai passé chez eux une plaisante semaine, car rarement hôtes se sont montrés plus simples, plus patients et plus cordiaux. Ils me faisaient admirer leurs jardins où poussaient le maïs, le manioc, la patate douce, l'arachide, le tabac, le calebassier et diverses espèces de fèves et de haricots. Quand ils défrichent, ils respectent les souches de palmiers où prolifèrent de grosses larves blanches dont ils se régalent : curieuse basse-cour où l'agriculture et l'élevage se trouvent confondus.

Les huttes rondes laissaient passer une lumière diffuse, pailletée par le soleil traversant les interstices. Elles étaient soigneusement construites avec des perches piquées en cercle et courbées dans la fourche de poteaux plantés en oblique et formant arcs-boutants à l'intérieur,

entre lesquels une dizaine de hamacs de coton noué
étaient suspendus. Toutes les perches se rejoignaient à
quatre mètres de hauteur environ, attachées à un poteau
central qui traversait la toiture. Des cercles horizontaux
en branchages complétaient la charpente qui supportait
une coupole de palmes dont les folioles avaient été rabat-
tues du même côté, et qui se recouvraient à la façon de
tuiles. Le diamètre de la plus grande hutte était de douze
mètres; quatre familles y vivaient, disposant chacune d'un
secteur compris entre deux arcs-boutants. Ceux-ci étaient
au nombre de six, mais les deux secteurs correspondant
aux portes opposées restaient libres, pour permettre la
circulation. Je passais là mes journées assis sur un de ces
petits bancs de bois qu'utilisent les indigènes, formés
d'une demi-bûche de palmier évidée, posée la face plate
en dessous. Nous mangions des grains de maïs grillés sur
une platine en poterie et buvions de la *chicha* de maïs –
qui est une boisson intermédiaire entre la bière et la
soupe – dans des calebasses noircies à l'intérieur d'un
enduit charbonneux et décorées sur leur paroi externe de
lignes, zigzags, cercles et polygones incisés ou pyrogra-
vés.

Même sans connaître la langue et privé d'interprète, je
pouvais essayer de pénétrer certains aspects de la pensée
et de la société indigènes : composition du groupe, relations et nomenclature de parenté, noms des parties du
corps, vocabulaire des couleurs d'après une échelle dont
je ne me séparais jamais. Les termes de parenté, ceux qui
désignent les parties du corps, les couleurs et les formes
(ainsi celles gravées sur les calebasses) ont souvent des
propriétés communes qui les placent à mi-chemin entre
le vocabulaire et la grammaire : chaque groupe forme un
système, et la manière dont les différentes langues choisissent de séparer ou de confondre les relations qui s'y
expriment autorise un certain nombre d'hypothèses,
quand ce ne serait que dégager les caractères distinctifs,
sous ce rapport, de telle ou telle société.

Pourtant, cette aventure commencée dans l'enthousiasme me laissait une impression de vide.

J'avais voulu aller jusqu'à l'extrême pointe de la sauvagerie; n'étais-je pas comblé, chez ces gracieux indigènes

que nul n'avait vus avant moi, que personne peut-être ne verrait plus après? Au terme d'un exaltant parcours, je tenais mes sauvages. Hélas, ils ne l'étaient que trop. Leur existence ne m'ayant été révélée qu'au dernier moment, je n'avais pu leur réserver le temps indispensable pour les connaître. Les ressources mesurées dont je disposais, le délabrement physique où nous nous trouvions mes compagnons et moi-même – et que les fièvres consécutives aux pluies allaient encore aggraver – ne me permettaient qu'une brève école buissonnière au lieu de mois d'étude. Ils étaient là, tout prêts à m'enseigner leurs coutumes et leurs croyances, et je ne savais pas leur langue. Aussi proches de moi qu'une image dans le miroir, je pouvais les toucher, non les comprendre. Je recevais du même coup ma récompense et mon châtiment. Car n'était-ce pas ma faute et celle de ma profession, de croire que des hommes ne sont pas toujours des hommes? Que certains méritent davantage l'intérêt et l'attention parce que la couleur de leur peau et leurs mœurs nous étonnent? Que je parvienne seulement à les deviner, et ils se dépouilleront de leur étrangeté : j'aurais aussi bien pu rester dans mon village. Ou que, comme ici, ils la conservent : et alors, elle ne me sert à rien, puisque je ne suis pas même capable de saisir ce qui la fait telle. Entre ces deux extrêmes, quels cas équivoques nous apportent les excuses dont nous vivons? De ce trouble engendré chez nos lecteurs par des observations – juste assez poussées pour les rendre intelligibles, et cependant interrompues à mi-chemin puisqu'elles surprennent des êtres semblables à ceux pour qui ces usages vont de soi – qui est finalement la vraie dupe? Le lecteur qui croit en nous, ou nous-mêmes, qui n'avons aucun droit d'être satisfaits avant de parvenir à dissoudre ce résidu qui fournit un prétexte à notre vanité?

Qu'il parle donc, ce sol, à défaut des hommes qui se refusent. Par delà les prestiges qui m'ont séduit au long de cette rivière, qu'il me réponde enfin et me livre la formule de sa virginité. Où gît-elle, derrière ces confuses apparences qui sont tout et qui ne sont rien? Je prélève des scènes, je les découpe; est-ce cet arbre, cette fleur? Ils pourraient être ailleurs. Est-ce aussi un mensonge, ce tout

qui me transporte et dont chaque partie, prise isolément,
se dérobe ? Si je dois le confesser pour réel, je veux au
moins l'atteindre au complet dans son dernier élément.
Je récuse l'immense paysage, je le cerne, je le restreins
jusqu'à cette plage d'argile et ce brin d'herbe : rien ne
prouve que mon œil, élargissant son spectacle, ne reconnaîtrait par le bois de Meudon autour de cette insignifiante parcelle journellement piétinée par les plus véridi-
ques sauvages, mais où manque pourtant l'empreinte de
Vendredi.

La descente se fit remarquablement vite. Encore sous
le charme de nos hôtes, les rameurs dédaignaient le
portage. A chaque rapide, ils pointaient le nez de la
pirogue vers la masse tourbillonnante. Pendant quelques
secondes, nous nous croyions arrêtés et violemment
secoués, tandis que le paysage fuyait. Brusquement, tout se
calmait : nous étions dans les eaux mortes, le rapide franchi, et c'est alors seulement que le vertige nous gagnait.

En deux jours, nous arrivions à Pimenta Bueno, où je
formai un nouveau dessein qui ne peut être jugé sans
quelques éclaircissements. Vers la fin de son exploration,
en 1915, Rondon découvrit plusieurs groupements indigènes de langue tupi et réussit à prendre contact avec trois
d'entre eux, les autres se montrant irréductiblement
hostiles. Le plus important de ces groupes était installé
sur le cours supérieur du Rio Machado, à deux jours de
marche de la rive gauche et sur un affluent secondaire,
l'Igarapé do Leitão (ou « ruisseau du cochon de lait »).
C'était la bande, ou le clan, Takwatip, « du bambou ». Il
n'est pas certain que le terme clan convienne, car les
bandes tupi-kawahib formaient généralement un seul
village, possédaient un territoire de chasse aux frontières
jalousement gardées, et pratiquaient l'exogamie par souci
de contracter des alliances avec les bandes voisines
plutôt qu'en application d'une règle stricte. Les Takwatip
étaient commandés par le chef Abaitara. Du même côté
de la rivière se trouvaient : au nord une bande inconnue,
sauf par le nom de son chef Pitsara. Au sud, sur le Rio
Tamuripa, les Ipotiwat (nom d'une liane) dont le chef se
nommait Kamandjara ; puis, entre cette dernière rivière et
l'Igarapé du Cacoal, les Jabotifet (« gens de la Tortue »),

chef Maira. Sur la rive gauche du Machado, dans la vallée du Rio Muqui, résidaient les Paranawat (« gens du fleuve ») qui existent toujours, mais répondent à coups de flèche aux tentatives de contact, et, un peu plus au sud, sur l'Igarapé de Itapici, une autre bande inconnue. Tels sont au moins les renseignements qu'il me fut possible de recueillir en 1938 des chercheurs de caoutchouc installés dans la région depuis l'époque des explorations de Rondon, celui-ci n'ayant donné, dans ses rapports sur les Tupi-Kawahib, que des informations fragmentaires.

En conversant avec les Tupi-Kawahib civilisés du poste de Pimenta Bueno, je parvins à porter cette liste de noms de clans à une vingtaine. D'autre part, les recherches de Curt Nimuendaju, érudit autant qu'ethnographe, éclairent un peu le passé de la tribu. Le terme Kawahib évoque le nom d'une ancienne tribu tupi, les Cabahiba, souvent citée dans les documents des XVIIIe et XIXe siècles et localisée alors sur le cours supérieur et moyen du Rio Tapajoz. Il semble qu'elle en ait été chassée progressivement par une autre tribu tupi, les Mundurucu, et qu'en se déplaçant vers l'ouest elle ait éclaté en plusieurs groupes, dont les seuls connus sont les Parintintin du cours inférieur du Machado et les Tupi-Kawahib, plus au sud. Il y a donc de fortes chances pour que ces Indiens soient les derniers descendants des grandes populations tupi du cours moyen et inférieur de l'Amazone, elles-mêmes parentes de celles de la côte que connurent, au temps de leur splendeur, les voyageurs du XVIe et du XVIIe siècle dont les récits sont à l'origine de la prise de conscience ethnographique des temps modernes : car ce fut sous leur involontaire influence que la philosophie politique et morale de la Renaissance s'engagea sur la voie qui devait la conduire jusqu'à la Révolution française. Pénétrer, le premier peut-être, dans un village tupi encore intact, c'était rejoindre, par-delà quatre cents ans, Léry, Staden, Soares de Souza, Thevet, Montaigne même, qui médita dans les *Essais*, au chapitre des Cannibales, sur une conversation avec des Indiens Tupi rencontrés à Rouen (1). Quelle tentation !

(1) Cf. plus haut, p. 367.

Au moment où Rondon prit contact avec les Tupi-Kawahib, les Takwatip, sous l'impulsion d'un chef ambitieux et énergique, étaient en train d'étendre leur hégémonie sur plusieurs autres bandes. Après des mois passés dans les solitudes presque désertiques du plateau, les compagnons de Rondon furent éblouis par les « kilomètres » (mais le langage du *sertão* use volontiers d'hyperboles) de plantations ouvertes par les gens d'Abaitara dans la forêt humide ou sur les *igapos*, berges inondables, et grâce auxquelles ces derniers purent ravitailler sans difficulté les explorateurs qui avaient vécu jusqu'alors sous la menace de la famine.

Deux ans après les avoir rencontrés, Rondon persuada les Takwatip de transférer leur village sur la rive droite du Machado, à l'endroit toujours indiqué *aldeia dos Indios*, en face de l'embouchure du Rio São Pedro (11°5' S et 62°3' O) sur la carte internationale du monde au millionième. Cela était plus commode pour la surveillance, le ravitaillement, et pour s'assurer la collaboration des Indiens comme piroguiers. Car, sur ces rivières coupées de rapides, de chutes et de détroits, ils se montraient navigateurs experts dans leurs légères nefs d'écorce.

Il me fut encore possible d'obtenir une description de ce nouveau village, aujourd'hui disparu. Comme l'avait noté Rondon au moment de sa visite au village de la forêt, les huttes étaient rectangulaires, sans mur, consistant en une toiture de palme à deux pans supportée par des troncs plantés en terre. Une vingtaine de huttes (d'environ quatre mètres sur six mètres) étaient disposées sur un cercle de vingt mètres de diamètre, autour de deux habitations spacieuses (dix-huit mètres sur quatorze mètres) occupées, l'une par Abaitara, ses femmes et ses jeunes enfants, l'autre par son plus jeune fils, marié. Les deux aînés célibataires vivaient comme le reste de la population dans les huttes périphériques et, comme les autres célibataires, recevaient leur nourriture dans l'habitation du chef. Plusieurs poulaillers étaient disposés dans l'espace libre entre les habitations centrales et celles du pourtour.

On est loin des vastes demeures tupi décrites par les

auteurs du XVIe siècle, mais il y a plus loin encore des cinq
ou six cents habitants du village d'Abaitara à la situation
présente. En 1925, Abaitara était assassiné. La mort de cet
empereur du haut Machado allait ouvrir une période de
violences dans un village déjà réduit, par l'épidémie de
grippe de 1918-1920, à vingt-cinq hommes, vingt-cinq
femmes et douze enfants. La même année 1925, quatre personnes (dont l'assassin d'Abaitara) trouvèrent la mort dans
des vengeances, le plus souvent d'origine amoureuse.
Peu après, les survivants décidaient d'abandonner le
village et de rejoindre, à deux jours de pirogue en amont,
le poste de Pimenta Bueno; en 1938, leur effectif n'était
plus que de cinq hommes, une femme et une petite fille,
parlant un portugais rustique et apparemment confondus
avec la population néo-brésilienne de l'endroit. On pouvait croire que l'histoire des Tupi-Kawahib était terminée,
au moins en ce qui concerne la rive droite du Machado et
exception faite d'un groupe irréductible de Paranawat sur
la rive gauche, dans la vallée du Rio Muqui.

Pourtant, en arrivant à Pimenta Bueno au mois d'octobre 1938, j'appris que, trois ans auparavant, un groupe
inconnu de Tupi-Kawahib était apparu sur la rivière; on
les avait revus deux ans plus tard, et le dernier fils
survivant d'Abaitara (qui portait le même nom que son
père et sera désormais ainsi désigné dans ce récit),
installé à Pimenta Bueno, s'était rendu dans leur village,
lequel se trouvait isolé en pleine forêt, à deux jours de
marche de la rive droite du Machado et sans aucun
sentier pour y conduire. Il avait alors obtenu du chef de
ce petit groupe la promesse de venir avec ses gens lui
rendre visite l'année suivante, c'est-à-dire à peu près à
l'époque où nous-mêmes arrivions à Pimenta Bueno.
Cette promesse avait une grande importance aux yeux
des indigènes du poste, car, souffrant d'un manque de
femmes (une femme adulte pour cinq hommes), ils
avaient été particulièrement attentifs au compte rendu
d'Abaitara jeune, qui signalait un excédent de femmes
dans le village inconnu. Veuf lui-même depuis plusieurs
années, il comptait que l'établissement de relations cor-
diales avec ses sauvages congénères lui permettrait de se
procurer une épouse. C'est dans ces conditions que, non

sans peine (car il craignait les conséquences de l'aventure), je le décidai à devancer le rendez-vous et à me servir de guide.

Le point d'où nous devons pénétrer en forêt pour atteindre les Tupi-Kawahib se trouve à trois jours de pirogue en aval du poste de Pimenta Bueno, à l'embouchure de l'Igarapé do Porquinho. C'est un mince ruisseau qui se jette dans le Machado. Non loin du confluent, nous repérons une petite clairière naturelle à l'abri des inondations, la berge étant à cet endroit surélevée de quelques mètres. Nous y débarquons notre matériel : quelques caissettes de présents pour les indigènes et des provisions de viande séchée, haricots et riz. Nous dressons un campement un peu plus stable que d'habitude, puisque celui-ci devra durer jusqu'à notre retour. La journée se passe à ces travaux et à l'organisation du voyage. La situation est assez compliquée. Comme je l'ai raconté, je me suis séparé d'une partie de ma troupe. Par malchance supplémentaire, Jehan Vellard, médecin de l'expédition, atteint d'une crise de paludisme, a dû nous devancer dans un petit centre de chercheurs de caoutchouc où il est au repos, à trois jours de pirogue vers l'aval (il faut doubler ou tripler les temps quand on remonte ces rivières difficiles). Notre effectif sera donc réduit à Luis de Castro Faria mon compagnon brésilien, Abaitara, moi-même et cinq hommes dont deux garderont le campement, et trois nous suivront en forêt. Ainsi limités, et chacun portant hamac, moustiquaire et couverture en plus de ses armes et munitions, il est hors de question de se charger d'autres vivres qu'un peu de café, de viande séchée et de *farinha d'agua*. Celle-ci est faite de manioc macéré dans la rivière (d'où son nom) puis fermenté, et se présente sous forme de parcelles dures comme du gravier, mais qui, convenablement détrempées, dégagent un savoureux goût de beurre. Pour le reste, nous comptons sur les *tocari* – noix du Brésil – abondantes en ces parages et dont un seul *ouriço*, « hérisson » (cette coquille sphérique et dure qui peut tuer son homme lorsqu'elle se détache des hautes branches à vingt ou trente mètres du sol) tenu entre les pieds et adroitement fracassé d'un coup de *terçado*, fournit à plusieurs personnes un repas de trente à quarante grosses noix triangulaires, à pulpe laiteuse et bleutée.

Le départ a lieu avant l'aube. Nous traversons d'abord des *lageiros*, espaces presque dénudés où la roche du plateau qui s'enfonce progressivement sous le sol alluvial affleure encore en plaques, puis des champs de hautes herbes lancéolées, les *sapézals*; au bout de deux heures, nous pénétrons en forêt.

XXXII

EN FORÊT

Depuis l'enfance, la mer m'inspire des sentiments mélangés. Le littoral et cette frange périodiquement cédée par le reflux qui le prolonge, disputant à l'homme son empire, m'attirent par le défi qu'ils lancent à nos entreprises, l'univers imprévu qu'ils recèlent, la promesse qu'ils font d'observations et de trouvailles flatteuses pour l'imagination. Comme Benvenuto Cellini, envers qui j'éprouve plus d'inclination que je n'en ai pour les maîtres du *quattrocento*, j'aime errer sur la grève délaissée par la marée et suivre aux contours d'une côte abrupte l'itinéraire qu'elle impose, en ramassant des cailloux percés, des coquillages dont l'usure a réformé la géométrie, ou des racines de roseau figurant des chimères, et me faire un musée de tous ces débris : pour un bref instant, il ne le cède en rien à ceux où l'on a assemblé des chefs-d'œuvre; ces derniers proviennent d'ailleurs d'un travail qui – pour avoir son siège dans l'esprit et non au-dehors – n'est peut-être pas fondamentalement différent de celui à quoi la nature se complaît.

Mais n'étant ni marin, ni pêcheur, je me sens lésé par cette eau qui dérobe la moitié de mon univers et même davantage, puisque sa grande présence retentit en deçà de la côte, modifiant souvent le paysage dans le sens de l'austérité. La diversité habituelle à la terre, il me semble seulement que la mer la détruit; offrant à l'œil de vastes espaces et des coloris supplémentaires; mais au prix d'une monotonie qui accable, et d'une platitude où nulle vallée cachée ne tient en réserve les surprises dont mon imagination se nourrit.

Au surplus, les charmes que je reconnais à la mer nous sont aujourd'hui refusés. Comme un animal vieillissant dont la carapace s'épaissit, formant autour de son corps une croûte imperméable qui ne permet plus à l'épiderme de respirer et accélère ainsi le progrès de sa sénescence, la plupart des pays européens laissent leurs côtes s'obstruer de villas, d'hôtels et de casinos. Au lieu que le littoral ébauche, comme autrefois, une image anticipée des solitudes océaniques, il devient une sorte de front où les hommes mobilisent périodiquement toutes leurs forces, pour donner l'assaut à une liberté dont ils démentent l'attrait par les conditions dans lesquelles ils acceptent de se la ravir. Les plages, où la mer nous livrait les fruits d'une agitation millénaire, étonnante galerie où la nature se classait toujours à l'avant-garde, sous le piétinement des foules ne servent plus guère qu'à la disposition et à l'exposition des rebuts.

Je préfère donc la montagne à la mer; et pendant des années ce goût a revêtu la forme d'un amour jaloux. Je haïssais ceux qui partageaient ma prédilection, puisqu'ils menaçaient cette solitude à quoi j'attachais tant de prix; et je méprisais les autres, pour qui la montagne signifiait surtout des fatigues excessives et un horizon bouché, donc incapables d'éprouver les émotions qu'elle suscitait en moi. Il eût fallu que la société entière confessât la supériorité des montagnes, et m'en reconnût la possession exclusive. J'ajoute que cette passion ne s'appliquait pas à la haute montagne; celle-ci m'avait déçu par le caractère ambigu des joies pourtant indiscutables qu'elle apporte : intensément physique et même organique, quand on considère l'effort à accomplir; mais cependant formel et presque abstrait dans la mesure où l'attention captivée par des tâches trop savantes se laisse, en pleine nature, enfermer dans des préoccupations qui relèvent de la mécanique et de la géométrie. J'aimais cette montagne dite « à vaches »; et surtout, la zone comprise entre 1 400 et 2 200 mètres : trop moyenne encore pour appauvrir le paysage ainsi qu'elle fait plus haut, l'altitude y semble provoquer la nature à une vie plus heurtée et plus ardente, en même temps qu'elle décourage les cultures. Sur ces hauts balcons, elle préserve le spectacle d'une terre moins domestiquée que celle des vallées et telle qu'on se plaît – faussement sans doute – à imaginer que l'homme a pu la connaître à ses débuts.

Si la mer offre à mon regard un paysage délayé, la montagne m'apparaît comme un monde concentré. Elle l'est au sens propre, puisque la terre plissée et pliée y rassemble plus de surface pour une même étendue. Les promesses de cet univers plus dense sont aussi plus lentes à s'épuiser; le climat instable qui y règne et les différences dues à l'altitude, à l'exposition et à la nature du sol, favorisent les oppositions tranchées entre les versants et les niveaux, ainsi qu'entre les saisons. Je n'étais pas, comme tant de gens, déprimé par le séjour dans une vallée étroite où les pentes, en raison de leur proximité, prennent un aspect de muraille et ne laissent apercevoir qu'un fragment de ciel que le soleil franchit en quelques heures; bien au contraire. Il me semblait que ce paysage debout était vivant. Au lieu de se soumettre passivement à ma contemplation, à la manière d'un tableau dont il est possible d'appréhender les détails à distance et sans y mettre du sien, il m'invitait à une sorte de dialogue où nous devrions, lui et moi, fournir le meilleur de nous-mêmes. L'effort physique que je dépensais à le parcourir était quelque chose que je cédais, et par quoi son être me devenait présent. Rebelle et provocant à la fois, me dérobant toujours une moitié de lui-même mais pour renouveler l'autre par la perspective complémentaire qui accompagne l'ascension ou la descente, le paysage de montagne s'unissait à moi dans une sorte de danse que j'avais le sentiment de conduire d'autant plus librement que j'avais mieux réussi à pénétrer les grandes vérités qui l'inspiraient.

Et pourtant, aujourd'hui, je suis bien obligé de le reconnaître : sans que je me sente changé, cet amour de la montagne se déprend de moi comme un flot reculant sur le sable. Mes pensées sont restées les mêmes, c'est la montagne qui me quitte. Des joies toutes pareilles me deviennent moins sensibles pour les avoir trop longtemps et trop intensément recherchées. Sur ces itinéraires souvent suivis, même la surprise est devenue familière; je ne grimpe plus dans les fougères et les rochers, mais parmi les fantômes de mes souvenirs. Ceux-ci perdent doublement leur attrait; d'abord en raison d'un usage qui les a vidés de leur nouveauté; et surtout, parce qu'un plaisir un peu plus émoussé chaque fois est obtenu au prix d'un effort qui s'accroît avec les années. Je vieillis, rien ne m'en avertit sinon cette usure aux angles, jadis vifs, de mes projets et de mes entreprises. Je suis encore capable de les répéter; mais il ne dépend plus de moi que leur accomplissement m'apporte la satisfaction qu'ils m'avaient si souvent et si fidèlement procurée.

C'est la forêt, maintenant, qui m'attire. Je lui trouve les mêmes charmes qu'à la montagne, mais sous une forme plus paisible et plus accueillante. D'avoir tant parcouru les savanes désertiques du Brésil central a redonné son charme à cette nature agreste qu'ont aimée les anciens : la jeune herbe, les fleurs et la fraîcheur humide des halliers. Dès lors, il ne m'était plus possible de conserver aux Cévennes pierreuses le même amour intransigeant; je comprenais que l'enthousiasme de ma génération pour la Provence était une ruse, dont nous étions devenus les victimes après en avoir été les auteurs. Pour découvrir – joie suprême que notre civilisation nous retirait – nous sacrifiions à la nouveauté l'objet qui doit la justifier. Cette nature avait été négligée tant qu'il était loisible de se repaître d'une autre. Privés de la plus gracieuse, il nous fallait réduire nos ambitions à la mesure de celle qui restait disponible, glorifier la sécheresse et la dureté, puisque ces formes seules nous étaient offertes désormais.

Mais, dans cette marche forcée, nous avions oublié la forêt. Aussi dense que nos villes, elle était peuplée par d'autres êtres formant une société qui nous avait plus sûrement tenus à l'écart que les déserts où nous avancions follement : que ce soient les hautes cimes ou les garrigues ensoleillées. Une collectivité d'arbres et de plantes éloigne l'homme, s'empresse de recouvrir les traces de son passage. Souvent difficile à pénétrer, la forêt réclame de celui qui s'y enfonce ces concessions que, de façon plus brutale, la montagne exige du marcheur. Moins étendu que celui des grandes chaînes, son horizon vite clos enferme un univers réduit, qui isole

aussi complètement que les échappées désertiques. Un
monde d'herbes, de fleurs, de champignons et d'insectes y
poursuit librement une vie indépendante, à laquelle il
dépend de notre patience et de notre humilité d'être
admis. Quelques dizaines de mètres de forêt suffisent
pour abolir le monde extérieur, un univers fait place à un
autre, moins complaisant à la vue, mais où l'ouïe et
l'odorat, ces sens plus proches de l'âme, trouvent leur
compte. Des biens qu'on croyait disparus renaissent : le
silence, la fraîcheur et la paix. L'intimité avec le monde
végétal concède ce que la mer maintenant nous refuse, et
ce dont la montagne fait payer trop chèrement le prix.

Pour m'en convaincre, peut-être fallait-il pourtant que
la forêt m'imposât d'abord sa forme la plus virulente,
grâce à quoi ses traits universels me deviendraient apparents. Car, entre la forêt où je m'enfonçais à la rencontre
des Tupi-Kawahib et celle de nos climats, l'écart est tel
qu'on a du mal à trouver les mots pour l'exprimer.

Vue du dehors, la forêt amazonienne semble un amas
de bulles figées, un entassement vertical de boursouflures
vertes; on dirait qu'un trouble pathologique a uniformé-
ment affligé le paysage fluvial. Mais quand on crève la
pellicule et qu'on passe au-dedans, tout change : vue de
l'intérieur, cette masse confuse devient un univers monumental. La forêt cesse d'être un désordre terrestre; on la
prendrait pour un nouveau monde planétaire, aussi riche
que le nôtre et qui l'aurait remplacé.

Dès que l'œil s'est habitué à reconnaître ces plans
rapprochés et que l'esprit a pu surmonter la première impression d'écrasement, un système compliqué se dégage.
On distingue des étages superposés, qui, malgré les
ruptures de niveau et les brouillages intermittents, reproduisent la même construction : d'abord la cime des plantes et des herbes qui s'arrêtent à hauteur d'homme;
au-dessus, les troncs pâles des arbres et les lianes jouissant brièvement d'un espace libre de toute végétation; un
peu plus haut, ces troncs disparaissent, masqués par le
feuillage des arbustes ou la floraison écarlate des bananiers sauvages, les *pacova*; les troncs rejaillissent un
instant de cette écume pour se perdre à nouveau dans la
frondaison des palmiers; ils en sortent à un point plus

élevé encore où se détachent leurs premières branches
horizontales, dépourvues de feuilles mais surchargées de
plantes épiphytes – orchidées et broméliacées – comme
les navires de leur gréement; et c'est presque hors d'atteinte pour la vue que cet univers se clôt par de vastes
coupoles, tantôt vertes et tantôt effeuillées, mais alors
recouvertes de fleurs blanches, jaunes, orangées, pourpres ou mauves; le spectateur européen s'émerveille d'y
reconnaître la fraîcheur de ses printemps, mais à une
échelle si disproportionnée que le majestueux épanouissement des flambées automnales s'impose à lui comme
seul terme de comparaison.

A ces étages aériens en répondent d'autres, sous les pas
mêmes du voyageur. Car ce serait une illusion de croire
qu'on marche sur le sol, enfoui sous un enchevêtrement
instable de racines, de surgeons, de touffes et de mousses;
chaque fois que le pied manque un point ferme, on risque
la chute, dans des profondeurs parfois déconcertantes. Et
la présence de Lucinda complique encore la progression.

Lucinda est un petit singe femelle à queue prenante, à
peau mauve et fourrure de petit-gris, de l'espèce *Lago-
thrix*, communément appelée *barrigudo* à cause du gros
ventre qui la caractérise. Je l'ai obtenue, âgée de quelques
semaines, d'une Indienne Nambikwara qui lui donnait la
becquée et la portait jour et nuit cramponnée à sa
chevelure remplaçant pour le petit animal le pelage et
l'échine maternels (les mères singes portent leur petit sur
le dos). Les biberons de lait condensé eurent raison de la
becquée, ceux de whisky, qui foudroyaient de sommeil la
pauvre bête, me libérèrent progressivement pour la nuit.
Mais, durant la journée, il fut impossible d'obtenir de
Lucinda plus qu'un compromis : elle consentit à renoncer
à mes cheveux au profit de ma botte gauche, à laquelle,
du matin au soir, elle se tenait accrochée des quatre
membres, juste au-dessus du pied. A cheval, cette position
était possible, et parfaitement acceptable en pirogue.
Pour voyager à pied, ce fut une autre affaire, car chaque
ronce, chaque branche, chaque fondrière arrachaient à
Lucinda des cris stridents. Tous les efforts pour l'inciter à
accepter mon bras, mon épaule, mes cheveux même,
furent vains. Il lui fallait la botte gauche, unique protec-

tion et seul point de sécurité dans cette forêt où elle était
née et avait vécu, mais qu'il avait suffi de quelques mois
auprès de l'homme pour lui rendre aussi étrangère que si
elle avait grandi dans les raffinements de la civilisation.
C'est ainsi que, boitant de la jambe gauche et les oreilles
blessées de lancinants reproches à chaque faux pas,
j'essayais de ne pas perdre de vue le dos d'Abaitara, dans
la pénombre verte où notre guide progressait d'un pas
rapide et court, contournant de gros arbres qui, par
instants, faisaient croire qu'il avait disparu, taillant à
coups de sabre, infléchissant à droite ou à gauche un
itinéraire pour nous incompréhensible, mais qui nous
enfonçait toujours plus avant.

Pour oublier la fatigue, je laissais mon esprit travailler
à vide. Au rythme de la marche, des petits poèmes se
formaient dans ma tête où je les retournais pendant des
heures comme une bouchée sans saveur à force d'avoir
été mastiquée, mais qu'on hésite à cracher ou à déglutir à
cause de la menue compagnie entretenue par sa présence. L'ambiance d'aquarium qui régnait dans la forêt
engendrait ce quatrain :

> *Dans la forêt céphalopode*
> *gros coquillage chevelu*
> *de vase, sur des rochers roses qu'érode*
> *le ventre des poissons-lune d'Honolulu*

Ou bien par contraste sans doute, j'évoquais le souvenir
ingrat des banlieues :

> *On a nettoyé l'herbe paillasson*
> *les pavés luisent savonnés*
> *sur l'avenue les arbres sont*
> *de grands balais abandonnés*

Il y eut enfin celui-ci qui ne m'a jamais paru achevé
bien qu'il fût de circonstance; aujourd'hui encore, il me
tourmente dès que j'entreprends une longue marche :

> *Amazone, chère amazone*
> *vous qui n'avez pas de sein droit*

vous nous en racontez de bonnes
mais vos chemins sont trop étroits

Vers la fin de la matinée, au détour d'un buisson, nous nous trouvâmes subitement en face de deux indigènes qui voyageaient dans la direction opposée. L'aîné, âgé d'une quarantaine d'années, vêtu d'un pyjama déchiré, avait les cheveux longs jusqu'aux épaules; l'autre, aux cheveux coupés court, était complètement nu, hors le petit cornet de paille coiffant son pénis; il portait sur le dos, dans une hotte de palmes vertes étroitement ficelée autour du corps de l'animal, un grand aigle-harpie troussé comme un poulet, qui offrait un aspect lamentable malgré son plumage strié gris et blanc et sa tête au puissant bec jaune, surmontée d'une couronne de plumes hérissées. Chaque indigène tenait arc et flèches à la main.

De la conversation qui s'engagea entre eux et Abaitara résulta qu'ils étaient, respectivement, le chef du village que nous cherchions à atteindre et son lieutenant; ils précédaient les autres habitants, qui erraient quelque part dans la forêt; tous allaient vers le Machado pour rendre au poste de Pimenta Bueno la visite promise depuis un an; enfin, l'aigle était un cadeau destiné à leurs hôtes. Tout cela ne faisait pas notre affaire, car nous ne tenions pas seulement à rencontrer les indigènes, mais à visiter le village. Il fallut donc, par la promesse des nombreux présents qui les attendaient au campement du Porquinho, persuader nos interlocuteurs de faire demi-tour, de nous accompagner et de nous accueillir dans le village (ce à quoi ils manifestèrent une extrême répugnance); ensuite, nous reprendrions tous ensemble le chemin de la rivière. L'accord une fois réalisé, l'aigle empaqueté fut jeté sans façon au bord d'un ruisseau, où il semblait inévitable qu'il dût rapidement mourir de faim ou être la proie des fourmis. On n'en parla plus pendant les quinze jours qui suivirent, sauf pour dresser rapidement son acte de décès : « Il est mort, l'aigle. » Les deux Kawahib disparurent dans la forêt pour annoncer notre arrivée à leurs familles, et la marche reprit.

L'incident de l'aigle donnait à réfléchir. Plusieurs auteurs anciens relatent que les Tupi élevaient les aigles et les nourrissaient de singes pour les déplumer périodiquement; Rondon avait signalé cet usage chez les Tupi-Kawahib, et d'autres observateurs, chez certaines tribus du Xingu et de l'Araguaya. Il n'était donc pas surprenant qu'un groupe de Tupi-Kawahib l'ait préservé, ni que l'aigle, considéré comme leur propriété la plus précieuse, fût apporté en présent, si nos indigènes avaient vraiment résolu (comme je commençai à le soupçonner et le vérifiai par la suite) de quitter définitivement leur village pour se rallier à la civilisation. Mais cela n'en rendait que plus incompréhensible la décision d'abandonner l'aigle à un pitoyable destin. Pourtant, toute l'histoire de la colonisation, en Amérique du Sud et ailleurs, doit tenir compte de ces renonciations radicales aux valeurs traditionnelles, de ces désagrégations d'un genre de vie où la perte de certains éléments entraîne la dépréciation immédiate de tous les autres, phénomène dont je venais peut-être d'observer un exemple caractéristique.

Un repas sommaire, fait de quelques lambeaux grillés et non dessalés de *xarque*, s'agrémenta des récoltes de la forêt : noix *tocari*; fruits à pulpe blanche, acide et comme mousseuse, du cacao sauvage; baies de l'arbre *pama*; fruits et graines du *caju* des bois. Il plut toute la nuit sur les auvents de palme qui protégeaient les hamacs. A l'aube, la forêt, silencieuse toute la journée, retentit pendant quelques minutes du cri des singes et des perroquets. Nous reprîmes cette progression où chacun cherche à ne pas perdre de vue le dos qui le précède, convaincu qu'il suffirait de s'écarter de quelques mètres pour que tout repère disparaisse et qu'aucun appel ne soit entendu. Car un des traits les plus frappants de la forêt est qu'elle semble immergée dans un milieu plus dense que l'air : la lumière ne perce que verdie et affaiblie, et la voix ne porte pas. L'extraordinaire silence qui règne, résultat peut-être de cette condition, gagnerait par contagion le voyageur, si l'intense attention qu'il doit consacrer à la route ne l'incitait déjà à se taire. Sa situation morale conspire avec l'état physique pour créer un sentiment d'oppression difficilement tolérable.

De temps à autre, notre guide se penchait au bord de son invisible piste pour soulever d'un geste preste une feuille et nous signaler au-dessous un éclat lancéolé de bambou planté obliquement dans le sol afin qu'un pied ennemi s'y empale. Ces engins sont nommés : *min* par les Tupi-Kawahib, qui protègent ainsi les abords de leur village; les anciens Tupi en utilisaient de plus grands.

Au cours de l'après-midi, on atteignit un *castanhal*, groupe de châtaigniers autour desquels les indigènes (qui exploitent méthodiquement la forêt) avaient ouvert une petite clairière pour récolter plus aisément les fruits tombés. Là se trouvait campé l'effectif du village, hommes nus portant l'étui pénien déjà observé sur le compagnon du chef, femmes également nues sauf pour un fourreau de coton tissé, jadis teint en rouge à l'urucu et devenu roussâtre à l'usage, qui leur ceignait les reins.

On comptait en tout six femmes, sept hommes dont un adolescent, et trois petites filles paraissant âgées de un, deux et trois ans; sans doute un des groupes les plus restreints dont on pût concevoir qu'il eût réussi, pendant au moins treize ans (c'est-à-dire depuis la disparition du village d'Abaitara), à subsister, coupé de tout contact avec le monde extérieur. Sur ce nombre il y avait d'ailleurs deux paralysés des membres inférieurs : une jeune femme qui se soutenait à l'aide de deux bâtons et un homme, jeune également, qui se traînait sur le sol à la manière d'un cul-de-jatte. Ses genoux saillaient au-dessus de jambes décharnées, enflés sur leur face interne et comme remplis de sérosités; les orteils du pied gauche étaient inertes, tandis que ceux du pied droit avaient conservé leur motilité. Pourtant, les deux infirmes parvenaient à se déplacer dans la forêt, et même à accomplir de longs parcours avec une apparente aisance. Etait-ce la poliomyélite, ou quelque autre virus? Il était affligeant d'évoquer devant ces malheureux, livrés à eux-mêmes, dans la nature la plus hostile que puisse affronter l'homme, ces pages de Thevet, qui visita les Tupi de la côte au XVIe siècle, où il admire que ce peuple, « composé des mêmes éléments que nous... jamais... n'est atteint de lèpre, paralysie, léthargie, maladies chancreuses, ni ulcères, ou autres vices du corps qui se voyent superficiellement et en l'extérieur ». Il ne se doutait guère que lui et ses compagnons étaient les courriers avancés de ces maux.

XXXIII

LE VILLAGE AUX GRILLONS

Vers la fin de l'après-midi, nous arrivions au village. Il
était établi dans une clairière artificielle surplombant
l'étroite vallée d'un torrent que je devais identifier plus
tard avec l'Igarapé do Leitão, affluent de la rive droite du
Machado, où il se jette à quelques kilomètres en aval du
confluent du Muqui.

Le village consistait en quatre maisons approximativement carrées et placées sur la même ligne, parallèlement
au cours du torrent. Deux maisons – les plus grandes –
servaient à l'habitation, comme on pouvait le voir aux
hamacs de cordelettes en coton nouées, suspendus entre
les poteaux; les deux autres (dont une intercalée entre les
deux premières) n'avaient pas été occupées depuis longtemps, et offraient l'aspect de hangars ou d'abris. Un
examen superficiel aurait pu faire croire ces maisons du
même type que les habitations brésiliennes de la région.
En réalité, leur conception était différente, car le plan des
poteaux supportant la haute toiture de palme à double
pente était inscrit à l'intérieur de celui de la toiture et
plus petit que lui, de sorte que le bâtiment affectait la
forme d'un champignon carré. Toutefois, cette structure
n'était pas apparente, en raison de la présence de faux
murs, élevés à l'aplomb du toit sans le rejoindre. Ces
palissades – car c'en étaient – consistaient en troncs de
palmiers refendus et plantés les uns à côté des autres (et
liés entre eux), la face convexe au-dehors. Dans le cas de
la maison principale – celle placée entre les deux hangars
– les troncs étaient échancrés pour ménager des meur-
trières pentagonales, et la paroi extérieure était couverte

de peintures sommairement exécutées en rouge et noir avec de l'urucu et une résine. Ces peintures représentaient dans l'ordre, d'après le commentaire indigène, un personnage, des femmes, un aigle-harpie, des enfants, un objet en forme de meurtrière, un crapaud, un chien, un grand quadrupède non identifié, deux bandes de traits en zigzag, deux poissons, deux quadrupèdes, un jaguar, enfin un motif symétrique composé de carrés, de croissants et d'arceaux.

Ces maisons ne ressemblaient en rien aux habitations indigènes des tribus voisines. Il est probable pourtant qu'elles reproduisent une forme traditionnelle. Quand Rondon découvrit les Tupi-Kawahib, leurs maisons étaient déjà carrées ou rectangulaires avec un toit à double pente. De plus, la structure en champignon ne correspond à aucune technique néobrésilienne. Ces maisons à haute toiture sont d'ailleurs attestées par divers documents archéologiques relevant de plusieurs civilisations précolombiennes.

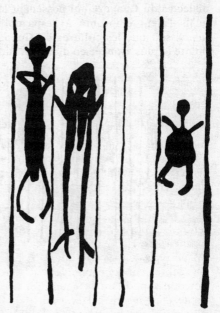

Fig. 37. – *Détail des peintures sur une paroi de hutte.*

Autre originalité des Tupi-Kawahib : comme leurs cousins Parintintin, ils ne cultivent ni ne consomment le tabac. En nous voyant déballer notre provision de tabac en corde, le chef du village s'écriait avec sarcasme :

ianeapit, « ce sont des excréments!... ». Les rapports de la Commission Rondon indiquent même qu'à l'époque des premiers contacts les indigènes se montraient si irrités de la présence des fumeurs qu'ils leur arrachaient cigares et cigarettes. Pourtant, à la différence des Parintintin, les Tupi-Kawahib possèdent un terme pour le tabac : *tabak*, c'est-à-dire le même que le nôtre, dérivé des anciens parlers indigènes des Antilles et vraisemblablement d'origine carib. Un relais éventuel peut être trouvé dans les dialectes du Guaporé qui possèdent le même terme, soit qu'ils l'aient emprunté à l'espagnol (le portugais dit : *fumo*), soit que les cultures du Guaporé représentent la pointe la plus avancée en direction sud-ouest d'une vieille

Fig. 38. – *Autre détail des mêmes peintures.*

civilisation antillo-guyanaise (comme tant d'indices le suggèrent), qui aurait aussi laissé les traces de son passage dans la basse vallée du Xingu. Il faut ajouter que les Nambikwara sont des fumeurs de cigarette invétérés tandis que les autres voisins des Tupi-Kawahib : Kepkiri-wat et Mundé, prisent le tabac au moyen de tubes insufflateurs. Ainsi, la présence, au cœur du Brésil, d'un groupe de tribus sans tabac pose une énigme, surtout si on considère que les anciens Tupi faisaient grand usage de ce produit.

A défaut de pétun, nous allions être accueillis dans le village par ce que les voyageurs du XVIᵉ siècle appelaient un cahouin – *kahui*, disent les Tupi-Kawahib – c'est-à-dire une beuverie de chicha de ce maïs dont les indigènes cultivaient plusieurs variétés dans les brûlis ouverts à la lisière du village. Les anciens auteurs ont décrit les marmites aussi hautes que des hommes où se préparait le liquide, et le rôle dévolu aux vierges de la tribu qui y crachaient une abondante salive pour provoquer la fermentation. Les marmites des Tupi-Kawahib étaient-elles trop petites ou le village manquait-il d'autres vierges? On amena les trois petites filles, et on les fit expectorer dans la décoction de grains pilés. Comme l'exquise boisson, à la fois nourrissante et rafraîchissante, fut consommée le soir même, la fermentation n'était guère avancée.

La visite des jardins permit de noter – autour de la grande cage de bois précédemment occupée par l'aigle et encore jonchée d'ossements – des arachides, des haricots, divers piments, des petites ignames, des patates douces, du manioc et du maïs. Les indigènes complétaient ces ressources par la collecte des produits sauvages. Ils exploitent ainsi une graminée de la forêt dont ils attachent plusieurs tiges par le sommet, de façon que les graines tombées s'accumulent en petits tas. Ces graines sont chauffées sur une platine de poterie jusqu'à ce qu'elles éclatent à la façon du *pop corn* dont elles rappellent le goût.

Pendant que le cahouin traversait son cycle compliqué de mélanges et d'ébullitions, brassé par les femmes au moyen de louches en demi-calebasses, je profitais des dernières heures du jour pour examiner les Indiens.

A part le fourreau de coton, les femmes portaient des bandelettes, étroitement serrées autour des poignets et des chevilles, et des colliers de dents de tapir ou de plaquettes d'os de cervidé. Leur visage était tatoué au suc bleu-noir du *genipa* : sur les joues, une épaisse ligne oblique, allant du lobe de l'oreille jusqu'à la commissure des lèvres marquée de quatre petits traits verticaux et, sur le menton, quatre lignes horizontales superpo-

sées, chacune agrémentée par-dessous d'une frange de
stries. Les cheveux, généralement courts, étaient fréquemment peignés avec un démêloir ou un instrument plus
fin, fait de bâtonnets de bois assemblés avec du fil de
coton.

Les hommes avaient pour seul vêtement l'étui pénien
conique auquel il a été fait allusion plus haut. Justement,
un indigène était en train d'en confectionner un. Les deux
côtés d'une feuille fraîche de *pacova* furent arrachés de la
nervure centrale et débarrassés du rebord extérieur
coriace, puis pliés en deux dans le sens de la longueur. En
imbriquant les deux pièces (d'environ sept centimètres
sur trente centimètres) l'une dans l'autre, de façon que
les pliures se joignent à angle droit, on obtient une sorte
d'équerre faite de deux épaisseurs de feuille pour les
côtés, et de quatre au sommet où les deux bandes
s'entrecroisent; cette partie est alors rabattue sur elle-
même selon sa diagonale et les deux bras coupés et jetés,
si bien que l'ouvrier n'a plus entre les mains qu'un petit
triangle isocèle formé de huit épaisseurs; celui-ci est
arrondi autour du pouce, d'avant en arrière, les sommets
de deux angles inférieurs sont sectionnés et les bords
latéraux cousus à l'aide d'une aiguille de bois et de fil
végétal. L'objet est prêt; il n'y a plus qu'à le mettre en
place, en étirant le prépuce à travers l'ouverture pour que
l'étui ne risque pas de tomber et que la tension de la peau
maintienne le membre relevé. Tous les hommes portent
cet accessoire et, si l'un d'eux a perdu le sien, il s'empresse de serrer l'extrémité étirée de son prépuce sous la
cordelette qui lui ceint les reins.

Les habitations étaient presque vides. On y remarquait
les hamacs en ficelle de coton; quelques marmites de
terre et une bassine pour faire sécher au feu la pulpe de
maïs et de manioc; des récipients en calebasse; des
mortiers et des pilons de bois; des râpes à manioc en bois
incrusté d'épines; des tamis de vannerie; des burins en
dent de rongeur; des fuseaux, quelques arcs longs d'environ 1,70 m. Les flèches appartenaient à plusieurs types :
soit à pointe de bambou – lancéolée pour la chasse, ou
découpée en dents de scie pour la guerre – soit à pointes
multiples, pour la pêche. Enfin, on notait quelques instru-

ments de musique : flûtes de Pan à treize tuyaux et flageolets à quatre trous.

A la nuit, le chef nous apporta en grande cérémonie le cahouin et un ragoût de haricots géants et de piments, qui emportait la bouche ; plat réconfortant après six mois passés au milieu des Nambikwara qui ignorent le sel et les piments, et dont le délicat palais exige même que les mets soient aspergés d'eau pour les refroidir avant consommation. Une petite calebasse contenait le sel indigène, eau brunâtre si amère que le chef, qui se contentait de nous regarder manger, tint à le goûter en notre présence pour nous rassurer, tant on aurait pu croire à quelque poison. Ce condiment se prépare avec la cendre de bois du *toari branco*. Malgré la modestie du repas, la dignité avec laquelle il fut offert me rappelait que les anciens chefs tupi devaient tenir table ouverte, selon l'expression d'un voyageur.

Détail plus saisissant encore, après une nuit passée dans un des hangars, je constatai que ma ceinture de cuir avait été rongée par les grillons. Jamais je n'avais subi les méfaits de ces insectes restés inaperçus dans toutes les tribus dont j'avais partagé l'existence : Kaingang, Caduveo, Bororo, Paressi, Nambikwara, Mundé. Et c'était chez les Tupi que j'étais destiné à vivre une mésaventure qu'avaient déjà connue Yves d'Evreux et Jean de Léry, quatre cents ans avant moi : « Et à fin aussi que, tout d'un fil, je descrive ces bestioles... n'étant pas plus grosses que nos grillets, mesmes sortans ainsi la nuict par troupes auprès du feu, si elles trouvent quelque chose elles ne faudront point le ronger. Mais principalement outre ce qu'elles se jettoyent de telle façon sur les collets et souliers de maroquins, que mangeans tout le dessus, ceux qui en avoyent, les trouvoyent le matin à leur lever tous blancs et effleurez... ». Comme les grillons (à la différence des termites et d'autres insectes destructeurs) se contentent de ronger la pellicule superficielle du cuir, c'est en effet « toute blanche et effleurée » que je retrouvai ma ceinture, témoin d'une association étrange et exclusive, plusieurs fois séculaire, entre une espèce d'insectes et un groupement humain.

Sitôt le soleil levé, un de nos hommes partit en forêt

pour abattre quelques palombes qui voletaient à la lisière. Peu de temps après, on entendit un coup de feu
auquel nul ne prêta attention, mais bientôt un indigène
accourut, livide et dans un état d'excitation intense : il
essaya de nous expliquer quelque chose; Abaitara n'était
pas à portée pour servir d'interprète. Du côté de la forêt,
cependant, on percevait de grands cris qui se rapprochaient, et bientôt l'homme traversa en courant les cultures, tenant dans la main gauche son avant-bras droit d'où
pendait une extrémité en lambeaux : il s'était appuyé sur
son fusil, et le coup était parti. Luis et moi délibérâmes
sur ce qu'il fallait faire. Trois doigts étaient presque
sectionnés, et la paume paraissait fracassée, il semblait
que l'amputation s'imposât. Pourtant, nous n'avions pas le
courage de l'entreprendre, et de laisser ainsi infirme ce
compagnon que nous avions recruté avec son frère dans
un petit village des environs de Cuiaba, dont nous nous
sentions particulièrement responsables à cause de sa
jeunesse, et auquel nous avaient attachés sa loyauté et sa
finesse paysannes. Pour lui, dont le métier était de
s'occuper de bêtes de somme et réclamait une grande
habileté manuelle pour l'arrimage des charges sur le dos
des mulets et des bœufs, l'amputation eût été une catastrophe. Non sans crainte, nous décidâmes de remettre
approximativement les doigts en place, de faire un pan-
sement avec les moyens dont nous disposions, et de
prendre le chemin du retour; aussitôt arrivés au campement, Luis conduirait le blessé à Urupa où se trouvait
notre médecin, et si les indigènes voulaient bien se prêter
à ce projet, je resterais avec eux, campé au bord de la
rivière, en attendant que la galiote revînt me chercher
quinze jours plus tard (il fallait trois jours pour descendre
la rivière et une semaine environ pour la remonter).
Terrifiés par un accident dont ils paraissaient craindre
qu'il ne modifiât nos dispositions amicales, les Indiens
acceptèrent tout ce qu'on leur proposa; et, les devançant
pendant qu'ils recommençaient leurs préparatifs, nous
retournâmes en forêt.

Le voyage s'effectua dans une atmosphère de cauchemar et peu de souvenirs en ont subsisté. Le blessé délira
tout le long du chemin, marchant à si vive allure que

nous ne parvenions pas à le suivre; il avait pris la tête, en avant même du guide, sans éprouver la moindre hésitation sur un itinéraire qui semblait s'être refermé derrière nous. On parvint à le faire dormir la nuit à force de somnifères. Heureusement, il n'avait aucune accoutumance aux médicaments et ceux-ci produisaient leur plein effet. Quand nous atteignîmes le campement, dans l'après-midi du lendemain, on constata que sa main était pleine de vers, cause d'insupportables douleurs. Mais quand, trois jours plus tard, il fut confié au médecin, la plaie était sauvée de la gangrène, les vers ayant consommé au fur et à mesure les chairs putréfiées. L'amputation devenait inutile et une longue série de menues interventions chirurgicales, qui durèrent près d'un mois et où Vellard mit à profit son habileté de vivisecteur et d'entomologiste, rendit à Emydio une main acceptable. Arrivant au Madeira en décembre, je l'expédiai encore convalescent à Cuiaba par avion, pour ménager ses forces. Retournant dans ces parages au mois de janvier pour y rencontrer le gros de ma troupe, je visitai ses parents et les trouvai pleins de reproche à mon endroit; non certes pour les souffrances de leur fils, qui étaient considérées comme un incident banal de la vie du *sertão*, mais pour avoir eu la barbarie de l'exposer au milieu des airs, situation diabolique à laquelle ils ne concevaient pas qu'on pût soumettre un chrétien.

XXXIV

LA FARCE DU JAPIM

Voici comment se composait ma nouvelle famille. D'abord Taperahi, le chef du village, et ses quatre femmes : Maruabai, la plus âgée et Kunhatsin, sa fille d'un lit précédent; Takwame, et Ianopamoko, la jeune paralytique. Ce ménage polygame élevait cinq enfants : Kamini et Pwereza, garçons paraissant âgés respectivement de dix-sept et quinze ans; et trois fillettes en bas âge : Paerai, Topekea et Kupekahi.

Le lieutenant du chef, Potien, avait environ vingt ans et était le fils d'un précédent mariage de Maruabai. Il y avait aussi une vieille femme, Wirakaru; ses deux fils adolescents Takwari et Karamua, le premier célibataire, le second marié à sa nièce à peine nubile, Penhana; enfin leur cousin, un jeune homme paralytique : Walera.

A l'inverse des Nambikwara, les Tupi-Kawahib ne font pas mystère de leurs noms qui ont d'ailleurs un sens, comme l'avaient noté chez les Tupi les voyageurs du XVIᵉ siècle : « Comme nous faisons aux chiens et autres bêtes, remarque Léry, ils baillent indifféremment tels noms de choses qui leur sont connues comme Sarigoy qui est un animal à quatre pieds; Arignan, une poule; Arabouten, l'arbre du Brésil, Pindo, une grande herbe et autres semblables. »

Il en était de même dans les cas où les indigènes me fournirent une explication de leurs noms. Taperahi serait un petit oiseau au plumage blanc et noir; Kunhatsin signifierait : femme blanche, ou à peau claire; Takwame et Takwari seraient des termes dérivés de *takwara*, une espèce de bambou; Potien désignerait une crevette d'eau douce; Wirakaru, un petit parasite de l'homme (portugais : *bicho de pé*); Karamua, une plante; Walera, aussi une espèce de bambou.

Staden, autre voyageur du XVIᵉ siècle, dit que les femmes « prennent ordinairement des noms d'oiseaux, de poissons et de fruits »; et il ajoute que chaque fois que le mari tue un prisonnier, lui et sa femme adoptent un nouveau nom. Mes compagnons pratiquaient cet usage; ainsi Karamua s'appelle également Janaku, parce que, m'explique-t-on, « il a déjà tué un homme ».

Les indigènes acquièrent aussi des noms en passant de l'enfance à l'adolescence, puis à l'âge adulte. Chacun en possède donc deux, trois ou quatre qu'il me communique volontiers. Ces noms offrent un intérêt considérable, parce que chaque lignée utilise de préférence certains lots formés à partir des mêmes racines et qui se rapportent au clan. Le village dont j'étudiais les habitants était en majorité du clan *mialat* (« du sanglier »); mais il s'était formé par intermariage avec d'autres clans : *Paranawat* (« du fleuve »), *Takwatip* (« du bambou ») et quelques autres. Or, tous les membres du dernier clan cité s'appelaient de termes dérivés de l'éponyme : Takwame, Takwari, Walera (qui est un gros bambou), Topehi (fruit de la même famille) et Karamua (une plante aussi, mais non identifiée).

Le trait le plus frappant de l'organisation sociale de nos Indiens était le quasi-monopole exercé par le chef sur les femmes du groupe. Sur six femmes ayant passé la puberté, quatre étaient ses épouses. Si l'on considère que, des deux restant, l'une – Penhana – est une sœur, donc prohibée; et l'autre – Wirakaru – une vieille femme qui n'intéresse plus personne, il apparaît que Taperahi détient autant de femmes qu'il lui est matériellement possible de le faire. Dans son ménage, le rôle principal revient à Kunhatsin, qui, sauf Ianopamoko l'infirme, est aussi la plus jeune et – le jugement indigène confirmant celui de l'ethnographe – d'une grande beauté. Au point de vue hiérarchique, Maruabai est une épouse secondaire et sa fille a le pas sur elle.

La femme principale semble assister son mari plus directement que les autres. Celles-ci vaquent aux besognes domestiques : la cuisine, les enfants, qui sont élevés en commun, passant indifféremment d'un sein à l'autre, sans qu'il m'ait été possible de déterminer avec certitude quelles étaient leurs mères respectives. Par contre, la femme principale accompagne son mari dans ses déplacements, l'aide à recevoir les étrangers, garde les présents reçus, gouverne la maisonnée. La situation est inverse de celle que j'avais observée chez les Nambikwara, où c'est la femme principale qui joue le rôle de gardienne du foyer, tandis que les jeunes concubines sont étroitement associées à l'activité masculine.

Le privilège du chef sur les femmes du groupe paraît reposer d'abord sur l'idée que le chef a une nature hors du commun. On lui reconnaît un tempérament excessif; il est sujet à des transes, au cours desquelles il est parfois nécessaire de le maîtriser pour l'empêcher de se livrer à des actes homicides (j'en donnerai plus loin un exemple); il possède le don prophétique et d'autres talents; enfin son appétit sexuel dépasse l'ordinaire et demande, pour se satisfaire, un grand nombre d'épouses. Au cours des deux semaines où j'ai partagé le campement indigène, j'ai été souvent frappé par la conduite anormale – par rapport à celle de ses compagnons – du chef Taperahi. Il semble atteint de manie ambulatoire; trois fois par jour au moins, il déplace son hamac et l'auvent de palmes qui le protège de la pluie, suivi chaque fois par ses femmes, son lieutenant Potien et ses bébés. Tous les matins, il disparaît dans la forêt avec femmes et enfants; c'est, disent les indigènes, afin de copuler. On les voit revenir, une demi-heure ou une heure plus tard, et préparer un nouveau déménagement.

En second lieu, le privilège polygame du chef est compensé dans une certaine mesure par le prêt de femmes à ses compagnons et aux étrangers. Potien n'est pas seulement un aide de camp; il participe à l'existence de la famille du chef, en reçoit sa subsistance, sert à l'occasion de nourrice sèche aux bébés et jouit d'autres faveurs. Quant aux étrangers, tous les auteurs du XVIe siècle se sont étendus sur le libéralisme dont les chefs Tupinamba faisaient preuve à leur endroit. Ce devoir d'hospitalité devait jouer dès mon arrivée au village, au bénéfice d'Abaitara qui obtint en prêt Ianopamoko, laquelle se trouvait d'ailleurs enceinte et, jusqu'à mon départ, partagea son hamac et reçut de lui sa nourriture.

D'après les confidences d'Abaitara, cette générosité n'était pas sans calcul. Taperahi proposait à Abaitara de lui céder Ianopamoko à titre définitif, en échange de sa fillette Topehi, âgée à l'époque de huit ans environ; *karijiraen taleko ehi nipoka*, « le chef veut épouser ma fille ». Abaitara n'était pas enthousiaste, car Ianopamoko, infirme, ne pouvait guère faire une compagne : « Même pas capable, disait-il, d'aller chercher l'eau à la rivière. » Ensuite, l'échange paraissait trop inégal, entre une adulte physiquement diminuée et une fillette saine et pleine de promesses. Abaitara avait d'autres prétentions : contre Topehi, il souhaitait recevoir la petite Kupekahi, âgée de deux ans, soulignant qu'elle était fille de Takwame, membre comme lui du clan Takwatip, et sur laquelle il pouvait exercer son privilège d'oncle utérin. Takwame elle-même devait être cédée, selon ces plans, à un autre indigène du poste de Pimenta Bueno. L'équilibre matrimonial se serait donc partiellement rétabli, car Takwari était de son côté « fiancé » à la petite Kupekahi, et, une fois achevées toutes ces transactions, Taperahi aurait perdu deux femmes sur quatre, mais, avec Topehi, en aurait regagné une troisième.

Quelle fut l'issue de ces discussions, je l'ignore; mais pendant les quinze jours de vie commune, elles suscitèrent des tensions entre les protagonistes, et la situation devint parfois inquiétante. Abaitara tenait éperdument à sa fiancée de deux ans qui paraissait, bien qu'il eût lui-même trente ou trente-cinq ans, une épouse selon son cœur. Il lui faisait de menus présents et, quand elle gambadait le long du rivage, il ne se lassait pas d'admirer et de me faire admirer ses robustes petites formes : quelle belle fille elle ferait dans dix ou douze ans! Malgré ses années de veuvage cette longue attente ne l'effrayait pas; il est vrai qu'il comptait sur Ianopamoko pour assurer l'intérim. Dans les tendres émotions que lui inspirait la fillette se mêlaient innocemment des rêveries érotiques tournées vers l'avenir, un sentiment très paternel de sa responsabilité envers le petit être, et la camaraderie affectueuse d'un grand frère à qui une sœur-bébé serait venue sur le tard.

Un autre correctif à l'inégalité dans la répartition des femmes est fourni par le lévirat – héritage de la femme par le frère. C'est de cette façon qu'avait été marié Abaitara avec la femme de son frère aîné mort, et contre sa volonté, mais il avait dû céder aux ordres de son père et à l'insistance de la femme qui « tournait sans cesse autour de lui ». En même temps que le lévirat, les Tupi-Kawahib pratiquent la polyandrie fraternelle dont un exemple était fourni par la petite Penhana, toute maigrelette et à peine pubère, qui se partageait entre son mari Karamua et ses beaux-frères, Takwari et Walera; ce dernier, frère classificatoire seulement de deux autres : « Il prête (sa femme) à son frère », car « le frère n'est pas jaloux de son frère ». D'habitude, les beaux-frères et les belles-sœurs, sans s'éviter, observent une attitude réservée. Quand la femme a été prêtée, on s'en aperçoit à ce que, ce jour-là, une certaine familiarité règne dans ses rapports avec son beau-frère. Ils bavardent, rient ensemble, et le beau-frère lui donne à manger. Un jour où Takwari avait emprunté Penhana, il déjeunait à mes côtés. En commençant son repas, il demanda à son frère Karamua « d'aller chercher Penhana pour qu'elle mange »; Penhana n'avait pas faim, ayant déjà déjeuné avec son mari; pourtant elle vint, accepta une bouchée et repartit aussitôt. De même Abaitara quittait mon foyer et emportait son repas auprès de Ianopamoko pour le prendre avec elle.

C'est donc une combinaison de polygynie et de polyandrie qui résout, pour les Tupi-Kawahib, le problème posé par les prérogatives du chef en matière conjugale. Quelques semaines à peine après avoir pris congé des Nambikwara, il était frappant de constater à quel point des groupes géographiquement très voisins peuvent donner des solutions différentes à des problèmes identiques. Car, chez les Nambikwara aussi, on l'a vu, le chef a un privilège polygame d'où résulte le même déséquilibre entre le nombre des jeunes hommes et celui des épouses disponibles. Mais, au lieu de recourir comme les Tupi-

Kawahib à la polyandrie, les Nambikwara permettent aux adolescents la pratique de l'homosexualité. Les Tupi-Kawahib se réfèrent à de tels usages par des injures. Ils les condamnent donc. Mais, comme le remarquait malicieusement Léry de leurs ancêtres : « Parce que quelque fois en se despitants l'un contre l'autre, ils s'appellent Tyvire [les Tupi-Kawahib disent presque pareil : *teukuruwa*] c'est-à-dire bougre, on peut de là conjecturer (car je n'en affirme rien) que cet abosminable pesché se commet entre eux. »

Chez les Tupi-Kawahib, la chefferie faisait l'objet d'une organisation complexe à laquelle notre village restait symboliquement attaché, un peu comme ces petites cours déchues où un fidèle s'astreint à jouer le rôle de chambellan pour sauver le prestige de la dignité royale. Tel semblait Potien aux côtés de Taperahi; par son assiduité à servir son maître, le respect qu'il lui témoignait et la déférence que lui marquaient en revanche les autres membres du groupe, on eût dit parfois que Taperahi commandait encore, comme jadis Abaitara, à quelques milliers de sujets ou d'inféodés. En ce temps, la cour comportait au moins quatre grades : le chef, les gardes du corps, les officiers mineurs et les compagnons. Le chef avait droit de vie et de mort. Comme au XVIe siècle, le procédé normal d'exécution était la noyade dont les officiers mineurs étaient chargés. Mais le chef prend aussi soin de ses gens; et il mène les négociations avec les étrangers, non sans présence d'esprit, comme je devais le constater.

Je possédais une grande marmite d'aluminium qui nous servait à cuire le riz. Un matin, Taperahi accompagné d'Abaitara comme interprète vint me demander cette marmite qu'il s'engageait, en échange, à tenir à notre disposition pleine de cahouin pendant tout le temps que nous passerions ensemble. J'essayai d'expliquer que cet ustensile de cuisine nous était indispensable, mais pendant qu'Abaitara traduisait, j'observais avec surprise le visage de Taperahi qui ne se départait pas d'un sourire épanoui, comme si mes paroles répondaient à tous ses désirs. Et en effet, quand Abaitara eut terminé l'exposé des raisons que je donnais à mon refus, Taperahi toujours hilare, empoigna la marmite et la joignit sans façon à son matériel. Je n'avais qu'à m'incliner. D'ailleurs, fidèle à sa promesse, Taperahi me fournit pendant une semaine entière un cahouin de luxe, composé d'un mélange de maïs et de *tocari*; j'en fis une consommation prodigieuse, limitée seulement par le souci de ménager les glandes salivaires des trois bébés. L'incident rappelait un passage d'Yves d'Evreux : « Si quelqu'un d'entre eux a désir d'avoir quelque chose qui appartient à son semblable, il luy dit franchement sa volonté : et il faut que la chose soit bien chère à celui qui la possède, si elle ne luy est donnée incontinent, à la charge toutefois que si le demandeur a quelque autre chose que le donneur affectionne, il la luy donnera toutefois et quantes qu'il la luy demandera. »

Les Tupi-Kawahib se font du rôle de leur chef une conception assez différente de celle des Nambikwara. Quand on les presse de s'expliquer sur ce point, ils disent : « Le chef est toujours joyeux. » L'extraordinaire dynamisme que manifestait en toutes occasions Taperahi apporte le meilleur commentaire à cette formule; toutefois, elle ne s'explique pas seulement par des aptitudes individuelles, puisque, à l'inverse de ce qui se passe chez les Nambikwara, la chefferie tupi-kawahib est héréditaire en ligne masculine : Pwereza serait le successeur de son père; or, Pwereza paraissait plus jeune que son frère Kamini, et j'ai recueilli d'autres indices d'une prééminence possible du cadet sur l'aîné. Dans le passé, une des charges incombant au chef était celle de donner des fêtes, dont on le disait « maître » ou « propriétaire ». Hommes et femmes se couvraient le corps de peintures (notamment à l'aide du suc violet d'une feuille non identifiée qui servait aussi à peindre la poterie), et il y avait des séances de danse avec chant et musique; l'accompagnement était fourni par quatre ou cinq grandes clarinettes, faites de tronçons de bambou longs de 1,20 m, au sommet desquels un petit tuyau de bambou portant une anche simple, découpée sur le côté, était maintenu à l'intérieur à l'aide d'un tampon de fibres. Le « maître de la fête » ordonnait que les hommes s'exerçassent à porter sur les épaules un flûtiste, jeu de compétition qui rappelle le

lever du *mariddo* chez les Bororo et les courses au tronc
d'arbre des Gé.

Les invitations étaient faites à l'avance pour que les
participants aient le temps d'amasser et de fumer des
petits animaux tels que rats, singes, écureuils, qu'ils
portaient enfilés autour du cou. Le jeu de la roue partageait le village en deux camps : les cadets et les aînés. Les
équipes se groupaient à l'extrémité ouest d'un terrain
circulaire tandis que deux lanceurs, appartenant à chaque
camp, prenaient respectivement position au nord et au
sud. Ils s'envoyaient en le faisant rouler une sorte de
cerceau plein, formé d'une section de tronc. Au moment
où cette cible passait devant les tireurs, chacun essayait
de l'atteindre d'une flèche. Pour chaque coup au but, le
gagnant s'emparait d'une flèche de l'adversaire. Ce jeu
possède des analogues frappants en Amérique du Nord.

On tirait enfin à la cible sur un mannequin, et non sans
risque : car celui dont la flèche se ficherait sur le poteau
servant de support était promis à un sort fatal d'origine
magique, comme aussi ceux qui auraient l'audace de
sculpter un mannequin de bois à forme humaine, au lieu
d'une poupée de paille ou d'un mannequin représentant
un singe.

Ainsi s'écoulaient les jours à rassembler les bribes
d'une culture qui avait fasciné l'Europe et qui, sur la rive
droite du haut Machado, allait peut-être disparaître à
l'instant de mon départ : au même moment où je mettais
le pied dans la galiote revenue d'Urupa, le 7 novembre
1938, les indigènes prenaient la direction de Pimenta
Bueno pour s'y joindre aux compagnons et à la famille
d'Abaitara.

Pourtant, vers la fin de cette liquidation mélancolique
de l'actif d'une culture mourante, une surprise m'était
réservée. C'était au début de la nuit, quand chacun
profite des dernières heures du feu de campement pour
se préparer au sommeil. Le chef Taperahi était déjà
étendu dans son hamac; il commença à chanter d'une
voix lointaine et hésitante qui semblait à peine lui appartenir. Immédiatement, deux hommes (Walera et Kamini)
vinrent s'accroupir à ses pieds pendant qu'un frisson
d'excitation traversait le petit groupe. Walera lança quel-

ques appels; le chant du chef se précisa, sa voix s'affermit. Et tout à coup, je compris à quoi j'assistais : Taperahi était en train de jouer une pièce de théâtre, ou plus exactement une opérette, avec mélange de chant et de texte parlé. A lui seul, il incarnait une douzaine de personnages. Mais chacun était distingué par un ton de voix spécial : perçant, en fausset, guttural, en bourdon; et par un thème musical qui constituait un véritable leitmotiv. Les mélodies paraissaient étonnamment proches du chant grégorien. Après le *Sacre* évoqué par les flûtes nambikwara, je croyais écouter une version exotique de *Noces*.

Avec l'aide d'Abaitara – si intéressé par la représentation qu'il était difficile de lui arracher des commentaires – je pus me faire une vague idée du sujet. Il s'agissait d'une farce dont le héros était l'oiseau *japim* (un oriole à plumage noir et jaune dont le chant modulé donne l'illusion de la voix humaine); avec pour partenaires des animaux : tortue, jaguar, faucon, fourmilier, tapir, lézard, etc; des objets : bâton, pilon, arc; enfin des esprits, comme le fantôme Maira. Chacun s'exprimait dans un style si conforme à sa nature que très rapidement, je parvins seul à les identifier. L'intrigue tournait autour des aventures du *japim*, qui, menacé d'abord par les autres animaux, les mystifiait de diverses façons et finissait par en triompher. La représentation, qui fut répétée (ou continuée?) pendant deux nuits consécutives, dura chaque fois environ quatre heures. Par moments, Taperahi semblait envahi par l'inspiration, parlait et chantait d'abondance : de tous côtés, les éclats de rire fusaient. A d'autres, il paraissait épuisé, sa voix s'affaiblissait, il essayait différents thèmes sans se fixer sur aucun. Alors, un des récitants ou tous les deux ensemble venaient à son secours soit en renouvelant leurs appels qui donnaient à l'acteur principal un répit, soit en lui proposant un thème musical, soit enfin en assumant temporairement un des rôles, si bien que, pour un instant, on assistait à un dialogue véritable. Ainsi remis en selle, Taperahi repartait dans un nouveau développement.

Au fur et à mesure que la nuit s'avançait, on percevait que cette création poétique s'accompagnait d'une perte de conscience et que l'auteur était dépassé par ses personnages. Ses différentes voix lui devenaient étrangères, chacune acquérait une nature si marquée qu'il était difficile de croire qu'elles appartenaient au même individu. A la fin de la deuxième séance, Taperahi, chantant toujours, se leva brusquement de son hamac et se mit à circuler de façon incohérente en réclamant du cahouin; il avait été « saisi par l'esprit »; tout à coup, il empoigna un couteau et se précipita sur Kunhatsin, sa femme principale, qui parvint à grand-peine à lui échapper en se sauvant dans la forêt, tandis que les autres hommes le maîtrisaient et l'obligeaient à rejoindre son hamac où il s'endormit aussitôt. Tout était normal le lendemain.

XXXV

AMAZONIE

En arrivant à Urupa où commence la navigation à
moteur, je trouvai mes compagnons installés dans une
spacieuse cabane de paille élevée sur pilotis, et divisée en
plusieurs pièces par des cloisons. Nous n'avions rien à
faire, sinon vendre les restes de notre matériel à la
population locale ou les échanger contre des poulets, des
œufs et du lait – car il y avait quelques vaches – vivre
paresseusement et récupérer nos forces, en attendant que
la rivière grossie par les pluies permette à la première
barque de la saison de remonter jusque-là, ce qui demanderait sans doute trois semaines. Chaque matin, délayant
dans le lait nos réserves de chocolat, nous passions le
petit déjeuner à contempler Vellard extrayant quelques
esquilles de la main d'Emydio et la reformant à mesure.
Ce spectacle avait quelque chose d'écœurant et de fasci-
nant; il se combinait dans ma pensée avec celui de la
forêt, pleine de formes et de menaces. Je me mis à
dessiner, prenant ma main gauche pour modèle, des
paysages faits de mains émergeant de corps tordus et
enchevêtrés comme des lianes. Après une douzaine d'es-
quisses qui ont presque toutes disparu pendant la guerre
– dans quel grenier allemand sont-elles aujourd'hui
oubliées? – je me sentis soulagé et je retournai à l'observation des choses et des gens.

Depuis Urupa jusqu'au Rio Madeira, les postes de la
ligne télégraphique sont agrégés à des hameaux de chercheurs de caoutchouc qui donnent une raison d'être au
peuplement sporadique des berges. Ils paraissent moins
absurdes que ceux du plateau, et le genre de vie qu'on y
mène commence à échapper au cauchemar. Tout au

moins, celui-ci se diversifie et se nuance en fonction des ressources locales. On voit des potagers de pastèques, neige tiède et rosée des tropiques; des basses-cours de tortues captives qui assurent à la famille l'équivalent du poulet dominical. Les jours de fête, celui-ci paraît même sous forme de *gallinha em molho pardo* (poule en sauce brune) et se complète d'un *bolo podre* (littéralement : gâteau pourri), d'un *cha de burro* (tisane d'âne, c'est-à-dire du maïs au lait) et de *baba de moça* (salive de demoiselle : fromage blanc sur, arrosé de miel). Le suc vénéneux du manioc, fermenté pendant des semaines avec des piments, fournit une sauce puissante et veloutée. C'est l'abondance : *Aqui só falta o que não tem*, ici, rien ne manque que ce qu'on n'a pas.

Tous ces mets sont des « colosses » de délices, car le langage amazonien se plaît aux superlatifs. En règle générale, un remède ou un dessert sont bons, mauvais « comme diable »; une chute d'eau est « vertigineuse », une pièce de gibier « un monstre » et une situation « abyssinique ». La conversation fournit un savoureux échantillon de déformations paysannes; ainsi l'inversion de phonèmes : *percisa* pour *precisa; prefeitamente* pour *perfeitamente; Tribucio* pour *Tiburcio*. Elle s'accompagne aussi de longs silences, coupés seulement par de solennelles interjections : « *Sim Senhor!* » ou « *Disparate!* » qui se rapportent à toutes sortes de pensées confuses et obscures, comme la forêt.

De rares commerçants ambulants, *regatão* ou *mascate* – généralement syriens ou libanais en pirogue – apportent, après des semaines de voyage, des médicaments et de vieilles gazettes également détériorés par l'humidité. Un numéro abandonné dans une hutte de chercheur de caoutchouc m'apprit, avec quatre mois de retard, les accords de Munich et la mobilisation. Aussi les fantaisies des forestiers sont plus riches que celles des habitants de la savane. Il y a les poètes, comme cette famille où le père et la mère, se nommant respectivement Sandoval et Maria, composent les noms des enfants à partir de ce lot de syllabes, soit, pour les filles : Valma, Valmaria et Valmarisa, pour les garçons : Sandomar et Marival; et à la génération suivante : Valdomar et Valkimar. Les pédants appellent leurs fils Newton et Aristote et s'adonnent à la dégustation de ces médicaments si populaires en Amazonie qui se nomment : Teinture précieuse. Tonique oriental, Spécifique Gordona, Pilules de Bristol, Eau anglaise et Baume céleste. Quand ils ne prennent pas, avec de fatales conséquences, du bichlohydrate de quinine au lieu de sulfate de soude, ils parviennent à une telle accoutumance qu'il leur faut un tube entier d'aspirine absorbé d'un coup pour calmer leur mal de dents. En fait, un petit dépôt observé sur le cours inférieur du Machado semblait, de façon symbolique, n'expédier par pirogue en direction de l'amont que deux espèces de marchandises : des grilles tombales et des bocks à lavement.

A côté de cette médecine « savante », il en existe une autre, populaire, qui consiste en *resguardos*, « prohibitions » et en *orações*, « oraisons ». Tant que la femme est enceinte, elle n'est soumise à aucune prohibition alimentaire. Après l'accouchement et pendant les huit premiers jours, elle a droit à la chair de poule et de perdrix. Jusqu'au 40e jour, en plus des précédentes, elle mange du chevreuil et quelques poissons (*pacu, piava, sardinha*), A partir du 41e jour elle peut reprendre des relations sexuelles et ajouter à son régime alimentaire le sanglier et les poissons dits « blancs ». Pendant une année restent prohibés : le tapir, la tortue terrestre, le chevreuil rouge, le *mutum*, les poissons « de cuir » : *jatuarama* et *curimata*. Ce que les informateurs commentent ainsi : *Isso é mandamento da lei de Deus, isso é do inicio do mundo, a mulher só é purificada depois de 40 dias. Si não faz o fim é triste. – Depois do tempo da menstruação, a mulher fica immunda, a homem que anda com ela fica immundo também, é a lei de Deu para mulher.* Comme explication finale : *E uma cousa muita fina, a mulher* (1).

Voici maintenant, aux confins de la magie noire, la *Oração do sapo secco*, Oraison du crapaud sec, qu'on trouve dans un livre de colportage, le *Livro de São*

_____

(1) C'est le commandement de la loi de Dieu, cela remonte au commencement du monde, la femme est purifiée au quarantième jour seulement. Si cela ne se fait pas, l'issue est triste. – Après la menstruation, la femme est immonde, l'homme qui la fréquente devient immonde aussi, c'est la loi que Dieu a fait, pour la femme. – C'est une chose très délicate, la femme.

Cypriano. On se procure un gros crapaud *curucu* ou *sapo leiteiro*, on l'enterre jusqu'au cou un vendredi, on lui donne des braises qu'il avale toutes. Huit jours après, on peut aller à sa recherche, il a disparu. Mais au même endroit naît un « pied d'arbre à trois rameaux », de trois couleurs. Le rameau blanc est pour l'amour, le rouge pour le désespoir, le noir pour le deuil. Le nom de l'oraison vient de ce que le crapaud dessèche, car le charognard lui-même ne le mange pas. On cueille le rameau qui correspond à l'intention de l'officiant et on le tient caché à tous les yeux : *e cousa muita occulta*. L'oraison se prononce lors de l'enterrement du crapaud :

> *Eu te enterro com palma de chão lá dentro*
> *Eu te prende baixo de meus pés até como fôr o possivel*
> *Tens que me livrar de tudo quanto e perigo*
> *So soltarei você quando terminar minha missão*
> *Abaixo de São Amaro será o meu protetor*
> *As undas do mar serão meu livramento*
> *Na polvora de solo será meu descanso*
> *Anjos da minha guarda sempre me accompanham*
> *E o Satanaz não terá fôrça de me prender*
> *Na hora chegada na pinga de meio dia*
> *Esta oração será ouvida*
> *São Amaro você e supremes senhores dos animaes crueis*
> *Será o meu protetor Mariterra* (?)
> *Amen* (1).

(1)   *Je t'ensevelis à un pied de terre, là-dessous.*
       Je te prends sous mes pieds autant que c'est possible,
       Tu dois me délivrer de tout ce qui est danger;
       Je te libérerai seulement quand j'aurai achevé ma mission.
       Sous l'invocation de saint Amaro se trouvera mon protecteur
       Les ondes de la mer seront ma délivrance,
       Dans la poussière de la terre sera mon repos.
       Anges qui me gardez accompagnez-moi toujours
       Et Satan n'aura pas la force de me saisir
       Quand l'heure arrivera d'exactement midi
       Cette oraison sera entendue,
       Saint Amaro, toi et les suprêmes seigneurs des animaux cruels
       Sera mon protecteur Mariterra (?)
       Amen.

On pratique aussi l'*Oração da fava*, de la fève, et l'*Oração do morcego*, de la chauve-souris.

Au voisinage des rivières navigables pour de petites embarcations à moteur, c'est-à-dire là où la civilisation, représentée par Manaus, n'est plus un souvenir aux trois quarts effacé mais une réalité avec laquelle il est possible de reprendre contact deux ou trois fois peut-être au cours d'une existence, on trouve les frénétiques et les inventeurs. Tel ce chef de poste qui, pour lui, sa femme et ses deux enfants, ouvre seul, en pleine forêt, des cultures gigantesques, fabrique des phonographes et des tonneaux d'eau-de-vie, et contre qui le destin s'acharne. Son cheval est chaque nuit attaqué par des chauves-souris de l'espèce dite vampire. Il lui fait une armure avec des toiles de tente, mais le cheval les déchire aux branches; il essaye alors de l'enduire de piment, puis de sulfate de cuivre, mais les vampires « essuient tout avec leurs ailes » et continuent de sucer le sang du pauvre animal. Le seul moyen efficace fut de costumer le cheval en sanglier au moyen de quatre peaux découpées et cousues. Son imagination jamais à court l'aide à oublier une grosse déception : la visite à Manaus où toutes ses économies disparaissent entre les médecins qui l'exploitent, l'hôtel qui l'affame, et ses enfants qui vident les magasins avec la complicité des fournisseurs.

On aimerait pouvoir évoquer plus longuement ces pitoyables personnages de la vie amazonienne, nourris d'excentricités et de désespoir. Héros ou saints comme Rondon et ses compagnons qui parsèment la carte de territoires inexplorés avec les noms du calendrier positiviste, et dont certains se laissèrent massacrer plutôt que de riposter aux attaques des Indiens. Têtes brûlées qui courent au fond des bois à d'étranges rendez-vous avec des tribus connues d'eux seuls, et dont ils pillent les humbles récoltes avant d'en recevoir une flèche. Rêveurs, qui édifient dans quelque vallée négligée un empire éphémère. Maniaques, qui déploient dans la solitude le genre d'activité qui valut jadis à d'autres des vice-royautés. Victimes, enfin, de cette griserie entretenue par de plus puissants qu'eux et dont, sur le Rio Machado, en bordure des forêts occupées par les Mundé et les Tupi-

Kawahib, les chercheurs d'aventure illustrent le bizarre destin.

Je transcrirai ici un récit maladroit, mais non dépourvu de grandeur, que j'ai découpé un jour dans une gazette amazonienne.

Extrait de *A Pena Evangelica* (1938).

« En 1920, le prix du caoutchouc tomba, et le grand chef (colonel Raymundo Pereira Brasil) abandonna les *seringaes* qui, ici, au bord de l'Igarapé São Thomé, demeuraient vierges ou à peu près. Le temps passait. Depuis que j'avais quitté les terres du Col. Brasil, mon âme d'adolescent avait conservé, gravé en caractères indélébiles, le souvenir de ces fertiles forêts. Je m'éveillai de l'apathie où nous avait plongés la chute soudaine du caoutchouc, et, moi qui étais déjà bien entraîné et habitué à la Bertholletia excelsa, je me souvins tout à coup des *castanhaes* que je voyais à S. Thomé.

« Au *Grand Hôtel* de Belem do Para, je rencontrai un jour mon ancien patron, le Col. Brasil. Il montrait encore les traces de son ancienne richesse. Je lui demandai la permission d'aller travailler « ses » châtaigneraies. Et lui, avec bienveillance, me donna l'autorisation; il parla, et dit : « Tout cela est abandonné; c'est bien loin, et il ne reste plus là-bas que ceux qui n'ont pas réussi à s'évader. Je ne sais comment ils vivent, et ça ne m'intéresse pas. Tu peux y aller. »

« Je réunis quelques bribes de ressources, je demandai l'*aviação* [on appelle ainsi la marchandise prise à crédit] aux maisons J. Adonias, Adelino G. Bastos, et Gonçalves Pereira et Cie, j'achetai un billet sur un paquebot de *Amazon River*, et je pris la direction du Tapajoz. A Itaituba nous nous rencontrâmes : Rufino Monte Palma, Melentino Telles de Mendonça et moi. Chacun de nous amenait cinquante hommes. Nous nous associâmes et nous réussîmes. Nous arrivâmes bientôt à l'embouchure de l'Igarapé São Thomé. Là, nous trouvâmes toute une population abandonnée et sombre : des vieillards abrutis, des femmes à peu près nues, des enfants ankylosés et peureux. Les abris une fois construits et lorsque tout fut prêt, je réunis mon personnel et toute cette famille, et leur dis : « Voici la *boia* pour chacun – cartouche, sel et farine. Dans ma cahute, il n'y a ni pendule, ni calendrier; le travail commence quand nous pouvons distinguer les contours de nos mains calleuses, l'heure du repos vient avec la nuit que Dieu nous a donnée. Ceux qui ne sont pas d'accord n'auront pas à manger; ils devront se contenter de bouillie de noix de palmier et de sel de bourgeons de l'*anaja* à grosse tête [du bourgeon de ce palmier on extrait, en le faisant bouillir, un résidu amer et salé]. Nous avons des provisions pour soixante jours, et nous devons les mettre à profit; nous ne pouvons pas perdre une seule heure de ce temps précieux. » Mes associés suivirent mon exemple et, soixante jours plus tard, nous avions 1 420 barriques [chaque barrique fait à peu près 130 litres] de châtaignes. Nous chargeâmes les pirogues et descendîmes avec l'équipage requis jusqu'à Itaituba. Je restai avec Rufino Monte Palma et le reste de la troupe pour prendre le bateau à moteur *Santelmo* qui nous fit attendre quinze bons jours. Arrivés au port de Pimental, nous embarquâmes avec les châtaignes et tout le reste sur la gaiola *Sertanejo*, et à Belem nous vendîmes la châtaigne à 47 milreis 500 l'hectolitre (2 dollars 30), malheureusement il y en eut quatre qui moururent en voyage. Nous ne retournâmes jamais plus. Mais aujourd'hui, avec les prix qui vont jusqu'à 220 milreis l'hectolitre, le plus haut cours jamais atteint, d'après les documents en ma possession, pendant la saison 1936-37, quels avantages ne nous promet pas le travail de la châtaigne – qui est une chose certaine et positive – pas comme le diamant souterrain et son éternelle inconnue? Voilà, amis Cuiabanos, comment on fait de la châtaigne de Para dans l'Etat de Mato Grosso. »

Encore ceux-là ont-ils, en soixante jours, gagné pour cent cinquante ou cent soixante-dix personnes un total équivalent à 3 500 dollars. Mais que dire des chercheurs de caoutchouc à l'agonie desquels mes dernières semaines de séjour me permettaient d'assister?

XXXVI

SERINGAL

Les deux espèces principales d'arbres à latex, *hevea* et
castilloa, sont appelées dans le parler local respectivement *seringa* et *caucha*; la première est aussi la plus
importante; elle ne croît qu'au voisinage des rivières,
dont les berges constituent un domaine imprécis, con-
cédé par une vague autorisation du gouvernement, non
pas à des propriétaires, mais à des « patrons »; ces *patrões
de seringal* sont les tenanciers d'un dépôt de vivres et de
provisions diverses soit à titre indépendant, soit, plus
généralement, comme concessionnaires d'un entrepre-
neur ou d'une petite compagnie de transport fluvial qui
possède le monopole de la navigation sur le cours et les
affluents d'une rivière. Le chercheur de caoutchouc est
d'abord, de façon significative, un « client », et se
dénomme *freguêz*, client du magasin de la zone où il
s'installe, auquel il s'engage à acheter toutes ses marchandises, l'*aviação* (rien à voir avec l'aviation), et à vendre
toute sa récolte moyennant l'avance de ses instruments
de travail et d'une saison de vivres, portée immédiatement à son débit, enfin contre l'octroi d'un emplacement
appelé *collocação*; groupe d'itinéraires, les *estradas*, en
forme de boucle et aboutissant par leurs extrémités à la
hutte construite sur la berge et desservant les principaux
arbres producteurs déjà repérés dans la forêt par d'autres
employés du patron : le *mateiro* et l'*adjudante*.

Chaque matin de bonne heure (car il convient, croit-on,
de travailler dans l'obscurité) le *seringueiro* parcourt une
de ses routes, armé de la *faca* qui est un couteau recourbé
et de la *coronga*, lampe qu'il porte fixée à son chapeau, à

la manière d'un mineur. Il incise les *seringas* selon des techniques délicates, dites « en drapeau » ou « en arête de poisson », car l'arbre mal taillé risque, soit de rester sec, soit de s'épuiser.

Vers 10 heures du matin, 150 à 180 arbres ont été travaillés; après avoir pris son déjeuner, le *seringueiro* retourne sur sa « route » et recueille le latex qui s'est écoulé depuis le matin dans les coupes de zinc fixées au tronc, et dont il verse le contenu dans un sac confectionné par lui en cotonnade grossière, imprégnée de caoutchouc. Au retour, vers 5 heures du soir, commence la troisième phase, c'est-à-dire « l'engraissage » de la boule de caoutchouc en cours de formation : le « lait » est lentement incorporé à la masse enfilée sur un bâton transversal et suspendue au-dessus d'un feu. La fumée le coagule par couches minces qu'on égalise en faisant lentement tourner la boule autour de son axe. Celle-ci est considérée comme terminée quand elle atteint un poids standard qui oscille entre 30 et 70 kg selon les régions. La confection d'une boule peut prendre plusieurs semaines, quand les arbres sont fatigués. Les boules (dont il existe de nombreuses variétés selon la qualité du latex et la technique de fabrication) sont déposées le long du fleuve où le patron vient chaque année les collecter pour les comprimer à son dépôt, en faisant des *peles de borracha*, « peaux de caoutchouc », puis les amarrer en radeaux destinés à se désagréger au franchissement des chutes pour être patiemment reconstitués à leur pied, jusqu'à l'arrivée à Manaus ou Belem.

Ainsi donc, pour simplifier une situation souvent complexe, le *seringueiro* dépend du patron; et celui-ci de la compagnie de navigation qui contrôle les voies principales. Ce système est une conséquence de l'effondrement des cours qui s'est produit à partir de 1910, quand le caoutchouc de plantation d'Asie est venu concurrencer la collecte brésilienne. Tandis que l'exploitation proprement dite perdait son intérêt sauf pour les besogneux, le transport fluvial restait d'autant plus rémunérateur que les marchandises sont vendues sur le *seringal* à peu près quatre fois leur prix de marché. Les plus puissants abandonnèrent le caoutchouc pour se réserver le fret qui leur donnait le contrôle du système sans les risques, puisque le *patrão* est doublement à la merci du transporteur soit que ce dernier décide d'élever les tarifs, soit qu'il refuse d'approvisionner son client. Car un patron dont le magasin est vide perd ses clients : ils s'échappent sans payer leur dette, ou bien ils meurent sur place, de faim.

Le patron est entre les mains du transporteur; le client est entre celles du patron. En 1938, le caoutchouc valait moins de 50 fois son prix de la fin du grand *boom*; malgré une élévation temporaire des cours pendant la dernière guerre mondiale, la situation n'est pas brillante aujourd'hui. Selon les années, la récolte d'un homme varie sur le Machado entre 200 et 1 200 kilos. Dans l'hypothèse la plus favorable, sa recette lui permettait, en 1938, d'acheter la moitié environ de la quantité de marchandises de base : riz, haricots noirs, viande séchée, sel, balles de fusil, pétrole et cotonnades, qui sont indispensables à sa survie. La différence est comblée grâce à la chasse d'une part, et de l'autre à l'endettement qui, commencé dès avant l'installation, s'accroît le plus souvent jusqu'à la mort.

Il n'est pas inutile de transcrire ici le budget mensuel d'une famille de quatre personnes, tel qu'il s'établissait en 1938. Les variations du prix du kilo de riz permettront de le rétablir, si on le désire, en valeur-or (cf. tableau p. 442.)

Il faut ajouter, dans un budget annuel, les cotonnades dont une coupe vaut, en 1938, de 30 à 120 milreis; les chaussures, de 40 à 60 milreis la paire; le chapeau, 50 à 60 milreis, enfin les aiguilles, les boutons et le fil, et les médicaments dont la consommation est effarante. A titre d'indication, le comprimé de quinine (il en faudrait un par jour pour chaque membre de la famille) ou d'aspirine coûte 1 milreis. Rappelons qu'à la même époque, sur le Machado, une très belle « saison » (la récolte de caoutchouc dure d'avril à septembre, la forêt étant infranchissable pendant les pluies) rapporte 2 400 milreis (la *fina* se vend à Manaus, en 1936, aux environs de 4 milreis le kilo, dont le producteur reçoit la moitié). Si le *seringueiro* n'a pas d'enfant en bas âge, s'il ne mange que le produit de sa chasse et la « farine » de manioc qu'il cultive et fabrique

	En milreis à l'unité	Total en milreis
4 kg graisse de cuisine	10,500	42
5 kg sucre	4,500	22,500
3 kg café	5	15
1 litre pétrole	5	5
4 barres savon	3	12
3 kg sel (pour saler le gibier)	3	9
20 balles, cal. 44	1,200	24
4 livres tabac	8,500	34
5 carnets papier à cigarettes	1,200	6
10 boîtes allumettes	0,500	5
100 grammes poivre (pour salaisons)	3	3
2 têtes ail	1,500	3
4 boîtes lait condensé (pour nourrisson)	5	20
5 kg riz	3,500	17,500
30 litres « farine » de manioc	2,500	75
6 kg *xarque* (viande séchée)	8	48
TOTAL		341

lui-même en plus de son travail saisonnier, son budget alimentaire minimum absorbe à lui seul cette recette exceptionnelle.

Qu'il soit ou non à son compte, le patron vit dans la terreur de la banqueroute, et celle-ci le guette si ses clients disparaissent avant d'avoir remboursé ses avances. Aussi, son contremaître armé veille sur le fleuve. Peu de jours après avoir quitté les Tupi-Kawahib, une rencontre étrange faite sur la rivière restera dans mon souvenir comme l'image même du *seringal*; je transcris d'après mon carnet de route à la date du 3 décembre 1938 : « Vers 10 heures, temps gris et mou. A la rencontre de nos pirogues, une petite *montaria* menée par un homme maigre, sa femme – grosse mulâtresse à cheveux crépus – et un enfant de dix ans environ. Ils sont épuisés et la femme finit ses phrases en larmes. Ils reviennent d'une expédition de six jours sur le Machadinho, onze *cachoei-ras* (chutes) dont une, Jaburu, avec *varação por terra* (portage de l'embarcation) à la recherche d'un de leurs *fregueses* qui a fui avec sa compagne, emmenant une pirogue et ses affaires, après s'être fourni d'*aviação* et avoir laissé un billet disant que *a mercadoria é muito cara e não tem coragem pagar a conta* (la marchandise est trop chère et il n'a pas le courage de payer la note). Les gens, employés du *compadre* Gaetano, affolés par leur respon-sabilité, sont partis à la recherche du fugitif afin de s'en saisir et de le remettre au patron. Ils ont le rifle. »

Le rifle est le nom qu'on donne à la carabine – généralement une Winchester cal. 44 – qui sert à la chasse et éventuellement à d'autres usages.

Quelques semaines plus tard, je relevai le texte de l'affiche suivante, à la porte du magasin de la *Calama Limitada* situé au confluent du Machado et du Madeira :

L'EXTRAORDINAIRE ARTICLE DE LUXE
comprenant graisse, beurre et lait
seront seulement vendus à crédit
sur un ordre spécial du patron.
En cas contraire,
ils seront seulement vendus à vue !
Argent, ou autre article équivalent.

On pouvait lire cette autre affiche immédiatement au-dessous :

LE CHEVEU LISSE
Même chez les personnes de couleur !
Si crépus ou ondulés que soient les cheveux,
même chez les personnes de couleur,
ils deviennent lisses par l'usage continu
de la très nouvelle préparation
Alisante
En vente à « La Grande Bouteille »,
rue Uruguayana, Manaus.

En effet, l'accoutumance à la maladie et à la misère est si grande que la vie du *seringal* n'est pas toujours sinistre.

Sans doute le temps est loin où les hauts prix du caoutchouc avaient permis de construire aux confluents des auberges de planches, bruyants tripots où les *seringueiros* perdaient en une nuit la fortune de quelques années, et repartaient le lendemain tout recommencer, sollicitant l'*aviação* d'un *patrão* compatissant. J'ai vu une de ces ruines, encore connue sous le nom de Vatican, évocateur de splendeurs disparues. Le dimanche, on s'y rendait vêtu d'un pyjama de soie rayée, chapeau mou et souliers vernis, pour écouter des virtuoses exécutant en solistes des airs variés à coups de revolvers de divers calibres. Personne ne peut plus acheter de pyjama de luxe dans le *seringal*. Mais un charme équivoque continue d'y être importé par ces jeunes femmes qui mènent une existence incertaine de concubinage avec les *seringueiros*. Cela s'appelle *casar na igreja verde*, « se marier dans la verte église ». Cette *mulherada*, c'est-à-dire le groupe des femmes, se cotise parfois pour organiser un bal, donnant chacune cinq milreis, ou le café, ou le sucre, ou prêtant leur baraque un peu plus vaste que les autres, leur lanterne approvisionnée pour la nuit. Elles arrivent en robe légère, fardées et coiffées, baisent en entrant la main des maîtres de maison. Mais le fard est moins pour donner l'illusion d'être belle que les apparences de la santé. Sous le rouge et la poudre, elles ont dissimulé leur vérole, leur phtisie et le paludisme. Elles sont venues, en souliers à talon, du *barracão de seringueiro* où elles sont installées avec « l'homme », en loques et échevelées tout le reste de l'année, ce soir pimpantes : mais il leur a fallu tout de même traverser en robe de bal deux ou trois kilomètres dans la boue par des sentiers de la forêt. Et pour se parer, elles se sont lavées, habillées à la nuit dans les *igarapés* (ruisseaux) sordides, sous la pluie, car il a plu toute la journée. Le contraste est bouleversant, entre ces frêles apparences de civilisation et la réalité monstrueuse qui attend à la porte.

Les robes maladroitement coupées font saillir des formes typiquement indiennes : seins très hauts et placés presque sous les aisselles, écrasés par la tension du tissu qui doit contenir un ventre proéminent; petits bras et jambes maigres, de joli dessin; attaches très fines.

L'homme, en pantalon de toile blanche, gros souliers et veste de pyjama, vient inviter sa partenaire. (Comme on l'a dit plus haut, ces femmes ne sont pas mariées. Ce sont des *companheiras*; tantôt *amasiadas*, c'est-à-dire « en ménage », tantôt *desocupadas*, « inoccupées, disponibles »). Il la conduit par la main jusqu'au milieu du *palanque* de paille de *babassu*, éclairé par une bruissante lampe à pétrole, le *farol*. On hésite quelques secondes pour attendre le temps fort marqué par la *caracachá*, la boîte à clous agitée par un danseur désœuvré; et l'on part : 1, 2-3; 1, 2-3; etc. Les pieds traînent sur le plancher monté sur pilotis et qui résonne de ces frottements.

On danse des pas d'un autre âge. Surtout la *desfeitera* composée de ritournelles entre lesquelles la musique de l'accordéon (accompagnant parfois le *violão* et le *cavaquinho*) s'arrête pour permettre à tous les cavaliers d'improviser, chacun à son tour, un distique plein de sous-entendus railleurs ou amoureux, auxquels les dames doivent, à leur tour, répondre de même façon, non sans difficulté d'ailleurs, car elles sont confuses, *com vergonha*; les unes se dérobent en rougissant, les autres placent à toute vitesse un couplet inintelligible, comme des petites filles récitant leur leçon. Voici celui qui fut, un soir à Urupa, improvisé à notre sujet :

Um é médico, outro professor, outro fiscal do Museu,
Escolhe entr'os três qual é o seu.

(L'un est médecin, l'autre professeur, l'autre inspecteur du musée; choisis entre tous les trois celui qui sera le tien.)

Heureusement la pauvre fille à qui il était destiné ne sut quoi répliquer.

Quand le bal dure plusieurs jours, les femmes changent de robe tous les soirs.

Après les Nambikwara à l'âge de pierre, ce n'était déjà plus le XVIᵉ siècle où m'avaient ramené les Tupi-Kawahib, mais certainement encore le XVIIIᵉ, tel qu'on peut l'imaginer dans les petits ports des Antilles ou sur la côte. J'avais traversé un continent. Mais le terme, tout proche, de mon voyage m'était d'abord rendu sensible par cette remontée du fond des temps.

NEUVIÈME PARTIE

LE RETOUR

XXXVII

L'APOTHÉOSE D'AUGUSTE

Une étape du voyage avait été particulièrement décourageante : celle de Campos Novos. Séparé de mes compagnons par l'épidémie qui les immobilisait à quatre-vingts kilomètres en arrière, je ne pouvais rien faire qu'attendre, à la lisière du poste où une douzaine de personnes se mouraient de la malaria, de leishmaniose, d'ankylostomiase et surtout de faim. Avant de se mettre au travail, la femme paressi que j'avais engagée pour faire ma lessive exigeait non point seulement du savon, mais un repas : sans quoi, expliquait-elle, elle n'eût pas été assez forte pour travailler, et c'était vrai : ces gens avaient perdu l'aptitude à vivre. Trop faibles et trop malades pour lutter, ils s'appliquaient à réduire leur activité et leurs besoins, et recherchaient un état de torpeur qui requérait d'eux un minimum de dépense physique en même temps qu'il atténuait la conscience de leur misère.

A ce climat déprimant, les Indiens contribuaient d'une autre façon. Les deux bandes ennemies qui s'étaient rencontrées à Campos Novos, toujours sur le point d'en venir aux mains, nourrissaient des sentiments qui n'étaient pas plus tendres à mon égard. Je devais me tenir sur le qui-vive, et le travail ethnographique était pratiquement impossible. Dans des conditions normales, l'enquête sur le terrain se révèle déjà éprouvante : il faut être levé avec le jour, rester en éveil jusqu'à ce que le dernier indigène se soit endormi et même, parfois, guetter son sommeil; s'appliquer à passer inaperçu en étant toujours présent; tout voir, tout retenir, tout noter, faire montre d'une indiscrétion humiliante, mendier les informations d'un gamin morveux, se tenir prêt à profiter d'un instant de complaisance ou de laisser-aller; ou bien savoir, pendant des jours, refouler toute curiosité et se cantonner dans la réserve qu'impose une saute d'humeur de la tribu. A pratiquer ce métier, l'enquêteur se ronge : a-t-il vraiment abandonné son milieu, ses amis, ses habitudes, dépensé des sommes et des efforts si considérables, compromis sa santé, pour ce seul résultat : faire pardonner sa présence à quelques douzaines de malheureux condamnés à une extinction prochaine, principalement occupés à s'épouiller et à dormir, et du caprice desquels dépend le succès ou l'échec de son entreprise? Quand les dispositions des indigènes sont franchement mauvaises, comme c'était le cas à Campos Novos, la situation devient pire : les Indiens refusent jusqu'à leur spectacle; sans prévenir, ils disparaissent pendant des jours à la chasse ou pour quelque expédition de cueillette. Dans l'espoir de retrouver un voisinage si chèrement gagné, on attend, on piétine, on tourne en rond; on relit les notes anciennes, on les recopie, on les interprète; ou bien encore on s'assigne une tâche minutieuse et vaine, véritable caricature du métier, comme de mesurer la distance entre les foyers, ou recenser un par un les branchages ayant servi à la construction des abris désertés.

Surtout, on s'interroge : qu'est-on venu faire ici? Dans quel espoir? A quelle fin? Qu'est-ce au juste qu'une enquête ethnographique? L'exercice normal d'une profession comme les autres, avec cette seule différence que le bureau ou le laboratoire sont séparés du domicile par quelques milliers de kilomètres? Ou la conséquence d'un choix plus radical, impliquant une mise en cause du système dans lequel on est né et où on a grandi? J'avais quitté la France depuis bientôt cinq ans, j'avais délaissé ma carrière universitaire; pendant ce temps, mes condisciples plus sages en gravissaient les échelons; ceux qui, comme moi jadis, avaient penché vers la politique, étaient aujourd'hui députés, bientôt ministres. Et moi, je courais les déserts en pourchassant des déchets d'humanité. Qui ou quoi m'avait donc poussé à faire exploser le cours normal de ma vie? Etait-ce une ruse, un habile détour destinés à me permettre de réintégrer ma carrière avec des avantages supplémentaires et qui me seraient comptés? Ou bien ma décision exprimait-elle une incompatibilité profonde vis-à-vis de mon groupe social dont, quoi qu'il arrive, j'étais voué à vivre de plus en plus isolé? Par un singulier paradoxe, au lieu de m'ouvrir un nouvel univers, ma vie aventureuse me restituait plutôt l'ancien, tandis que celui auquel j'avais prétendu se dissolvait entre mes doigts. Autant les hommes et les paysages à la conquête desquels j'étais parti perdaient, à les posséder, la signification que j'en espérais, autant à ces images décevantes bien que présentes s'en substituaient d'autres, mises en réserve par mon passé et auxquelles je n'avais attaché aucun prix quand elles tenaient encore à la réalité qui m'entourait. En route dans des contrées que peu de regards avaient contemplées, partageant l'existence de peuples dont la misère était le prix – par eux d'abord payé – pour que je puisse remonter le cours de millénaires, je n'apercevais plus ni les uns ni les autres, mais des visions fugitives de la campagne française que je m'étais déniée, ou des fragments de musique et de poésie qui étaient l'expression la plus conventionnelle d'une civilisation contre laquelle il fallait bien que je me persuade avoir opté, au risque de démentir le sens que j'avais donné à ma vie. Pendant des semaines, sur ce plateau du Mato Grosso occidental, j'avais été obsédé, non point par ce qui m'environnait et que je ne reverrais jamais, mais par une mélodie rebattue que mon souvenir appauvrissait encore : celle de l'étude numéro 3, *opus* 10, de Chopin, en quoi il me semblait, par une dérision à l'amertume de laquelle j'étais aussi sensible, que tout ce que j'avais laissé derrière moi se résumait.

Pourquoi Chopin, vers qui mes goûts ne m'avaient pas particulièrement porté? Elevé dans le culte wagnérien, j'avais découvert Debussy à une date toute récente, après même que les *Noces*, entendues à la deuxième ou troisième représentation, m'eurent révélé en Stravinsky un monde qui me paraissait plus réel et plus solide que les savanes du Brésil central, faisant s'effondrer mon univers musical antérieur. Mais au moment où je quittai la France, c'était *Pelléas* qui me fournissait la nourriture spirituelle dont j'avais besoin; alors, pourquoi Chopin et son œuvre la plus banale s'imposaient-ils à moi dans le désert? Plus occupé de résoudre ce problème que de me consacrer aux observations qui m'eussent justifié, je me disais que le progrès qui consiste à passer de Chopin à Debussy se trouve peut-être amplifié quand il se produit dans l'autre sens. Les délices qui me faisaient préférer Debussy, je les goûtais maintenant dans Chopin, mais sous une forme implicite, incertaine encore, et si discrète que je ne les avais pas perçues au début et que j'étais allé d'emblée vers leur manifestation la plus ostensible. J'accomplissais un double progrès : approfondissant l'œuvre du compositeur le plus ancien, je lui reconnaissais des beautés destinées à rester cachées de qui n'eût pas d'abord connu Debussy. J'aimais Chopin par excès, et non par défaut comme fait celui pour qui l'évolution musicale s'est arrêtée à lui. D'autre part, pour favoriser en moi l'apparition de certaines émotions, je n'avais plus besoin de l'excitation complète : le signe, l'allusion, la prémonition de certaines formes suffisaient.

Lieues après lieues, la même phrase mélodique chantait dans ma mémoire sans que je puisse m'en délivrer. Je lui découvrais sans cesse des charmes nouveaux. Très lâche au début, il me semblait qu'elle entortillait progressivement son fil, comme pour dissimuler l'extrémité qui la terminerait. Cette nouure devenait inextricable, au point qu'on se demandait comment elle pourrait bien se tirer de là; soudain, une note résolvait tout, et cette échappatoire paraissait plus hardie encore que la démarche compromettante qui l'avait précédée, réclamée et rendue possible; à l'entendre, les développements antérieurs s'éclairaient d'un sens nouveau : leur recherche n'était plus arbitraire, mais la préparation de cette sortie insoupçonnée. Etait-ce donc cela, le voyage? Une exploration des déserts de ma mémoire, plutôt que de ceux qui m'entouraient? Un après-midi, alors que tout dormait sous l'écrasante chaleur, accroupi dans mon hamac et protégé des « pestes » – comme on dit là-bas – par la moustiquaire dont l'étamine serrée rend l'air encore moins respirable, il me sembla que les problèmes qui me tourmentaient fournissaient la matière d'une pièce de théâtre. Je la concevais aussi précise que si elle eût été déjà écrite. Les Indiens avaient disparu : pendant six jours, j'écrivis du matin au soir, au verso de feuilles couvertes de vocabulaires, de croquis et de généalogies. Après quoi, l'inspiration me quitta en plein travail et elle n'est jamais revenue. En relisant mes griffonnages, je ne crois pas devoir le regretter.

Ma pièce s'intitulait : *l'Apothéose d'Auguste*, et se présentait comme une nouvelle version de Cinna. Elle mettait en scène deux hommes, amis d'enfance et qui se retrouvaient au moment, crucial pour chacun d'eux, de leurs carrières divergentes. L'un, qui avait pensé opter contre la civilisation, découvre qu'il a employé un moyen compliqué d'y rentrer, mais par une méthode abolissant le sens et la valeur de l'alternative devant laquelle il s'était jadis cru placé. L'autre, marqué dès la naissnce pour la vie sociale et ses honneurs, comprend que tous ses efforts ont tendu vers un terme qui les voue à l'anéantissement; et ils cherchent tous deux, dans la destruction de l'un par l'autre, à sauver, même au prix de la mort, la signification de leur passé.

La pièce commençait au moment où le Sénat, voulant faire à Auguste un honneur plus relevé que l'empire, a voté l'apothéose et s'apprête à le placer vivant au rang des dieux. Dans les jardins du palais, deux gardes discutent l'événement et tâchent d'en prévoir les conséquences de leur point de vue particulier. Le métier de policier ne va-t-il pas devenir impossible? Comment peut-on protéger un dieu qui a le privilège de se transformer en insecte ou même de se rendre invisible et de paralyser qui il veut? Ils envisagent la grève; en tout cas, ils méritent une augmentation.

Le chef de la police survient et leur explique leur erreur. La police n'a pas une mission qui la distingue de ceux qu'elle sert. Indifférente aux fins, elle se confond avec la personne et les intérêts de ses maîtres, elle resplendit de leur gloire. La police d'un chef d'Etat divinisé deviendra elle aussi divine. Comme à lui-même, tout sera possible. Réalisant sa vraie nature on pourra dire d'elle, dans le style des agences de détectives : *voit tout, entend tout, nul ne s'en doute.*

La scène se remplit de personnages qui sortent du

Sénat en commentant la séance qui vient de s'y dérouler. Plusieurs tableaux mettent en évidence les façons contradictoires de concevoir le passage de l'humanité à la divinité; les représentants des grands intérêts spéculent sur de nouvelles chances d'enrichissement. Auguste, très empereur, pense seulement à la confirmation de sa puissance, désormais à l'abri des intrigues et des combinaisons. Pour sa femme Livie, l'apothéose couronne une carrière : « Il l'a bien méritée » : en somme, l'Académie française... Camille, jeune sœur d'Auguste et éprise de Cinna, lui annonce le retour de ce dernier après dix années de vie aventureuse. Elle souhaite qu'Auguste le voie, car elle espère que le personnage capricieux et poétique qu'il a toujours été retiendra son frère, près de verser irrévocablement du côté de l'ordre. Livie s'y oppose : dans la carrière d'Auguste, Cinna n'a fait qu'introduire un élément de désordre; c'est une tête brûlée, qui se plaît seulement chez les sauvages. Auguste est tenté de se ranger à cet avis; mais des délégations successives de prêtres, de peintres, de poètes commencent à le troubler. Tous conçoivent la divinité d'Auguste comme une expulsion du monde : les prêtres escomptent que l'apothéose va remettre le pouvoir temporel entre leurs mains, puisqu'ils sont les intermédiaires attitrés entre les dieux et les hommes. Les artistes veulent faire passer Auguste à l'état d'idée et non plus de personne; au grand scandale du couple impérial qui se voit en statues de marbre plus grandes que nature avec une ressemblance embellie, ils proposent toutes sortes de représentations sous forme de tourbillons ou de polyèdres. La confusion s'accroît des témoignages discordants apportés par une troupe de femmes légères – Léda, Europe, Alcmène, Danaé – qui prétendent faire profiter Auguste de leur expérience des rapports avec le divin.

Resté seul, Auguste se trouve en tête à tête avec un aigle : pas l'animal conventionnel, attribut de la divinité, mais une bête farouche au contact tiède et au voisinage malodorant. C'est pourtant lui, l'aigle de Jupiter; celui-là même qui a enlevé Ganymède après une lutte sanglante où l'adolescent se débattait vainement. A Auguste incrédule, l'aigle explique que son imminente divinité consistera précisément à ne plus éprouver la répulsion qui le domine en ce moment où il est encore homme. Auguste ne s'apercevra pas qu'il est devenu dieu à quelque sensation rayonnante ou au pouvoir de faire des miracles, mais quand il supportera sans dégoût l'approche d'une bête sauvage, tolérera son odeur et les excréments dont elle le couvrira. Tout ce qui est charogne, pourriture, sécrétion lui paraîtra familier : « Les papillons viendront s'accoupler sur ta nuque et n'importe quel sol te semblera assez bon pour y dormir; tu ne le verras plus, comme à présent, tout hérissé d'épines, grouillant d'insectes et de contagions. »

Au second acte, Auguste, que les propos de l'aigle ont éveillé au problème des rapports entre la nature et la société, s'est décidé à revoir Cinna qui avait jadis préféré la première à la seconde, choix inverse de celui qui a conduit Auguste à l'empire. Cinna est découragé. Pendant ses dix ans d'aventure, il n'a pensé qu'à Camille, sœur de son ami d'enfance et qu'il ne tenait qu'à lui d'épouser. Auguste la lui eût donnée avec joie. Mais il lui était impossible de l'obtenir selon les règles de la vie sociale; il la lui fallait contre l'ordre, non par lui. D'où cette quête d'un prestige hérétique qui lui permettrait de forcer la main à la société pour recevoir, en fin de compte, ce qu'elle était prête à lui accorder.

Maintenant qu'il est revenu chargé de merveilleux : explorateur que les mondains s'arrachent pour leurs dîners, le voici seul à savoir que cette gloire chèrement payée repose sur un mensonge. Rien de tout ce qu'on lui fait crédit d'avoir connu n'est réel; le voyage est une duperie : tout cela paraît vrai à qui n'en a vu que les ombres. Jaloux de la destinée promise à Auguste, Cinna a voulu posséder un empire plus vaste que le sien : « Je me disais que nul esprit humain, fût-ce celui de Platon, n'est capable de concevoir l'infinie diversité de toutes les fleurs et feuilles qui existent dans le monde et que moi, je les connaîtrais; que je recueillerais ces sensations que procurent la peur, le froid, la faim, la fatigue, et que vous tous, qui vivez dans des maisons bien closes et près de greniers abondants, ne pouvez même pas imaginer. J'ai mangé des lézards, des serpents et des sauterelles; et, de ces nourritures dont l'idée te soulève le cœur, je m'approchais avec l'émotion du néophyte, convaincu que j'allais créer un lien nouveau entre l'univers et moi. » Mais au terme de son effort, Cinna n'a rien trouvé : « J'ai tout perdu, dit-il; même le plus humain m'est devenu inhumain. Pour combler le vide de journées interminables, je me récitais des vers d'Eschyle et de Sophocle; et de certains, je me suis tellement imprégné que maintenant, quand je vais au théâtre, je ne peux plus percevoir leur beauté. Chaque réplique me rappelle des sentiers poudreux, des herbes brûlées, des yeux rougis par le sable. »

Les dernières scènes du deuxième acte rendent manifestes les contradictions où s'enferment Auguste, Cinna et Camille. Celle-ci est dans l'admiration de son explorateur qui se débat vainement pour lui faire comprendre la duperie du récit : « J'aurais beau mettre dans mon discours tout le vide, l'insignifiance de chacun de ces événements, il suffit qu'il se transforme en récit pour éblouir et faire songer. Pourtant, ce n'était rien; la terre était semblable à cette terre et les brins d'herbe à cette prairie. » Devant cette attitude, Camille se révolte, sentant trop bien qu'aux yeux de son amant elle est victime en tant qu'être de cette perte générale d'intérêt dont il souffre : il ne lui est pas attaché comme à une personne, mais comme à un symbole du seul lien désormais possible entre lui et la société. Quant à Auguste, il reconnaît avec effroi dans Cinna les propos de l'aigle; mais il ne peut se résoudre à faire machine en arrière : trop d'intérêts politiques sont liés à son apothéose, et surtout, il se rebelle devant l'idée qu'il n'y ait pas, pour l'homme d'action, un terme absolu où il trouve à la fois sa récompense et son repos.

Le troisième acte commence dans un climat de crise; à la veille de la cérémonie, Rome est inondée de divinité : le palais impérial se lézarde, les plantes et les animaux l'envahissent. Comme si la ville avait été détruite par un cataclysme, elle revient à l'état naturel. Camille a rompu avec Cinna, et cette rupture apporte à celui-ci la preuve finale d'un échec dont il était déjà persuadé. C'est vers Auguste qu'il tourne sa rancune. Si vain que lui paraisse maintenant le relâchement de la nature, comparé aux joies plus denses qu'apporte la société des hommes, il veut être le seul à en connaître la saveur : « Ce n'est rien, je le sais, mais ce rien m'est encore cher puisque j'ai opté pour lui. » L'idée qu'Auguste puisse tout rassembler : la nature et la société, qu'il obtienne la première en prime de la seconde et non au prix d'une renonciation, lui est insupportable. Il assassinera Auguste pour attester l'inéluctabilité d'un choix.

C'est à ce moment qu'Auguste appelle Cinna à son secours. Comment détourner la marche d'événements qui ne dépendent plus de sa volonté, tout en restant fidèle à son personnage ? Dans un moment d'exaltation, une solution leur apparaît : oui, que Cinna, comme il le projette, assassine l'empereur. Chacun gagnera ainsi l'immortalité qu'il a rêvée : Auguste, l'officielle, celle des livres, des statues et des cultes; et Cinna, la noire immortalité du régicide, par quoi il rejoindra la société tout en continuant à la contredire.

Je ne sais plus au juste de quelle façon tout cela se terminait, les dernières scènes étant inachevées. Il me semble que Camille apportait involontairement le dénouement; revenue à ses premiers sentiments, elle persuadait son frère qu'il avait mal interprété la situation et que Cinna, mieux que l'aigle, était le messager des dieux. Dès lors, Auguste entrevoyait une solution politique. S'il parvenait à duper Cinna, les dieux seraient trompés du même coup. Alors qu'il était convenu entre eux que le service d'ordre serait supprimé et qu'il s'offrirait sans défense aux coups de son ami, Auguste fait secrètement doubler les gardes. Cinna ne parviendra même pas jusqu'à lui. Confirmant le cours de leurs carrières respectives, Auguste réussira sa dernière entreprise : il sera dieu, mais chez les hommes, et il pardonnera à Cinna : pour celui-ci, ce ne sera qu'un échec de plus.

XXXVIII

UN PETIT VERRE DE RHUM

La fable qui précède n'a qu'une excuse : elle illustre le dérèglement auquel des conditions anormales d'existence, pendant une période prolongée, soumettent l'esprit du voyageur. Mais le problème demeure : comment l'ethnographe peut-il se tirer de la contradiction qui résulte des circonstances de son choix ? Il a sous les yeux, il tient à sa disposition une société : la sienne; pourquoi décide-t-il de la dédaigner et de réserver à d'autres sociétés – choisies parmi les plus lointaines et les plus différentes – une patience et une dévotion que sa détermination refuse à ses concitoyens ? Ce n'est pas un hasard que l'ethnographe ait rarement vis-à-vis de son propre groupe une attitude neutre. S'il est missionnaire ou administrateur, on peut en inférer qu'il a accepté de s'identifier à un ordre, au point de se consacrer à sa propagation; et, quand il exerce sa profession sur le plan scientifique et universitaire, il y a de grandes chances pour qu'on puisse retrouver dans son passé des facteurs objectifs qui le montrent peu ou pas adapté à la société où il est né. En assumant son rôle, il a cherché soit un mode pratique de concilier son appartenance à un groupe et la réserve qu'il éprouve à son égard, soit, tout simplement, la manière de mettre à profit un état initial de détachement qui lui confère un avantage pour se rapprocher de sociétés différentes, à mi-chemin desquelles il se trouve déjà.

Mais s'il est de bonne foi, une question se pose à lui : le prix qu'il attache aux sociétés exotiques – d'autant plus grand, semble-t-il, qu'elles le sont davantage – n'a pas de fondement propre; il est fonction du dédain, et parfois de l'hostilité, que lui inspirent les coutumes en vigueur dans son milieu. Volontiers subversif parmi les siens et en rébellion contre les usages traditionnels, l'ethnographe apparaît respectueux jusqu'au conservatisme, dès que la société envisagée se trouve être différente de la sienne. Or, il y a là bien plus et autre chose qu'un travers; je connais des ethnographes conformistes. Mais ils le sont d'une manière dérivée, en vertu d'une sorte d'assimilation secondaire de leur société à celles qu'ils étudient. Leur allégeance va toujours à ces dernières, et s'ils sont revenus sur leur révolte initiale vis-à-vis de la leur, c'est qu'ils font aux premières la concession supplémentaire de traiter leur propre société comme ils voudraient qu'on traitât toutes les autres. On n'échappe pas au dilemme : ou bien l'ethnographe adhère aux normes de son groupe, et les autres ne peuvent lui inspirer qu'une curiosité passagère dont la réprobation n'est jamais absente; ou bien il est capable de se livrer totalement à elles, et son objectivité reste viciée du fait qu'en le voulant ou non, pour se donner à toutes les sociétés il s'est au moins refusé à une. Il commet donc le même péché qu'il reproche à ceux qui contestent le sens privilégié de sa vocation.

Ce doute s'est imposé à moi, pour la première fois, pendant le séjour forcé aux Antilles que j'ai évoqué au début de cet ouvrage. A la Martinique, j'avais visité des rhumeries rustiques et négligées; on y employait des appareils et des techniques restés les mêmes depuis le XVIIIᵉ siècle. Au contraire, à Porto Rico, les usines de la compagnie qui possède sur toute la production de canne une sorte de monopole m'offraient un spectacle de réservoirs en émail blanc et de robinetterie chromée. Pourtant, les rhums de la Martinique, goûtés au pied des vieilles cuves de bois engrumelées de déchets, étaient moelleux et parfumés, tandis que ceux de Porto Rico sont vulgaires et brutaux. La finesse des premiers est-elle donc faite des impuretés dont une préparation archaïque favorise la persistance ? Ce contraste illustre à mes yeux le paradoxe de la civilisation dont les charmes tiennent essentiellement aux résidus qu'elle transporte dans son flux, sans que nous puissions pour autant nous interdire

de la clarifier. En ayant deux fois raison, nous confessons
notre tort. Car nous avons raison d'être rationnels en
cherchant à accroître notre production et à abaisser nos
prix de revient. Mais nous avons raison aussi de chérir les
imperfections que nous nous appliquons à éliminer. La
vie sociale consiste à détruire ce qui lui donne son arôme.
Cette contradiction paraît se résorber quand nous passons de la considération de notre société à celle de
sociétés qui sont autres. Car, entraînés nous-mêmes dans
le mouvement de la nôtre, nous sommes en quelque sorte
partie au procès. Il ne dépend pas de nous de ne pas
vouloir ce que notre position nous oblige à réaliser;
quand il s'agit de sociétés différentes, tout change : l'objectivité, impossible dans le premier cas, nous est gracieusement concédée. N'étant plus agent, mais spectateur des
transformations qui s'opèrent, il nous est d'autant plus
loisible de mettre en balance leur devenir et leur passé
que ceux-ci demeurent prétexte à contemplation esthétique et à réflexion intellectuelle, au lieu de nous être
rendu présents sous forme d'inquiétude morale.

En raisonnant comme je viens de le faire, j'ai peut-être
éclairé la contradiction; j'ai montré son origine et comment il se fait que nous parvenions à nous en accommoder. Je ne l'ai certes pas résolue. Est-elle donc définitive?
On l'a parfois affirmé pour en tirer notre condamnation.
En manifestant, par notre vocation, la prédilection qui
nous pousse vers des formes sociales et culturelles très
différentes de la nôtre – surestimant celles-là aux dépens
de celle-ci – nous ferions preuve d'une inconséquence
radicale; comment pourrions-nous proclamer ces sociétés
respectables, sauf en nous fondant sur les valeurs de la
société qui nous inspire l'idée de nos recherches? Incapables à jamais d'échapper aux normes qui nous ont
façonnés, nos efforts pour mettre en perspective les
différentes sociétés, y compris la nôtre, seraient encore
une façon honteuse de confesser sa supériorité sur toutes
les autres.

Derrière l'argumentation de ces bons apôtres, il n'y a
qu'un mauvais calembour : ils prétendent faire passer la
mystification (à laquelle ils se livrent) pour le contraire
du mysticisme (qu'ils nous reprochent à tort). L'enquête

archéologique ou ethnographique montre que certaines civilisations, contemporaines ou disparues, ont su ou savent encore résoudre mieux que nous des problèmes, bien que nous soyons appliqués à obtenir les mêmes résultats. Pour me limiter à un exemple, c'est seulement depuis quelques années que nous avons appris les principes physiques et physiologiques sur lesquels repose la conception du vêtement et de l'habitation des Eskimo, et comment ces principes, méconnus par nous, leur permettent de vivre dans des conditions climatiques rigoureuses, et non pas l'accoutumance ou une constitution exceptionnelle. Cela est si vrai qu'on a compris en même temps pourquoi les prétendus perfectionnements apportés par les explorateurs au costume eskimo se sont révélés plus qu'inopérants : contraires au résultat escompté. La solution indigène était parfaite; pour nous en convaincre, il nous manquait seulement d'avoir pénétré la théorie qui la fonde.

La difficulté n'est pas là. Si nous jugeons les accomplissements des groupes sociaux en fonction de fins comparables aux nôtres, il faudra parfois nous incliner devant leur supériorité; mais nous obtenons du même coup le droit de les juger, et donc de condamner toutes les autres fins qui ne coïncident pas avec celles que nous approuvons. Nous reconnaissons implicitement une position privilégiée à notre société, à ses usages et à ses normes, puisqu'un observateur relevant d'un autre groupe social prononcera devant les mêmes exemples des verdicts différents. Dans ces conditions, comment nos études pourraient-elles prétendre au titre de science? Pour retrouver une position d'objectivité, nous devrons nous abstenir de tous jugements de ce type. Il faudra admettre que, dans la gamme des possibilités ouvertes aux sociétés humaines, chacune a fait un certain choix et que ces choix sont incomparables entre eux : ils se valent. Mais alors surgit un nouveau problème : car si, dans le premier cas, nous étions menacés par l'obscurantisme sous forme d'un refus aveugle de ce qui n'est pas nôtre, nous risquons maintenant de céder à un éclectisme qui, d'une culture quelconque, nous interdit de rien répudier : fût-ce la cruauté, l'injustice et la misère contre lesquelles proteste parfois cette société même, qui les subit. Et comme ces abus existent aussi parmi nous, quel sera notre droit de les combattre à demeure, s'il suffit qu'ils se produisent ailleurs pour que nous nous inclinions devant eux?

L'opposition entre deux attitudes de l'ethnographe : critique à domicile et conformiste au-dehors, en recouvre donc une autre à laquelle il lui est encore plus difficile d'échapper. S'il veut contribuer à une amélioration de son régime social, il doit condamner, partout où elles existent, les conditions analogues à celles qu'il combat, et il perd son objectivité et son impartialité. En retour, le détachement que lui imposent le scrupule moral et la rigueur scientifique le prévient de critiquer sa propre société, étant donné qu'il ne veut en juger aucune afin de les connaître toutes. A agir chez soi, on se prive de comprendre le reste, mais à vouloir tout comprendre on renonce à rien changer.

Si la contradiction était insurmontable, l'ethnographe ne devrait pas hésiter sur le terme de l'alternative qui lui échoit : il est ethnographe et s'est voulu tel; qu'il accepte la mutilation complémentaire à sa vocation. Il a choisi les autres et doit subir les conséquences de cette option : son rôle sera seulement de comprendre ces autres au nom desquels il ne saurait agir, puisque le seul fait qu'ils sont autres l'empêche de penser, de vouloir à leur place, ce qui reviendrait à s'identifier à eux. En outre, il renoncera à l'action dans sa société, de peur de prendre position vis-à-vis de valeurs qui risquent de se retrouver dans des sociétés différentes, et donc d'introduire le préjugé dans sa pensée. Seul subsistera le choix initial, pour lequel il refusera toute justification : acte pur, non motivé; ou, s'il peut l'être, par des considérations extérieures, empruntées au caractère ou à l'histoire de chacun.

Nous n'en sommes heureusement pas là; après avoir contemplé l'abîme que nous frôlons, qu'il soit permis d'en rechercher l'issue. Celle-ci peut être gagnée à certaines conditions : modération du jugement, et division de la difficulté en deux étapes.

Aucune société n'est parfaite. Toutes comportent par nature une impureté incompatible avec les normes qu'elles proclament, et qui se traduit concrètement par une

certaine dose d'injustice, d'insensibilité, de cruauté.
Comment évaluer cette dose? L'enquête ethnographique
y parvient. Car, s'il est vrai que la comparaison d'un petit
nombre de sociétés les fait apparaître très différentes
entre elles, ces différences s'atténuent quand le champ
d'investigation s'élargit. On découvre alors qu'aucune
société n'est foncièrement bonne; mais aucune n'est absolument mauvaise. Toutes offrent certains avantages à
leurs membres, compte tenu d'un résidu d'iniquité dont
l'importance paraît approximativement constante et qui
correspond peut-être à une inertie spécifique qui
s'oppose, sur le plan de la vie sociale, aux efforts d'organisation.

Cette proposition surprendra l'amateur de récits de
voyages, ému au rappel des coutumes « barbares » de
telle ou telle peuplade. Pourtant, ces réactions à fleur de
peau ne résistent pas à une appréciation correcte des
faits et à leur rétablissement dans une perspective élar-
gie. Prenons le cas de l'anthropophagie qui, de toutes les
pratiques sauvages, est sans doute celle qui nous inspire
le plus d'horreur et de dégoût. On devra d'abord en
dissocier les formes proprement alimentaires, c'est-à-dire
celles où l'appétit pour la chair humaine s'explique par la
carence d'autre nourriture animale, comme c'était le cas
dans certaines îles polynésiennes. De telles fringales,
nulle société n'est moralement protégée; la famine peut
entraîner les hommes à manger n'importe quoi : l'exemple récent des camps d'extermination le prouve.

Restent alors les formes d'anthropophagie qu'on peut
appeler positives, celles qui relèvent d'une cause mystique, magique ou religieuse : ainsi l'ingestion d'une parcelle du corps d'un ascendant ou d'un fragment d'un
cadavre ennemi, pour permettre l'incorporation de ses
vertus ou encore la neutralisation de son pouvoir; outre
que de tels rites s'accomplissent le plus souvent de
manière fort discrète, portant sur de menues quantités de
matière organique pulvérisée ou mêlée à d'autres aliments, on reconnaîtra, même quand elles revêtent des
formes plus franches, que la condamnation morale de
telles coutumes implique soit une croyance dans la résur-
rection corporelle qui serait compromise par la destruc-

tion matérielle du cadavre, soit l'affirmation d'un lien
entre l'âme et le corps et le dualisme correspondant,
c'est-à-dire des convictions qui sont de même nature que
celles au nom desquelles la consommation rituelle est
pratiquée, et que nous n'avons pas de raison de leur
préférer. D'autant plus que la désinvolture vis-à-vis de la
mémoire du défunt, dont nous pourrions faire grief au
cannibalisme, n'est certainement pas plus grande, bien au
contraire, que celle que nous tolérons dans les amphi-
théâtres de dissection.

Mais surtout, nous devons nous persuader que certains
usages qui nous sont propres, considérés par un observateur relevant d'une société différente, lui apparaîtraient
de même nature que cette anthropophagie qui nous semble étrangère à la notion de la civilisation. Je pense à nos
coutumes judiciaires et pénitentiaires. A les étudier du
dehors, on serait tenté d'opposer deux types de sociétés :
celles qui pratiquent l'anthropophagie, c'est-à-dire qui
voient dans l'absorption de certains individus détenteurs
de forces redoutables le seul moyen de neutraliser celles-
ci, et même de les mettre à profit; et celles qui, comme la
nôtre, adoptent ce qu'on pourrait appeler l'*anthropémie*
(du grec *émein*, vomir); placées devant le même problème, elles ont choisi la solution inverse, consistant
à expulser ces êtres redoutables hors du corps social en
les tenant temporairement ou définitivement isolés, sans
contact avec l'humanité, dans des établissements destinés
à cet usage. A la plupart des sociétés que nous appelons
primitives, cette coutume inspirerait une horreur profonde; elle nous marquerait à leurs yeux de la même
barbarie que nous serions tentés de leur imputer en
raison de leurs coutumes symétriques.

Des sociétés, qui nous paraissent féroces à certains
égards, savent être humaines et bienveillantes quand on
les envisage sous un autre aspect. Considérons les
Indiens des plaines de l'Amérique du Nord qui sont ici
doublement significatifs, parce qu'ils ont pratiqué certaines formes modérées d'anthropophagie, et qu'ils offrent
un des rares exemples de peuple primitif doté d'une
police organisée. Cette police (qui était aussi un corps de
justice) n'aurait jamais conçu que le châtiment du coupa-

ble dût se traduire par une rupture des liens sociaux. Si un indigène avait contrevenu aux lois de la tribu, il était puni par la destruction de tous ses biens : tente et chevaux. Mais du même coup, la police contractait une dette à son égard; il lui incombait d'organiser la réparation collective du dommage dont le coupable avait été, pour son châtiment, la victime. Cette réparation faisait de ce dernier l'obligé du groupe, auquel il devait marquer sa reconnaissance par des cadeaux que la collectivité entière – et la police elle-même – l'aidait à rassembler, ce qui inversait de nouveau les rapports; et ainsi de suite, jusqu'à ce que, au terme de toute une série de cadeaux et de contre-cadeaux, le désordre antérieur fût progressivement amorti et que l'ordre initial eût été restauré. Non seulement de tels usages sont plus humains que les nôtres, mais ils sont aussi plus cohérents, même en formulant le problème dans les termes de notre moderne psychologie : en bonne logique, l'« infantilisation » du coupable impliquée par la notion de punition exige qu'on lui reconnaisse un droit corrélatif à une gratification, sans laquelle la démarche première perd son efficacité, si même elle n'entraîne pas des résultats inverses de ceux qu'on espérait. Le comble de l'absurdité étant, à notre manière, de traiter simultanément le coupable comme un enfant pour nous autoriser à le punir, et comme un adulte afin de lui refuser la consolation; et de croire que nous avons accompli un grand progrès spirituel parce que, plutôt que de consommer quelques-uns de nos semblables, nous préférons les mutiler physiquement et moralement.

De telles analyses, conduites sincèrement et méthodiquement, aboutissent à deux résultats : elles instillent un élément de mesure et de bonne foi dans l'appréciation des coutumes et des genres de vie les plus éloignés des nôtres, sans pour autant leur conférer les vertus absolues qu'aucune société ne détient. Et elles dépouillent nos usages de cette évidence que le fait de n'en point connaître d'autres – ou d'en avoir une connaissance partielle et tendancieuse – suffit à leur prêter. Il est donc vrai que l'analyse ethnologique rehausse les sociétés différentes et rabaisse celle de l'observateur; elle est contradictoire en ce sens. Mais si l'on veut bien réfléchir à ce qui se passe, on verra que cette contradiction est plus apparente que réelle.

On a dit parfois que la société occidentale était la seule à avoir produit des ethnographes; que c'était là sa grandeur et, à défaut des autres supériorités que ceux-ci lui contestent, la seule qui les oblige à s'incliner devant elle puisque, sans elle, ils n'existeraient pas. On pourrait aussi bien prétendre le contraire : si l'Occident a produit des ethnographes, c'est qu'un bien puissant remords devait le tourmenter, l'obligeant à confronter son image à celle de sociétés différentes dans l'espoir qu'elles réfléchiront les mêmes tares ou l'aideront à expliquer comment les siennes se sont développées dans son sein. Mais, même s'il est vrai que la comparaison de notre société avec toutes les autres, contemporaines ou disparues, provoque l'effondrement de ses bases, d'autres subiront le même sort. Cette moyenne générale que j'évoquais tout à l'heure fait ressortir quelques ogres : il se trouve que nous sommes du nombre; non point par hasard, car, n'en eussions-nous pas été et n'eussions-nous pas, dans ce triste concours, mérité la première place, l'ethnographie ne serait point apparue parmi nous : nous n'en aurions pas ressenti le besoin. L'ethnographe peut d'autant moins se désintéresser de sa civilisation et se désolidariser de ses fautes que son existence même est incompréhensible, sinon comme une tentative de rachat : il est le symbole de l'expiation. Mais d'autres sociétés ont participé au même péché originel; pas très nombreuses sans doute, et d'autant plus rares que nous descendons l'échelle du progrès. Il me suffira de citer les Aztèques, plaie ouverte au flanc de l'américanisme, qu'une obsession maniaque pour le sang et la torture (en vérité universelle, mais patente chez eux sous cette *forme excessive* que la comparaison permet de définir) – si explicable qu'elle soit par le besoin d'apprivoiser la mort – place à nos côtés, non point comme seuls iniques, mais pour l'avoir été à notre manière, de façon *démesurée*.

Pourtant, cette condamnation de nous-mêmes, par nous-mêmes infligée, n'implique pas que nous accordions un prix d'excellence à telle ou telle société présente ou

passée, localisée en un point déterminé du temps et de
l'espace. Là serait vraiment l'injustice; car, en procédant
ainsi, nous méconnaîtrions que, si nous en faisions partie,
cette société nous paraîtrait intolérable : nous la condam-
nerions au même titre que celle à qui nous appartenons.
Aboutirions-nous donc au procès de tout état social quel
qu'il soit? à la glorification d'un état naturel auquel
l'ordre social n'aurait apporté que la corruption? « Mé-
fiez-vous de celui qui vient mettre de l'ordre », disait
Diderot dont c'était la position. Pour lui, « l'histoire
abrégée » de l'humanité se résumait de la façon suivante :
« Il existait un homme naturel; on a introduit au-dedans
de cet homme un homme artificiel; et il s'est élevé dans la
caverne une guerre continuelle qui dure toute la vie. »
Cette conception est absurde. Qui dit homme dit langage,
et qui dit langage dit société. Les Polynésiens de Bougainville (en « supplément au voyage » duquel Diderot propose cette théorie) ne vivaient pas en société moins que
nous. A prétendre autre chose, on marche à l'encontre de
l'analyse ethnographique, et non dans le sens qu'elle nous
incite à explorer.

En agitant ces problèmes, je me convaincs qu'ils n'ad-
mettent pas de réponse, sinon celle que Rousseau leur a
donnée : Rousseau, tant décrié, plus mal connu qu'il ne le
fut jamais, en butte à l'accusation ridicule qui lui attribue
une glorification de l'état de nature – où l'on peut voir
l'erreur de Diderot mais non pas la sienne –, car il a dit
exactement le contraire et reste seul à montrer comment
sortir des contradictions où nous errons à la traîne de ses
adversaires; Rousseau, le plus ethnographe des philosophes : s'il n'a jamais voyagé dans des terres lointaines, sa
documentation était aussi complète qu'il était possible à
un homme de son temps, et il la vivifiait – à la différence
de Voltaire – par une curiosité pleine de sympathie pour
les mœurs paysannes et la pensée populaire; Rousseau,
notre maître, Rousseau, notre frère, envers qui nous
avons montré tant d'ingratitude, mais à qui chaque page
de ce livre aurait pu être dédiée si l'hommage n'eût pas
été indigne de sa grande mémoire. Car, de la contradiction inhérente à la position de l'ethnographe, nous ne
sortirons jamais qu'en répétant pour notre compte la

démarche qui l'a fait passer, des ruines laissées par le *Discours sur l'origine de l'inégalité*, à l'ample construction du *Contrat social* dont l'*Emile* révèle le secret. A lui, nous devons de savoir comment, après avoir anéanti tous les ordres, on peut encore découvrir les principes qui permettent d'en édifier un nouveau.

Jamais Rousseau n'a commis l'erreur de Diderot qui consiste à idéaliser l'homme naturel. Il ne risque pas de mêler l'état de nature et l'état de société; il sait que ce dernier est inhérent à l'homme, mais il entraîne des maux : la seule question est de savoir si ces maux sont eux-mêmes inhérents à l'état. Derrière les abus et les crimes, on recherchera donc la base inébranlable de la société humaine.

A cette quête, la comparaison ethnographique contribue de deux manières. Elle montre que cette base ne saurait être trouvée dans notre civilisation : de toutes les sociétés observées, c'est sans doute celle qui s'en éloigne le plus. D'autre part, en dégageant les caractères communs à la majorité des sociétés humaines, elle aide à constituer un type qu'aucune ne reproduit fidèlement, mais qui précise la direction où l'investigation doit s'orienter. Rousseau pensait que le genre de vie que nous appelons aujourd'hui néolithique en offre l'image expérimentale la plus proche. On peut être ou non d'accord avec lui. Je suis assez porté à croire qu'il avait raison. Au néolithique, l'homme a déjà fait la plupart des inventions qui sont indispensables pour assurer sa sécurité. On a vu pourquoi on peut en exclure l'écriture; dire qu'elle est une arme à double tranchant n'est pas une marque de primitivisme; les modernes cybernéticiens ont redécouvert cette vérité. Avec le néolithique, l'homme s'est mis à l'abri du froid et de la faim; il a conquis le loisir de penser; sans doute lutte-t-il mal contre la maladie, mais il n'est pas certain que les progrès de l'hygiène aient fait plus que rejeter sur d'autres mécanismes : grandes famines et guerres d'extermination, la charge de maintenir une mesure démographique à quoi les épidémies contribuaient d'une façon qui n'était pas plus effroyable que les autres.

A cet âge du mythe, l'homme n'était pas plus libre

qu'aujourd'hui; mais sa seule humanité faisait de lui un esclave. Comme son autorité sur la nature restait très réduite, il se trouvait protégé – et dans une certaine mesure affranchi – par le coussin amortisseur de ses rêves. Au fur et à mesure que ceux-ci se transformaient en connaissance, la puissance de l'homme s'est accrue; mais nous mettant – si l'on peut dire – « en prise directe » sur l'univers, cette puissance dont nous tirons tant d'orgueil, qu'est-elle en vérité sinon la conscience subjective d'une soudure progressive de l'humanité à l'univers physique dont les grands déterminismes agissent désormais, non plus en étrangers redoutables mais, par l'intermédiaire de la pensée elle-même, nous colonisant au profit d'un monde silencieux dont nous sommes devenus les agents?

Rousseau avait sans doute raison de croire qu'il eût, pour notre bonheur, mieux valu que l'humanité tînt « un juste milieu entre l'indolence de l'état primitif et la pétulante activité de notre amour-propre »; que cet état était « le meilleur à l'homme » et que, pour l'en sortir, il a fallu « quelque funeste hasard » où l'on peut reconnaître ce phénomène doublement exceptionnel – parce qu'unique et parce que tardif – qui a consisté dans l'avènement de la civilisation mécanique. Il reste pourtant clair que cet état moyen n'est nullement un état primitif, qu'il suppose et tolère une certaine dose de progrès; et qu'aucune société décrite n'en présente l'image privilégiée, même si « l'exemple des sauvages, qu'on a presque tous trouvés à ce point, semble confirmer que le genre humain était fait pour y rester toujours ».

L'étude de ces sauvages apporte autre chose que la révélation d'un état de nature utopique, ou la découverte de la société parfaite au cœur des forêts; elle nous aide à bâtir un modèle théorique de la société humaine, qui ne correspond à aucune réalité observable, mais à l'aide duquel nous parviendrons à démêler « ce qu'il y a d'originaire et d'artificiel dans la nature actuelle de l'homme et à bien connaître un état qui n'existe plus, qui peut-être n'a point existé, qui probablement n'existera jamais, et dont il est pourtant nécessaire d'avoir des notions justes pour bien juger de notre état présent ». J'ai déjà cité cette formule pour dégager le sens de mon enquête chez les Nambikwara; car la pensée de Rousseau, toujours en avance sur son temps, ne dissocie pas la sociologie théorique de l'enquête au laboratoire ou sur le terrain, dont il a compris le besoin. L'homme naturel n'est ni antérieur, ni extérieur à la société. Il nous appartient de retrouver sa forme, immanente à l'état social hors duquel la condition humaine est inconcevable; donc, de tracer le programme des expériences qui « seraient nécessaires pour parvenir à connaître l'homme naturel » et de déterminer « les moyens de faire ces expériences au sein de la société ».

Mais ce modèle – c'est la solution de Rousseau – est éternel et universel. Les autres sociétés ne sont peut-être pas meilleures que la nôtre; même si nous sommes enclins à le croire, nous n'avons à notre disposition aucune méthode pour le prouver. A les mieux connaître, nous gagnons pourtant un moyen de nous détacher de la nôtre, non point que celle-ci soit absolument ou seule mauvaise, mais parce que c'est la seule dont nous devions nous affranchir : nous le sommes par état des autres. Nous nous mettons ainsi en mesure d'aborder la deuxième étape qui consiste, sans rien retenir d'aucune société, à les utiliser toutes pour dégager ces principes de la vie sociale qu'il nous sera possible d'appliquer à la réforme de nos propres mœurs, et non de celles des sociétés étrangères : en raison d'un privilège inverse du précédent, c'est la société seule à laquelle nous appartenons que nous sommes en position de transformer sans risquer de la détruire; car ces changements viennent aussi d'elle, que nous y introduisons.

En plaçant hors du temps et de l'espace le modèle dont nous nous inspirons, nous courons certainement un risque, qui est de sous-évaluer la réalité du progrès. Notre position revient à dire que les hommes ont toujours et partout entrepris la même tâche en s'assignant le même objet, et qu'au cours de leur devenir les moyens seuls ont différé. J'avoue que cette attitude ne m'inquiète pas; elle semble la mieux conforme aux faits, tels que nous les révèlent l'histoire et l'ethnographie; et surtout elle me paraît plus féconde. Les zélateurs du progrès s'exposent à méconnaître, par le peu de cas qu'ils en font, les immenses richesses accumulées par l'humanité de part et d'autre de l'étroit sillon sur lequel ils gardent les yeux fixés; en sous-estimant l'importance d'efforts passés, ils déprécient tous ceux qu'il nous reste à accomplir. Si les hommes ne se sont jamais attaqués qu'à une besogne, qui est de faire une société vivable, les forces qui ont animé nos lointains ancêtres sont aussi présentes en nous. Rien n'est joué; nous pouvons tout reprendre. Ce qui fut fait et manqué peut être refait : « L'âge d'or qu'une aveugle superstition avait placé derrière [ou devant] nous, est *en nous.* » La fraternité humaine acquiert un sens concret en nous présentant, dans la plus pauvre tribu, notre image confirmée et une expérience dont, jointe à tant d'autres, nous pouvons assimiler les leçons. Nous retrouverons même à celles-ci une fraîcheur ancienne. Car, sachant que depuis des millénaires l'homme n'est parvenu qu'à se répéter, nous accéderons à cette noblesse de la pensée qui consiste, par delà toutes les redites, à donner pour point de départ à nos réflexions la grandeur indéfinissable des commencements. Puisque être homme signifie, pour chacun de nous, appartenir à une classe, à une société, à un pays, à un continent et à une civilisation; et que pour nous, Européens et terriens, l'aventure au cœur du Nouveau Monde signifie d'abord qu'il ne fut pas le nôtre, et que nous portons le crime de sa destruction; et ensuite, qu'il n'y en aura plus d'autre : ramenés à nous-mêmes par cette confrontation, sachons au moins l'exprimer dans ses termes premiers – en un lieu, et nous rapportant à un temps où notre monde a perdu la chance qui lui était offerte de choisir entre ses missions.

XXXIX

TAXILA

Au pied des montagnes du Cachemire, entre Rawal-
pindi et Peshawar, s'élève le site de Taxila à quelques
kilomètres de la voie ferrée. J'avais emprunté celle-ci
pour m'y rendre, involontairement responsable d'un
menu drame. Car l'unique compartiment de première
classe où je montai était d'un type ancien – *sleep* 4, *seat* 6 –
qui tient le milieu entre le fourgon à bestiaux, le salon et
– par les barreaux protecteurs aux fenêtres – la prison.
Une famille musulmane s'y trouvait installée : le mari, la
femme et deux enfants. La dame était *purdah*. En dépit
d'une tentative pour s'isoler : accroupie sur sa couchette,
enveloppée du burkah et me tournant obstinément le
dos, cette promiscuité parut tout de même trop scandaleuse, et il fallut que la famille se séparât; la femme et les
enfants se rendirent au compartiment des dames seules,
tandis que le mari continuait à occuper les places réservées en m'assassinant des yeux. Je pris mon parti de
l'incident, plus aisément en vérité que du spectacle que
m'offrit à l'arrivée, pendant que j'attendais un moyen de
transport, la salle d'attente de la station qui communi-
quait avec un salon aux murs couverts de boiseries
marron, le long desquels étaient disposées une vingtaine
de chaises percées, comme pour servir aux réunions d'un
cénacle entérologique.

Une de ces petites voitures à cheval appelées gharry, où
l'on s'assied dos au cocher, en péril d'être jeté par-dessus
bord à chaque cahot, me conduisit jusqu'au site archéologique par une route poudreuse bordée de maisons
basses en torchis, entre les eucalyptus, les tamaris, les

mûriers et les poivriers. Les vergers de citronniers et
d'orangers s'étendaient au bas d'une colline en pierre
bleuâtre, parsemée d'oliviers sauvages. Je dépassai des
paysans vêtus de couleurs tendres : blanc, rose, mauve et
jaune, et coiffés de turbans en forme de galette. J'arrivai
enfin aux pavillons administratifs entourant le musée. Il
avait été convenu que j'y ferais un bref séjour, le temps
de visiter les gisements ; mais comme le télégramme
« officiel et urgent », envoyé de Lahore la veille pour
m'annoncer, ne parvint au directeur que cinq jours plus
tard en raison des inondations qui sévissaient au Punjab,
j'aurais pu aussi bien venir impromptu.

Le site de Taxila, qui porta jadis le nom sanscrit de
Takshasilâ – la ville des tailleurs de pierres – occupe un
double cirque, profond d'une dizaine de kilomètres,
formé par les vallées convergentes des rivières Haro et
Tamra Nala : le Tiberio Potamos des anciens. Les deux
vallées, et la crête qui les sépare, furent habitées par
l'homme pendant dix ou douze siècles, sans interruption :
depuis la fondation du plus ancien village exhumé qui
date du VIe siècle avant notre ère, jusqu'à la destruction
des monastères bouddhistes par les Huns blancs qui
envahirent les royaumes kushan et gupta, entre 500 et 600
après Jésus-Christ. En remontant les vallées, on descend
le cours de l'histoire. Bhir Mound, au pied de la crête
médiane, est le site le plus vieux ; quelques kilomètres en
amont, on trouve la ville de Sirkap qui connut sa splendeur sous les Parthes et, juste au-dehors de l'enceinte, le
temple zoroastrien de Jandial que visita Apollonius de
Tyane ; plus loin encore, c'est la cité kushan de Sirsuk et
tout autour, sur les hauteurs, les stupas et monastères
bouddhistes de Mohra Moradu, Jaulian, Dharmarâjikâ,
hérissés de statues en glaise jadis crue, mais que les
incendies allumés par les Huns préservèrent par hasard
en la cuisant.

Vers le Ve siècle avant notre ère, il y avait là un village
qui fut incorporé à l'empire achéménide et devint un
centre universitaire. Dans sa marche vers la Jumna,
Alexandre s'arrêta pendant quelques semaines, en 326, à
l'endroit même où sont aujourd'hui les ruines de Bhir
Mound. Un siècle plus tard, les empereurs maurya

règnent sur Taxila, où Asoka – qui construisit le plus grand stupa – favorisa l'implantation du bouddhisme. L'empire maurya s'effondre à sa mort qui survient en 231, et les rois grecs de Bactriane le remplacent. Vers 80 avant notre ère, ce sont les Scythes qui s'installent, abandonnant à leur tour le terrain aux Parthes dont l'empire s'étend, vers 30 après Jésus-Christ, de Taxila à Doura Europos. On situe à ce moment la visite d'Apollonius. Mais, depuis deux siècles déjà, les populations kushan sont en marche, du nord-ouest de la Chine qu'elles quittent vers 170 avant Jésus-Christ jusqu'à la Bactriane, l'Oxus, Kaboul et finalement l'Inde du Nord, qu'elles occupent vers l'an 60, pour un temps dans le voisinage des Parthes. Tombés en décadence dès le IIIe siècle, les Kushan disparaissent sous les coups des Huns deux cents ans plus tard. Quand le pèlerin chinois Hsüan Tsang visite Taxila au VIIe siècle, il n'y trouve plus que les vestiges d'une splendeur passée.

Au centre de Sirkap, dont les ruines dessinent à fleur de terre le plan quadrangulaire et les rues tirées au cordeau, un monument donne son plein sens à Taxila; c'est l'autel dit « de l'aigle à deux têtes » sur le socle duquel on voit trois portiques sculptés en bas-reliefs : l'un à fronton, de style gréco-romain, l'autre en cloche à la manière bengali; le troisième fidèle au style bouddhique archaïque des portails de Bharhut. Mais ce serait encore sous-estimer Taxila que la réduire au lieu où, pendant quelques siècles, trois des plus grandes traditions spirituelles de l'Ancien Monde ont vécu côte à côte : hellénisme, hindouisme, bouddhisme; car la Perse de Zoroastre était aussi présente, et, avec les Parthes et les Scythes, cette civilisation des steppes, ici combinée avec l'inspiration grecque pour créer les plus beaux bijoux jamais sortis des mains d'un orfèvre; ces souvenirs n'étaient pas encore oubliés que l'Islam envahissait la contrée pour ne plus la quitter. A l'exception de la chrétienne, toutes les influences dont est pénétrée la civilisation de l'Ancien Monde sont ici rassemblées. Des sources lointaines ont confondu leurs eaux. Moi-même, visiteur européen méditant sur ces ruines, j'atteste la tradition qui manquait. Où, mieux qu'en ce site qui lui présente son microcosme, l'homme de l'Ancien Monde, renouant avec son histoire, pourrait-il s'interroger?

J'errais un soir dans l'enceinte de Bhir Mound, délimitée par un talus de déblais. Ce modeste village, dont les soubassements seuls ont subsisté, ne dépasse plus le niveau des ruelles géométriques où je marchais. Il me semble considérer son plan de très haut ou de très loin, et cette illusion, favorisée par l'absence de végétation, ajoutait une profondeur à celle de l'histoire. Dans ces maisons vécurent peut-être les sculpteurs grecs qui suivaient Alexandre, créateurs de l'art du Gandhara et qui inspirèrent aux anciens bouddhistes l'audace de figurer leur dieu. Un reflet brillant à mes pieds m'arrêta : c'était, dégagée par les pluies récentes, une piécette d'argent portant l'inscription grecque : MENANDRU BASILEUS SÓTEROS. Que serait aujourd'hui l'Occident si la tentative d'union entre le monde méditerranéen et l'Inde avait réussi de façon durable? Le christianisme, l'Islam, auraient-ils existé? C'était surtout l'Islam dont la présence me tourmentait; non parce que j'avais passé les mois précédents en milieu musulman : ici confronté aux grands monuments de l'art gréco-bouddhique, mes yeux et mon esprit restaient encombrés par le souvenir des palais mogols auxquels j'avais consacré les dernières semaines à Delhi, Agra et Lahore. Mal informé de l'histoire et de la littérature de l'Orient, les œuvres s'imposaient à moi (comme chez ces peuples primitifs où j'étais arrivé sans connaître leur langue) et m'offraient le seul trait saillant où je puisse accrocher ma réflexion.

Après Calcutta, sa grouillante misère et ses faubourgs sordides qui paraissent seulement transposer sur le plan humain la profusion moisissante des tropiques, je comptais trouver à Delhi la sérénité de l'histoire. D'avance, je me voyais installé, comme à Carcassonne ou à Semur, dans un hôtel désuet, niché dans les remparts, pour y songer au clair de lune; quand on m'avait dit qu'il me faudrait choisir entre la nouvelle et l'ancienne ville, je n'avais pas hésité, désignant au hasard un hôtel situé dans la seconde. Quelle ne fut pas ma surprise d'être emmené par un taxi pour une randonnée de trente kilomètres à travers un paysage informe, dont je me demandais s'il était un antique champ de bataille, où la végétation laissait percer les ruines à de rares intervalles, ou un chantier délaissé. Quand, enfin, nous arrivâmes à la ville prétendue ancienne, la désillusion s'accrut : comme partout ailleurs, c'était un cantonnement anglais. Les jours suivants m'apprirent qu'au lieu d'y trouver le passé concentré sur un petit espace, à la façon des villes européennes, Delhi m'apparaîtrait comme une brousse ouverte à tous les vents où les monuments étaient éparpillés, pareils aux dés sur le tapis. Chaque souverain avait voulu construire sa propre ville, abandonnant et démolissant la précédente pour en prélever les matériaux. Il n'y avait pas une, mais douze ou treize Delhi, perdues à des dizaines de kilomètres les unes des autres à travers une plaine où l'on devinait çà et là des tumuli, des monuments et des tombes. Déjà, l'Islam me déconcertait par une attitude envers l'histoire contradictoire à la nôtre et contradictoire en elle-même : le souci de fonder une tradition s'accompagnait d'un appétit destructeur de toutes les traditions antérieures. Chaque monarque avait voulu créer l'impérissable en abolissant la durée.

Je m'appliquais donc, en sage touriste, à parcourir des distances énormes pour visiter des monuments dont chacun semblait bâti dans le désert.

Le Fort-Rouge est plutôt un palais qui combine des vestiges de la Renaissance (ainsi les mosaïques de *pietra dura*) avec un embryon de style Louis XV dont on se sent persuadé ici qu'il est né d'influences mongoles. Malgré la somptuosité des matériaux, le raffinement du décor, je restais insatisfait. Rien d'architectural dans tout cela, qui dément l'impression d'un palais : plutôt un assemblage de tentes montées « en dur », dans un jardin qui serait lui-même un campement idéalisé. Toutes les imaginations paraissent dérivées des arts textiles : baldaquins de marbre évoquant les plis d'un rideau, *jali* qui sont vraiment (et non point par métaphore) des « dentelles de pierre ». Le dais impérial en marbre est la copie d'un dais démontable, en bois recouvert de draperies; pas plus que son modèle, il ne fait corps avec la salle d'audiences. Même le tombeau d'Houmayoun, pourtant archaïque, donne au visiteur ce sentiment de malaise qui résulte du manque d'un élément essentiel. L'ensemble fait une belle masse, chaque détail est exquis, mais il est impossible de saisir un lien organique entre les parties et le tout.

La Grande Mosquée – Jamma Masjid – qui est du XVIIe siècle, contente davantage le visiteur occidental sous le double rapport de la structure et de la couleur. On se sent près d'admettre qu'elle ait été conçue et voulue comme un tout. Pour quatre cents francs, on m'y a montré les plus anciens exemplaires du Coran, un poil de la barbe du Prophète fixé par une pastille de cire au fond d'une boîte vitrée remplie de pétales de roses, et ses sandales. Un pauvre fidèle s'approche pour profiter du spectacle, mais le préposé l'écarte avec horreur. Est-ce qu'il n'a pas payé quatre cents francs, ou que la vue de ces reliques est trop chargée de puissance magique pour un croyant?

Pour céder à cette civilisation, il faut aller à Agra. Car on peut tout dire sur le Taj Mahal, et son charme facile de carte postale en couleurs. On peut ironiser sur la procession de jeunes mariés britanniques à qui le privilège fut accordé de passer leur lune de miel dans le temple de droite en grès rose, et sur les vieilles demoiselles célibataires, mais non moins anglo-saxonnes, qui chériront jusqu'à la mort le souvenir du Taj scintillant sous les étoiles et reflétant son ombre blanche dans la Jumna. C'est le côté 1900 de l'Inde; mais, quand on y pense, on s'aperçoit qu'il repose sur des affinités profondes plus que sur le hasard historique et la conquête. Sans doute l'Inde s'est-elle européanisée aux environs de 1900, et elle en a gardé la marque dans son vocabulaire et ses usages victoriens : *lozenge* pour bonbon, *commode* pour chaise percée. Mais, inversement, on comprend ici que les années 1900 furent la « période hindoue » de l'Occident : luxe des riches, indifférence à la misère, goût des formes alanguies et tarabiscotées, sensualité, amour des fleurs et des parfums, et jusqu'aux moustaches effilées, aux boucles et aux fanfreluches.

En visitant à Calcutta le célèbre temple jaïn, construit au XIXe siècle par un milliardaire dans un parc plein de statues en fonte barbouillée d'argent ou en marbre sculpté par des Italiens maladroits, je croyais reconnaître,

dans ce pavillon d'albâtre incrusté d'une mosaïque de
miroirs et tout imprégné de parfum, l'image la plus
ambitieuse que nos grands-parents auraient pu concevoir,
en leur prime jeunesse, d'une maison close de haut luxe.
Mais en me faisant cette réflexion, je ne blâmais pas
l'Inde de bâtir des temples semblables à des bordels;
plutôt nous-mêmes, qui n'avons pas trouvé dans notre
civilisation d'autre place où affirmer notre liberté et
explorer les limites de notre sensualité, ce qui est la
fonction même d'un temple. Dans les Hindous, je contemplais notre exotique image, renvoyée par ces frères indo-
européens évolués sous un autre climat, au contact de
civilisations différentes, mais dont les tentations intimes
sont tellement identiques aux nôtres qu'à certaines périodes, comme l'époque 1900, elles remontent chez nous
aussi en surface.

Rien de semblable à Agra, où règnent d'autres ombres :
celles de la Perse médiévale, de l'Arabie savante, sous une
forme que beaucoup jugent conventionnelle. Pourtant, je
défie tout visiteur ayant encore gardé un peu de fraîcheur
d'âme de ne pas se sentir bouleversé en franchissant, en
même temps que l'enceinte du Taj, les distances et les
âges, accédant de plain-pied à l'univers des Mille et une
Nuits; moins subtilement, sans doute, qu'à Itmadud Dau-
lah, perle, joyau, trésor en blanc, beige et jaune; ou au
rose tombeau d'Akbar, peuplé seulement par les singes,
les perroquets et les antilopes, au bout d'une campagne
sableuse où le vert très pâle des mimosées se fond dans
les valeurs du sol : paysage animé le soir par les perroquets verts et les geais couleur turquoise, le vol pesant
des paons et les palabres des singes assis au pied des
arbres.

Mais, comme les palais du Fort-Rouge et comme le
tombeau de Jehangir qui est à Lahore, le Taj reste un
échafaudage drapé, imité en marbre. On reconnaît encore
les mâts destinés à porter les tentures. A Lahore, celles-ci
sont même copiées en mosaïque. Les étages ne se composent pas, ils se répètent. Quelle est la raison profonde
de cette indigence où se devine l'origine de l'actuel
dédain des musulmans pour les arts plastiques? A l'Université de Lahore, j'ai rencontré une dame anglaise,

mariée à un musulman, qui dirigeait le département des
Beaux-Arts. Seules les filles sont autorisées à suivre son
cours; la sculpture est prohibée, la musique clandestine,
la peinture est enseignée comme un art d'agrément.
Comme la séparation de l'Inde et du Pakistan s'est faite
selon la ligne de clivage religieux, on a assisté à une
exaspération de l'austérité et du puritanisme. L'art, dit-on
ici, « a pris le maquis ». Il ne s'agit pas seulement de
rester fidèle à l'Islam, mais plus encore, peut-être, de
répudier l'Inde : la destruction des idoles renouvelle
Abraham, mais avec une signification politique et nationale toute fraîche. En piétinant l'art, on abjure l'Inde.

Car l'idolâtrie – en donnant à ce mot son sens précis
qui indique la présence personnelle du dieu dans son
simulacre – on la trouve dans l'Inde, toujours vivante.
Aussi bien dans ces basiliques de ciment armé qui se
dressent dans les faubourgs lointains de Calcutta, vouées
à des cultes récents dont les prêtres, tête rasée, pieds nus
et vêtus d'un voile jaune, reçoivent derrière leur machine
à écrire dans les très modernes bureaux qui entourent le
sanctuaire, occupés à gérer les bénéfices de la dernière
tournée missionnaire en Californie, que dans les bas
quartiers, à Kali Ghat : « Temple du XVIIᵉ siècle », me
disent les *business-like* prêtres-cicerones; mais plaqué de
faïence datant de la fin du XIXᵉ. A cette heure-ci, le
sanctuaire est fermé; si je reviens un matin, je pourrai,
d'un endroit précis qu'on me montre, apercevoir la
déesse par la porte entrebâillée, entre deux colonnes. Ici
comme au grand temple de Krishna des bords du Gange,
le temple est l'hôtel d'un dieu qui ne reçoit que les jours
de fête; le culte ordinaire consiste à camper dans les
corridors et à recueillir des domestiques sacrés les ragots
relatifs aux dispositions du maître. Je me contente donc
de flâner aux alentours, dans des venelles farcies de
mendiants attendant l'heure d'être nourris aux frais du
culte, alibi d'un commerce avide – chromos et statuettes
de plâtre figurant les divinités – avec, çà et là, des
témoignages plus directs : ce trident rouge et ces pierres
levées adossées au tronc intestinal d'un banyan, c'est
Siva; cet autel tout rougi, Laksmi; cet arbre aux branches
duquel sont suspendues d'innombrables offrandes : cail-

loux et bouts d'étoffe, est habité par Mamakrishna qui guérit les femmes stériles; et sous cet autel fleuri veille le dieu de l'amour, Krishna.

A cet art religieux de pacotille, mais incroyablement vivant, les musulmans opposent leur peintre unique et officiel : Chagtai est un aquarelliste anglais s'inspirant des miniatures rajput. Pourquoi l'art musulman s'effondre-t-il si complètement dès qu'il cesse d'être à son apogée? Il passe sans transition du palais au bazar. N'est-ce pas une conséquence de la répudiation des images? L'artiste, privé de tout contact avec le réel, perpétue une convention tellement exsangue qu'elle ne peut être rajeunie ni fécondée. Elle est soutenue par l'or, ou elle s'écroule. A Lahore, l'érudit qui m'accompagne n'a que mépris pour les fresques sikh qui ornent le fort : *Too showy, no colour scheme, too crowded* : et sans doute est-ce très loin du fantastique plafond de miroirs du Shish Mahal, qui scintille à l'égal d'un ciel étoilé; mais, comme si souvent l'Inde contemporaine en face de l'Islam, c'est vulgaire et ostentatoire, populaire et charmant.

Si l'on excepte les forts, les musulmans n'ont construit dans l'Inde que des temples et des tombes. Mais les forts étaient des palais habités, tandis que les tombes et les temples sont des palais inoccupés. On éprouve, ici encore, la difficulté pour l'Islam de penser la solitude. Pour lui, la vie est d'abord communauté, et le mort s'installe toujours dans le cadre d'une communauté, dépourvue de participants.

Il y a un frappant contraste entre la splendeur des mausolées, leurs vastes dimensions, et la conception étriquée des pierres tombales qu'ils abritent. Ce sont de tout petits tombeaux où l'on doit se sentir à l'étroit. A quoi donc servent ces salles, ces galeries qui les entourent et dont seuls jouiront les passants? Le tombeau européen est à la mesure de son habitant : le mausolée est rare et c'est sur la tombe même que s'exercent l'art et l'ingéniosité, pour la rendre somptueuse et confortable au gisant.

Dans l'Islam, le tombeau se divise en monument splendide, dont le mort ne profite pas, et une demeure mesquine (elle-même dédoublée d'ailleurs entre un cénotaphe visible et une sépulture cachée) où le mort paraît prisonnier. Le problème du repos de l'au-delà trouve une solution deux fois contradictoire : d'une part, confort extravagant et inefficace, de l'autre inconfort réel, le premier apportant une compensation au second. N'est-ce pas l'image de la civilisation musulmane qui associe les raffinements les plus rares : palais de pierres précieuses, fontaines d'eau de rose, mets recouverts de feuilles d'or, tabac à fumer mêlé de perles pilées, servant de couverture à la rusticité des mœurs et à la bigoterie qui imprègne la pensée morale et religieuse ?

Sur le plan esthétique, le puritanisme islamique, renonçant à abolir la sensualité, s'est contenté de la réduire à ses formes mineures : parfums, dentelles, broderies et jardins. Sur le plan moral, on se heurte à la même équivoque d'une tolérance affichée en dépit d'un prosélytisme dont le caractère compulsif est évident. En fait, le contact des non-musulmans les angoisse. Leur genre de vie provincial se perpétue sous la menace d'autres genres de vie, plus libres et plus souples que le leur, et qui risquent de l'altérer par la seule contiguïté.

Plutôt que parler de tolérance, il vaudrait mieux dire que cette tolérance, dans la mesure où elle existe, est une perpétuelle victoire sur eux-mêmes. En la préconisant, le Prophète les a placés dans une situation de crise permanente, qui résulte de la contradiction entre la portée universelle de la révélation et l'admission de la pluralité des fois religieuses. Il y a là une situation « paradoxale » au sens pavlovien, génératrice d'anxiété d'une part et de complaisance en soi-même de l'autre, puisqu'on se croit capable, grâce à l'Islam, de surmonter un pareil conflit. En vain, d'ailleurs : comme le remarquait un jour devant moi un philosophe indien, les musulmans tirent vanité de ce qu'ils professent la valeur universelle de grands principes : liberté, égalité, tolérance ; et ils révoquent le crédit à quoi ils prétendent en affirmant du même jet qu'ils sont les seuls à les pratiquer.

Un jour, à Karachi, je me trouvais en compagnie de Sages musulmans, universitaires ou religieux. A les entendre vanter la supériorité de leur système, j'étais frappé de constater avec quelle insistance ils revenaient à un seul argument : sa *simplicité*. La législation islamique en matière d'héritage est meilleure que l'hindoue, parce qu'elle est plus simple. Veut-on tourner l'interdiction traditionnelle du prêt à intérêt : il suffit d'établir un contrat d'association entre le dépositaire et le banquier, et l'intérêt se résoudra en une participation du premier dans les entreprises du second. Quant à la réforme agraire, on appliquera la loi musulmane à la succession des terres arables jusqu'à ce qu'elles soient suffisamment divisées, ensuite on cessera de l'appliquer – puisqu'elle n'est pas article de dogme – pour éviter un morcellement excessif : *There are so many ways and means...*

Tout l'Islam semble être, en effet, une méthode pour développer dans l'esprit des croyants des conflits insurmontables, quitte à les sauver par la suite en leur proposant des solutions d'une très grande (mais trop grande) simplicité. D'une main on les précipite, de l'autre on les retient au bord de l'abîme. Vous inquiétez-vous de la vertu de vos épouses ou de vos filles pendant que vous êtes en campagne ? Rien de plus simple, voilez-les et cloîtrez-les. C'est ainsi qu'on en arrive au *burkah* moderne, semblable à un appareil orthopédique avec sa coupe compliquée, ses guichets en passementerie pour la vision, ses boutons-pression et ses cordonnets, le lourd tissu dont il est fait pour s'adapter exactement aux contours du corps humain tout en le dissimulant aussi complètement que possible. Mais, de ce fait, la barrière du souci s'est seulement déplacée, puisque maintenant il suffira qu'on frôle votre femme pour vous déshonorer, et vous vous tourmenterez plus encore. Une franche conversation avec de jeunes musulmans enseigne deux choses : d'abord, qu'ils sont obsédés par le problème de la virginité prénuptiale et de la fidélité ultérieure ; ensuite que le *purdah*, c'est-à-dire la ségrégation des femmes, fait en un sens obstacle aux intrigues amoureuses, mais les favorise sur un autre plan : par l'attribution aux femmes d'un monde propre, dont elles sont seules à connaître les détours. Cambrioleurs de harems quand ils sont jeunes, ils ont de bonnes raisons pour s'en faire les gardiens une fois mariés.

Hindous et musulmans de l'Inde mangent avec leurs

doigts. Les premiers, délicatement, légèrement, en saisissant la nourriture dans un fragment de *chapati;* on appelle ainsi ces larges crêpes, vite cuites en les plaquant au flanc intérieur d'une jarre enfouie dans le sol et remplie de braises jusqu'au tiers. Chez les Musulmans, manger avec ses doigts devient un système : nul ne saisit l'os de la viande pour ronger la chair. De la seule main utilisable (la gauche étant impure, parce que réservée aux ablutions intimes) on pétrit, on arrache les lambeaux; et quand on a soif, la main graisseuse empoigne le verre. En observant ces manières de table qui valent bien les autres, mais qui, du point de vue occidental, semblent faire ostentation de sans-gêne, on se demande jusqu'à quel point la coutume, plutôt que vestige archaïque, ne résulte pas d'une réforme voulue par le Prophète : « Ne faites pas comme les autres peuples, qui mangent avec un couteau », inspiré par le même souci, inconscient sans doute, d'infantilisation systématique, d'imposition homosexuelle de la communauté par la promiscuité qui ressort des rituels de propreté après le repas, quand tout le monde se lave les mains, se gargarise, éructe et crache dans la même cuvette, mettant en commun, dans une indifférence terriblement *autiste*, la même peur de l'impureté associée au même exhibitionnisme. La volonté de se confondre est d'ailleurs accompagnée par le besoin de se singulariser comme groupe, ainsi l'institution du *purdah :* « Que vos femmes soient voilées pour qu'on les reconnaisse des autres ! ».

La fraternité islamique repose sur une base culturelle et religieuse. Elle n'a aucun caractère économique ou social. Puisque nous avons le même dieu, le bon musulman sera celui qui partagera son *hooka* avec le balayeur. Le mendiant est mon frère en effet : en ce sens, surtout, que nous partageons fraternellement la même approbation de l'inégalité qui nous sépare; d'où ces deux espèces sociologiquement si remarquables : le musulman germanophile et l'Allemand islamisé; si un corps de garde pouvait être religieux, l'Islam paraîtrait sa religion idéale : stricte observance du règlement (prières cinq fois par jour, chacune exigeant cinquante génuflexions); revues de détail et soins de propreté (les ablutions rituelles); pro-

miscuité masculine dans la vie spirituelle comme dans
l'accomplissement des fonctions religieuses; et pas de
femmes.

Ces anxieux sont aussi des hommes d'action; pris entre
des sentiments incompatibles, ils compensent l'infériorité
qu'ils ressentent par des formes traditionnelles de subli-
mation qu'on associe depuis toujours à l'âme arabe :
jalousie, fierté, héroïsme. Mais cette volonté d'être entre
soi, cet esprit de clocher allié à un déracinement chronique (l'urdu est une langue bien nommée « du campement »), qui sont à l'origine de la formation du Pakistan,
s'expliquent très imparfaitement par une communauté de
foi religieuse et par une tradition historique. C'est un fait
social actuel, et qui doit être interprété comme tel :
drame de conscience collectif qui a contraint des millions
d'individus à un choix irrévocable, à l'abandon de leurs
terres, de leur fortune souvent, de leurs parents parfois,
de leur profession, de leurs projets d'avenir, du sol de
leurs aïeux et de leurs tombes, pour rester entre musulmans, et parce qu'ils ne se sentent à l'aise qu'entre
musulmans.

Grande religion qui se fonde moins sur l'évidence d'une
révélation que sur l'impuissance à nouer des liens au-
dehors. En face de la bienveillance universelle du bouddhisme, du désir chrétien de dialogue, l'intolérance musulmane adopte une forme inconsciente chez ceux qui s'en
rendent coupables; car s'ils ne cherchent pas toujours, de
façon brutale, à amener autrui à partager leur vérité, ils
sont pourtant (et c'est plus grave) incapables de supporter l'existence d'autrui comme autrui. Le seul moyen
pour eux de se mettre à l'abri du doute et de l'humiliation
consiste dans une « néantisation » d'autrui, considéré
comme témoin d'une autre foi et d'une autre conduite. La
fraternité islamique est la converse d'une exclusive
contre les infidèles qui ne peut pas s'avouer, puisque, en
se reconnaissant comme telle, elle équivaudrait à les
reconnaître eux-mêmes comme existants.

XL

VISITE AU KYONG

Ce malaise ressenti au voisinage de l'Islam, je n'en connais que trop les raisons : je retrouve en lui l'univers d'où je viens; l'Islam, c'est l'Occident de l'Orient. Plus précisément encore, il m'a fallu rencontrer l'Islam pour mesurer le péril qui menace aujourd'hui la pensée française. Je pardonne mal au premier de me présenter notre image, de m'obliger à constater combien la France est en train de devenir musulmane. Chez les musulmans comme chez nous, j'observe la même attitude livresque, le même esprit utopique, et cette conviction obstinée qu'il suffit de trancher les problèmes sur le papier pour en être débarrassé aussitôt. A l'abri d'un rationalisme juridique et formaliste, nous nous construisons pareillement une image du monde et de la société où toutes les difficultés sont justiciables d'une logique artificieuse, et nous ne nous rendons pas compte que l'univers ne se compose plus des objets dont nous parlons. Comme l'Islam est resté figé dans sa contemplation d'une société qui fut réelle il y a sept siècles, et pour trancher les problèmes de laquelle il conçut alors des solutions efficaces, nous n'arrivons plus à penser hors des cadres d'une époque révolue depuis un siècle et demi, qui fut celle où nous sûmes nous accorder à l'histoire; et encore trop brièvement, car Napoléon, ce Mahomet de l'Occident, a échoué là où a réussi l'autre. Parallèlement au monde islamique, la France de la Révolution subit le destin réservé aux révolutionnaires repentis, qui est de devenir les conservateurs nostalgiques de l'état de choses par rapport auquel ils se situèrent une fois dans le sens du mouvement.

Vis-à-vis des peuples et des cultures encore placés sous notre dépendance, nous sommes prisonniers de la même contradiction dont souffre l'Islam en présence de ses protégés et du reste du monde. Nous ne concevons pas que des principes, qui furent féconds pour assurer notre propre épanouissement, ne soient pas vénérés par les autres au point de les inciter à y renoncer pour leur usage propre, tant devrait être grande, croyons-nous, leur reconnaissance envers nous de les avoir imaginés en premier. Ainsi l'Islam qui, dans le Proche-Orient, fut l'inventeur de la tolérance, pardonne mal aux non-musulmans de ne pas abjurer leur foi au profit de la sienne, puisqu'elle a sur toutes les autres la supériorité écrasante de les respecter. Le paradoxe est, dans notre cas, que la majorité de nos interlocuteurs sont musulmans, et que l'esprit molaire qui nous anime les uns et les autres offre trop de traits communs pour ne pas nous opposer. Sur le plan international s'entend; car ces différends sont le fait de deux bourgeoisies qui s'affrontent. L'oppression politique et l'exploitation économique n'ont pas le droit d'aller chercher des excuses chez leurs victimes. Si, pourtant, une France de quarante-cinq millions d'habitants s'ouvrait largement sur la base de l'égalité des droits, pour admettre vingt-cinq millions de citoyens musulmans, même en grande proportion illettrés (1), elle n'entreprendrait pas une démarche plus audacieuse que celle à quoi l'Amérique dut de ne pas rester une petite province du monde anglo-saxon. Quand les citoyens de la Nouvelle-Angleterre décidèrent il y a un siècle d'autoriser l'immigration provenant des régions les plus arriérées de l'Europe et des couches sociales les plus déshéritées, et de se laisser submerger par cette vague, ils firent et gagnèrent un pari dont l'enjeu était aussi grave que celui que nous refusons de risquer.

Le pourrons-nous jamais? En s'ajoutant, deux forces régressives voient-elles leur direction s'inverser? Nous

_____

(1) Réflexion anachronique, comme plusieurs autres; mais il ne faut pas oublier que ce livre fut écrit en 1954-1955.

sauverions-nous nous-mêmes, ou plutôt ne consacrerions-nous pas notre perte si, renforçant notre erreur de celle qui lui est symétrique, nous nous résignions à étriquer le patrimoine de l'Ancien Monde à ces dix ou quinze siècles d'appauvrissement spirituel dont sa moitié occidentale a été le théâtre et l'agent? Ici, à Taxila, dans ces monastères bouddhistes que l'influence grecque a fait bourgeonner de statues, je suis confronté à cette chance fugitive qu'eut notre Ancien Monde de rester un; la scission n'est pas encore accomplie. Un autre destin est possible, celui, précisément, que l'Islam interdit en dressant sa barrière entre un Occident et un Orient qui, sans lui, n'auraient peut-être pas perdu leur attachement au sol commun où plongent leurs racines.

Sans doute, à ce fond oriental, l'Islam et le bouddhisme se sont opposés chacun à sa façon, tout en s'opposant l'un à l'autre. Mais pour comprendre leurs rapports, il ne faut pas comparer l'Islam et le bouddhisme en les envisageant sous la forme historique qu'ils assumaient au moment où ils sont entrés en contact; car l'un avait alors cinq siècles d'existence et l'autre près de vingt. Malgré cet écart, on doit les restituer tous deux dans leur fleur qui, pour le bouddhisme, se respire aussi fraîche devant ses premiers monuments qu'auprès de ses plus humbles manifestations d'aujourd'hui.

Mon souvenir répugne à dissocier les temples paysans de la frontière birmane et les stèles de Bharhut qui datent du IIe siècle avant notre ère, et dont il faut chercher à Calcutta et à Delhi les fragments dispersés. Les stèles, exécutées à une époque et dans une région où l'influence grecque ne s'était pas encore exercée, m'ont apporté un premier motif de saisissement; à l'observateur européen, elles apparaissent hors des lieux et des âges, comme si leurs sculpteurs, possesseurs d'une machine à supprimer le temps, avaient concentré dans leur œuvre trois mille ans d'histoire de l'art et – placés à égale distance entre l'Egypte et la Renaissance – étaient parvenus à capturer dans l'instant une évolution qui débute à une époque qu'ils n'ont pu connaître, et s'achève au terme d'une autre, pas encore commencée. S'il est un art éternel, c'est bien celui-là: il remonte à cinq millénaires, il est d'hier, on ne sait. Il appartient aux pyramides et à nos maisons; les formes humaines, sculptées dans cette pierre rose à grain serré, pourraient s'en détacher et se mêler à notre société. Aucune statuaire ne procure un plus profond sentiment de paix et de familiarité que celle-ci, avec ses femmes chastement impudiques et sa sensualité maternelle qui se complaît à l'opposition des mères-amantes et des filles-cloîtrées, s'opposant toutes deux aux amantes-cloîtrées de l'Inde non bouddhique : féminité placide et comme affranchie du conflit des sexes qu'évoquent aussi, pour leur part, les bonzes des temples confondus par la tête rasée avec les nonnes dans une sorte de troisième sexe, à demi parasite et à demi prisonnier.

Si le bouddhisme cherche, comme l'Islam, à dominer la démesure des cultes primitifs, c'est grâce à l'apaisement unifiant que porte en elle la promesse du retour au sein maternel; par ce biais, il réintègre l'érotisme après l'avoir libéré de la frénésie et de l'angoisse. Au contraire, l'Islam se développe selon une orientation masculine. En enfermant les femmes, il verrouille l'accès au sein maternel : du monde des femmes, l'homme a fait un monde clos. Par ce moyen, sans doute, il espère aussi gagner la quiétude; mais il la gage sur des exclusions : celle des femmes hors de la vie sociale et celle des infidèles hors de la communauté spirituelle : tandis que le bouddhisme conçoit plutôt cette quiétude comme une fusion : avec la femme, avec l'humanité, et dans une représentation asexuée de la divinité.

On ne saurait imaginer de contraste plus marqué que celui du Sage et du Prophète. Ni l'un ni l'autre ne sont des dieux, voilà leur unique point commun. A tous autres égards ils s'opposent : l'un chaste, l'autre puissant avec ses quatre épouses; l'un androgyne, l'autre barbu; l'un pacifique, l'autre belliqueux; l'un exemplaire et l'autre messianique. Mais aussi, douze cents ans les séparent; et c'est l'autre malheur de la conscience occidentale que le christianisme qui, né plus tard, eût pu opérer leur synthèse, soit apparu « avant la lettre » – trop tôt – non comme une conciliation a posteriori de deux extrêmes, mais passage de l'un à l'autre : terme moyen d'une série

destinée par sa logique interne, par la géographie et par
l'histoire, à se développer dorénavant dans le sens de
l'Islam; puisque ce dernier – les musulmans triomphent
sur ce point – représente la forme la plus évoluée de la
pensée religieuse sans pour autant être la meilleure; je
dirais même en étant pour cette raison la plus inquiétante des trois.

Les hommes ont fait trois grandes tentatives religieuses
pour se libérer de la persécution des morts, de la malfai-
sance de l'au-delà et des angoisses de la magie. Séparés
par l'intervalle approximatif d'un demi-millénaire, ils ont
conçu successivement le bouddhisme, le christianisme et
l'Islam; et il est frappant que chaque étape, loin de
marquer un progrès sur la précédente, témoigne plutôt
d'un recul. Il n'y a pas d'au-delà pour le bouddhisme; tout
s'y réduit à une critique radicale, comme l'humanité ne
devait plus jamais s'en montrer capable, au terme de
laquelle le sage débouche dans un refus du sens des
choses et des êtres : discipline abolissant l'univers et qui
s'abolit elle-même comme religion. Cédant de nouveau à
la peur, le christianisme rétablit l'autre monde, ses
espoirs, ses menaces et son dernier jugement. Il ne reste
plus à l'Islam qu'à lui enchaîner celui-ci : le monde
temporel et le monde spirituel se trouvent rassemblés.
L'ordre social se pare des prestiges de l'ordre surnaturel,
la politique devient théologie. En fin de compte, on a
remplacé des esprits et des fantômes auxquels la superstition n'arrivait tout de même pas à donner la vie, par des
maîtres déjà trop réels, auxquels on permet en surplus de
monopoliser un au-delà qui ajoute son poids au poids
déjà écrasant de l'ici-bas.

Cet exemple justifie l'ambition de l'ethnographe, qui est
de toujours remonter aux sources. L'homme ne crée
vraiment grand qu'au début; dans quelque domaine que
ce soit, seule la première démarche est intégralement
valide. Celles qui suivent barguignent et se repentent,
s'emploient, parcelle après parcelle, à récupérer le territoire dépassé. Florence, que j'ai visitée après New York,
ne m'a d'abord pas surpris : dans son architecture et dans
ses arts plastiques, je reconnaissais Wall Street au XVᵉ siècle. En comparant les primitifs aux maîtres de la Renais-

sance et les peintres de Sienne à ceux de Florence, j'avais
le sentiment d'une déchéance : qu'ont donc fait les derniers, sinon exactement tout ce qu'il aurait fallu ne pas
faire ? Et pourtant ils restent admirables. La grandeur qui
s'attache aux commencements est si certaine que même
les erreurs, à la condition d'être neuves, nous accablent
encore de leur beauté.

Aujourd'hui, c'est par-dessus l'Islam que je contemple
l'Inde ; mais celle de Bouddha, avant Mahomet qui, pour
moi européen et parce qu'européen, se dresse entre notre
réflexion et des doctrines qui en sont les plus proches,
comme le rustique empêcheur d'une ronde où les mains,
prédestinées à se joindre, de l'Orient et de l'Occident ont
été par lui désunies. Quelle erreur allais-je commettre, à
la suite de ces musulmans qui se proclament chrétiens et
occidentaux et placent à leur Orient la frontière entre les
deux mondes ! Les deux mondes sont plus proches qu'aucun des deux ne l'est de leur anachronisme. L'évolution
rationnelle est inverse de celle de l'histoire : l'Islam a
coupé en deux un monde plus civilisé. Ce qui lui paraît
actuel relève d'une époque révolue, il vit dans un décalage millénaire. Il a su accomplir une œuvre révolutionnaire ; mais comme celle-ci s'appliquait à une fraction
attardée de l'humanité, en ensemençant le réel il a
stérilisé le virtuel : il a déterminé un progrès qui est
l'envers d'un projet.

Que l'Occident remonte aux sources de son déchirement : en s'interposant entre le bouddhisme et le christianisme, l'Islam nous a islamisés, quand l'Occident s'est
laissé entraîner par les croisades à s'opposer à lui et donc
à lui ressembler, plutôt que se prêter – s'il n'avait pas
existé – à cette lente osmose avec le bouddhisme qui
nous eût christianisés davantage, et dans un sens d'autant
plus chrétien que nous serions remontés en deçà du
christianisme même. C'est alors que l'Occident a perdu sa
chance de rester femme.

Sous cette lumière, je comprends mieux l'équivoque de
l'art mogol. L'émotion qu'il inspire n'a rien d'architectural : elle relève de la poésie et de la musique. Mais n'est-ce
pas pour les raisons qu'on vient de voir que l'art musulman devait rester fantasmagorique ? « Un rêve de mar-

bre », dit-on du Taj Mahal; cette formule de Baedeker couvre une vérité très profonde. Les Mongols ont rêvé leur art, ils ont créé littéralement des palais *de* rêves; ils n'ont pas construit, mais transcrit. Ainsi ces monuments peuvent-ils troubler simultanément par leur lyrisme, et par un aspect creux qui est celui de châteaux de cartes ou de coquilles. Plutôt que des palais solidement fixés à la terre, ce sont des maquettes, cherchant vainement à atteindre l'existence par la rareté et la dureté des matériaux.

Dans les temples de l'Inde, l'idole *est* la divinité; c'est là qu'elle réside, se présence réelle rend le temple précieux et redoutable, et justifie les précautions dévotes : ainsi le verrouillage des portes, sauf aux jours de réception du dieu.

A cette conception, l'Islam et le bouddhisme réagissent de façons différentes. Le premier exclut les idoles et les détruit, ses mosquées sont nues, seule la congrégation des croyants les anime. Le second substitue les images aux idoles et n'éprouve pas de gêne à multiplier les premières, puisque aucune n'est effectivement le dieu mais l'évoque, et que le nombre même favorise l'œuvre de l'imagination. A côté du sanctuaire hindou qui loge une idole, la mosquée est déserte sauf d'hommes, et le temple bouddhiste abrite une foule d'effigies. Les centres gréco-bouddhiques, où l'on circule avec peine dans une champignonnière de statues, de chapelles et de pagodes, annoncent l'humble *kyong* de la frontière birmane où sont alignées des figurines toutes semblables et fabriquées en série.

Je me trouvais dans un village mogh du territoire de Chittagong au mois de septembre 1950; depuis plusieurs jours, je regardais les femmes porter chaque matin au temple la nourriture des bonzes; pendant les heures de sieste, j'entendais les coups de gong qui scandaient les prières et les voix enfantines chantonnant l'alphabet birman. Le *kyong* était situé en lisière du village, au sommet d'une petite butte boisée pareille à celles que les peintres tibétains aiment à représenter dans les lointains. A son pied se trouvait le *jédi*, c'est-à-dire la pagode : dans ce pauvre village, elle se réduisait à une construction de terre de plan circulaire, s'élevant en sept paliers concentriques aménagés en gradins, dans un enclos carré en treillage de bambou. Nous nous étions déchaussés pour gravir la butte dont la fine argile détrempée était douce à nos pieds nus. De part et d'autre du raidillon, on voyait les plants d'ananas arrachés la veille par les villageois choqués que leurs prêtres se permissent de cultiver des fruits, puisque la population laïque subvenait à leurs besoins. Le sommet offrait l'aspect d'une placette entourée, de trois côtés, de hangars de paille abritant de grands objets de bambou tendus de papiers multicolores comme des cerfs-volants, et destinés à orner les processions. Du dernier côté s'élevait le temple, sur pilotis comme les huttes du village dont il différait à peine par ses plus grandes dimensions et le corps carré à toit de chaume qui dominait le bâtiment principal. Après la grimpée dans la boue, les ablutions prescrites semblaient toutes naturelles et dépourvues de signification religieuse. Nous entrâmes. La seule lumière était celle qui tombait du haut de la lanterne formée par la cage centrale, juste au-dessus de l'autel où pendaient des étendards de chiffons ou de nattes, et celle qui filtrait à travers le chaume des parois. Une cinquantaine de statuettes de laiton fondu s'entassaient sur l'autel à côté duquel était suspendu un gong; on voyait aux murs quelques chromolithographies pieuses et un massacre de cerf. Le plancher en gros bambous refendus et tressés, brillant du frottement des pieds nus, était, sous nos pas, plus souple qu'un tapis. Il régnait une paisible atmosphère de grange et l'air sentait le foin. Cette salle simple et spacieuse qui paraissait une meule évidée, la courtoisie des deux bonzes debout auprès de leurs paillasses posées sur des châlits, la touchante application qui avait présidé à la réunion ou à la confection des accessoires du culte, tout contribuait à me rapprocher plus que je ne l'avais jamais été de l'idée que je pouvais me faire d'un sanctuaire. « Vous n'avez pas besoin de faire comme moi », me dit mon compagnon en se prosternant à quatre reprises devant l'autel, et je respectai cet avis. Mais c'était moins par amour-propre que par discrétion : il savait que je n'appartenais pas à sa confession, et j'aurais craint d'abuser des gestes rituels en lui donnant à croire que je les tenais pour des conventions : pour une fois, je n'aurais ressenti nulle gêne à les accomplir. Entre ce culte et moi, aucun malentendu ne s'introduisait. Il ne s'agissait pas ici de s'incliner devant des idoles ou d'adorer un prétendu ordre surnaturel, mais seulement de rendre hommage à la réflexion décisive qu'un penseur, ou la société qui créa sa légende, poursuivit il y a vingt-cinq siècles, et à laquelle ma civilisation ne pouvait contribuer qu'en la confirmant.

Qu'ai-je appris d'autre, en effet, des maîtres que j'ai écoutés, des philosophes que j'ai lus, des sociétés que j'ai visitées et de cette science même dont l'Occident tire son orgueil, sinon des bribes de leçons qui, mises bout à bout, reconstituent la méditation du Sage au pied de l'arbre ? Tout effort pour comprendre détruit l'objet auquel nous nous étions attachés, au profit d'un effort qui l'abolit au profit d'un troisième et ainsi de suite jusqu'à ce que nous accédions à l'unique présence durable, qui est celle où s'évanouit la distinction entre le sens et l'absence de sens : la même d'où nous étions partis. Voilà deux mille cinq cents ans que les hommes ont découvert et ont formulé ces vérités. Depuis, nous n'avons rien trouvé, sinon – en essayant après d'autres toutes les portes de sortie – autant de démonstrations supplémentaires de la conclusion à laquelle nous aurions voulu échapper.

Sans doute, j'aperçois aussi les dangers d'une résignation trop hâtive. Cette grande religion du non-savoir ne se fonde pas sur notre infirmité à comprendre. Elle atteste notre aptitude, nous élève jusqu'au point où nous découvrons la vérité sous forme d'une exclusion mutuelle de l'être et du connaître. Par une audace supplémentaire elle a – seule avec le marxisme – ramené le problème métaphysique à celui de la conduite humaine. Son schisme s'est déclaré sur le plan sociologique, la différence fondamentale entre le Grand et le Petit Véhicule étant de savoir si le salut d'un seul dépend ou non du salut de l'humanité tout entière.

Pourtant, les solutions historiques de la morale bouddhiste confrontent à une glaçante alternative : celui qui a répondu par l'affirmative à la question précédente s'enferme dans un monastère; l'autre se satisfait à bon compte, par la pratique d'une égoïste vertu.

Mais l'injustice, la misère et la souffrance existent; elles fournissent un terme médiateur à ce choix. Nous ne sommes pas seuls, et il ne dépend pas de nous de rester sourds et aveugles aux hommes, ou de confesser exclusivement l'humanité dans nous-mêmes. Le bouddhisme peut rester cohérent tout en acceptant de répondre aux appels du dehors. Peut-être même, dans une vaste région du monde, a-t-il trouvé le maillon de la chaîne qui manquait. Car, si ce dernier moment de la dialectique menant à l'illumination est légitime, alors tous les autres qui le précèdent et lui ressemblent le sont aussi. Le refus absolu du sens est le terme d'une série d'étapes dont chacune conduit d'un moindre sens à un plus grand. Le dernier pas, qui a besoin des autres pour s'accomplir, les valide tous en retour. A sa manière et sur son plan, chacun correspond à une vérité. Entre la critique marxiste qui affranchit l'homme de ses premières chaînes – lui enseignant que le sens apparent de sa condition s'évanouit dès qu'il accepte d'élargir l'objet qu'il considère – et la critique bouddhiste qui achève la libération, il n'y a ni opposition ni contradiction. Chacune fait la même chose que l'autre à un niveau différent. Le passage entre les deux extrêmes est garanti par tous les progrès de la connaissance, qu'un mouvement de pensée indissoluble qui va de l'Orient à l'Occident et s'est déplacé de l'un vers l'autre – peut-être seulement pour confirmer son origine – a permis à l'humanité d'accomplir dans l'espace de deux millénaires. Comme les croyances et les superstitions se dissolvent quand on envisage les rapports réels entre les hommes, la morale cède à l'histoire, les formes fluides font place aux structures et la création au néant. Il suffit de replier la démarche initiale sur elle-même pour découvrir sa symétrie; ses parties sont superposables : les étapes franchies ne détruisent pas la valeur de celles qui les préparent : elles la vérifient.

En se déplaçant dans son cadre, l'homme transporte avec soi toutes les positions qu'il a déjà occupées, toutes celles qu'il occupera. Il est simultanément partout, il est une foule qui avance de front, récapitulant à chaque

instant une totalité d'étapes. Car nous vivons dans plusieurs mondes, chacun plus vrai que celui qu'il contient,
et lui-même faux par rapport à celui qui l'englobe. Les
uns se connaissent par l'action, les autres se vivent en les
pensant, mais la contradiction apparente, qui tient à leur
coexistence, se résout dans la contrainte que nous subis-
sons d'accorder un sens aux plus proches et de le refuser
aux plus lointains; alors que la vérité est dans une
dilatation progressive du sens, mais en ordre inverse et
poussée jusqu'à l'explosion.

En tant qu'ethnographe, je cesse alors d'être seul à
souffrir d'une contradiction qui est celle de l'humanité
tout entière et qui porte en soi sa raison. La contradiction
demeure seulement quand j'isole les extrêmes : à quoi
sert d'agir, si la pensée qui guide l'action conduit à la
découverte de l'absence de sens? Mais cette découverte
n'est pas immédiatement accessible : il faut que je la
pense, et je ne puis la penser d'un seul coup. Que les
étapes soient douze comme dans la Boddhi; qu'elles
soient plus nombreuses ou qu'elles le soient moins, elles
existent toutes ensemble et, pour parvenir jusqu'au terme, je suis perpétuellement appelé à vivre des situations
dont chacune exige quelque chose de moi : je me dois aux
hommes comme je me dois à la connaissance. L'histoire,
la politique, l'univers économique et social, le monde
physique et le ciel même m'entourent de cercles concentriques dont je ne puis m'évader par la pensée sans
concéder à chacun une parcelle de ma personne. Comme
le caillou frappant une onde dont il annelle la surface en
la traversant, pour atteindre le fond il faut d'abord que je
me jette à l'eau.

Le monde a commencé sans l'homme et il s'achèvera
sans lui. Les institutions, les mœurs et les coutumes, que
j'aurai passé ma vie à inventorier et à comprendre, sont
une efflorescence passagère d'une création par rapport à
laquelle elles ne possèdent aucun sens, sinon peut-être
celui de permettre à l'humanité d'y jouer son rôle. Loin
que ce rôle lui marque une place indépendante et que
l'effort de l'homme – même condamné – soit de s'opposer
vainement à une déchéance universelle, il apparaît lui-
même comme une machine, peut-être plus perfectionnée

que les autres, travaillant à la désagrégation d'un ordre
originel et précipitant une matière puissamment organisée vers une inertie toujours plus grande et qui sera un
jour définitive. Depuis qu'il a commencé à respirer et à se
nourrir jusqu'à l'invention des engins atomiques et ther-
monucléaires, en passant par la découverte du feu – et
sauf quand il se reproduit lui-même –, l'homme n'a rien
fait d'autre qu'allègrement dissocier des milliards de
structures pour les réduire à un état où elles ne sont plus
susceptibles d'intégration. Sans doute a-t-il construit des
villes et cultivé des champs; mais, quand on y songe, ces
objets sont eux-mêmes des machines destinées à produire
de l'inertie à un rythme et dans une proportion infini-
ment plus élevés que la quantité d'organisation qu'ils
impliquent. Quant aux créations de l'esprit humain, leur
sens n'existe que par rapport à lui, et elles se confondront
au désordre dès qu'il aura disparu. Si bien que la civilisation, prise dans son ensemble, peut être décrite comme
un mécanisme prodigieusement complexe où nous
serions tentés de voir la chance qu'a notre univers de
survivre, si sa fonction n'était de fabriquer ce que les
physiciens appellent entropie, c'est-à-dire de l'inertie.
Chaque parole échangée, chaque ligne imprimée établissent une communication entre les deux interlocuteurs, rendant étale un niveau qui se caractérisait auparavant par
un écart d'information, donc une organisation plus grande.
Plutôt qu'anthropologie, il faudrait écrire « entropologie »
le nom d'une discipline vouée à étudier dans ses manifestations les plus hautes ce processus de désintégration.

Pourtant, j'existe. Non point, certes, comme individu;
car que suis-je sous ce rapport, sinon l'enjeu à chaque
instant remis en cause de la lutte entre une autre société,
formée de quelques milliards de cellules nerveuses abri-
tées sous la termitière du crâne, et mon corps, qui lui sert
de robot? Ni la psychologie, ni la métaphysique, ni l'art
ne peuvent me servir de refuge, mythes désormais passi-
bles, aussi par l'intérieur, d'une sociologie d'un nouveau
genre qui naîtra un jour et ne leur sera pas plus bienveil-
lante que l'autre. Le moi n'est pas seulement haïssable : il
n'a pas de place entre un *nous* et un *rien*. Et si c'est pour
ce nous que finalement j'opte, bien qu'il se réduise à une

apparence, c'est qu'à moins de me détruire – acte qui supprimerait les conditions de l'option – je n'ai qu'un choix possible entre cette apparence et rien. Or, il suffit que je choisisse pour que, par ce choix même, j'assume sans réserve ma condition d'homme : me libérant par là d'un orgueil intellectuel dont je mesure la vanité à celle de son objet, j'accepte aussi de subordonner ses prétentions aux exigences objectives de l'affranchissement d'une multitude à qui les moyens d'un tel choix sont toujours déniés.

Pas plus que l'individu n'est seul dans le groupe et que chaque société n'est seule parmi les autres, l'homme n'est seul dans l'univers. Lorsque l'arc-en-ciel des cultures humaines aura fini de s'abîmer dans le vide creusé par notre fureur; tant que nous serons là et qu'il existera un monde – cette arche ténue qui nous relie à l'inaccessible demeurera, montrant la voie inverse de celle de notre esclavage et dont, à défaut de la parcourir, la contemplation procure à l'homme l'unique faveur qu'il sache mériter : suspendre la marche, retenir l'impulsion qui l'astreint à obturer l'une après l'autre les fissures ouvertes au mur de la nécessité et à parachever son œuvre en même temps qu'il clôt sa prison; cette faveur que toute société convoite, quels que soient ses croyances, son régime politique et son niveau de civilisation; où elle place son loisir, son plaisir, son repos et sa liberté; chance, vitale pour la vie, de se *déprendre* et qui consiste – adieu sauvages! adieu voyages! – pendant les brefs intervalles où notre espèce supporte d'interrompre son labeur de ruche, à saisir l'essence de ce qu'elle fut et continue d'être, en deçà de la pensée et au delà de la société : dans la contemplation d'un minéral plus beau que toutes nos œuvres; dans le parfum, plus savant que nos livres, respiré au creux d'un lis; ou dans le clin d'œil alourdi de patience, de sérénité et de pardon réciproque, qu'une entente involontaire permet parfois d'échanger avec un chat.

12 octobre 1954 - 5 mars 1955

BIBLIOGRAPHIE

1. *Handbook of South American Indians* ed. by J. STE-WARD, Smithsonian Institution, Washington, D.C., 7 vol. 1946-1959.
2. P. GAFFAREL, *Histoire du Brésil français au XVIe siècle*, Paris, 1878.
3. J. DE LÉRY, *Histoire d'un voyage faict en la terre du Brésil*, n. éd. (par P. Gaffarel), Paris, 1880, 2 vol.
4. A. THEVET, *le Brésil et les Brésiliens*, in : Les classiques de la colonisation, 2; choix de textes et notes par Suzanne Lussagnet, Paris, 1953.
5. Y. D'ÉVREUX, *Voyage dans le Nord du Brésil fait durant les années 1613-14*, Leipzig et Paris, 1864.
6. L. A. DE BOUGAINVILLE, *Voyage autour du monde*, Paris, 1771.
7. P. MONBEIG, *Pionniers et planteurs de São Paulo*, Paris, 1952.
8. J. SANCHEZ LABRADOR, *El Paraguay Catolico*, 3 vol. Buenos-Aires, 1910-17.
9. G. BOGGIANI, *Viaggi d'un artista nell'America Meridionale*, Rome, 1895.
10. D. RIBEIRO, *A arte dos indios Kadiuéu*, Rio de Janeiro, s. d. (1950).
11. K. VON DEN STEINEN, a) *Durch Zentral-Brasilien*, Leipzig, 1886. b) *Unter den Naturvölkern Zentral-Brasiliens*, Berlin, 1894.
12. A. COLBACCHINI, *I Bororos orientali*, Turin, 1925.
13. C. LÉVI-STRAUSS, Contribution à l'étude de l'organisation sociale des Indiens Bororo, *Journal de la Société des Américanistes*, n. e., vol. 28, 1936.

14. C. NIMUENDAJU, a) *The Apinayé*, Anthropological Series, Catholic University of America, n° 8, 1939, b) *The Serenté*, Los Angeles, 1942.

15. E. ROQUETTE-PINTO, *Rondonia*, Rio de Janeiro, 1912.

16. C. M. DA SILVA RONDON, *Lectures delivered by...*, Publications of the Rondon Commission, n° 43, Rio de Janeiro, 1916.

17. Th. ROOSEVELT, *Through the Brazilian Wilderness*, New York, 1914.

18. C. LÉVI-STRAUSS, *la Vie familiale et sociale des Indiens Nambikwara*, Société des Américanistes, Paris, 1948.

19. K. OBERG, *Indian Tribes of Northern Mato Grosso, Brazil*, Smithsonian Institution, Institute of Social Anthropology, Publ., n° 15, Washington, D. C., 1953.

20. C. LÉVI-STRAUSS, Le syncrétisme religieux d'un village mogh du territoire de Chittagong (Pakistan), *Revue de l'Histoire des religions*, 1952.

21. Julio C. TELLO, *Wira Kocha, Inca*, vol. 1, 1923. Discovery of the Chavin culture in Peru, *American Antiquity*, vol. 9, 1943.

TABLE DES ILLUSTRATIONS DANS LE TEXTE

TABLE DES MATIÈRES

TERRE HUMAINE

Terre Humaine a créé dans les sciences sociales et la littérature, depuis quarante ans, un courant novateur dont on n'a pas fini de mesurer la fécondité. Traquant la vie, cette collection de regards croisés a, d'abord, renouvelé la littérature de voyage et construit, livre après livre, une anthropologie à part entière, toute interprétation ne s'élaborant que sur une expérience vécue et même un engagement. L'exploration de l'univers n'a pas de fin. Le spectacle de la vie reste une découverte, et les théories concernant les sociétés humaines s'avèrent, les unes après les autres, toutes aussi fragiles. L'homme est un inconnu pour lui-même.

Les auteurs les plus célèbres (Zola, Lévi-Strauss, Ramuz, Segalen, Balandier, Duvignaud, Hélias, Lacarrière, Thesiger, Ripellino, Lucas) rejoignent, avec un air de famille, ouvriers, paysans, marins les plus anonymes – certains parfois même illettrés (témoignages en direct d'autochtones) – pour faire prendre conscience au lecteur, non seulement de la complexité des civilisations et des sociétés, mais de sa propre intelligence des problèmes. Elle est stimulée par une totale indépendance des auteurs.

Dans une vivante interdisciplinarité, dans un brassage de milieux et de classes, à niveau international, Terre Humaine propose, ses lecteurs disposent.

Toujours d'avant-garde avec ses 80 ouvrages parus et tous disponibles dont 45 édités dans Terre Humaine/Poche, cette collection pionnière saluée par toute la presse et l'opinion – et qui comporte de nombreux best-sellers traduits dans le monde entier – se veut, dans un combat résolu en faveur des minorités, un appel à la liberté de pensée.

OUVRAGES PARUS DANS LA COLLECTION **TERRE HUMAINE**
(1955 → 2004)

* Ouvrages augmentés d'un dossier de Débats et Critiques

☐ Ouvrages parus également en Terre Humaine/Poche (Pocket : n°s 3000 et suivants)

Jean Malaurie. * ☐ – Les Derniers Rois de Thulé. *Avec les Esquimaux Polaires, face à leur destin.* 1955. Cinquième édition 1989.

Claude Lévi-Strauss. ☐ — Tristes Tropiques. 1955. Deuxième édition 1993.

Victor Segalen. * ☐ — Les Immémoriaux. 1956. Troisième édition 1993.

Georges Balandier. * ☐ — Afrique ambiguë. 1957. Deuxième édition 1989.

Don C. Talayesva. * ☐ — Soleil Hopi. *L'autobiographie d'un Indien Hopi.* Préface : C. Lévi-Strauss. 1959. Deuxième édition 1983.

Francis Huxley. * ☐ — Aimables Sauvages. *Chronique des Indiens Urubu de la forêt amazonienne.* 1960. Troisième édition 1993.

René Dumont. — Terres vivantes. *Voyages d'un agronome autour du monde.* 1961. Deuxième édition 1982.

Margaret Mead. ☐ — Mœurs et sexualité en Océanie. I) *Trois sociétés primitives de Nouvelle-Guinée.* II) *Adolescence à Samoa.* 1963.

Mahmout Makal. * ☐ — Un village anatolien. *Récit d'un instituteur paysan (Turquie).* 1963. Troisième édition 1985.

Georges Condominas. — L'Exotique est quotidien. *Sar Luk, Vietnam central.* 1966. Deuxième édition 1977.

Robert Jaulin. ☐ — La Mort Sara. *L'ordre de la vie ou la pensée de la mort au Tchad.* 1967. Deuxième édition 1982.

Jacques Soustelle. * ☐ — Les Quatre Soleils. *Souvenirs et réflexions d'un ethnologue au Mexique.* 1967. Troisième édition 1991.

Theodora Kroeber. * ☐ — Ishi. *Testament du dernier Indien sauvage de l'Amérique du Nord.* 1968. Deuxième édition 1987.

Ettore Biocca. ☐ — Yanoama. *Récit d'une jeune femme brésilienne enlevée par les Indiens.* 1968. Troisième édition 1993.

Mary F. Smith et Baba Giwa. * — Baba de Karo. *L'autobiographie d'une musulmane haoussa du Nigeria.* 1969. Deuxième édition 1983.

Richard Lancaster. ☐ — Piegan. *Chronique de la mort lente. La réserve indienne des Pieds-Noirs.* 1970. Deuxième édition 1993.

William H. Hinton. ☐ — Fanshen. *La Révolution communiste dans un village chinois.* 1971. Deuxième édition 1981.

Ronald Blythe. — Mémoires d'un village anglais. *Akenfield (Suffolk).* 1972. Deuxième édition 1993.

James Agee et Walker Evans. ☐ — Louons maintenant les grands hommes. *Trois familles de métayers en 1936 en Alabama.* 1972. Troisième édition 2002.

Pierre Clastres. * ☐ — Chronique des Indiens Guayaki. *Ce que savent les Aché, chasseurs nomades du Paraguay.* 1972. Deuxième édition 1985.

Selim Abou. * — Liban déraciné. *Fils et filles d'émigrés (Argentine).* 1972. Troisième édition 1987.

Francis A. J. Ianni. — Des affaires de famille. *La Mafia à New York. Liens de parenté et contrôle social dans le crime organisé.* 1973. Deuxième édition 1981.

Gaston Roupnel. ☐ — Histoire de la campagne française. Postfaces : G. Bachelard, E. Le Roy Ladurie, P. Chaunu, P. Adam, J. Malaurie. 1974. Troisième édition 1989.

Tewfik El Hakim. * ☐ — Un substitut de campagne en Égypte. *Journal d'un substitut de procureur égyptien.* 1974. Troisième édition 1983.

Bruce Jackson. * — Leurs prisons. *Autobiographies de prisonniers et d'ex-détenus américains.* Préface : M. Foucault, 1975. Deuxième édition 1990.

Pierre Jakez Hélias. * ☐ — Le Cheval d'orgueil. *Mémoires d'un Breton du pays bigouden.* 1975. Troisième édition 1985.

Per Jakez Hélias. — Marh al lorh. *Envorennou eur Bigouter.* 1986. (Édition en langue bretonne.)

Jacques Lacarrière. * ☐ — L'Été grec. *Une Grèce quotidienne de quatre mille ans.* 1976. Deuxième édition 1993.

Adélaïde Blasquez. ☐ — Gaston Lucas, serrurier. *Chronique de l'anti-héros.* 1976.

Tahca Ushte et Richard Erdoes. * ☐ — De mémoire indienne. *La vie d'un Sioux, voyant et guérisseur.* 1977. Troisième édition 1991.

Luis González. * — Les Barrières de la solitude. *Histoire universelle de San José de Gracia, village mexicain.* 1977. Deuxième édition 1982.

Jean Recher. * ☐ — Le Grand Métier. *Journal d'un capitaine de pêche de Fécamp.* 1977. Troisième édition 1991.

Wilfred Thesiger. * ☐ — Le Désert des Déserts. *Avec les Bédouins, derniers nomades de l'Arabie du Sud.* 1978. Deuxième édition 1993.

Josef Erlich. ☐ — La Flamme du Shabbath. *Le Shabbath, moment d'éternité, dans une famille juive polonaise.* 1978.

C.F. Ramuz. * ☐ — La pensée remonte les fleuves. *Essais et réflexions.* Préface de Jean Malaurie. 1979. Troisième édition 1993.

Antoine Sylvère. ☐ — Toinou. *Le cri d'un enfant auvergnat. Pays d'Ambert.* Préface : P.J. Hélias. 1980. Deuxième édition 1993.

Eduardo Galeano ☐ — Les Veines ouvertes de l'Amérique latine. *Une contre-histoire.* 1981. Deuxième édition 1998.

Éric de Rosny. * ☐ — Les Yeux de ma chèvre. *Sur les pas des maîtres de la nuit en pays Douala (Cameroun).* 1981. Deuxième édition 1996.

Amicale d'Oranienburg-Sachsenhausen. * ☐ — Sachso. *Au cœur du système concentrationnaire nazi.* 1982. Deuxième édition 1990.

Pierre Gourou. — Terres de bonne espérance. *Le monde tropical.* 1982.

Wilfred Thesiger. * ☐ — Les Arabes des marais. *Tigre et Euphrate.* 1983. Deuxième édition 1991.

Margit Gari. * ☐ — Le Vinaigre et le Fiel. *La vie d'une paysanne hongroise.* 1983. Troisième édition 1993.

Alexander Alland Jr. — La Danse de l'araignée. *Un ethnologue américain chez les Abrons (Côte-d'Ivoire).* 1984.

Bruce Jackson et Diane Christian. □ — Le Quartier de la Mort. *Expier au Texas.* 1986. Deuxième édition 1993.

René Dumont. * □ — Pour l'Afrique, j'accuse. *Le journal d'un agronome au Sahel en voie de destruction.* Postfaces : M. Rocard, J. Malaurie. 1986. Deuxième édition 1993.

Émile Zola. □ — Carnets d'enquêtes. *Une ethnographie inédite de la France.* Introduction : J. Malaurie. Avant-propos : H. Mitterand. 1986. Deuxième édition 1993.

Colin Turnbull. □ — Les Iks. *Survivre par la cruauté. Nord-Ouganda,* Postfaces : J. Towles, C. Turnbull, J. Malaurie. 1987.

Bernard Alexandre. □ — Le Horsain. *Vivre et survivre en pays de Caux.* 1988. Deuxième édition 1989.

Andreas Labba. □ — Anta. *Mémoires d'un Lapon.* 1989.

Michel Ragon. □ — L'Accent de ma mère. *Une mémoire vendéenne.* 1989.

François Leprieur. — Quand Rome condamne. *Dominicains et prêtres-ouvriers.* 1989.

Robert F. Murphy. □ — Vivre à corps perdu. *Le témoignage et le combat d'un anthropologue paralysé.* Postfaces de Michel Gillibert et André-Dominique Nenna. 1990.

Pierre Jakez Hélias. □ — Le Quêteur de mémoire. *Quarante ans de recherche sur les mythes et la civilisation bretonne.* 1990.

Jean Duvignaud. — Chebika *suivi de* Retour à Chebika. *Changements dans un village du Sud tunisien.* 1991.

Laurence Caillet. □ — La Maison Yamazaki. *La vie exemplaire d'une paysanne japonaise devenue chef d'entreprise de haute coiffure.* 1991.

Augustin Viseux. □ — Mineur de fond. *Fosses de Lens. Soixante ans de combat et de solidarité.* Postface de Jean Malaurie. 1991.

Mark Zborowski et Elizabeth Herzog. * — Olam. *Dans le shtetl d'Europe centrale, avant la Shoah.* Préface d'Abraham J. Heschel. 1992.

Ivan Stoliaroff. □ — Un village russe. *Récit d'un paysan de la région de Voronej. 1880-1906.* Préface de Basile Kerblay. Postface de Jean Malaurie. 1992.

Angelo Maria Ripellino. □ — Praga magica. *Voyage initiatique à Prague.* 1993.

Philippe Descola. □ — Les Lances du crépuscule. *Relations jivaros. Haute-Amazonie.* 1994.

Jean et Huguette Bézian. — Les Grandes Heures des moulins occitans. *Paroles de meuniers.* 1994.

Viramma, Jean-Luc et Josiane Racine. □ — Une vie paria. *Le rire des asservis. Pays tamoul, Inde du Sud.* 1995.

Dominique Fernandez. □ Photographies de Ferrante Ferranti. — La Perle et le Croissant. *L'Europe baroque de Naples à Saint-Pétersbourg.* 1995.

Claude Lucas. □ — Suerte. *L'exclusion volontaire (roman).* Préface du Père Arnaud. Postface de Jean Malaurie. 1996. Deuxième édition 2002.

Kenn Harper. □ — Minik, l'Esquimau déraciné. *« Rendez-moi le corps de mon père. »* Préface de Jean Malaurie. 1997.

Hillel Seidman. □ — Du fond de l'abîme. *Journal du ghetto de Varsovie.* Commenté et annoté par Nathan Weinstock et Georges Bensoussan. 1998.

Jean Malaurie. □ — Hummocks 1. *Nord-Groenland, Arctique central canadien.* Hummocks 2. *Alaska, Tchoukotka sibérienne.* 1999.

Roger Bastide. □ — Le Candomblé de Bahia – *Rites Nagô (Brésil).* Préface de Jean Duvignaud. Adresse de Jean Malaurie. 2000.

Jean Cuisenier. — Mémoire des Carpathes. *La Roumanie millénaire : un regard intérieur.* 2000.

Pierre Miquel. □ — Les Poilus. *La France sacrifiée.* 2000.

Anne-Marie Marchetti. — Perpétuités. *Le temps infini des longues peines.* 2001.

Patrick Declerck. □ — Les Naufragés. *Avec les clochards de Paris.* Lettre de Jean Malaurie à l'auteur suivie de la réponse. 2001.

Armand Pelletier, Yves Delaporte. — « Moi, Armand, né sourd et muet... ». *Au nom de la science, la langue des signes sacrifiée.* 2002.

Darcy Ribeiro. — Carnets indiens. *Avec les Indiens Urubus-Kaapor, Brésil.* Adresse de Jean Malaurie. Préface de José Pasta. Préface de l'auteur. 2002.

Dominique Sewane. — Le Souffle du mort. *La tragédie de la mort chez les Batãmmariba du Togo, Bénin.* 2003.

Barbara Tedlock. — Rituels et pouvoirs zuñis. *Une anthropologue chez les Indiens Zuñis-Pueblo du Nouveau-Mexique.* 2004.

Barbara Glowczewski. — Rêves en colère. *Alliances aborigènes dans le Nord-Ouest australien.* 2004.

TERRE HUMAINE □ — *COURANTS DE PENSÉE*

N° 1 : **Henri Mitterand**. — Images d'enquêtes d'Émile Zola. *De la Goutte-d'Or à l'Affaire Dreyfus.* Préface de Jean Malaurie. 1987. Deuxième édition 1997.

N° 2 : **Jacques Lacarrière**. — Chemins d'écriture. Postface de Jean Malaurie. 1988. Deuxième édition 1991.

N° 3 : **René Dumont**. — Mes combats. 1989.

N° 4 : **Michel Ragon**. — La Voie libertaire. Postface de Jean Malaurie. 1991.

N° 5 : **Jean Duvignaud**. — Le pandémonium du présent. *Idées sages, idées folles.* 1998.

N° 6 : **Jacques Brosse**. — Retour à l'origine. *Itinéraire d'un naturaliste zen.* 2002.

ALBUMS TERRE HUMAINE

N° 1 : **Wilfred Thesiger**. — Visions d'un nomade. 1987.

N° 2 : **Jean Malaurie**. □ — Ultima Thulé. *De la découverte à l'invasion.* Plon/Bordas. Paris 1990. 2ᵉ édition (revue et augmentée). Paris. Le Chêne. 2000.

Impression réalisée sur Presse Offset par

BRODARD & TAUPIN

GROUPE CPI

25921 – La Flèche (Sarthe), le 07-10-2004
Dépôt légal : avril 1984
Suite du premier tirage : octobre 2004

POCKET – 12, avenue d'Italie - 75627 Paris cedex 13
Tél. : 01.44.16.05.00

Imprimé en France